中国人民大学"十四五"规划教材

科学出版社"十四五"普通高等教育本科规划教材

产业经济学

杨天宇 主编

INDUSTRIAL
ECONOMICS

科学出版社

北　京

内 容 简 介

本书集理论研究和政策研究于一体，注重理论联系实际，强调规范研究与案例研究相结合。全书共分三部分加以阐释。第一部分（第一章）对产业经济学理论做一个总体上的鸟瞰，并对全书内容作简单介绍；第二部分（第二章至第九章）阐述主要的产业经济学理论，包括产业组织理论、产业结构理论、产业关联理论、产业发展理论、产业模块化理论、产业布局理论；第三部分（第十章至第十二章）是产业经济学理论应用的政策研究，主要介绍产业政策和政府规制等内容，并提出适合我国国情的政策建议。

本书可作为高等学校经济与管理类专业的本科生教材或教学参考书，也可作为高校其他专业师生及社会各界人士的参考用书。

图书在版编目（CIP）数据

产业经济学 / 杨天宇主编. -- 北京：科学出版社, 2025.1. --（中国人民大学"十四五"规划教材）（科学出版社"十四五"普通高等教育本科规划教材）. -- ISBN 978-7-03-080133-3

Ⅰ. F062.9

中国国家版本馆 CIP 数据核字第 20242Y4G37 号

责任编辑：方小丽 / 责任校对：贾娜娜
责任印制：张　伟 / 封面设计：有道设计

科学出版社 出版
北京东黄城根北街 16 号
邮政编码：100717
http://www.sciencep.com

三河市骏杰印刷有限公司印刷
科学出版社发行　各地新华书店经销

*

2025 年 1 月第 一 版　开本：787×1092　1/16
2025 年 1 月第一次印刷　印张：18
字数：427 000
定价：58.00 元
（如有印装质量问题，我社负责调换）

前言

党的二十大报告指出:"我们要坚持教育优先发展、科技自立自强、人才引领驱动,加快建设教育强国、科技强国、人才强国,坚持为党育人、为国育才,全面提高人才自主培养质量,着力造就拔尖创新人才,聚天下英才而用之。"[①]教材是教学内容的主要载体,是教学的重要依据、培养人才的重要保障。在优秀教材的编写道路上,我们一直在努力。

撰写本书的念头来自作者多年来向高等学校本科生讲授产业经济学课程的经验。我们认识到教学的两项主要挑战:其一是如何向学生介绍这一领域中比较前沿的理论进展;其二是如何将书本中的理论应用于中国的现实经济。我们发现,现有的教科书并不能成功地回应这些挑战。通常的情况是,产业经济学课堂上使用的材料与研究前沿和现实世界都有差距,而教材又没有指出应该如何缩小这个差距。结果,学生不明白教材内容和现实世界有什么关系,学习的兴趣和热情因此大打折扣。

编写一本既反映研究前沿又能解释现实的教材,对任何人来说都是一个挑战。本书在这方面进行了尝试。与传统教材相比,本书具有一些适合学生学习的特点,力图保持学生对本学科的兴趣和掌握所学的内容。

首先,本书提供了大量的案例分析。这些案例分析有三方面的作用:加深对所学内容的理解,说明如何将理论运用于实际问题的分析,以及提供必要的历史资料。同时,部分案例分析也反映了相关主题的研究前沿,这些案例都取自学术期刊上的研究论文。为了保证案例分析能够紧密结合中国产业实践,本书所选案例几乎都来自中国,并尽量地选取最近发生的案例。

其次,为了尽可能地反映研究前沿,本书不但在内容上力求反映产业经济学领域中的最新理论进展,而且除导论外,在每一章的结尾部分都列出了推荐进一步阅读的文献清单,包括经典文献和对当期重要事件的最新讨论的文章。这个清单有助于学生在课后自己对感兴趣的问题做更深的研究。通过这种方式,虽然我们不能在这本本科生教材中纳入过多的理论前沿内容,但至少可以为学生提供一个缩小教材与研究前沿之间的差距的途径。

再次,本书的习题也与传统教材有所不同。除导论外,每章的后面都附有习题,用以测

---

① 《习近平:高举中国特色社会主义伟大旗帜 为全面建设社会主义现代化国家而团结奋斗——在中国共产党第二十次全国代表大会上的报告》,https://www.gov.cn/xinwen/2022-10/25/content_5721685.htm,2022年10月25日。

试和使学生加深对教材内容的理解。本书尽量避免那种不需要思考就可以直接在教材中找到大段答案的习题，大多数习题都有一定难度，需要灵活运用所学知识分析现实世界的资料才能得到答案。习题的范围很广，包括了从一般的计算练习到适合课堂讨论的"大"问题。

最后，本书在体例上参考了国际流行的经济学教材。除导论以外，每章的结尾处都有一个本章提要，概括本章的主要论点。在本书中出现的需要解释的关键术语或短语，都用加黑的字体表示，并且在该章的结尾处列出来。自第二章开始，每章按照先后顺序包括以下内容：主体内容和案例、本章提要、关键术语、本章习题、进一步阅读的文献和本章参考文献。

本书在编写过程中承蒙中国人民大学应用经济学院各位同仁的大力支持、关心和帮助，朱光、袁沫和唐逸雪承担了本书的部分查找、收集数据和绘图工作，在此一并表示衷心感谢。

作者还特别感谢科学出版社将本书列入科学出版社"十四五"普通高等教育本科规划教材，感谢科学出版社的方小丽编辑，她认真、细致、负责的工作态度，是本书得以顺利出版的保证。

作者还要感谢书中引用的观点、文献的作者。对于引用的文献，每章最后附有本章参考文献。由于作者水平有限，书中不足之处敬请读者批评指正。

杨天宇
2024 年 12 月

目 录

第一章
导论 ……………………………………………………………………… 1
第一节 为什么要学习产业经济学 ……………………………………… 1
第二节 产业经济学的研究对象 ………………………………………… 3
第三节 产业经济学的主要内容 ………………………………………… 6
本章参考文献 ……………………………………………………………… 9

第二章
产业组织（上） ……………………………………………………… 10
第一节 产业组织的理论流派 …………………………………………… 10
第二节 企业治理结构对产业组织的影响 ……………………………… 17
第三节 市场结构和市场集中度 ………………………………………… 20
第四节 产品差异化 ……………………………………………………… 27
第五节 进入和退出壁垒 ………………………………………………… 31
本章参考文献 ……………………………………………………………… 38

第三章
产业组织（下） ……………………………………………………… 40
第一节 市场协调行为 …………………………………………………… 40
第二节 市场竞争行为 …………………………………………………… 48
第三节 市场绩效 ………………………………………………………… 62
第四节 网络经济与产业组织 …………………………………………… 64
本章参考文献 ……………………………………………………………… 72

第四章
产业结构理论 ………………………………………………………… 73
第一节 产业结构演变规律 ……………………………………………… 73
第二节 平衡增长理论与大推动工业化 ………………………………… 80
第三节 不平衡增长理论与选择性产业政策 …………………………… 84

第四节　二元经济结构…………………………………………… 88
本章参考文献……………………………………………………… 98

第五章

产业结构优化………………………………………………………… 100
第一节　产业结构合理化………………………………………… 100
第二节　产业结构高度化………………………………………… 105
第三节　创新与产业结构高度化………………………………… 112
本章参考文献……………………………………………………… 119

第六章

产业关联……………………………………………………………… 120
第一节　产业关联概述…………………………………………… 120
第二节　产业关联分析的基本方法：投入产出法……………… 121
第三节　产业关联程度分析……………………………………… 127
第四节　产业波及效果分析……………………………………… 130
本章参考文献……………………………………………………… 142

第七章

产业发展……………………………………………………………… 143
第一节　产业生态化……………………………………………… 143
第二节　产业融合化……………………………………………… 147
第三节　产业集群化……………………………………………… 154
本章参考文献……………………………………………………… 167

第八章

产业模块化…………………………………………………………… 168
第一节　产业模块化的定义、特征和类型……………………… 168
第二节　产业模块化的理论基础………………………………… 173
第三节　计算机产业的模块化…………………………………… 179
本章参考文献…………………………………………………… 186

第九章

产业布局……………………………………………………………… 187
第一节　产业布局的影响因素…………………………………… 187
第二节　产业布局理论…………………………………………… 190

第三节　产业布局理论在中国的应用……………………………………… 201
　本章参考文献………………………………………………………………… 208

第十章

产业政策………………………………………………………………………… 210
　　第一节　产业政策的内涵和理论基础……………………………………… 210
　　第二节　产业结构政策……………………………………………………… 218
　　第三节　其他产业政策……………………………………………………… 226
　　第四节　产业政策效果评估………………………………………………… 229
　本章参考文献………………………………………………………………… 235

第十一章

政府规制概论…………………………………………………………………… 236
　　第一节　政府规制的原因和类型…………………………………………… 236
　　第二节　进入规制…………………………………………………………… 241
　　第三节　价格水平规制……………………………………………………… 245
　　第四节　价格结构规制……………………………………………………… 250
　　第五节　社会性规制………………………………………………………… 255
　本章参考文献………………………………………………………………… 258

第十二章

政府规制改革…………………………………………………………………… 260
　　第一节　政府规制改革的原因……………………………………………… 260
　　第二节　政府规制的放松…………………………………………………… 263
　　第三节　激励性规制………………………………………………………… 267
　本章参考文献………………………………………………………………… 278

第一章

导　　论

产业经济学是以"产业"为研究对象，分析现实经济问题的应用经济学科。这门学科产生的时间并不长，但却一直是经济学中一个富有吸引力而又颇多争议的研究领域。我国的产业经济学科建立于20世纪80年代中期，自建立以来，随着国家实施产业政策的需要，产业经济学在经济管理类学科发展中受到了高度重视。本章主要分析了产业经济学的学习价值和研究对象，并对本书的内容进行了概括性描述。

■ 第一节　为什么要学习产业经济学

从一些基本的经济统计数据中，即可看出产业经济学在中国日益增长的重要性。图1-1显示的是1978~2022年中国三次产业占GDP（gross domestic product，国内生产总值）比重的变化趋势。

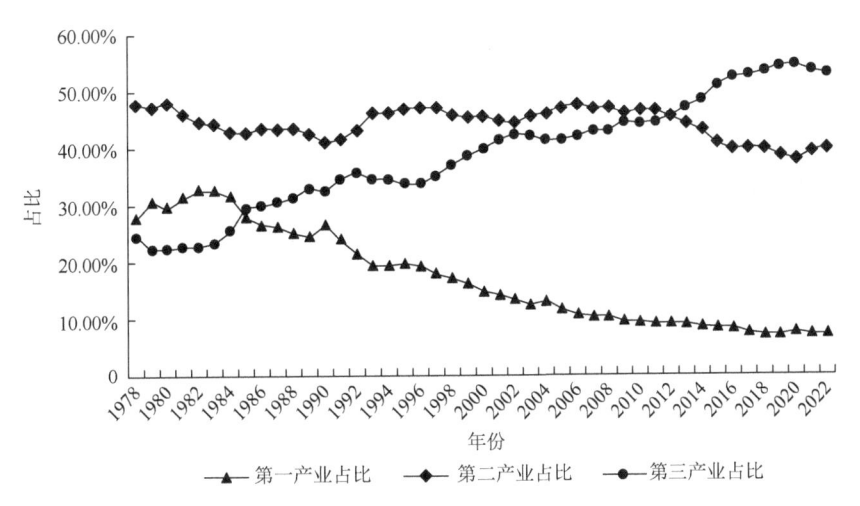

图1-1　1978~2022年中国三次产业占GDP比重的变化趋势

资料来源：国家统计局网站

显然，从图 1-1 中可以发现，与 1978 年相比，三次产业比重均出现较大变化。其中以农业为主的第一产业比重自 1982 年开始基本呈下降趋势，以制造业为主的第二产业比重高位波动后也开始下降，而第三产业，即服务业的比重趋势则持续上升。这说明，40 多年来中国曾经经历了工业化过程，但目前工业化的高潮已经过去，取而代之的是经济服务化趋势。这种此消彼长的产业结构变迁趋势一直是中国经济发展的重要组成部分。目前，几乎所有中国国内经济政策（如宏观调控、稳增长、就业以及收入分配政策），都不能忽视产业结构变迁的作用。进入 21 世纪以来，如何正确地调整产业结构一直是中国经济学界争论最激烈的话题之一。

除了经济服务化趋势之外，高技术产业的发展也同样令人瞩目。图 1-2 显示了中国高技术产业与规模以上工业企业主营业务收入之比的变化情况。

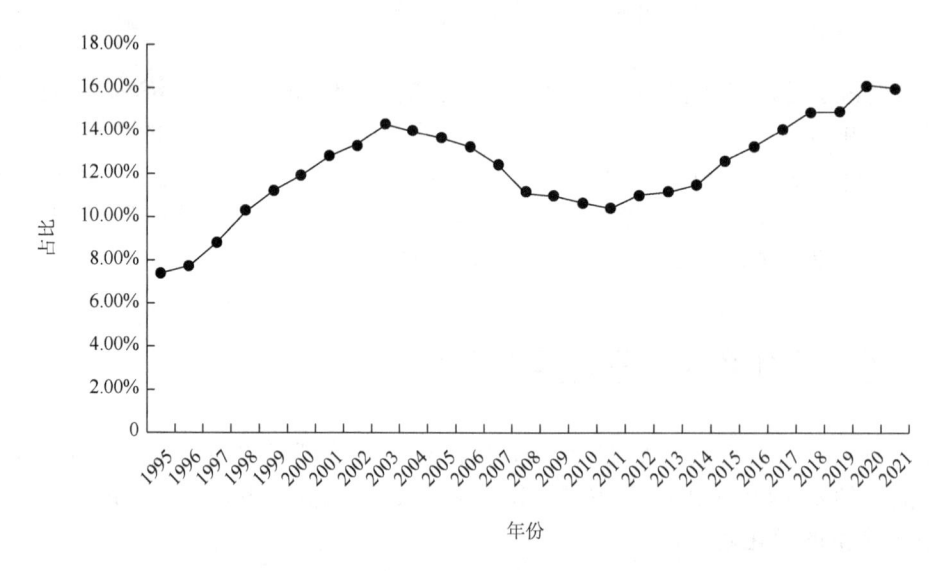

图 1-2　1995～2021 年中国高技术产业与规模以上工业企业主营业务收入之比

资料来源：EPS（Express Professional Superior）数据平台

从图 1-2 可以看出，高技术产业与规模以上工业企业主营业务收入之比虽有波动，但总体上呈上升趋势。这说明，虽然工业化的高潮已经过去，但高技术产业的发展仍然很迅速，越来越成为制造业增加值增长的支撑因素。结合图 1-1 和图 1-2，服务业和高技术产业日益成为未来经济增长的支柱，需要加快发展。这说明，所有国内经济政策的制定都应在经济服务化和高技术化的背景下进行，这意味着产业经济学对中国来说将会越来越重要。

产业经济学的另一个重要话题是产业组织。统计数据表明，大型企业在中国经济中的地位越来越重要。图 1-3 显示了大型、中型和小型工业企业总资产的变化趋势。

图 1-3 显示，总资产增长最快的是大型工业企业，小型工业企业次之，中型工业企业增长最慢。这说明，大型工业企业正在成为中国制造业的主要增长源泉。这样的结果令人喜忧参半。大型工业企业增长迅速意味着中国企业的规模经济优势不断增强，

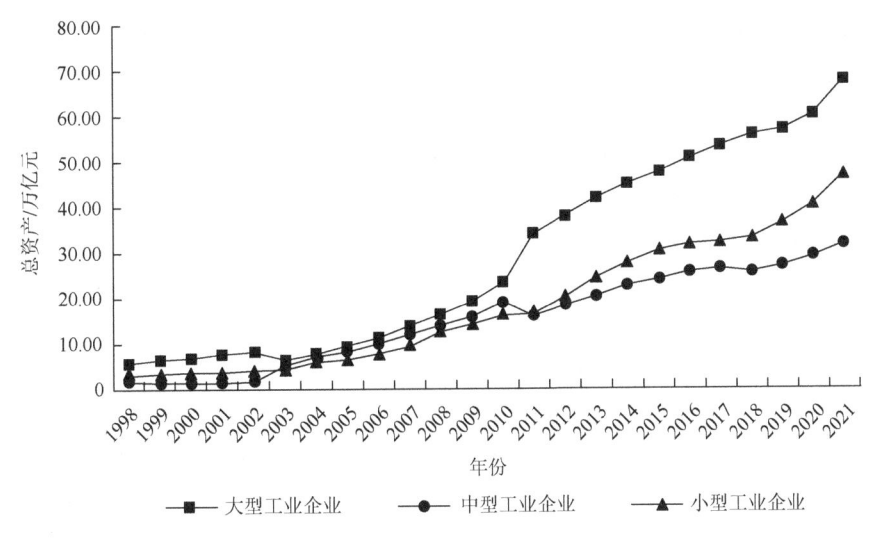

图 1-3　1998~2021 年中国大型、中型、小型工业企业总资产变化情况

资料来源：国家统计局网站

但中小型工业企业增长不那么快，则意味着中小型工业企业的竞争力不够理想。根据产业经济学中的产业组织理论，这说明中小型工业企业通过提高效率成为大型工业企业的概率不够高。发达国家的经验表明，经济要保持活力，需要大量高效率的中小型工业企业，以及由此带来的对于大型工业企业的竞争压力，进而使整个经济都处于高效率状态，这就需要制定相应的产业组织政策。这意味着产业组织理论对中国经济来说也是十分重要的。

上述图 1-1~图 1-3 中所描述的产业结构和产业组织现象，正是产业经济学的主要内容。学习产业经济学必将对理解中国经济、制定正确的经济政策具有重要作用。本书将介绍产业经济学的重要概念和方法，并结合它们在现实生活中的运用加以阐释。鉴于传统的产业组织、产业结构理论和政策分析对现代社会仍有相当重要的意义，本书将有不少篇幅介绍产业经济学的传统理论。同时，我们也尽力地介绍产业经济学中最新最前沿的研究，如产业集聚、产业融合、产业模块化等，以及一些传统问题的现代理解，如关于产业政策必要性的争议等。

第二节　产业经济学的研究对象

一、中国与欧美国家产业经济学研究对象的区别

产业经济学的研究对象，顾名思义是研究产业的，是关于产业经济理论和政策的经济学科。但对于什么是产业，它所包含的内容是什么，学术界的认识并不一致。欧美发达国家的产业经济学教科书认为产业（industry）是指生产同类有密切替代关系的产品的厂商在同一市场上的集合。所以，在这些国家，一般把产业经济学（industrial economics）看

作产业组织（industrial organization）的同义词，主要研究对象是无法用标准微观经济学教科书上的竞争模型来分析的微观经济学领域，仅仅研究同一产业内部企业之间的关系，主要关注市场结构、企业行为与市场绩效之间的关系和相关的公共政策。

而在中国，产业经济学的研究对象与欧美国家不同。中国国情和经济体制的特殊性，决定了中国的产业经济学研究不能仅限于产业组织。在计划经济时代，产业主要是指国民经济中的行业部门，如农业、工业、商业等。学科专业也相应设立了农业经济学、工业经济学、商业经济学。那时并没有明确的"产业经济学"名称。改革开放以后，中国的产业经济学科受日本学者的影响较深，日本产业政策的成功给当时的中国经济学家留下了深刻印象。因此，当时的中国经济学家特别重视产业结构理论及其政策。随着对外开放的不断加深，欧美产业组织理论也被大量引入中国，这使得中国的产业经济学也开始纳入产业组织理论。此后经过数十年的学科发展，以产业组织理论和政策为主要内容的欧美产业经济学体系，与以产业结构及政策为研究重点的日本产业经济学体系的组合，已成为当前国内产业经济学研究的主要内容。目前，一般认为中国的产业经济学除了包括产业组织，还包括产业结构、产业关联、产业布局、产业政策，以及政府规制（government regulation）等。近年来，越来越多的产业经济学教科书把产业集聚、产业融合、产业模块化等也包括进去。

可见，中国的产业经济学包含了相当丰富的内容，属于"宽口径"研究对象的产业经济学。不仅研究同一产业内部企业之间的关系（产业组织），而且也研究不同产业之间的关系（产业结构）。按照现阶段中国产业经济学研究的内容，作为产业经济学研究对象的产业，可以从两个层面来理解其含义。在产业组织层面上，产业是指生产同类或有密切替代关系的产品、服务的企业集合；在产业结构层面上，产业可以界定为使用相同原材料、具有相同生产工艺或相同产品用途的企业集合。前者可用于分析同一产业内企业之间竞争和垄断的关系，后者可用于分析各产业部门间的供给、需求及其相互关联等问题。

二、为什么中国需要"宽口径"的产业经济学

欧美国家的产业经济学起源于这些国家反垄断的政策实践，虽然有各种流派之争，但研究对象都是特定产业内部的垄断和竞争问题，而不研究或很少涉及产业之间的资源配置关系。这不是因为后者在经济发展中地位不重要，而是因为这些国家的学者普遍认为市场可以通过"看不见的手"圆满解决资源在产业间的有效配置问题。例如，著名的一般均衡理论就指出，市场价格可以自动地实现所有市场（也就是产业）总供给和总需求的同时均衡。而由于政府并不比市场和企业家掌握更多的信息，也不比后者更高明，所以不需要由政府调节产业间的资源配置。因此，西方学者在对产业的研究中，往往忽略产业间的资源配置问题，主要关注产业内部的垄断及其外部性问题等市场失灵问题，按照标准的微观经济学理论，这类问题是需要政府介入的。

仅限于研究产业组织的西方产业经济学，并不适用于经济发展水平较低，而且国情与西方国家存在重大差异的中国经济。中国作为一个经济转型中的发展中国家，与大多数发展中国家和经济转型国家一样，都存在着市场发育不充分、市场功能不完善等问题，无法

像西方国家一样，基本上通过市场机制解决产业间的非均衡问题，而需要更好地发挥政府在产业之间配置资源的作用。此外，中国经济仍处于追赶发达国家的阶段，实施某种形式的产业政策是稳定和保持本国经济增长速度必不可少的措施。这些因素都决定了研究不同产业之间的关系，以及相应的产业政策，是中国经济所必需的。

即使是在欧美发达国家，产业组织之外的产业问题也不是可有可无的。这些国家也都存在着信息外部性和技术外部性造成的广义市场失灵问题，以及各种形式的市场协调失灵问题，而这些问题难以依靠总量政策（财政政策、货币政策等）来解决，客观上需要在产业结构、产业关联、产业布局等方面采取措施。自20世纪80年代以来，西方发达国家也在实施灵活的产业政策以纠正市场失败。例如，在2008年之后，为了应对世界金融危机，欧美发达国家政府纷纷出台措施调整衰退产业、支持制造业回归和复兴、扶持战略性产业等。这些有关产业的措施显然不是产业组织理论可以解释的。这充分说明，即使是西方发达国家，面对全球化的竞争，也不能忽视产业政策，也必须发挥政府在产业结构调整过程中的作用。只不过西方发达国家的学术界还没有把这些政策实践整合成新的产业经济学科。

因此，符合中国国情和世界大趋势的产业经济学科，就不仅要重视对产业组织的研究，也要十分重视对产业结构和产业关联、产业发展等问题的研究。本书中除了产业组织和政府规制以外的其他章节，如产业结构理论、产业结构优化、产业关联、产业发展、产业模块化、产业布局和产业政策等，都是当前中国经济中正在积极运用或不断发展的理论，与经济现实有密切的关系。中国学生学习中国的产业经济学，就应该熟悉和了解上述理论，从而加深对中国现实经济的了解，而不能仅仅知道怎么反垄断和放松规制（deregulation）。这正是我们需要研究和学习"宽口径"产业经济学的原因。

三、产业经济学与其他经济学科的区别和联系

产业经济学与微观经济学、宏观经济学、发展经济学等学科在研究对象上存在一定的区别与联系。首先，作为产业经济学重要组成部分的产业组织理论的研究对象是不完全竞争领域的垄断和竞争，可以将其看作微观经济学向产业经济领域的延伸和应用。不过，产业组织理论与微观经济学中的不完全竞争理论并不是一回事。微观经济学偏重理论，主要以单个经济主体（企业、家庭）的行为作为分析对象，研究企业如何在约束条件下实现利润最大化，家庭如何在约束条件下获得效用最大化。具体到不完全竞争经济学，该部分内容主要考察厂商在各种不完全竞争条件下的短期均衡和长期均衡。而产业组织理论偏重应用，主要考察产业内的垄断和竞争程度与产业内企业的市场行为和市场绩效之间的关系，主要目的是通过对市场绩效来源的研究，制定合理的反垄断政策。至于微观经济学所关注的厂商利润最大化和短期均衡、长期均衡等问题，仅仅是产业组织所有内容的背景条件，并不对这些内容进行专门研究。我们可以把微观经济学与产业经济学的区别，理解为理论与应用的区别。

产业经济学中的产业结构理论，与宏观经济学也有一定的联系，二者的研究对象都是企业加总后的某种集合，但二者也存在重大区别。产业结构是一种结构分析，主要关注不

同产业之间的关系,以及这种关系对总量经济增长的影响;而宏观经济学是一种总量分析,仅仅关注国民经济中的经济总量变化及其规律,抽象化了宏观经济中不同产业之间的关系。所以,产业结构理论实际上是对宏观经济学的有益补充和深入发展,它可以将宏观经济分析深入到产业层面,为总量经济的均衡或失衡提供具体的原因。

产业结构理论与宏观经济学中的经济增长理论也有密切关系,二者的研究目的都是要解释经济增长的源泉。经济增长理论认为,经济总量随劳动、资本投入量和技术进步的增加而增加,其假定前提是不同产业的边际生产率相同。因此,要素在不同产业之间的流动不会导致总产出的增加。而产业经济学则认为,不同产业的边际生产率是有差异的,要素在不同产业之间的流动和重新配置,能够导致总产出的增加。因此,经济增长除了取决于劳动、资本和技术进步之外,还应取决于结构转变。从二者的上述区别可以看出,产业结构理论实际上是经济增长理论向产业层面的拓展,它大大加深了人们对经济增长源泉的理解。

产业经济学与发展经济学的研究对象也有一定交叉,二者都十分重视经济结构的变动,并且认为经济结构中最重要的是产业结构。但是,产业经济学研究的是广义的产业结构,而发展经济学主要关注二元经济结构。二元经济结构是广义产业结构中的一种,也是产业经济学的研究对象。因此,虽然产业经济学与发展经济学的研究内容并不完全一致,但也存在一定的重叠。

第三节 产业经济学的主要内容

产业经济学主要包括两部分内容:一是研究同一产业内部企业之间的关系,二是研究不同产业之间的关系。这两部分内容构成了产业经济学研究的主体,贯穿这一主体的是八大主题:产业组织、产业结构、产业关联、产业发展、产业模块化、产业布局、产业政策及政府规制。

一、产业组织

很多人都喜欢去大企业工作,无论是大型央企,还是大型跨国公司,都在就业市场上很受欢迎。大企业的好处是显而易见的,例如,在大企业工作报酬较高,相对于小企业比较稳定,不必担心企业随时破产等。但是这些好处都是对个人而言的,对国家来说,大企业未必总是会带来好处。一些经济学家认为,大企业垄断了市场,其产品定价是垄断高价,所以才有更好的业绩;但也正由于垄断,这些大企业的效率并不高。所以,他们认为政府应该限制大企业的发展,打破垄断、引入竞争。而另一些经济学家则认为,低效率的大企业仅限于那些受政府许可证保护的企业,而那些从激烈的市场竞争中由小到大成长起来的大企业,效率都是很高的。即使这些企业规模较大,因为没有政府保护,也必须像小企业一样努力经营,以应对潜在竞争者的威胁。所以,他们认为政府应该保护那些高效率的大企业。那么,谁的意见更加正确?要判断这个问题,就需要一些必要的概念和分析工具,这正是本书第二章和第三章的主要内容。这两章提供了一些有用的概念,包括市场结构,用于分析行业内部的垄断和竞争程度；市场行为，用于分析企业的定价、广告、合并和研发创新等行为；市场绩效，用于分析企业绩效的评价准则及其度量指标。如何合理地运用这些概念和相应的分析工具，来判断大企业良好绩效的来源，以及制定相应的反垄断政策，是第二章和第三章的主要议题。

二、产业结构

站在目前这个时点上看，中国比印度强大是理所当然的，日本比阿根廷发达是显而易见的，但如果倒退回 70 年前，情况完全不是这样。1950 年，中国人均 GDP 只有印度的一半，日本的人均 GDP 还不到阿根廷的一半。为什么会出现如此天翻地覆的变化？产业结构可能是其中的一个重要因素。第四章第一节介绍了产业结构演变的一般规律，第二节和第三节详细说明了平衡增长理论和不平衡增长理论，这两个理论对于解释上述中国和日本的经济奇迹很有用处。中国和日本都是先设法建立独立完整的工业体系，然后在此基础上通过主导产业发展来带动这个工业体系。事实证明，这是一条容易取得成功的发展路径，其理论基础就是第四章第二节和第三节的主要内容。此外，当一个国家经济高速增长时会出现城市化的趋势，第四章第四节的二元经济理论，对城市化的过程及其产生的问题进行了分析。

利用产业结构发展经济是个好主意，但在推动产业结构优化的过程中会遇到很多问题。我们将在第五章介绍有关产业结构优化的一些具体问题，包括产业结构合理化、产业结构高度化的衡量标准和实现途径，产业高端化的实现条件，以及如何通过创新推动产业结构升级。

三、产业关联

如果注意观察中国经济就会发现，大多数地方政府的工作报告中提到要重点发展的产业，都集中于少数几个产业，如汽车、通信、电子等；而有些产业虽然名声响亮、绩效良好，如啤酒、白酒和矿泉水，但很少被地方政府列为重点发展产业。之所以出现这种现象，不是因为后者的产量或产值太低，而是因为后者缺乏带动其他产业的能力，这种能力就是产业关联。利用投入产出表及其衍生出的各种方法，我们可以计算出任何一个产业对其他产业的带动作用，乃至对整体国民经济的影响，甚至可以计算出任何一个投资项目对国民经济各产业产出增量和价格变化的影响。对于宏观经济管理部门来说，这显然是一个非常有用的工具。本书第六章专门介绍了以投入产出表为代表的产业关联分析工具，利用这个工具，我们可以很方便地分析第四章和第五章提到的主导产业选择问题，以及一系列与宏观经济管理有关的议题。

四、产业发展

进入 21 世纪，产业发展的趋势已不限于产业结构合理化和高度化，而是出现了一些新现象。第七章介绍了产业发展的三个新趋势，即产业生态化、产业融合化和产业集群化。这三大趋势不仅难以用传统的产业结构理论来解释，而且可以说是颠覆了传统的产业经济学。例如，产业生态化体现了新兴的循环经济趋势，提供了一种更加高效率地解决负外部性问题的模式；产业融合化的含义是随着技术进步和政府规制放松，原来看似互不相干的不同产业可以在统一技术标准下提供相同的产品和服务，这是传统产业组织理论难以解释的；产业集群化则提出了产业的地理集中现象，而且这种现象有自我强化的趋势，即产业集群化的规模越大，就越容易吸引更多的企业加盟产业集群，这种不同于企业层面规模经济的现象，对区域差距有极强的解释力。上述三大产业发展趋势也是中国经济的核心话题，因为自进入 21 世纪以来，中国经济也出现了明显的产业生态化、融合化和集群化趋势。

五、产业模块化

我们身边某些司空见惯的现象，很可能反映了产业经济中的深刻变革。例如，很容易就可以观察到，组装一台电脑比组装一台电视机容易得多，会修电脑的人比会修电视机的人多得多。其中的秘诀在于模块化。电脑是模块化产品，复杂的线路都被整合到几个有限的模块中去了；而电视机的模块化程度没有这么高，仍然有复杂的线路。所以，组装和修理电脑要比电视机容易。产品模块化推而广之就是产业模块化，这也产生了重要影响。众所周知，电脑和手机的更新换代速度要比电视机快得多，原因在于前者更好地实现了产业模块化，在同一个技术标准下，可以有很多企业同时对组成电脑或手机的某个模块进行设计和研发创新，所以它们才能够每隔几个月就更新换代一次。产业模块化的威力是显而易见的，目前几乎所有发展迅速的高科技产业，都实现了产业模块化。我们将在本书第八章介绍产业模块化的发展规律、类型和特点，特别是要通过计算机产业模块化的案例，分析中国企业采取"低端价值链进入"或者"新客户群体进入"这两种策略赶上发达国家先进企业的可能性。

六、产业布局

中国的地区差距经常给人留下深刻的印象，经济发达的东南沿海地区与经济欠发达的西北地区存在很大差距。即使不考虑相距遥远的东部和西部差距，在某些距离很近的城市之间，也存在较大的地区差距。产生这种差距的主要原因，其实就是产业布局的差距。如果产业集中布局在某些有限的地区，而其他地区产业布局稀少，那么地区差距显然就会出现。第九章回顾了 100 多年来经济学界对于产业布局的理论解释，然后运用这些理论，结合中国各地区的实际情况，对中国东、中、西部的地区差距，以及某些局部区域内城市之间的地区差距，进行了分析和讨论。这些分析的目的不是给出欠发达地区应该怎么做的标准答案，而是给出如何通过产业布局缩小地区差距的逻辑和方法。实际上，第九章提到的很多理论都认为，产业布局有固化的趋势，缩小地区差距绝非易事。但我们仍然可以从这些理论逻辑与现实的碰撞中，得出一些有价值的政策思路。

七、产业政策

产业政策是产业经济学领域最富争议的话题之一。虽然几乎所有成功的发达国家和新兴工业化国家都采取过产业政策，但产业政策失败的例子几乎与成功的例子一样多。正由于它有争议，所以令人更加感兴趣。第十章介绍了产业政策的理论基础、争议、类型、政策手段和评估方法等多方面内容。读完了这一章你会发现，产业政策实际是一个理论基础不统一、定义庞杂、类型和手段多样的大杂烩，这可能是它引起争议的真正原因。尽管如此，通过条分缕析地分类，我们仍然可以把握住产业政策的各条线索，并最终弄清楚产业政策的全貌。大体上说，产业政策的理论基础是传统市场失灵和市场协调失灵，主要可分为选择性产业政策和功能性产业政策，其中功能性产业政策有取代选择性产业政策成为未来大方向的趋势。评估产业政策的效果非常困难，但仍然可以通过灵活运用工具变量（instrumental variable，IV）、双重差分（difference-in-difference，DID）和断点回归（regression discontinuity）等政策评估方法，得出相对可靠的结论。学习第十章的内容，将有助于你清晰地识别社会上关于产业政策争论的是非曲直，并对如何正确实施产业政策、如何正确应对产业政策做出合乎理性的判断。

八、政府规制

政府规制其实是产业政策的一个分支，但它的应用范围比较狭窄。政府规制只适用于公用事业，或用经济学术语所称的自然垄断产业。通过日常生活中的观察，我们很容易发现自然垄断产业与其他产业不同。大多数产业内都有数量众多的企业激烈竞争，而且这些企业可以自主决定本企业的价格和投资决策；然而自然垄断产业内只有极少的几家企业，甚至是一家垄断整个市场，而且它们不能自主决定价格和投资，必须服从政府规制部门的命令。这些区别来自自然垄断产业独特的技术经济特征，但这并没有改变以下事实：自然垄断企业仍然是追求利润最大化的，如果政府的规制措施不能使它们利润最大化，它们就会采取别的方式，如偷懒和高报成本等方式，来实现利润最大化目标。这使得政府对自然垄断企业的价格规制和进入规制成为一个难题。第十一章和第十二章详细介绍了政府规制的来龙去脉、价格规制和进入规制的内容与存在的问题，以及近年来政府为了解决问题而实行的政府规制改革，包括放松规制和激励性规制等方式。学习了政府规制部分，不仅可以使读者掌握相关的知识和技能，而且有助于读者了解中国下一步政府规制改革的方向。

本章参考文献

蒋选，杨万东，杨天宇. 2006. 产业经济管理. 北京：中国人民大学出版社.
刘志彪. 2015. 产业经济学. 北京：机械工业出版社.
王述英，白雪洁，杜传忠. 2006. 产业经济学. 北京：经济科学出版社.

第二章 产业组织（上）

产业组织理论是现代产业经济学的重要组成部分，它主要研究的是产业内不同企业之间的关系，这些关系的核心是同类产品市场的竞争和垄断状态。本章主要介绍了产业组织理论流派的形成、基本观点和政策主张，以及市场结构的主要类型及其影响因素。了解这些内容，可以为完整和准确地理解产业组织理论打下基础。

■ 第一节 产业组织的理论流派

一、产业组织理论的起源

产业组织理论是经济学家运用微观经济理论分析企业、市场和产业的相互关系，以及分析和指导产业组织政策制定的一门应用经济学，其研究对象是产业组织。**产业组织**是指市场经济条件下同一产业内部各企业之间的相互关系，也就是产业内各企业之间竞争与垄断的关系。之所以称产业组织，实际是指产业内企业与市场的合理组织，即在市场机制作用下，既要使企业充满竞争活力，实现有效竞争，又要充分利用规模经济性，避免过度竞争带来的低效率。

产业组织理论的起源可追溯至阿尔弗雷德·马歇尔。在马歇尔于1879年出版的《产业经济学》中，有几章的标题就包含"产业组织"一词。这些内容构成了马歇尔《经济学原理》的重要组成部分。其中一章讨论的是自亚当·斯密的《国富论》发表以后广为人知的一个主题，即劳动分工对于生产率的影响。而其他各章则讨论了大规模企业的经济性、产业的地理分布以及不同企业组织形式（如合伙制、股份有限公司等）的优劣。马歇尔在谈到生产要素时，在萨伊的三要素基础上，把组织列为一个独立的生产要素。他注意到追求规模经济的结果是阻碍价格机制的作用和垄断的发展，这一矛盾被后人称为"马歇尔冲突"，成为产业组织理论探讨的核心问题。

到了 19 世纪末和 20 世纪初，现代大型制造业公司在美国的兴起，以及当时美国企业的兼并风潮，使得人们在热衷于讨论公司组织问题的同时，也开始关注垄断问题。1933 年，美国哈佛大学教授张伯伦和英国剑桥大学讲师罗宾逊夫人分别出版了《垄断竞争理论》和《不完全竞争经济学》，不谋而合地提出了垄断竞争理论。这一理论认为，在现实世界中，通常是各种形式和不同程度的竞争与垄断交织并存。其中，张伯伦特别注重分析现实的市场关系，他所提出的一些概念和观点成为现代产业组织理论的重要来源。他以垄断因素的强弱程度为依据，对市场形态做了分类，把市场划分为从完全竞争到独家垄断的多种类型，并总结了不同市场形态下价格的形成及其作用。另外，他还专门分析了垄断竞争、同类产品的生产者集团、企业进入和退出市场、产品差异化、过剩能力下的竞争等一系列问题。在继承张伯伦等的垄断竞争理论的基础上，美国哈佛大学教授梅森在 1938 年在哈佛大学建立了第一个产业组织理论研究机构——"梅森联谊会"。1959 年，梅森的学生贝恩出版了第一部系统论述产业组织理论的教科书《产业组织》，这标志着传统产业组织理论的形成。谢勒（Scherer，1970）则系统地论证了"市场结构-市场行为-市场绩效"的理论体系，最终形成了哈佛学派。

二、哈佛学派的 SCP 分析框架

哈佛学派产业组织理论的特点，是构造了一个既能深入具体环节，又有系统逻辑体系的市场结构-市场行为-市场绩效分析框架。这一方法将产业作为一个分析单位，它所利用的是所观察产业的诸项特征，并据此对产业中企业的行为做出预计，而其最终目标则是对真实世界中不完全竞争产业的绩效，与微观经济学教科书中所说的完全竞争产业的绩效加以比较。在 20 世纪 70 年代初期的美国和 20 世纪 80 年代初期的欧洲，市场结构-市场行为-市场绩效范式是产业组织理论的标准分析框架。

（一）SCP 分析框架的形成

作为产业组织理论的开创性论著，贝恩的《产业组织》的最大贡献，是在明确定义了产业组织理论一系列基本概念的基础上，完整地提出了市场结构（structure）-市场行为（conduct）-市场绩效（performance）分析框架，简称为 **SCP 分析框架**。这个分析框架后来成为传统产业组织理论的核心内容。不过，贝恩最终并没有对他所提出的 SCP 分析框架做出更为一般化的完整说明，特别是对市场行为的决定因素及其对市场绩效的影响，以及 SCP 分析框架中各环节的关系，还缺乏系统的论证。直到 1970 年谢勒的《产业市场结构和经济绩效》发表以后，传统产业组织理论的结构-行为-绩效范式才最终得到了系统完整的阐释。概括说来，谢勒对 SCP 分析框架的最主要贡献是揭示了市场行为对市场结构的反馈效应。例如，强有力的研究与开发可能改变一个产业的技术，从而可能改变产品成本状况和产品差异化程度。又如，卖者所采取的协调其价格相互影响的行为可能提高或降低进入壁垒，从而对长期市场结构产生影响。也正因为如此，迄今为止产业组织学文献中有关 SCP 分析框架的说明和具体应用，大多是以谢勒所做出的解释为蓝本的。下面我们简单介绍一下 SCP 分析框架的具体内容。

市场结构（S）是指影响竞争和垄断程度的市场组织特征，包括厂商规模、产业集中度、进入和退出壁垒、产品差异性等。决定市场结构的主要是市场集中度、产品差异化程度及进入和退出壁垒的高低。其中，市场集中度是指特定市场中前几位最大企业所占的市场份额，市场集中度越高说明大企业的市场支配能力越强，企业间的竞争程度越低。产品差异化是指在同一产业内，不同企业或以不同品牌生产的同类商品，在质量、款式、性能、销售服务等方面存在差异，从而导致产品间不能完全替代的情况。进入和退出壁垒则是指在特定产业中，各种阻止企业进入和退出该产业的不利因素或障碍。

市场行为（C）是指厂商在充分考虑市场的供求条件和与其他企业关系的基础上所采取的各种决策行为，包括企业的定价行为、广告行为、企业兼并行为和研发创新行为等。另外，卡特尔、串谋等行为也属于市场行为的范畴。贝恩所开创的传统产业组织理论，其显著特点是强调市场结构对企业市场行为的决定作用，因此较少关注企业的市场行为本身及其对市场结构的反向影响，而更注重分析企业市场行为所带来的市场绩效。

市场绩效（P）是指在一定的市场结构和市场行为下，企业运行的最终市场效果，具体说就是满足特定目标的评价标准。这些目标包括效率、经济增长、就业、稳定、公平分配等。其中效率目标最重要，包括利润率、生产率和资源配置效率等。

在这里，市场结构、市场行为、市场绩效之间存在着因果关系，即市场结构决定企业在市场中的行为，而企业行为又决定企业的经济绩效。换句话说，有什么样的市场结构，就会产生与之相匹配的市场行为，最后达到相应的市场绩效。因此，为了获得理想的市场绩效，需要通过公共政策（即产业组织政策）来调整和改善不合理的市场结构。也就是说，SCP 分析框架的基本分析程序是按照市场结构—市场行为—市场绩效—产业组织政策的顺序展开的。需要指出，这里所说的"理想的市场绩效"不是指市场绩效（如利润率）越高越好。例如，假如某企业利润率高得惊人，这绝不意味着理想的市场绩效。恰恰相反，这只能说明该企业垄断程度很高，对市场的支配能力很强，以至于采取了垄断高价的市场行为，所以才会有这么高的利润率。从资源配置优化的角度来看，该企业这样的市场绩效意味着它破坏了资源配置优化，降低了全社会的资源配置效率。根据微观经济学原理，一个企业理想的市场绩效（如利润率）应该是相当于完全竞争条件下的市场绩效（即正常利润率），因为资源配置的帕累托最优状态只有在完全竞争条件下才能实现。一旦企业的市场绩效偏离了完全竞争条件下的正常利润率，则说明市场结构偏离了资源配置最优状态，需要利用产业组织政策进行矫正。

产业组织政策是指为了促进资源在产业内企业间的合理配置，由政府制定的用以引导和干预市场结构与企业市场行为的政策。哈佛学派主张，有效的产业组织政策应是通过反垄断的政策取向，形成和维护竞争性的市场结构。哈佛学派的反垄断政策主要体现在以下三个方面：第一，要求政府干预市场结构，对垄断性的市场结构，要在考虑规模经济和技术进步的情况下给予结构性矫正，具体做法包括拆分企业以降低市场集中度、降低进入壁垒和降低产品差异化程度等；第二，要求政府采取严厉的法令，管制企业间的联合和兼并行为；第三，要求政府严格执行反托拉斯法，对各种反竞争行为，如串谋、价格歧视、排他性交易协议、默契的价格领导制等行为进行严格限制。

(二) 经验分析方法

与 SCP 分析框架相对应,贝恩对于产业组织理论的另一个重要贡献,是成功地开创了以跨部门研究为主的经验性产业组织分析方法。早在《产业组织》出版之前,贝恩在《利润率与产业集中的关系:美国制造业(1936—1940)》和《新竞争者的壁垒》这两篇著名论著中,便已显示了运用产业层次的数据进行跨部门统计分析对于产业组织研究的重要意义,从而成功地把产业组织经验性研究的焦点从单个产业的案例研究转移到跨部门经验分析上。较之采用案例研究方法而言,这一方法无疑能使产业组织问题得到更为客观的描述和论证。正因为如此,在 20 世纪 60~70 年代的各类经济学杂志中,充斥着大量的产业组织跨部门研究文献。采用政府部门提供的数据,并通过回归分析来解释各产业平均利润率的差别,以及不同的市场结构状态对这种差别的影响。这成为当时这一领域几乎所有研究的共同特征。

正是在运用这一方法进行跨部门经验性分析的过程中,贝恩提出了传统产业组织理论中著名的"集中度-利润率假说"。贝恩于 1951 年调查了美国制造业中的 42 个产业,并将它们分为两组:一组是最大的八家企业市场份额之和(即市场集中度)大于 70% 的 21 个产业,另一组是同一指标小于 70% 的另外 21 个产业。调查结果显示这两类产业群之间存在很大的利润率差异,前者利润率平均为 11.8%,后者平均只有 7.5%。据此,贝恩认为,在市场集中度高到使有效的串谋成为可能的条件下,少数大企业之间的串谋行为,以及通过市场进入壁垒限制竞争的行为会削弱市场的竞争性,结果提高了产业的平均利润率,使垄断厂商获得了超额利润、破坏了资源配置效率。这就是"集中度-利润率假说"。这一假说不仅成为 20 世纪 70 年代中期之前经验性产业组织研究所关注的焦点,而且由于其揭示了市场结构与市场绩效之间的经验性关联(集中度+进入壁垒→利润率),因而也一度成为市场经济国家反垄断政策的一项基本依据。

(三) 简要的评论

在 SCP 分析框架下进行的产业组织问题研究,具有明显的经验主义性质,所揭示的经济关系实际上在很大程度上只是一种相关关系,而未必揭示其内在的因果关系。这是哈佛学派受到的最主要的批评。由于变量之间的回归具有良好的计量统计指标并不意味着存在因果关系,学术界认为,产业组织学者发现的变量之间的回归结果,需要进行因果关系的逻辑解释。这种方法的早期研究还有一个不容忽视的特点,那就是哈佛学派的早期研究常常是直接从市场结构推导出市场绩效结果,对中间的市场行为则很少关心,以至于这种分析特点被冠以结构主义的名称。这种忽视市场行为的研究传统也遭到了其他学派的批评。

三、芝加哥学派的产业组织理论

产业组织理论的芝加哥学派是在与哈佛学派的争论中产生的。芝加哥学派是指以施蒂格勒（Stigler）、德姆塞茨（Demsetz）、布罗曾（Brozen）、佩尔兹曼（Peltzman）和波斯纳（Posner）等为代表的，在20世纪60～70年代形成的产业组织理论，这种理论有别于哈佛学派。1968年施蒂格勒的《产业组织》一书的问世，标志着芝加哥学派在理论上的成熟。这个学派曾一度处于非主流的地位，但目前已经逐渐取得了主流学派的地位，对20世纪80年代以来反垄断政策和政府规制政策的转变有很大的影响。

（一）芝加哥学派的研究范式

在对SCP分析框架的早期批判中，芝加哥学派发挥了重要的作用。芝加哥学派继承了自奈特（Knight）以来芝加哥大学传统的经济自由主义思想，推崇自由市场中竞争机制的作用，相信市场经济的自我调节能力。他们主张国家应该尽量减少对市场竞争过程的干预，把国家干预限制在仅仅为市场竞争确立制度框架的条件上。他们强调新古典主义的价格理论在产业活动分析中的实用性，坚持认为产业组织及公共政策问题仍然应该通过价格理论的角度来研究，主张把价格理论模型作为分析市场的基本工具，并主要基于价格理论模型对企业行为和绩效做出预期，并借此设计检验其理论的经验性分析模型。芝加哥学派的崛起，在理论上导致了产业组织研究由经验实证向逻辑实证分析的转变。该学派强调，实证研究需要严格的理论分析，经验研究的统计结果需要理论证明，因为事实不能解释事实。芝加哥学派的这种研究范式，与哈佛学派在产业分析中更重视价格理论难以解释的问题，并把这些问题用产品差异化和进入壁垒等概念加以说明的方法，在方法论上形成鲜明的对照。

（二）芝加哥学派对哈佛学派的批评

芝加哥学派与哈佛学派争论的焦点，是对于市场结构和市场绩效之间因果关系的分歧。芝加哥学派提出，企业效率才是市场结构的最主要影响因素；垄断实际上是高效率企业不断发展壮大的结果，而不是垄断的市场结构导致了垄断企业的高利润率。可见，芝加哥学派理论的逻辑方向与哈佛学派完全相反。哈佛学派认为市场结构决定了市场绩效，而芝加哥学派却主张市场绩效决定了市场结构。具体来说，芝加哥学派从以下三个方面对哈佛学派的主张进行了反驳。

（1）市场结构不能在长期里决定市场绩效。芝加哥学派认为，即使市场中存在某些垄断势力或不完全竞争状态，但只要不存在政府的进入规制，这种不均衡状态在现实中就只能是暂时的。例如，在高集中度的市场中，如果企业之间采取秘密的卡特尔等共谋或协调行为，也许就可以获得高额利润率。但是，只要没有政府的进入规制，这样形成的高利润率就是不可持续的，因为高集中度产生的高利润率会吸引大量新企业的进入，同时也会诱使卡特尔协议的签订者背叛协议，结果导致高利润率重新变回正常利润率。因此，按照布罗曾的话说，高集中度市场上企业获得高利润是市场处于非均衡状态的暂时现象，它会随着市场趋向均衡而消失。既然高集中度部门获得高利润率不是长期稳定的现象，那么也就不存在垄断势力和垄断利润，从而市场结构决定市场绩效的理论在逻辑上是不正确的。

（2）高利润率是高效率的结果。芝加哥学派认为，并不是市场结构决定了市场绩效，恰恰相反，市场绩效才是起决定性作用的因素，不同的企业效率形成不同的市场结构。正是由于一些企业在激烈的市场竞争中能取得更高的生产效率，所以，它们才能获得高额利润，进而促进了企业规模的扩大和市场集中度的提高，形成以大企业和高集中度为特征的市场结构。芝加哥学派断言，高集中度市场中的大企业必然具有高效率，而产生这种高效率的原因并不是垄断势力，而是这些大企业具备的规模经济性、先进的技术和设备、优秀的产品质量和完善的企业管理等因素。在芝加哥学派看来，如果一个产业持续出现高利润率，那么完全可能是该产业中的企业高效率因素作用的结果。德姆塞茨就指出，在竞争的压力下，如果不存在有效的进入壁垒，那么市场份额集中到少数几家企业手中，似乎只能是由于这些企业在生产和销售产品方面的优越性。按照这个逻辑，高利润率与其说是破坏了资源配置效率，不如说是对高效率企业的奖励。因此，只要不存在政府人为的进入规制，即使某个产业的垄断程度较高，政府也没有必要进行干预。可见，芝加哥学派特别强调判断集中度和定价结果是否提高了效率，而不是像哈佛学派那样只看是否损害了竞争。

（3）芝加哥学派的实证研究。德姆塞茨等通过许多实证研究批判了哈佛学派的"集中度-利润率假说"。德姆塞茨认为，如果高市场集中度与企业利润率的正相关关系是协调定价和价格上升的结果，那么按照这种逻辑，当市场集中度上升时，不同规模企业的利润率应该都会提高。但德姆塞茨通过比较不同规模企业在市场集中度上升时的利润率变化，发现不同规模企业的利润率并没有随产业集中度的上升而提高，这表明高集中度导致企业垄断定价、勾结定价，从而获得垄断利润的逻辑并不成立。布罗曾的研究也发现，贝恩1951年研究的42个产业中，高集中度的产业群和较低集中度的产业群之间存在4.3%的利润差异，而到了1953～1957年，这一利润差异已降至1.1%。这说明不是建立在高效率经营基础上的高利润率水平，都会招致其他企业的大量进入而使利润率快速下降至平均水平。如果高集中度市场上长期出现高利润率，那只能说明是该市场中大企业的经营具有高效率。从这一立场出发，芝加哥学派否认哈佛学派SCP分析框架的成立，认为与其说存在着市场结构决定市场行为进而决定市场绩效这样的因果关系，不如说是市场绩效或市场行为决定了市场结构。

（三）芝加哥学派的产业组织政策

基于市场绩效决定市场结构的理论逻辑，芝加哥学派认为市场份额集中在大公司手里有利于提高效率，是大企业高效率的自然结果，与市场垄断势力无关，政府对此进行干预是没有必要的。因此，他们主张放松反托拉斯法的实施，放松政府规制。芝加哥学派的这种政策取向与哈佛学派主张严格执行反托拉斯法形成了鲜明的对立。

在具体政策上，芝加哥学派反对拆分大企业和控制企业兼并的做法。他们认为，大企业的形成本身就表明这些企业具有超越竞争对手的生产效率，如果对这样的企业进行拆分，那就等于破坏了效率增长的源泉。同样，企业兼并可以使社会资源从经营不善、效率低下的企业向具有生存能力、效率高的企业转移，从而提高了资源的配置效率。只要不存在政府人为的进入限制，潜在的竞争压力就会迫使兼并后的大企业仍然处于竞争的压力之下，因此，除个别情况之外，政府没有必要对企业兼并采取严格的控制政策。芝加哥学派认为，反托拉斯政策的重点应放在对企业市场行为进行干预上，尤其是对卡特尔等企业间产量和价格协调行为实行禁止和控制，因为这些市场行为削弱了潜在竞争的压力，不能提高生产效率，损害了消费者福利。

20世纪70年代以后，美国传统产业的国际竞争力日益削弱，一些重要产业向国外转移，出现了产业空心化现象。当时的许多学者和政商各界人士指出，过度严格的反垄断政策和政府规制政策是美国经济失去活力的重要原因。他们认为，反垄断政策的目标应该是提升效率。1981年里根当选美国总统后，任命信奉自由主义的贝格斯特和米勒分别为美国司法部反托拉斯局局长与联邦贸易委员会主席。随后，芝加哥学派代表人物波斯纳被任命为联邦法院法官，从而使芝加哥学派成为美国反垄断政策的主导力量，并直接引发了美国反垄断政策的重大变革。20世纪80年代，美国的反托拉斯案大幅度减少，大企业兼并案例大大增加，这一系列变化被人们称为反垄断政策的"芝加哥革命"。

四、新产业组织理论

新产业组织理论是指20世纪70年代以后出现的，以分析企业策略性行为为主旨的产业组织理论。新产业组织理论区别于传统产业组织的首要标志，也是其对产业组织研究的最大贡献，在于理论研究方法的创新，尤其是普遍运用了博弈论方法。因此，新产业组织理论凭借其基于寡头模型的一系列研究，成功地克服了传统SCP分析框架的众多缺陷，使得产业组织理论得以重回正统经济学的范畴。值得注意的是，与传统产业组织理论相比，新产业组织理论的研究领域已不再像前者那样强烈关注公共政策。尽管自20世纪70年代中期以来，反垄断政策和针对特定产业的政府规制政策发生了堪称革命性的变化，但公共政策在现代产业组织研究中的吸引力和影响力已明显减弱。相反，正统经济理论分析以及对各种假说的验证，已成为新产业组织理论发展的主导趋势。

但也正因为如此，新产业组织理论的发展还存在问题。产业组织毕竟是一个经验性分析的领域，应用性的优劣从来就是检验一种产业组织理论价值的首要标准。就此而言，将高度数学化的博弈论方法运用于产业组织研究领域，有着其本身难以克服的若干缺陷（马丁，2003）。

首先，即使是较为简单的关于不完全信息条件下策略性行为的多阶段博弈的多重均衡，也通常需要通过深奥的分析才能揭示。虽然这从理论上来看是非常完美、精确的，也充分体现了理论分析所应具备的严密逻辑，但问题是，在现实生活中，有限理性的决策者似乎不太可能从事如此复杂的博弈。也就是说，理论上的演绎推理似乎夸大了现实企业的决策能力和行为能力。用美国学者所引述的一个著名比喻来说，这就如同下国际象棋，尽管在理论上任何棋局都有最优解，但是下棋者似乎永远都不可能具备如此缜密无缺的能力。

其次，博弈论模型的结论所依赖的一系列假设过于精细，以致其中任何一个细小变化都足以导致有关结论失去赖以立足的基础,甚至出现截然相反的结果。例如,在有关均衡的重要性质方面,几乎所有的研究都关键性地依赖于价格或产量是否为选择变量,依赖于时间是否被假设为连续的或孤立的,依赖于企业行动是同步的还是先后发生的。不仅如此,即使在那些博弈论方法取得重大成就的领域,相关的假设本身也是有疑问的。例如,在信息不对称条件下,有关研究所考虑的策略大多依赖于无法观察的信念。

最后,运用博弈论模型所得出的结论尚难以获得足够的经验性分析支持。早在20世纪80年代,不少学者就已经指出新产业组织理论中少有可应用现实数据加以验证的模型。虽然近十年来许多新产业组织论者也纷纷致力于可供验证的理论假说的研究,特别是那些与公共政策直接有关的现实问题的研究,但受博弈论方法本身的限制,至今仍难见到显著的成效。

正因为上述博弈论方法运用于策略性行为分析的缺陷,再加上寡头模型本身所固有的极度多样化,所以在博弈论方法一统产业组织理论研究后,新产业组织学的内部结构却出现了"类似某种由不规则的碎片所组成的几何体"的格局。产业组织学文献"目前已成为一个由高度精致和特定的模型构成的迷宫,每一模型得出的结论只能应用于满足模型假设的特定场合"(马丁,2003)。而困难的恰恰正是"只有通过考察各种分析路径,并在各种正统模型的经验性检验结果中寻找规律性的东西,才可能得出一般化的结论"(马丁,2003)。也就是说,与传统产业组织理论存在多个学派之争不同的是,新产业组织理论貌似正统、严谨,实质上却还是许多个难以一般化的特定模型的堆砌。

所以,虽然新产业组织理论所构建的理论体系是传统产业组织理论所无法比拟的,但其发展远未达到完全取代传统产业组织理论的地步。20世纪80年代以来产业组织领域的经验性研究成果表明,在具体方法(特别是数据采集和使用技术)加以调整和优化之后,SCP范式对于推动产业组织经验性研究的作用仍然优于其他分析范式。新产业组织理论对企业行为的分析,无论其说服力如何,也只是揭示了影响企业行为的一部分因素,难以彻底否定传统的 SCP 分析框架。总之,新产业组织理论和传统产业组织理论都是当代产业组织理论体系的组成部分,前者与后者之间在更大程度上是补充和发展的关系,而不是替代和否定的关系。

第二节 企业治理结构对产业组织的影响

企业是产业组织理论的基本研究对象。企业理论是经济学的一个极为重要的主题,也是产业组织理论一个必不可少的组成部分。本节我们简单介绍了企业理论的发展,以及不同类型的企业治理结构对市场结构与市场绩效之间关系的影响。

一、新古典企业理论的缺陷

在新古典经济学中,企业被理解为生产函数。生产函数是指在生产技术状况给定的条件下,生产要素的投入量与产品的产出量之间物质数量关系的函数式,一般记为

$$Q = f(x_1, x_2, \cdots, x_n) \tag{2-1}$$

其中，$x_1, x_2, \cdots, x_n$ 为生产某种产品所需各种生产要素的投入量；Q 为任一数量的各种生产要素投入品组合在既定生产技术条件下所能生产出来的产品产量。在新古典经济学中，企业行为的分析是在以下两个基本前提下进行的。首先，企业被认为具备经济理性，拥有有用信息、擅长计算并全力以赴地实现利润最大化目标。其次，企业被视为在市场经济中已存在的、高效运作的、以营利为目标的生产单位，它可以是一个个体生产者，也可以是一家大型公司。总之，新古典经济学眼中的企业，其实就是一台以利润最大化为目标的机器。

在上述两个前提之下，新古典企业理论主要从技术角度出发，研究了在完全竞争条件下市场均衡价格的决定问题，以及与此相应的企业最优生产规模的决定问题。从产业组织理论的视角来看，新古典企业理论与其说是关于企业的理论，还不如说是关于企业所供给市场的理论。在新古典企业模型式（2-1）中，企业仅仅被描述为购买投入品并制造产品的机构，至于企业具体怎么做，即在企业内部这些活动是如何组织的，这种组织又是如何影响企业和市场绩效的，则难以在新古典企业理论中找到答案。

根据本章讨论的主题，也许可以在本章中引入一个"假设边际成本为不变的 c"或者"假设成本函数为 $e(q)$"的模型，而不详细研究这些假设条件得以成立所必需的前提。但是在现实中，企业内部不同的组织形式，会严重影响市场结构与市场绩效之间的关系，忽略这一问题是不明智的。因此，在具体阐述 SCP 分析框架之前，有必要首先讨论企业内部治理结构的作用，尤其是这种作用对 SCP 分析框架的影响。首先需要回答的问题是：既然市场机制是资源配置的最有效方式，也就是说市场交易是最优的，那么为什么在现实中存在大量的企业，而且事实上有很多资源是通过企业这种组织形式进行配置的？

二、科斯的企业理论

科斯是自 20 世纪 70 年代以来盛行的现代企业理论的先驱。他提出了企业和市场是可以相互替代的两种资源配置机制这一现代观点，"在企业外部，由一系列市场交易协调之下的价格变动指导着生产。在企业内部，这些市场交易被排除了，而取代发生交易的复杂市场结构的，则是指导生产的企业家协调者。很明显，这些都是协调生产的、可相互替代的方式"（Coase，1937）。

科斯强调，高额的市场交易成本是使一些生产性活动被置于企业内部的原因。他还认为与不完全信息有关的成本也属于交易成本，例如，发现相关价格的成本，以及当未来不确定时规避风险的经济代理人签订长期合同的成本。科斯也研究了一个在逻辑上随即而来的问题：既然已经确定企业提供某些生产活动是有效率的，那么为什么还会存在市场呢？他的回答是：正如市场组织经济活动存在成本一样，企业内部也存在经济活动的成本。市场经济中存在企业的原因是有些生产活动在企业内部进行，要比通过市场进行所花费的交易费用要低。当企业规模过大时，企业家难以使生产要素得到最优利用，企业内部组织成本将超过市场的交易成本，此时市场将替代企业。因此，科斯指出了市场与企业的界限，即当市场的边际交易费用与企业内部的边际组织费用相等时，企业的规模就不再扩大了。

三、企业的治理结构及其对 SCP 分析框架的影响

由科斯的企业理论可以引出企业的治理结构问题,这个转换归功于美国经济学家阿尔钦和德姆塞茨提出的团队生产理论。1972 年,阿尔钦和德姆塞茨在《美国经济评论》发表的论文《生产、信息费用与经济组织》成为团队生产理论的经典文献。阿尔钦和德姆塞茨认为,多人合作性生产活动即可称为**团队生产**,这种生产方式使用几种类型的资源,生产所使用的所有资源不属于同一个人,产品不是每一个参与合作的资源分别进行生产的成果之和。由此可见,团队生产向市场提供的产品不是每个成员边际产品之和,这就使得对参与团队生产成员的边际产品无法直接地、分别地、方便地观察和计量。在这种情况下,团队成员有机会将偷懒的成本转嫁给别人,而获得偷懒的激励,结果使团队生产的效率受到损害。

减少偷懒的一种方式是由某人专门作为监督者来检查队员的投入绩效。但是,由谁来监督监督者呢?或者说,凭什么保证监督者不偷懒呢?这是一个激励机制的设计问题,也是一个产权制度的安排问题。有效的解决办法是将剩余索取权赋予监督者,监督者通过监督成员的行为来获得剩余。团队成员为了增加收益,也同意监督者拥有剩余索取权和其他权利。于是,监督者就拥有了一系列权利:第一,享有剩余的权利;第二,观察成员行为的权利;第三,成为所有合同的中心代理人;第四,改变团队成员资格的权利;第五,出售上述这些权利的权利。这些权利结合起来,解决了团队生产中由于信息不对称而产生的偷懒问题。在这种情况下,每个成员与企业所有者之间是一种简单的报酬合约,而众所周知的古典资本主义企业就是一种由这样的合约安排的组织,这种类型的企业是产业组织分析的基础。

不过,并不是所有类型的企业都能有效地解决偷懒问题。阿尔钦和德姆塞茨就指出,实行利润分享制的企业就未必能解决偷懒问题。如果利润由所有的团队成员分享,则监督者就会偷懒,由此造成的损失可能大于所有成员分享利润这一激励带来的产出增加;尤其是在等额利润分享制下,偷懒的激励与企业规模成正比。所以,利润分享制只适用于规模较小的企业。在我国广泛存在的股份合作制企业,就是利润分享制企业的一种,现实中股份合作制企业的规模一般都比较小,比较符合阿尔钦和德姆塞茨的预言。

国有企业也有可能产生类似于股份合作制企业的问题。原因在于国有企业的委托代理链条太长,从理论上的全体人民作为国有企业委托人,到实际上的国有企业经理,要经历多个委托代理环节,这就很难避免作为监督者的国有企业经理偷懒的可能性。而这种情况将会破坏 SCP 分析框架中市场结构决定市场绩效的逻辑,因为国有企业很可能在市场份额很高的情况下,也难以获得很好的市场绩效。这既有可能是国有企业经理监督不力导致企业效率低下,也有可能是因为国有企业经理隐瞒利润。无论哪种情况,都会导致市场结构不能决定市场绩效。

正因为如此,在研究中国的产业组织问题时必须与国外的研究有所区别。例如,如果需要通过计量分析来验证中国某些产业的市场结构与市场绩效的关系,那么就需要把国有企业比重加入到自变量中,如果不控制这个变量,那么所得出的市场结构与市场绩效的相

关性可能有偏差。更进一步地，还需要对不同类型国有企业的区别有所控制。例如，经过股份制改造的国有企业，尤其是实行了混合所有制的国有企业，企业经理偷懒的激励将大大低于未经过改革的国有企业。那些实行了股权激励的国有企业，企业经理释放利润的激励也将大大高于未实行股权激励的国有企业。所以，如果要检验市场结构与市场绩效的相关性，还应该把诸如企业所有权结构、企业股权激励情况等因素作为控制变量加入计量方程中，才能得出更可靠的结论。可见，国有企业变量大大增加了在中国进行产业组织分析的复杂度，这是读者需要注意的。

第三节　市场结构和市场集中度

一、市场结构的概念与类型

结构就是构成一定系统的要素之间的关系和组织。在产业组织理论中，产业的**市场结构**是指一定产业内厂商之间或厂商与消费者之间关系的特征和形式。具体内容包括：①卖方（企业）之间的关系；②买方（企业或消费者）之间的关系；③买卖双方的关系；④市场内已有的买方和卖方与正在进入或可能进入市场的买方、卖方之间的关系。上述关系在现实市场中的综合反映就是市场的竞争和垄断。因此，可以说市场结构是一个反映市场竞争和垄断程度的概念。市场集中度、产品差异化程度和市场进入退出壁垒，是影响市场结构或市场竞争和垄断关系的三个主要因素。根据竞争和垄断程度一般把市场分为四种类型。

（1）完全竞争市场。完全竞争市场是不存在垄断、竞争程度最高的市场，它具有以下特征：①市场上有大量互相独立的买方和卖方，企业规模小，以至于不能影响市场价格；②所有企业都提供同质的标准化产品，产品无差异；③企业能自由进入退出市场，没有任何限制资源流动和价格变化的障碍；④所有买方和卖方都能获得完备信息，不存在由信息产生的交易成本。

显然，完全具有上述特征的完全竞争市场在现实中是不存在的，只具有理论研究上的意义。现实中的农产品市场有点类似于完全竞争市场。

（2）完全垄断市场。完全垄断是指不存在任何竞争，完全垄断市场具有以下特征：①完全垄断的产业只有一个企业，企业就是产业；②完全垄断企业所提供的产品，没有良好的替代品；③其他企业难以进入完全垄断产业与垄断企业竞争。

和完全竞争市场一样，完全垄断市场在现实中也几乎不存在，只有公用事业有点类似于完全垄断市场。

（3）垄断竞争市场。垄断竞争市场是垄断和竞争并存的市场。它具有以下特征：①市场上有很多企业，它们对市场可以施加有限影响，但不能控制价格；②产业内各企业的产品在质量、商标、外观、广告及销售服务等方面存在差别，产品相似而不相同，有差别但差别又不是大得不能互相替代；③市场进入和退出障碍比较小，企业能自由进入和退出市场。

这是一种比较接近现实的市场类型。垄断竞争企业在食品工业、服装工业及日用品工业中，是普遍存在的现象。

（4）寡头垄断市场。寡头垄断市场具有以下特征：①产业内只有少数几个企业，企业之间既相互依赖又相互竞争；②每个企业占有相当的市场份额，能对价格产生一定影响；③市场的进入和退出障碍相当大，新企业进入市场和老企业退出市场都相当困难。

这也是一种比较接近现实的市场类型。寡头垄断企业在钢铁、有色金属、建材、汽车等产业中普遍存在。

市场结构的各种类型的区别也可以根据产业内企业数量、产品差别程度、对价格的影响力、进入壁垒、竞争手段和典型产业等方面的区别直观地表现。主要的市场结构类型见表2-1。

表2-1 主要的市场结构类型

市场类型特点	产业内企业数量	产品差别程度	对价格的影响	进入壁垒	竞争手段	典型产业
完全竞争	许多企业	产品性质完全相同	无	无	市场的拍卖、交换	农业
垄断竞争	较多企业	有差别	稍能控制	较低	较多采用非价格竞争手段	轻工业、零售业
寡头垄断	少数几家	产品差别程度很小或没有	有控制能力	相当高	大量采用非价格竞争手段	石油、电力、通信等
完全垄断	独家	独特的没有相似的替代品	能控制	很高以至于其他企业无法进入	通过广告宣传搞好公共关系	公用事业（输电、煤气、自来水等）

上述四种类型是对现实市场的高度抽象。从纯粹理论意义上讲，从完全竞争到完全垄断可以分出非常多的垄断和竞争程度存在差别的市场类型。采用上述分类是因为这四种市场类型特征明显、易于区分。其中，完全竞争市场和完全垄断市场代表了两种极端类型，是进行理论研究的基本参照标准。而垄断竞争市场和寡头垄断市场则是现实中大量存在的市场结构类型，也是产业组织的主要研究对象。

二、市场集中度

（一）市场集中度的含义

市场集中度包括卖方集中度和买方集中度，本书所介绍的市场集中度是指卖方集中度。**市场集中度**是指特定产业生产和经营的集中程度，一般用该产业中 N 家最大的主要企业所占市场份额的总和来表示。通常情况下，市场集中度较高意味着特定产业中少数大型企业具备较大的市场支配能力，或者说具备了一定程度的垄断能力。因此，无论这些大型企业在主观上是否有利用垄断力量的主观动机，较高的市场集中度都已经表明，它们在客观上具备了垄断的能力。

与市场集中度联系密切的另一个概念是市场势力。**市场势力**（market power）是指企业不适当地影响商品价格的权力。具体而言，市场势力是一个企业在长期内能够将价格提高到边际成本之上而获取超额利润的能力。与市场集中度概念对比，可以把市场势力理解为一个企业滥用市场集中度的能力。

需要指出，在有些文献中，市场集中度和市场结构被当作同义词使用。这主要是因为，在计量分析中，学者往往用市场集中度来直接表示市场结构，如果市场集中度与市场绩效的回归系数显著为正，就得出结论是市场结构决定了市场绩效，而产品差异化和进入与退出壁垒一般不被用于直接表示市场结构。在此需要指出，在计量分析中，出于方便可以用市场集中度代表市场结构，但在概念界定上二者并不是一回事。市场集中度强调的是市场中大企业的垄断程度，而市场结构则表示市场的垄断和竞争程度，二者的侧重点显然有区别。

（二）影响市场集中度的因素

因为市场集中度反映的是产业生产经营的集中程度，所以该产业内大企业的规模和市场容量，就是市场集中度的两个直接影响因素。

（1）企业规模。某产业的市场容量既定，少数大企业的规模越大，集中度就越高；反之则相反。导致企业规模变化的主要因素有以下几点。

第一，企业本身扩大市场规模的动机。这种动机源于两方面。一是追求规模经济效益。在市场竞争的推动下，企业为了实现利润最大化，会努力将规模扩大至单位产品生产成本和销售费用最低的水平，也就是最优规模水平。二是追求垄断利润。企业希望通过扩大规模，提升市场份额，争取一定的垄断地位，从而获取垄断利润。

第二，技术进步为企业扩张规模创造了条件。随着工业生产技术的进步，大型机械设备和生产线不断涌现，使得产品生产和经营规模得以扩大，企业规模也相应增大。

第三，政府经济政策和法律的影响。一方面，为了防止垄断对资源利用效率、竞争活力和消费者利益的侵害，许多国家通过制定反托拉斯法，对企业之间的收购和兼并行为进行了限制，这就限制了企业规模的过快扩张。另一方面，为了提升本国企业在国际市场的竞争力和扩大本国企业的出口，一些国家不但对大规模企业之间的合并行为放宽了限制，而且还实施各种优惠政策，鼓励企业扩大规模。

在长期发展过程中，上述多种因素共同作用，使企业规模出现扩大的趋势。这种趋势在一定程度上反映了企业对规模经济的追求，以及对市场份额和垄断地位的渴望。

（2）市场容量。市场容量与市场集中度之间的关系是，市场容量扩大容易降低市场集中度，而市场容量缩小或不变则容易提高市场集中度。此外，市场容量缩小或不变对于提高市场集中度的推动力，要大于市场容量扩大对于降低市场集中度的推动力。这一现象的原因在于，大企业在市场容量缩小或不变时往往会加强兼并行为，而在市场容量扩大时则优先发展。只有当市场容量增长率极高，并超过大企业扩张速度时，才有可能导致市场集中度降低。

影响市场容量变化的主要因素有以下几点。①经济发展速度。作为决定总需求的重要因素，经济发展速度对市场容量产生重要影响。经济发展速度越快，则某一产业的相关产业发展速度就会越快，那么该产业市场容量就会扩大。②居民收入水平和消费结构变化。居民收入水平变化反映了实际购买力的变化，消费结构变化则显示了随着收入水平变化，消费支出结构的相应变化。这两个因素直接决定了最终消费品产业的市场容量变化，同时也间接影响生产资料产业的市场容量。③经济政策,包括财政货币政策和产业政策。扩张的财政货币政策将刺激总需求扩张,进而扩大生产资料需求和提高居民购买力,从而促进消费品产业和生产资料产业市场容量扩大。产业政策则通过一系列扶持或限制产业发展的措施,影响相关产业的市场容量。例如,政府扶持主导产业的政策,将导致该产业的市场容量扩大;政府限制某些产业的政策,则会对该产业的市场容量产生制约作用。

(三)市场集中度的计量方法

测量市场集中度的方法,主要是通过设计一些计量指标,以衡量产业内的企业规模及其分布情况。这方面的指标主要有以下几个。

(1)集中度(concentration ratio,CR)。集中度是指产业内规模处于前几位的企业的生产、销售、资产、增加值或职工的累计数量占整个产业的比重,其计算公式为

$$CR_n = \frac{\sum_{i=1}^{n} X_i}{\sum_{i=1}^{N} X_i} \quad (2-2)$$

其中,CR_n 为产业内规模处于前 n 家企业的市场集中度;X_i 为 X 产业内第 i 位企业的产值、产量、销售额、增加值、资产总额或职工人数;N 为 X 产业的全部企业数;n 为前 n 家企业数。CR_n 越大,市场集中度就越高。

在实际计算各产业的集中度时,通常以行业内最大的四家或八家厂商的指标份额来计算,分别称为 CR_4 或 CR_8。该计算指标简单易行,也能较好地反映产业内的生产集中状况,显示产业的垄断和竞争程度。因此,该指标的应用比较广泛。但是,集中度也有一些不足。首先,它反映的只是最大的几个企业的总体规模,却忽略了其余企业的规模分布情况,因此是不全面的;其次,集中度无法反映最大的几个企业之间规模相对变化的情况,如 CR_4 或 CR_8 的数值不变,但前四家或前八家大企业的市场份额却出现此消彼长的情况。

(2)洛伦兹曲线(Lorenz curve)和基尼系数(Gini factor)。为弥补集中度指标的不足,人们也常用洛伦兹曲线和基尼系数反映产业内所有企业的规模分布情况。与研究收入分配差距问题相似,**洛伦兹曲线**方法通过一个矩形图直观地反映产业内由小到大厂商数量的累计百分比,与其规模(即市场占有率)的累计百分比之间的关系。如图 2-1 所示,横轴表示从最小企业到最大企业数量的累计百分比,纵轴表示从最小企业到最大企业市场占有率(即厂商销售额与市场销售额之比)的累计百分比。将两者对应的点画在图中,就可以得到一条洛伦兹曲线,这条曲线反映了产业内全部厂商的市场规模分布情况。

当洛伦兹曲线与对角线完全重合时,意味着该产业中的所有企业规模相等;如果洛伦兹曲线向右下方凸出,则表明该产业的企业规模分布不均匀。企业离散规模的程度越高,洛伦兹曲线就越偏离对角线。基于洛伦兹曲线的**基尼系数**是一个可用于衡量产业规模分布均匀性的指标,它可以将洛伦兹曲线反映的产业规模分布不均匀程度转化为量化指标。基尼系数的值等于图 2-1 中对角线与洛伦兹曲线之间的面积与对角线下的三角形面积之比,即 $A/(A+B)$。基尼系数的取值范围在 0 到 1 之间。基尼系数较低,表明企业

规模分布比较均匀;基尼系数较高,则表示企业规模分布不均。当基尼系数为 0 时,意味着所有企业规模完全相等;而基尼系数为 1 时,表示行业内存在完全垄断,即仅有一家厂商。

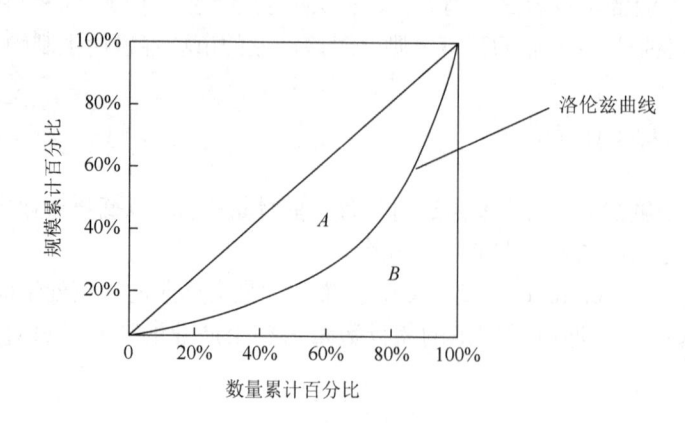

图 2-1　洛伦兹曲线

与集中度指标相比,洛伦兹曲线和基尼系数的优点是可以反映某产业内全部企业的规模分布状况。但是,这两个指标也存在比较严重的缺陷,主要问题是基尼系数不能代表唯一的一种企业规模分布状况。第一,有可能存在不同的企业规模分布表现出不同的洛伦兹曲线,但基尼系数却相同的情况。例如,当两条不同形状的洛伦兹曲线所围成的面积大小相等时,所计算出来的基尼系数也相等,但这并不意味着两种情况下的市场集中度相同。第二,有可能存在洛伦兹曲线和基尼系数都相同,但企业规模分布却不同的情况。例如,由两家各自拥有 50%市场占有率的企业组成的市场,与 100 家各自拥有 1%市场占有率的企业组成的市场,具有相同的洛伦兹曲线,即均等分布线,它们的基尼系数都等于 0,但这两种情况下的企业规模分布显然不同。正因为基尼系数的上述缺点,在用基尼系数衡量市场集中度时,需要与其他衡量市场集中度的指标相互印证,才能得出可靠的结果。

(3) 赫芬达尔-赫希曼指数(Herfindahl-Hirschman index, HHI)。HHI 也是一种反映产业中企业规模分布的指标,其计算公式为

$$\mathrm{HHI}=\sum_{i=1}^{n}(X_i/X)^2=\sum_{i=1}^{n}S_i^2 \tag{2-3}$$

其中,X 为产业内市场的总规模;X_i 为产业内第 i 家企业的规模;S_i 为产业内第 i 家企业的市场占有率;n 为产业内的企业数量。HHI 越大,表明市场集中度越高。当市场处于完全垄断时,该指数等于 1;当市场上有很多企业,且所有企业规模相同时,该指数等于 $1/n$,若 n 趋向于无穷大,则 HHI 就趋向于 0。

例如,市场上共有四家企业,每家企业的市场占有率分别为 30%、25%、23%和 22%。那么这一市场的 HHI 便是:HHI = $0.30^2 + 0.25^2 + 0.23^2 + 0.22^2 = 0.2538$。

同集中度和基尼系数指标相比,HHI 具有明显的优势。

首先,HHI 包含了产业内所有企业的规模信息,能够揭示出集中度指标未能体

现的市场集中度差异。例如，考虑两个市场，其中一个包含五家企业，另一个包含六家企业，假设规模最大的前四家企业在这两个市场的市场份额相同，那么当利用集中度指标评估这两个市场的垄断程度时，会发现它们的垄断程度是相等的。然而，若采用 HHI，却可以反映出这两个市场在集中度上的实际差异。

其次，由于"平方和"计算的放大效应，HHI 对规模最大的几家企业市场份额的变化尤为敏感，因此能够显现出市场中企业间规模差距的大小。举例来说，对于两个企业数量相同的市场，若企业间市场份额的差距越大，则 HHI 的值就越大，这说明市场集中度越高，这是集中度指标所无法体现的。

最后，HHI 可以较好地衡量市场集中度的变化情况，而不受企业数量和规模分布的影响。例如，某产业有 A、B 两家厂商，令 $S_A = X_A/X$，$S_B = X_B/X$。其中 X 为产业内市场的总规模，X_A 和 X_B 分别为 A、B 两家厂商的规模，S_A 和 S_B 分别为 A、B 两家厂商的市场占有率。当这两家厂商合并时，恒有

$$(S_A + S_B)^2 - (S_A^2 + S_B^2) = 2S_A S_B > 0，即 (S_A + S_B)^2 > S_A^2 + S_B^2 \tag{2-4}$$

因此，只要发生企业合并，HHI 就会变大；只要发生企业拆分，HHI 就会变小。因为这个良好的性质，美国反垄断部门主要是以 HHI 为依据进行并购监管分析。

HHI 由于兼具了集中度和基尼系数的优点，又能避免它们的缺点，日益受到重视，应用也比较广泛。不过，为了计算某个特定市场的 HHI，必须收集到该市场上所有企业的市场占有率信息。这项工作的成本是很高的。

（4）**熵指数**（entropy index，EI）。熵指数借用了信息理论中熵的基本概念来测量市场集中度。假设市场中有 n 个企业，x_i 为第 i 家企业的市场份额，则熵指数的计算公式为

$$EI = \sum_{i=1}^{n} x_i \ln\left(\frac{1}{x_i}\right) \tag{2-5}$$

熵指数与 HHI 一样，都反映了市场中所有企业的规模信息，而且都是企业的市场份额之和。不同的是，熵指数给予大企业较小的权重，给予小企业较大的权重。因为熵指数的权数是企业市场份额倒数的自然对数，结果使得熵指数的大小与实际市场集中度的高低是相反的。在式（2-5）中，EI 的值越大，说明市场集中度越小；EI 的值越小，表明市场集中度越大。

（四）市场势力的计量方法

与市场集中度指标关注产业层面的垄断程度不同，市场势力主要关注的是企业层面（即单个企业）的垄断程度。从长期来看，具有市场势力的企业能够维持高于边际成本水平进行定价，从而获得高于正常利润水平的超额利润（也称经济利润）。因此，利润率是反映市场势力的基本指标。目前广泛使用的主要有勒纳指数和贝恩指数两种指标。

（1）**勒纳指数**。在完全竞争市场中，每个企业都面临一条水平的需求曲线，竞争的结果将迫使企业按照边际成本定价，即 $P = MC$。美国经济学家勒纳（Lerner）据此提出，可以根据产品价格与边际成本的偏离程度来衡量企业在市场中的垄断势力，其计算公式为

$$L = \frac{P - \mathrm{MC}}{P} \tag{2-6}$$

其中，L 为勒纳指数；P 为产品价格；MC 为产品边际成本。因为 $P \geq \mathrm{MC}$，且均为正值，故 $0 \leq L < 1$。勒纳指数在 0 到 1 之间变动，数值越大表明企业的垄断势力越大。例如，$\mathrm{MC} = 5$ 元，垄断价格 $P = 10$ 元，则勒纳指数就等于 $(10-5)/10 = 0.5$ 元。这个指数本质上是根据企业的行为来计量其垄断势力，它计量的是价格偏离边际成本的程度。

勒纳指数的计算只需要企业价格和成本数据，避免了必须从销售额资料来推断垄断势力的技术问题，这是勒纳指数的优点。但该指标也存在以下局限性。

第一，边际成本的测算比较困难。在目前的文献中可以用超越对数生产函数和推测变分等方法估计边际成本，但这两种方法都需要大量的数据和烦琐的计量分析。

第二，勒纳指数要求在相比较的产业中，所有产品的质量都必须有固定统一的标准并且数量化，否则质量差异会导致产品价格变动从而影响市场结构，而这一点实际上很难做到。

第三，勒纳指数是对企业实际行为的一种量度，它没有测算企业潜在的垄断力量。例如，某企业从其规模或市场占有率来看，已经拥有较强的潜在垄断势力，但企业为巩固垄断地位而采取掠夺性定价和限制性定价行为，其产品价格和边际成本相差不大，但这并不表明该市场是竞争性的，这导致了勒纳指数无法计量该企业的潜在垄断势力。

第四，勒纳指数是建立在对价格和边际成本进行静态比较的基础上，它没有深入考察造成价格和边际成本差额的具体原因，而把这种差额全部归之于垄断行为。实际上在很多情况下，造成价格和边际成本差额的原因有多种，比较复杂，不仅是垄断。

总之，该方法难以解释 P 与 MC 之差究竟是垄断势力所致，还是另有其他原因。在实际应用中，勒纳指数的计算结果需要在广泛考虑其他因素的基础上做进一步分析。

（2）贝恩指数。在完全竞争条件下，资源在产业和企业间可以自由流动，产业的利润率趋于平均化，所有企业只能获得正常利润，不存在垄断利润。因此，对比企业利润率就成为判断某产业市场效率是否达到最优的有效标准。基于这个逻辑，贝恩通过对企业经济利润的衡量作为判断市场势力强弱的标准。由于经济学意义上的利润与会计利润存在显著差别，为了正确地估计经济利润，贝恩引入了投资的机会成本对会计利润进行调整，他将 $(R-C-D)$ 定义为会计利润，其中 R 为总收益，C 为当期成本，D 为折旧额。则经济利润可以由式（2-7）表示：

$$\pi = (R - C - D) - iV \tag{2-7}$$

其中，i 为投资中可以获得的正常利润率，即资本的机会成本；V 为投资总额。则贝恩指数的计算公式为

$$B = \frac{\pi}{V} \tag{2-8}$$

可见，贝恩指数衡量的是每单位投资取得的经济利润。该指标的逻辑在于，市场中如果持续存在经济利润，那么通常表明市场上存在垄断势力。每单位投资获得的经济利润越高，垄断势力就越强。

贝恩指数的优点是各项指标的测算比较容易。但该指标也存在局限性。首先，与勒纳指数一样，贝恩指数在价格的可比性上也需要考虑到产品质量的因素。其次，贝恩指数是对经济利润的一种度量，它把经济利润等同于垄断。但应该注意这样的两种情况：一是在某些情况下，经济利润是技术开发和创新、不可预期的需求和成本条件变化造成的，并不一定是垄断的结果；二是在一些情况下，没有经济利润并不等于没有垄断势力，因为在存在较强的进入威胁或是对企业产品需求不足时，即使是一个纯粹的垄断者也无法获得经济利润。因此，贝恩指数具有一定的不确定性。

尽管如此，从长期来看，如果一个企业的利润率高于平均利润率水平，该市场存在垄断因素还是比较合适的解释。从这个意义上说，贝恩指数有一定适用性。但该指标的局限性也不容忽视，与勒纳指数相似，在实际应用中应对贝恩指数的计量结果做进一步分析。

第四节　产品差异化

一、产品差异化的含义

产品差异化是指在同类产品的生产中，不同企业所提供的产品所具有的不同特点和差异。这种不同特点和差异，既有可能是产品之间存在真实的产品特征差异，也有可能是消费者主观认为存在的产品特征差异。宽泛地讲，只要消费者认为两种产品之间存在差别，彼此之间不能互相替代，那么这两种产品就是异质的，或者说存在产品差异化。

企业制造差别产品的目的是引起买者对该企业产品的特殊偏好，从而在市场竞争中占据有利地位。因此对企业来说，产品差异化是一种经营手段，或者一种非价格竞争手段。例如，生产洗发水的企业可以通过各种方法，使本企业的洗发水和同类产品相比具有特色（如防脱发、去屑止痒、补水、控油等），以致对一部分消费者产生强烈吸引力，专爱使用该企业生产的洗发水。再如，用同样原料生产的同种款式的衬衫，其中一些缝上 A 企业的商标，另一些缝上 B 企业的商标，就会被认为是不同的产品。如果消费者对 A 企业的商标有偏好，尽管价格高一些，但只要在一定的范围内，宁愿多付些钱也要购买 A 企业的产品。可见，产品差异化的重要性在于对买者的需求产生影响，使消费者对某企业或某品牌的产品产生偏好宁愿多付钱。这样一来，同类产品之间的可替代性减少，从而带来厂商之间的不完全竞争。

需要指出的是，产品差异化的概念从本质上讲是从消费者角度定义的。不管两种产品之间是否存在真实的产品特征差异，只要消费者认为两者是不同的，产品差异化就存在。比如说，许多消费者更加偏好可口可乐而非百事可乐，或者相反。但据美国消费者联盟（Consumer Union）的调查，只有 1/3 左右的可乐消费者能够准确辨别出他们所声称偏好的可乐品牌。这说明真实的产品差异化程度在这类产品之间是模糊的，但这并不影响消费者眼中产品差异化的存在。

二、产品差异化的来源

产品差异化的形成原因大致可分为两类：一类是产品本身的客观属性差异，如颜色、形状、性能、位置、交货方式、售后服务等；另一类是消费者在产品信息、口味、消费习惯、心理因素等方面的主观认识差异。

（1）产品的客观属性差异，即"真实的"产品差异。这种差异包括以下几种情况。

第一，产品物理性质的差异。尽管产品用途一致，但在性能、构造、外观等方面可能存在显著差异。这些差异直接影响了产品在实际使用中的效果。

第二，对购买者的服务差异，包括向购买者提供的相关信息、送货服务、技术支持、信用保障等方面的差异。这些服务差异可能导致购买者对产品的偏好各不相同。

第三，地理区位差异。由于制造商或销售点的位置不同，购买者在购物时间、便利程度、运输成本等方面可能会面临差异。

第四，促销策略差异。例如，赠品、配件、有奖销售等促销活动可能使购买者在选择产品时产生差异。

第五，销售渠道差异。企业可以通过不同的销售渠道，如批发商、零售商、直营店、厂家直销、特许经营、网络销售等来销售产品。这种销售渠道的差异也可能导致不同消费者在选择产品时的偏好不同。

综上所述，产品的客观属性差异主要体现在物理性质、购买者服务、地理区位、促销策略和销售渠道等方面。这些差异使得消费者在购买过程中产生不同的选择倾向。

（2）消费者的主观认识差异，即"人为的"产品差异。这主要包括两种情况。一是厂商的广告、宣传等促销活动引起买方对某种产品的偏好，或者买方受消费潮流影响而对某种产品产生偏好，这是厂商可以通过主观努力进行控制的因素。二是由于一些客观条件，如信息不完全和转换成本的存在而影响消费者主观评价的情况，此类因素通常难以为厂商所控制。

信息不完全问题的产生，主要源于信息搜寻成本的存在。这一成本阻碍了消费者对产品信息的全面收集和深入了解，从而导致不同消费者对同一产品的认知和评价存在较大差异。在这种情况下，即使某产品降价，也只能吸引部分了解信息的消费者，而无法占据整个市场。因为许多消费者可能并未得知降价消息，从而不会更换供应商。这在实质上等同于产品差异化。在极端情况下，如果搜寻成本过高，产品降价无法吸引任何新的消费者，仅仅意味着利润损失。此时，企业最佳定价策略便是垄断定价。所以，在信息不完全的情况下，即使产品之间不存在客观属性的差异，搜寻成本的存在也将导致垄断定价，这就在客观上改变了市场结构，增强了企业的市场势力。

转换成本也是导致消费者对同一种产品评价存在差异的重要原因。在很多行业，消费者在转换供应商时需要承担一定成本。例如，当一个iOS操作系统的使用者转而使用安卓操作系统时，必须为逐渐习惯使用新操作系统而支付成本，包括重新购买能够在新操作系统中使用的软件的成本。与搜寻成本相似，此时企业制定稍微高一点的价格就会使自己的利润增加，因为只要与竞争对手的价格差距低于转换成本，消费者便不会更换供应商。在这种情况下，企业可以在维持销售量不变的同时提高售价，进而增加利润。这在客观上起到了与产品差异化相同的作用，也成为"人为"的产品差异化原因之一。

总之，搜寻成本和转换成本导致消费者对产品评价的差异，进而影响市场结构和企业定价策略。在搜寻成本和转换成本的作用下，企业可以通过调整价格来提高利润，实现产品差异化。

三、产品差异化的度量方法

（一）需求的交叉弹性

产品差异化与产品之间的替代性基本上是相同的概念。正是由于消费者认为产品之间不能相互替代，才产生了产品差异化。因而，可以通过对某产业内产品之间替代程度的计量来反映该产业的产品差异化程度。要计量产品之间的替代程度，可以运用需求的交叉弹性概念。

需求的交叉弹性是指由某种产品价格的变化所引起的另一种相关产品需求量的变化。假定 y 产品对 x 产品的需求交叉弹性系数，即 x 产品价格的变动引起 y 产品需求量的变动为 E，y 产品需求量的变动为 ΔQ_y，x 产品价格的变动为 ΔP_x，y 产品的需求量为 Q_y，x 产品的价格为 P_x，则需求交叉弹性的数学表达式为

$$E = \frac{\frac{\Delta Q_y}{Q_y}}{\frac{\Delta P_x}{P_x}} = \frac{\Delta Q_y}{\Delta P_x} \times \frac{P_x}{Q_y} \tag{2-9}$$

在微观经济学中，需求的交叉弹性可用于判断两种产品是替代品还是互补品。当 $E>0$ 时，表明某种产品的价格上涨会增加另一种产品的需求量，如橘子价格上涨有可能会减少橘子的需求量，同时增加苹果的需求量，此时两种产品互为替代品，需求交叉弹性越大，替代性越强。当 $E<0$ 时，某种产品的价格上涨将会减少另一种产品的需求量，如汽车价格上涨时，不但汽车需求量会减少，汽油的需求量也会减少，此时两种产品是互补品，需求交叉弹性的绝对值越大，互补性越强。

如果用需求的交叉弹性来衡量同类产品间的差别化程度，一般情况下是运用于分析产品间的替代效应，即 $E>0$ 的情况。因为同一产业内的产品间都存在或多或少的替代关系，$E>0$ 说明产品之间可以互相替代。E 的值越大，产品之间的可替代程度越大，即产品间的差别化程度越小，市场竞争程度越强；E 的值越小，则产品间的差别化程度越大。

（二）广告密度

广告是企业用来传递产品差异化信息的最重要和最常用的手段。通常采用广告费用的绝对金额与产品销售额的比例来衡量产品差别程度，这一指标也称为**广告密度**。广告密度的计算公式为

$$\text{广告密度} = AD/SL \tag{2-10}$$

其中，AD 为广告费用的绝对金额；SL 为产品销售额。

企业通过广告确实可以"制造"出产品差异化。例如，著名的王老吉凉茶就是凭借广告词"怕上火，喝王老吉"，成功地将品牌特点传递给消费者，使王老吉凉茶在短时间内从地方品牌一跃成为全国知名品牌。在这里，广告将凉茶与市场其他软饮料鲜明地区分开，而王老吉显眼的大红色包装也可以让消费者在众多凉茶饮料中能轻易地识别出它，从而实现了产品差异化。

然而，王老吉凉茶的案例并未完全展现广告在制造产品差异化方面的作用。实际上，与其他软饮料相比，王老吉凉茶的确具有独特之处。而在许多情况下，即使某产品在事实上并无特色，广告依然可以将其塑造为具有实质差异化的产品。例如，"农夫山泉有点甜"这款矿泉水的广告。实际上，农夫山泉并不一定比其他矿泉水更甜。但只要广告宣传得足够持久，许多消费者便会认为农夫山泉的显著特点就是"有点甜"，这就是广告制造产品差异化的威力。

总之，广告在制造产品差异化方面具有重要作用。通过巧妙地运用广告词和包装设计，企业可以将产品与竞争对手产品区分开来，并在消费者心中树立独特的品牌形象。即便产品本身并无显著特点，广告也可以将其塑造为具有差异化的产品，从而提升品牌知名度和市场地位。

广告虽然有这么大的威力，但它的持续性却比较差。美国经济学家利昂（Leone，1995）的研究表明，在大多数情况下，广告的效应只能持续 6~9 个月，这意味着一旦停止做广告半年以上，广告给消费者带来的产品差异化效果就会消失，甚至消费者会从此忘记这个品牌。所以，依靠广告制造出来的产品差异化，其效果是不持久的。但在实际的产业组织计量分析中，广告密度却是应用最广泛的产品差异化衡量指标，这是因为广告费用的数据收集比较容易。需求的交叉弹性也能反映产品差异化，但计算弹性比较困难，因此在计量分析中反而应用较少。

四、产品差异化对市场结构的影响

通过产品差异化，企业就可以寻找到属于自己的稳定的目标市场，它所生产的产品被其他竞争性产品替代的可能性也降低了，结果破坏了完全竞争的局面，使市场结构向着垄断竞争的趋势发展，最终甚至可能导致寡头垄断和完全垄断的市场结构。产品差异化主要是从两个方面对市场结构产生直接的影响。

（1）影响市场集中度。市场占有率领先的企业可以通过提升产品差异化程度，保持或进一步提升其市场份额，从而有助于提高市场集中度。相反，规模较小的企业则可以通过实施产品差异化策略，提高本企业市场份额，从而有助于降低整体市场集中度。

（2）形成市场进入壁垒。市场中原有企业的差异化产品能够使消费者对其产生偏好甚至忠诚度，这对于新企业进入市场构成了进入壁垒。换句话说，试图进入市场的企业也需要通过产品差异化，寻找新的目标客户或争取原有企业的客户转换品牌。然而，在这个过程中，它们需要付出更多的努力。因此，市场产品差异化程度越高，新企业进入市场的壁垒就越高。换句话说，在产品差异化程度较高的市场中，新进入企业面临的挑战更大。因为它们不仅要满足消费者多样化的需求，还要在竞争中脱颖而出，树立独特的品牌形象。这种情况下，新进入企业往往需要投入更多的资源和技术，以开发具有竞争力的差异化产品。相反，原有企业却可以通过提高产品差异化水平，巩固市场份额，以降低新企业进入市场的可能性。

第五节 进入和退出壁垒

现实中的企业进入或退出某个行业（或市场），都需要支付各种各样的成本。潜在进入者在决策是否进入时，它衡量的预期利润应该是进入后的预期收益减去进入所产生的成本后得到的净收益，所以要研究企业进入，就必须要考虑哪些因素构成了企业进入的成本，这些因素都可以被视为进入壁垒。与此类似，企业退出决策也必须考虑退出壁垒。进入壁垒和退出壁垒构成了决定市场结构的又一个重要因素。

一、进入壁垒

（一）进入壁垒的含义

进入壁垒（entry barriers）是指产业内已有企业对准备进入或正在进入该产业的新企业所拥有的优势，或者说是新企业在进入该产业时所遇到的不利因素和限制。在市场竞争中，市场容量和生产资源往往是有限的，因此新企业在进入某一产业时，必须与原有企业争夺市场份额和资源。这种竞争就体现为进入壁垒，它反映了新企业在进入该产业过程中所遇到的困难的大小。如果某一产业的进入壁垒较高，意味着新企业面临的困难较大，一般企业难以顺利进入。在这种情况下，相对而言，产业竞争程度较低，垄断程度较高。因此，进入壁垒是影响市场垄断和竞争关系，进而决定市场结构的一个重要因素。

进入壁垒的具体含义，在哈佛学派和芝加哥学派之间存在分歧。贝恩（Bain，1956）认为进入壁垒就是行业中在位企业相对于潜在进入者的优势，这些优势使得在位企业可以持续地将其定价提高到竞争性价格水平之上，而不必担心会引起潜在进入者的进入[①]。该定义强调在位者的市场优势地位。而施蒂格勒（2006）则认为，进入壁垒是寻求进入的企业家需要承担的生产相关成本，但这种成本不需要在位企业来承担。这种观点分歧在规模经济上体现得最为明显。规模经济属于贝恩所界定的一种常见的进入壁垒。当存在规模经济时，即使潜在进入者在技术上并不一定处于劣势，但只要进入后的最小生产规模偏小，就会使进入企业的预期价格低于预期成本，从而使得潜在进入者不会进入。但按照施蒂格勒提出的标准，只有进入者和在位者之间出现成本不对称，才可称为进入壁垒，规模经济并不符合这一标准，所以规模经济不属于其认为的进入壁垒。

进入壁垒可分为两类：一类是**结构性进入壁垒**（structural entry barriers），另一类是行

---

① 本书提到的"在位者"和"在位企业"都是指已经在市场上的垄断企业。

为性进入壁垒（behavioral entry barriers）。结构性进入壁垒是指在一个行业中长期存在的稳定的结构特征所导致的进入壁垒，这主要来源于在位企业与潜在进入者之间要素价格和技术差异所导致的成本差异，与在位企业特定的阻挠潜在进入者的行为无关。行为性进入壁垒是指在位企业为了阻止竞争者进入而采取的各种进入阻挠的行为，这些行为提高了潜在进入企业的市场进入难度。

（二）结构性进入壁垒

第一种结构性进入壁垒是**规模经济**（scale economy）。新企业在进入某一产业的初期，往往难以立即享受到规模经济带来的优势，相较于产业内的原有企业，其生产成本势必较高，这就形成了规模经济壁垒。这种壁垒的产生有两个主要原因。第一，新企业在进入产业时，由于筹资困难，其生产规模往往远小于最佳生产规模。对于规模经济效应显著的产业，小规模生产可能导致单位产品生产成本大幅度上升，远远超过原有企业的平均生产成本。第二，即使新企业克服了筹资难题，其在生产经营的初期也难以获得与最佳生产规模相适应的市场份额。即便新企业拥有了足以发挥规模经济的生产能力，但由于市场份额的限制，可能会出现产能利用率低、产品积压和低价销售等情况，这些都不利于新企业的发展。

第二种结构性进入壁垒是**绝对成本壁垒**（absolute cost barriers）。在位企业一般都占有一些稀缺的资源和生产要素。例如，在原料占有上的优势；对专利和技术诀窍的占有优势；产品销售渠道和运输条件上的优势；人才优势等。新企业要进入某产业和老企业竞争就要获取这些资源，所需的成本就是绝对成本。绝对成本可以用资本成本（capital costs）来评价，在位企业的绝对成本优势，将导致金融市场向新进入企业收取的资本成本高于在位企业，新进入企业的资产负债率和破产风险将因此高于在位企业，那么潜在进入者将难以进入。由绝对成本而引起的新企业进入成本大幅度增加，就是绝对成本壁垒。

第三种结构性进入壁垒是**行政性壁垒**（administrative barriers）。政府经常会认为在特定行业只适合少量企业生存，超过这一数量的企业进入该行业后会导致过度竞争，从而整个行业全面亏损。在这种前提下，政府会通过许可证制度或设定资质条件来限制进入该行业的企业数量。这种行政性壁垒在发展中国家尤其普遍。在许多情况下，行政性壁垒并不体现为明确的许可证和资质条件，而是体现为项目审批制度，即虽然符合政府明文规定的所有条件，但某些企业的项目却得不到政府相关主管部门的审批，结果无法立项，也就无法进入市场。这实际上是行政垄断的一个重要体现。

第四种结构性进入壁垒是**网络外部性**（network externality）。网络外部性是指购买某一种产品的消费者数量越多，消费该产品获得效用水平越高，进而刺激消费者对该产品的需求进一步上升。如果行业中存在这种网络效应，那么已在市场中占据一定份额的在位企业，会因其已拥有相应的消费者群体，自然具备相对于潜在进入者的竞争优势。消费者会更倾向于购买在位企业的产品，这使得潜在进入者面临巨大的市场进入障碍。

第五种结构性进入壁垒是**产品差异化**（product differentiation）。如果由于产品之间的客观属性差异，消费者在长期消费过程中形成了固定的偏好习惯，难以接受新进入企业的产品，此时产品差异化可以起到结构性进入壁垒的作用。

（三）行为性进入壁垒

行为性进入壁垒与企业的市场行为有相似之处。概括起来，主要的行为性进入壁垒有以下几种。

（1）品牌战略。厂商通过大量投资品牌建设，尤其是大量投放广告，可以人为地制造出产品差异化，使消费者认为新进入企业的产品与现有产品之间难以替代。偏好稳定的消费者往往不愿承担风险来尝试新产品，从而难以接受新进入企业的产品，这将有效地阻止新企业进入。

（2）限制价格。在位企业会通过降低价格或威胁降低价格来阻碍潜在进入者的进入，该价格将使得潜在进入者在进入后的预期收益低于其成本，或预期收益大大缩减，从而阻止或延缓潜在进入者的进入行为。

（3）研发和创新活动。有的行业属于高技术行业，进入这些行业需要首先从事大量研发和创新活动，这对于潜在进入者而言构成了初始资本要求的门槛。如果没有相应的资本，那就无法从事相应的研发投资，从而无法顺利进入该行业，所以在位企业的研发投资也构成了对潜在进入者的进入壁垒。

（4）保留过剩产能。在位企业可以通过保留充足的过剩产能来发出阻碍潜在进入者进入的强烈信号。虽然保留过剩产能需要在位企业承担更多的资本成本，但是一旦潜在进入者要进入，在位企业就可以迅速扩大生产规模满足市场上的所有需求，并使得市场价格降低，这将有效阻止进入。

（四）进入壁垒的测度方法

测量进入壁垒有以下几种方法。

（1）根据进入阻止价格的水平测度产业进入壁垒。贝恩（Bain，1956）曾根据该标准对产业的进入壁垒做了以下划分。

高度进入壁垒产业：当销售价格比平均成本（包括正常利润）高 10%时，新企业难以进入的产业。

较高进入壁垒产业：当销售价格比平均成本高 6%~8%时，新企业仍难以进入的产业。

中等进入壁垒产业：当销售价格比平均成本高 4%时，新企业仍难以进入的产业。

低度进入壁垒产业：当销售价格高于平均成本 2%以内时，新企业较容易进入的产业。

（2）根据规模经济壁垒的高低来测度产业进入壁垒。计算公式为

$$d = \frac{最优规模}{市场容量} \times 100\% \tag{2-11}$$

日本经济学家植草益利用该方法对产业进入壁垒做了测算，他提出了如下标准。

d 为 10%~25%时，该产业为高度规模经济壁垒。

d 为 5%~9%时，该产业为较高规模经济壁垒。

d 为 5% 以下时，该产业为中等或较低程度的规模经济壁垒。

d 是企业最优规模占市场总容量的比重，市场总容量既定时，d 越大，说明企业最优规模越大，因而从规模经济角度考察的进入壁垒也就越高。

（3）纯进入和净进入。上述两种指标在计量分析中难以应用，经济学家在计量分析中衡量进入壁垒时一般采用另外两种方式。第一是**纯进入**（gross entry），用新进入企业的数量或者是纯进入率表示，其中纯进入率可以用公式表示为

$$\text{ER}_{it} = \frac{n_{it(\text{new})}}{n_{i(t-1)}} \qquad (2\text{-}12)$$

其中，$n_{it(\text{new})}$ 为第 i 行业在第 t 年的新进入企业数目；$n_{i(t-1)}$ 为第 i 行业在 $t-1$ 年全部的企业数量。

第二是**净进入**（net entry）。用净进入数量（即当期期末行业现存企业数量减去当期期初企业数量），或者是用净进入率来加以衡量，其中净进入率可以用公式表示为

$$\text{NER}_{it} = \frac{n_{it} - n_{i(t-1)}}{n_{i(t-1)}} \qquad (2\text{-}13)$$

其中，n_{it} 和 $n_{i(t-1)}$ 分别为第 i 产业在 t 时期和 $t-1$ 时期的企业数目。这样，只要知道连续两年某产业在位企业的数目就可以方便地求出该产业某年的净进入数目或者净进入率。可以说，净进入同时包含了某个产业进入和退出的信息，净进入的反面其实就是净退出。同样，退出也可以分为纯退出和净退出，相应地也有两种方式加以衡量。

在这两种方式中，纯进入可以真实地表现某一产业在某一时期的企业进入情况，是衡量进入的首选指标。但即使在国外企业层面数据相对完善的国家，纯进入的数据有时也是难以得到的。数据的局限性使得很多学者用计算净进入的方式进行替代。但净进入的衡量方式有时难以区分进入效应和退出效应，假设某一时期一个产业进入的企业数目和退出的企业数目是相同的，那么这一时期的净进入的值为 0，这就反映不出进入和退出的真实情况，这样各种进入壁垒变量的统计显著性就有可能被高估了。

在中国的数据背景下，可以采用变通的方式衡量企业的进入和退出。《中国经济普查年鉴 2018》在公布规模以上企业单位数目的同时，将"企业法人单位数"按照企业的经营状态分为"正常运营""停业""筹建""当年关闭""当年破产""当年注销""当年吊销""其他"八种，其中，"筹建"可近似看作下期企业的纯进入数量，"当年关闭""当年破产""当年注销""当年吊销"可视为当期企业的纯退出数量。参照国内文献的做法，可以将"筹建"数量与当期企业总数之比来衡量企业的进入，将"当年关闭""当年破产""当年注销""当年吊销"数量之和与当期企业总数之比来衡量企业的退出（杨天宇和张蕾，2009）。

二、退出壁垒

退出是指某个企业停止作为卖方的行为，从该企业所处的产业中撤退。那些对退出的限制就是该企业在退出该产业时所遇到的障碍，就是**退出壁垒**，它包括破产和转产两种情况。从理论上讲，某产业中长期亏损、资不抵债的企业，就应该退出该产业。但实际上，

这些企业由于各种限制很难从产业中退出，这些限制就构成了退出壁垒。退出壁垒主要包括以下几个方面。

（1）沉没成本壁垒。企业投资形成的固定资产（包括设备、厂房及其他建筑物等）由于用于特定产品的生产及销售而变得特殊化，即只能用于某种特定的用途。在很多情况下，企业不容易将特定用途的固定资产转用或转卖给生产和销售其他产品的企业。这意味着，当企业退出一个产业时，由于部分固定资产的专用性特别强，企业在退出时不得不废弃这些固定资产。这样一来，这些固定资产的价值就不能收回。这种不能收回的费用叫作沉没成本，它是企业退出产业时的一种损失。为了避免这种损失，企业往往选择不退出，也就构成了企业的退出壁垒。

（2）解雇费用壁垒。在大多数情况下，企业退出某个产业时需要解雇工人。而根据政府的法律或政策规定，解雇工人需要由企业向工人支付经济补偿金。有时为了让工人改行，还需要支付培训费用和转移费用。这些费用就是企业在退出某产业时要付出的代价，也就构成了企业的退出壁垒。

（3）结合生产壁垒。结合生产在许多产业中存在。例如，在石油精炼产业中，从汽油到轻油、煤油、重油等多种产品都是依托于石油的结合生产。假如重油市场上的需求显著下降，而其他石油产品的需求量没有下降，那么降低重油生产量就有难度。再如，热电联产企业实际上就是供热和供电的结合生产，企业难以退出二者中的任何一种业务。这样，结合生产的产业即使其一部分市场需求下降，但作为结合生产结果的一部分要单独退出也是相当困难的。

（4）行政性退出壁垒。政府为了一定的公共目的，往往通过制定政策和法规来限制生产某些产品的企业从产业中退出。例如，在电力、邮电、煤气等提供公共产品的产业中，企业一旦退出就会严重影响居民的日常生活，因此各国政府都制定相应的政策和法规来限制这些产业中的企业退出行为。

「案例2-1　吉利集团是如何突破进入壁垒的[①]」

中国的汽车产业在很长时间里存在着很高的进入壁垒，对民营企业来说更是如此。但是，仍然有一些优秀的民营企业成功地突破壁垒进入了汽车行业，如浙江的吉利控股集团有限公司（简称吉利集团）。通过这个案例，我们可以对中国经济现实中的行业进入壁垒有更深刻的了解。

吉利集团是浙江杭州的一家民营企业。该集团成立于1986年，先后涉足电冰箱配件、建筑装饰和摩托车行业，1997年开始进入汽车产业。当时，汽车产业不但有严格的许可证管制，而且还有其他各种结构性进入壁垒。吉利集团作为一家毫无背景的民营企业，却突破了这些进入壁垒，成功地立足于汽车产业。那么，它是怎么做到的？以下我们分别说明吉利集团是如何突破各种进入壁垒的。

[①] 本案例的内容主要参考了汪伟和史晋川的《进入壁垒与民营企业的成长——吉利集团案例研究》（《管理世界》，2005年第4期，第132~140页），由作者整理而成。

首先是突破规模经济壁垒。本章已经指出，筹资的困难使新进入市场的企业难以实现规模经济。吉利集团的做法是，除自我积累之外，还利用自身的强势谈判地位，通过采用"零库存、代保管"方式，从上游配件供货商那里变相融资，缓解资金压力。零库存是指整车零库存，完全按照销售商订单数量生产；代保管是指对部分上游配套企业制订月度供货计划，按照实际采用量月底结算。除此之外，在进入汽车产业时，吉利集团明智地采取了先建立小型改装厂并分期建设，根据需求的扩展逐步扩大产量，最后形成具有经济规模的整车生产的方式，有效降低了该行业巨额的必要资本壁垒。

其次是突破绝对成本壁垒。以技术为例，吉利集团选择了一条渐进的道路。吉利集团创始人李书福在一次购买建材过程中，发现建材生产技术不难，但利润空间很大，于是进入建材行业。1994年他在参观一家摩托车制造厂时发现"摩托车制造竟然如此简单"，随后进入摩托车行业。同样，通过购买一辆汽车，仔细琢磨，得出汽车制造并不复杂的结论后，吉利集团涉足汽车制造业。从技术角度来看，吉利集团的每一次进入都基于它之前在不同行业的渐进的技术和知识积累。

再次是产品差异壁垒。吉利集团刚进入汽车产业时，高中档汽车都被国内外汽车巨头垄断，但愿意生产低档汽车的企业却很少。吉利集团把汽车定位在经济型、家庭型驾车，避免与在位企业的直接竞争；并通过低价战略（最低价格每辆3万~5万元），差异化广告宣传（宣传民族汽车工业概念），在低档的微型车市场迅速建立自身品牌的知名度。

最后是行政性壁垒。吉利集团一开始并没有获得汽车生产的许可证，但它采取了一个变通的方式，即与有许可证的江南机器厂合资成立湖南江南吉利汽车有限公司，通过参股方式间接获得了生产许可证，从而突破了行政管制的壁垒。

行政性壁垒可能是吉利集团遇到的最难突破的壁垒，但它无意中却帮了忙。由于行政性壁垒对在位企业的保护，在位企业相对缺乏竞争压力，有时不关心成本节约，可能以虚高的垄断价格背后的超额利润维持低效率的生产经营。据统计，2001年时绝大多数在位企业都没有达到汽车产业的最小经济规模产量，这在客观上降低了吉利集团进入汽车业后所面临的竞争压力。换句话说，行政管制壁垒对市场性壁垒具有部分替代效应。这种效应的存在，使得民营企业只要突破了行政管制的进入壁垒，就会面临一个低于一般市场经济环境所要求的市场性进入壁垒水平。这是吉利集团能在资金、技术、品牌积累都不足的情况下成功进入汽车产业的重要原因。正因为如此，有学者认为，中国的民营企业要想涉足进入壁垒较高的行业，企业家不仅需要突破市场性壁垒的"一般企业家能力"，还需要通过变通方式突破行政性进入壁垒的"政治企业家能力"。

本章提要

1. 产业组织是指同一产业内部各企业之间的相互关系，也就是产业内各企业之间竞争与垄断的关系。之所以称产业组织，实际是指产业内企业与市场的合理组织，即在市场机制作用下，既要使企业充满竞争活力，实现有效竞争，又要充分利用规模经济性，避免过度竞争带来的低效率。

2. 哈佛学派提出的 SCP 分析框架是产业组织理论的核心内容。其中市场结构（S）是指影响竞争和垄断程度的市场组织特征，市场行为（C）是指厂商在充分考虑市场的供求条件和与其他企业关系的基础上所采取的各种决策行为，市场绩效（P）是指在一定的市场结构和市场行为下，企业运行的最终市场效果。

3. 哈佛学派认为，市场结构、市场行为、市场绩效之间存在着因果关系，即市场结构决定企业在市场中的行为，而企业行为又决定市场运行的经济绩效；有效的产业组织政策应是通过反垄断的政策取向，形成和维护竞争性的市场结构。而芝加哥学派则认为，市场份额集中在大企业手里是该企业高效率的自然结果，与市场垄断势力无关，政府对此进行干预是没有必要的；他们主张放松反托拉斯法的实施，放松政府规制。

4. 不同的企业内部所有权安排会严重影响市场结构与市场绩效之间的相关性。在三种不同的企业所有权结构（古典资本主义企业、股份合作制企业和国有企业）背景下，市场结构与市场绩效之间的关系可能迥然不同。因此在实证分析中，有必要控制企业治理结构变量。

5. 市场集中度、产品差异化程度和市场进入和退出壁垒，是影响市场结构或市场竞争和垄断关系的三个主要因素。

6. 市场集中度的计量指标包括集中度指数、洛伦兹曲线和基尼系数、HHI 和熵指数，市场势力的计量指标包括勒纳指数和贝恩指数。

7. 产品差异化的产生原因有两个：一是产品本身的客观属性差异；二是消费者的主观认识差异。测量产品差异化的指标主要有需求的交叉弹性和广告密度。

8. 进入壁垒可分为结构性进入壁垒和行为性进入壁垒两大类。在测量进入壁垒的指标中，比较实用的是纯进入指标和净进入指标。

关键术语

产业组织	SCP 分析框架	团队生产	市场结构
市场集中度	市场势力	洛伦兹曲线	基尼系数
HHI	熵指数	勒纳指数	贝恩指数
产品差异化	需求的交叉弹性	广告密度	进入壁垒
结构性进入壁垒	行为性进入壁垒	规模经济	绝对成本壁垒
行政性壁垒	网络外部性	纯进入	净进入
退出壁垒			

本章习题

1. 中国企业联合会、中国企业家协会每年都要发布"中国企业 500 强"名单。请问按照哈佛学派和芝加哥学派的逻辑，这 500 家企业是否破坏了产业内的资源合理配置？你认为哪个学派对此问题的解释更有道理？为什么？

2. 根据哈佛学派的 SCP 分析框架，高集中度在逻辑上将带来高利润率，但中国的许多行业（如证券业、房地产业）长期里却一直是低集中度和高利润率并存，请问这是什么原因？

3. "股神"巴菲特曾经提出，优秀的企业都有"护城河"来保卫它们的市场份额，这个"护城河"与本章中的进入壁垒有相似之处。根据巴菲特合伙人芒格的说法，"护城河"有以下几个来源：供应方的规模经济、需求方的规模经济（即网络外部性）、品牌（即产品差异化）、监管（即行政性壁垒）、专利和知识产权（即绝对成本优势）。请问芒格所说的这五种"护城河"的来源，有哪些相对比较可靠，哪些相对不可靠？

4. 美国著名企业家马斯克针对巴菲特的"护城河"概念指出："如果你应对入侵者的唯一防御就是护城河，那你坚持不了多久，真正重要的是创新的节奏，这是保住竞争力的核心要素。"请问马斯克的说法正确吗？为什么？他提到的创新节奏可归类为本章中的哪一种进入壁垒？

进一步阅读的文献

关于产业组织理论的更详细和更高深内容的介绍，可阅读以下教材：斯蒂芬·马丁著，史东辉等译的《高级产业经济学》（第二版，上海财经大学出版社，2003）；林恩·佩波尔等著，郑江淮等译的《产业组织：现代理论与实践》（第四版，中国人民大学出版社，2014）；Tirole 的 *The Theory of Industrial Organization*（The MIT Press，1988）；Belleflamme 和 Peitz 的 *Industrial Organization: Markets and Strategies*（Cambridge University Press，2010）。

若想了解产业组织研究的最新进展，可阅读以下英文期刊：*The RAND Journal of Economics*、*Journal of Industrial Economics*、*International Journal of Industrial Organization*。

若想了解国内产业组织研究的最新进展，可阅读以下中文期刊：《经济研究》《管理世界》《经济学（季刊）》《世界经济》《中国工业经济》。

本章参考文献

科斯 R H，阿尔钦 A，诺斯 D，等. 1994. 财产权利与制度变迁：产权学派与新制度学派译文集. 上海：上海人民出版社.
刘志彪. 2015. 产业经济学. 北京：机械工业出版社.
马丁 S. 2003. 高级产业经济学. 史东辉，等译. 上海：上海财经大学出版社.
施蒂格勒 G J. 2006. 产业组织. 王永钦，薛锋，译. 上海：上海人民出版社.
杨天宇，张蕾. 2009. 中国制造业企业进入和退出行为的影响因素分析. 管理世界，（6）：82-90.
赵玉林. 2017. 产业经济学原理及案例. 4版. 北京：中国人民大学出版社.
Bain J S. 1951. Relation of profit rate to industry concentration: American manufacturing, 1936-1940. The Quarterly Journal of Economics, 65（3）：293-324.
Bain J S. 1956. Barriers to New Competition. Cambridge: Cambridge Havard University Press.
Brozen Y. 1971. Bain's concentration and rates of return revisited. The Journal of Law and Economics, 14（2）：351-369.

Coase R H. 1937. The nature of the firm. Economica, 4 (16): 386-405.
Demsetz. H. 1973. Industry structure, market rivalry, and public policy. The Journal of Law and Economics, 16 (1): 1-9.
Leone R P. 1995. Generalizing what is known about temporal aggregation and advertising carryover. Marketing Science, 14 (3): G141-G150.
Scherer F M. 1970. Industrial Market Structure and Economic Performance. Chicago: Rand McNally.

第三章

产业组织（下）

本章主要介绍市场行为和市场绩效。其中，市场行为包括市场协调行为和市场竞争行为，市场绩效包括对市场绩效本身的评价，以及市场绩效与市场结构、市场行为之间的关系。此外，本章还将对网络经济条件下产业组织的变化作一个简单的介绍。

第一节 市场协调行为

市场行为是指企业为实现其经营目标，根据市场环境采取相应行动的行为。在完全竞争市场中，企业是价格的接受者，任何一个企业的市场行为都无法对其他企业的行为产生有效影响；而在完全垄断市场中，只有一个作为价格制定者的企业，并且它的行为不受任何竞争行为的影响。所以，产业组织理论研究的市场行为，主要是寡头垄断型和垄断竞争型市场结构中的市场行为。

市场行为可分为两大类，即市场协调行为和市场竞争行为。本节主要介绍市场协调行为。**市场协调行为**是指同一个市场上的企业为了某些共同的目标而采取相互协调的市场行为。竞争和合作是两种最基本的市场行为形式。在某些情况下企业之间存在激烈的竞争，但在某些情况下，企业之间不得不相互妥协以求实现有共同利益的目标。企业之间的市场协调行为通常并不是以明确的协定和契约来加以规范，而是采取暗中串谋的形式，因为许多国家都制定了相应法律禁止企业明目张胆地串谋起来瓜分市场。不过，市场经济中的串谋行为实际上是很难成功的，只有在具备某些苛刻的条件，或者采取某些特殊手段的情况下才能成功。为了更深刻地理解市场经济中串谋行为的困难，本节首先介绍两个经典的寡头垄断市场模型。

一、寡头垄断市场模型

寡头企业的行为是产业组织理论的主要研究对象之一。寡头垄断的情况非常复杂，至今还没有一套完整的理论模型。目前，有关寡头企业的均衡价格和产量的决定模型，都需要比较严格的假定。假定不同，答案也就不同。一般来说，寡头企业在进行决策时，不仅要考虑自己的决策对市场的影响，也要考虑竞争对手对自己决策的反应，并根据这种反应来进行自己的决策，如何考虑竞争对手的反应，只能进行推测。推测竞争对手的反应时，通常有两种假定：一是假定竞争对手不会做出反应，继续保持原有的价格和产量；二是假定竞争对手认识到相互间的利害关系，采取了比较明智的反应。下面简要介绍两种模型。

（一）古诺模型

1838 年，法国经济学家古诺（Cournot）对寡头企业的定价问题做了开创性的研究。**古诺模型**是寡头企业的产量决策模型，该模型是产业组织的重要理论基础之一。

假定某一个市场有 1、2 两家厂商，它们生产相同的产品。假定厂商 1 的产量为 q_1，厂商 2 的产量为 q_2，则市场总产量为 $Q = q_1 + q_2$。设 P 为市场出清价格（可以将产品全部卖出去的价格），则 P 是市场总产量的函数，即反需求函数。在本例中，我们假定反需求函数为

$$P = P(Q) = 8 - Q \tag{3-1}$$

再假设两家厂商的生产都无固定成本，且每增加一单位产量的边际生产成本相等，即 $C_1 = C_2 = 2$，即它们分别生产 q_1 和 q_2 的成本为 $2q_1$ 和 $2q_2$。最后，我们强调这两家厂商是同时决定各自产量的，即在决策之前不知道另一方的产量。在上述问题构成的博弈中，博弈方为厂商 1 和厂商 2。它们的策略空间 Q_1 和 Q_2 都是由不同的产量 q_1 和 q_2 组成的。这里 q_1 和 q_2 是连续的，因此，它们各自都有无限多种可选策略。该博弈中两个博弈方的得益自然是各自的利润，即各自的销售收益减去各自的成本，根据上述给定的情况，分别为

$$u_1 = q_1 P(Q) - C_1 q_1 = q_1[8 - (q_1 + q_2)] - 2q_1 = 6q_1 - q_1 q_2 - q_1^2 \tag{3-2}$$

$$u_2 = q_2 P(Q) - C_2 q_2 = q_2[8 - (q_1 + q_2)] - 2q_2 = 6q_2 - q_1 q_2 - q_2^2 \tag{3-3}$$

两个博弈方（厂商）的得益（利润）都取决于双方的策略（产量）。

由于本博弈中两个博弈方都有无限多种可选策略，因而无法用得益矩阵表示该博弈，但纳什均衡的概念同样还是适用的[①]。只要其中 q_1^* 和 q_2^* 是互相对对方策略的最佳对策，就是一个纳什均衡。并且，如果可以证明它是该博弈中唯一的纳什均衡，则它同样是博弈的解。

当研究的博弈有无限多种策略，得益函数为连续函数时，我们只要根据数学中求最大值的方法，求出各博弈方在给定其他博弈方策略时能实现自身最大得益值的策略，并找出它们的交叉点，就一定是要找的纳什均衡。因此，在本博弈中，(q_1^*, q_2^*) 的纳什均衡的充分必要条件是 q_1^* 和 q_2^* 的最大值问题：

$$\begin{cases} \max_{q_1}(6q_1 - q_1 q_2^* - q_1^2) \\ \max_{q_2}(6q_2 - q_2 q_1^* - q_2^2) \end{cases} \tag{3-4}$$

---

① 关于纳什均衡的概念和求解方法，以及后面提到的反应函数，参见本科水平的西方经济学教科书有关章节。

的解。因为求最大值的两个式子都是各自变量的二次式,且二次项的系数都小于0,因此只需对每个企业的利润函数求一阶导数并令其等于0,就可求出最大值。令

$$\begin{cases} 6 - q_2^* - 2q_1^* = 0 \\ 6 - q_1^* - 2q_2^* = 0 \end{cases} \quad (3\text{-}5)$$

求解这个联立方程,得 $q_1^* = q_2^* = 2$,并且这是唯一的一组解。因此(2,2)是本博弈唯一的纳什均衡策略组合,也就意味着它是本博弈的解。两家厂商将各生产2单位产量,双方得益(利润)都为 $2\times(8-4)-2\times2=4$。市场总产量为 $2+2=4$,价格为 $8-4=4$,两家厂商的利润总和为 $4+4=8$。

上述是两家厂商独立同时做产量决策,它们根据实现自身最大利益的原则得到的结果。那么这个结果究竟怎么样,两家厂商有没有真正实现自身的最大利益,从社会总体的角度来看效率又如何?为了对这些问题做出一个判断,必须换一个角度来考察这个问题。在上面的假设中,两家厂商都是从追求自己一家的利益出发进行决策,虽然它们不能忽视其他博弈方的存在,但却不关心其他博弈方的利益,不是以整个市场的总体利益为目标的。如果现在以总体利益为目标来考虑市场的最佳产量,结果会有怎样的不同呢?

首先可以根据市场的条件求出实现最大总利润的总产量。设总产量为 Q,则总利润为

$$U = QP(Q) - CQ = Q(8-Q) - 2Q = 6Q - Q^2 \quad (3\text{-}6)$$

很容易求得使总利润最大的总产量为 $Q^* = 3$,最大总利润 $u^* = 9$。将此结果与两家厂商独立决策、只追求自身利益时的博弈结果相比,总产量较小,而总利润却较高。因此,从两家厂商构成的总体来看,后一种方法的效率更高。换句话说,如果两家厂商可以合作,联合起来决定产量,找出使总利润最大的产量后各自生产该产量的一半(1.5),则各自可分享到比双方不合作、只考虑自己利益而独立决策时更高的利益(4.5>4)。

但是,在独立决策和缺乏协调机制的企业之间,这种合作并不容易成功。即使双方认识到了合作的好处,达成了一定的协议,这种协议也往往缺乏足够的强制力,最终很难维持上述对双方都最有利的产量。因为各生产一半实现最大利润的总产量的策略组合(1.5, 1.5)不是纳什均衡,也就是说,在这个策略组合(产量组合)下,双方都可以通过独自改变(增加)自己的产量而得到更高的利润,它们都有突破限额1.5的冲动。在缺乏有足够强制力的协议等限制手段的情况下,这种冲动注定它们不可能维持限额,而是都不约而同地偷偷超产。双方都这么做,最终结果是大家都增产,直至达到纳什均衡水平(2,2),实现并不是最大利润水平的稳定状态。这实际上就是博弈论中著名的"囚徒困境"的一个变种。上述两寡头的产量博弈只是古诺模型比较简单的例子。更一般的模型是 n 个寡头的寡头市场的产量决策,市场出清价格与市场总产量的函数关系 $P=P(Q)$ 也可能会更复杂一些,每个厂商的成本也可能会有所不同。不过,对这种更一般的古诺模型分析的方法、思路却与两寡头模型完全相似,只是构成纳什均衡的各寡头产量变成 n 个偏微分为0的联立方程组的解。对一般的古诺模型,纳什均衡产量组合同样不是能使各厂商实现最大利润的产量组合,这是一种更多博弈方之间的"囚徒困境"。古诺模型在现实中最好的例子是石油输出国组织的限额和突破。石油输出国组织成员国知道各自为政、自定产量的博弈结果

肯定是使油价下跌、利润受损，因此有共同磋商制定产量限额以维持油价的意愿。但一旦规定各国的生产限额，且按照这个限额生产时，每个成员国都会发现，如果其他国家都遵守限额，只有自己超产，则自己将获得更多的利润，并且因为只有一国超产油价不会下跌太多，从而其他各国只是普遍受少量损失。因此各成员国在本位利益的驱使下，都会希望其他国家遵守限额而自己偷偷超产，独享更多的利益。最终的结果是各国普遍突破限额，限产计划破产，油价严重下跌，各国都只能得到不是最满意的纳什均衡利润。这基本上就是石油输出国组织成员国面临的实际情况。

（二）伯特兰德模型

伯特兰德（Bertrand）于1883年提出了另一种形式的寡头垄断模型。与选择产量的古诺模型不同，**伯特兰德模型**中厂商所选择的是价格而不是产量。为了简便起见，先考虑比较简单的两寡头，且产品有一定差别的伯特兰德价格博弈模型。产品有一定差别是指两家厂商的产品是在品牌、质量、包装等方面有所不同的同类商品。因此伯特兰德模型中厂商的产品之间虽有很强的替代性，但又不是完全可替代，即价格不同时，价格较高的不会完全卖不出去。

在这种情况下，可以假定，当厂商1和厂商2价格分别为P_1和P_2时，它们各自的需求函数为

$$q_1 = q_1(P_1, P_2) = a_1 - b_1 P_1 + d_1 P_2 \tag{3-7}$$

$$q_2 = q_2(P_1, P_2) = a_2 - b_2 P_2 + d_2 P_1 \tag{3-8}$$

其中，替代系数$d_1>0$、$d_2>0$，表示两厂商产品之间有一定的替代性。同样假设两厂商无固定成本，边际生产成本分别为c_1和c_2。最后，仍然强调两个厂商是同时决策的。

在该博弈中，两个博弈方为厂商1和厂商2；它们各自的策略空间为$s_1 = [0, P_1 \max]$和$s_2 = [0, P_2 \max]$，其中$P_1 \max$和$P_2 \max$是厂商1和厂商2能够卖出产品的最高价格；两个博弈方的得益就是各自的利润，即销售收益减去成本，都是双方价格的函数。根据上述给定的情况，两个博弈方的利润函数分别为

$$u_1 = u_1(P_1, P_2) = P_1 q_1 - c_1 q_1 = (P_1 - c_1)(a_1 - b_1 P_1 + d_1 P_2) \tag{3-9}$$

$$u_2 = u_2(P_1, P_2) = P_2 q_2 - c_2 q_2 = (P_2 - c_2)(a_2 - b_2 P_2 + d_2 P_1) \tag{3-10}$$

用反应函数的概念求解该博弈。利用上述函数在偏导数为0时有最大值，很容易解得两家厂商对对方策略（价格）的反应函数分别为 $P_1 = R_1(P_2) = \dfrac{1}{2b_1}(a_1 + b_1 c_1 + d_1 P_2)$

$$\tag{3-11}$$

$$P_2 = R_2(P_1) = \frac{1}{2b_2}(a_2 + b_2 c_2 + d_2 P_1) \tag{3-12}$$

纳什均衡(P_1^*, P_2^*)必是两反应函数的交点，即式（3-11）与式（3-12）的联立方程组：

$$\begin{cases} P_1^* = R_1(P_2) = \dfrac{1}{2b_1}(a_1 + b_1 c_1 + d_1 P_2^*) \\ P_2^* = R_2(P_1) = \dfrac{1}{2b_2}(a_2 + b_2 c_2 + d_2 P_1^*) \end{cases} \tag{3-13}$$

解此方程组,得

$$P_1^* = \frac{d_1(a_2 + b_2 c_2)}{4b_1 b_2 - d_1 d_2} + \frac{2b_2(a_1 + b_1 c_1)}{4b_1 b_2 - d_1 d_2} \tag{3-14}$$

$$P_2^* = \frac{d_2(a_1 + b_1 c_1)}{4b_1 b_2 - d_1 d_2} + \frac{2b_1(a_2 + b_2 c_2)}{4b_1 b_2 - d_1 d_2} \tag{3-15}$$

(P_1^*, P_2^*)为博弈唯一的纳什均衡。将P_1^*、P_2^*代入利润函数式(3-9)和式(3-10)就可以得到两家厂商的均衡利润。例如,假设$a_1 = a_2 = 28, b_1 = b_2 = 1, d_1 = d_2 = 0.5, c_1 = c_2 = 2$,则可解得$P_1^* = P_2^* = 20$,且$u_1^* = u_2^* = 324$。

本例是有产品差别的两寡头之间价格决策的伯特兰德模型,仅是伯特兰德模型中较简单的一种特例。更一般的情况是有n个寡头的价格决策,并且产品也可以是完全无差别的。对产品无差别的情况,必须考虑消费者对价格的敏感性,如果所有消费者对价格都非常敏感,则两家厂商的价格差别不可能存在,因为此时价格高的一方会完全卖不出任何产品。对于多于两寡头的伯特兰德模型的分析,则是上述两寡头模型的简单推广,只需求出各厂商对其他厂商价格的反应函数,然后解出它们的交点即可。本书将此留给读者自行分析。值得一提的另外一点是,这种价格决策与古诺模型中的产量决策一样,其纳什均衡也不如各博弈方通过协商、合作可能得到的最佳结果,同样也是"囚徒困境"的一种。对此读者可以仿照古诺模型自行加以证明。

(三)最惠顾客条款的作用

由古诺模型和伯特兰德模型可知,串谋成功的前提条件是创造一个便于觉察背叛的环境。例如,最惠顾客条款(或最低价格保证)就可以起到这样的作用。**最惠顾客条款**的基本内容是:商家在向消费者提供商品或服务时,同时向消费者承诺,消费者是在享受着市场上最低价格的优惠,如果消费者在某一规定时间内发现有同类的商品或服务低于商家推出的价格,商家会将差价返还给消费者。目前,国内的很多商场、超市、旅游中介、酒店行业等都在采取这种优惠的策略。表面上看,最惠顾客条款是对消费者的价格优惠,但实际上它有可能是商家为了达到价格垄断同盟的目的而采取的策略。原因在于,最惠顾客条款通过奖励消费者发现差价的方式,大大加速了参与串谋者采取背叛行为(即擅自降价)的信息扩散,那么竞争者获悉这一降价行为并进行报复的概率就会增加。因此,最惠顾客条款减少了所有参与串谋的企业通过背叛而获得的利润,增加了背叛行为的成本,同时也缩短了竞争者对这种背叛做出反应的时间间隔,这几种作用都减弱了参与串谋者背叛的动机。

最惠顾客条款暗示了一个提高串谋成功可能性的途径，即应提高价格透明度，努力让所有串谋参与者都在第一时间发现背叛行为。西方学者对汽油零售业、盐业、食糖业的实证分析表明，成功的串谋都大力提高了价格透明度，串谋所获得的利润虽然高于非合作水平，但却低于合作利润最大化水平。西方学者研究企业间串谋行为的方法是，首先，根据某个行业的总利润函数，估计两个（或多个）企业在完全串谋且没有背叛行为时的联合利润最大化水平，假定为 A。其次，根据单个企业的利润函数，估计单个企业无串谋行为时的纳什均衡利润最大化水平，假定为 B。最后，利用企业的实际微观数据，计算出企业的实际利润水平 C，一般 $B<C<A$，通过 C 的大小可以看出串谋的有效性。由于收集数据的困难，中国企业串谋行为的经验性研究还很少，这也是一个有潜力的研究方向。

上述模型揭示了市场协调行为的难点，以及成功实现市场协调的途径。不过，现实中的市场协调行为要比寡头垄断模型更加复杂。下面介绍三种主要的市场协调行为，即卡特尔、价格领导制和成本加成定价。

二、卡特尔

卡特尔也称为共谋或串谋，是指以限制竞争、控制市场、谋求最大利润为目的的同一产业内独立企业间的一种协调形式。这种协调可以通过采取固定价格及限制产量来实现，也可以通过共同承担广告费用，使阻止行业进入的立法得以通过，以及制定阻止行业进入的措施等形式来实现。卡特尔主要有两种类型：一种是有明确的文字协定，称为明确协定卡特尔；另一种只有口头协定而无文字协定，称为秘密协定卡特尔。现实中存在的大多数卡特尔，都是秘密协定卡特尔。

当行业内仅有少数几家厂商即寡头垄断时，卡特尔比较容易出现。这里，我们主要讨论合作的寡头垄断，即少数几家厂商协调它们的行动以使共同利润达到最大，即使没有明确的协议，合作寡头中的厂商也可以通过协调它们的行动使得共同利润最大化，即每家厂商都认为像卡特尔成员那样行动符合自身利益。可以看出，卡特尔其实就是古诺模型和伯特兰德模型所描述的厂商串谋行为的具体化。

（1）卡特尔化的动机。某个产业卡特尔化之后，由于所有企业一致行动，所以价格将随各个企业产量的变化而变化，这时单位企业所面临的需求曲线 D' 就不是水平的而是向右下方倾斜的了，和完全竞争条件下的产业需求曲线重合。需求曲线向下倾斜，边际收入曲线必然在需求曲线之下。因此，卡特尔化的动机是通过串谋获取垄断利润。正因为如此，卡特尔在大多数发达国家都是非法的。尽管如此，暗中的串谋，即秘密协定还是时有发生。也有一些卡特尔采取了明确协定卡特尔的形式，其中最著名的此类卡特尔要数石油输出国组织，这是一个于1960年成立的由阿拉伯主要产油国组成的卡特尔。

（2）卡特尔的不稳定性和组织措施。根据古诺模型和伯特兰德模型，卡特尔内的单个企业总是有违约的企图，事实也正是如此。以价格卡特尔为例，参与者都有暗中削价的倾向，这是因为如果卡特尔内的其他成员仍然守约，那么单个违约者在价格上的较小下降就会引起对其产品需求的大量增加，从而导致其总收益大幅度增加。由于收益增加的诱惑,当卡特尔内有较多企业违约时,这样的卡特尔就要瓦解了。因此,可以说如果没有强有力的手段维持,卡特尔难以持久。由于存在不稳定性,为了维持和管理卡特尔,通常采取两种基本的组织措施:组织内强制和组织外强制。组织内强制是指为保证协定的执行,规定对参加卡特尔的企业进行监督,对有违反协定行为的企业进行惩罚。组织外强制则是卡特尔用各种手段排挤未参加卡特尔的企业,迫使其退出市场或者参加卡特尔。前面提到的最惠顾客条款,就是为卡特尔的组织内强制提供了信息条件,有利于卡特尔的维持和管理。

(3)卡特尔成功的必要条件。卡特尔要成功的话,不仅需要组织措施,它还必须满足下列基本条件,这些条件能增加卡特尔成功的可能性。第一,卡特尔必须控制大部分现有产量和潜在产量。不存在来自卡特尔外部的有效竞争。第二,有效的替代品必须是有限的。因为如果长期存在着对卡特尔产品的替代可能性时,卡特尔通过限产提价的企图就会因出现替代品而难以实现,从而卡特尔协定难以维持。第三,对卡特尔产品的需求必须是相对稳定的。如果需求不稳定,起伏波动大,那么要维持和管理卡特尔协定规定的价格与产量,难度会大大增加。第四,卡特尔所处行业必须处于经济周期的上升期或供不应求时期,若卡特尔的产品长期供过于求,那么该卡特尔制定的垄断高价就难以维持。第五,卡特尔所处行业应有一定的进入壁垒,若该行业进入壁垒较低,潜在进入者数量过多,那么卡特尔的维持和管理就会出现困难。

卡特尔限制产量、提高价格,这破坏了价格机制的作用,使资源不能得到最优配置。因此,在发达国家,除了一些有特殊目的、经政府特别批准的合法卡特尔,如以产业合理化为目的的合理化卡特尔、以增强出口竞争能力为目的的出口卡特尔等以外,通常卡特尔被认为是违反公平交易原则和反垄断原则的,是违法的。需要指出的是,关于政府是否需要通过法律禁止卡特尔行为,仍然是有争议的。芝加哥学派认为,古诺模型和伯特兰德模型已经预言,卡特尔是不稳定的,市场竞争会使卡特尔自然破坏,政府没必要干预;而哈佛学派却认为,即使市场竞争会导致卡特尔的不稳定性,但许多卡特尔仍然能维持很长时间,20%的卡特尔寿命超过10年,因此仍然需要反垄断法加以规范。

三、价格领导制和成本加成定价

(一)价格领导制

由于未经政府批准的卡特尔是违法的,因而寡头企业试图暗中串谋。**价格领导制**就是暗中串谋的一种方式,即产业中最大的一个企业制定和变动价格,其他企业或多或少自动跟着定价和变价。价格领导企业是根据其地位和实力确定价格政策的。如果地位非常稳固,实力非常强,它将按照自己的利润最大化目标确定价格,否则,它会寻求一个所有企业都能够接受的价格。其他企业之所以要跟着定价和变价,首先,是因为如果不跟着降价,就会失去顾客;如果不跟着涨价,实际上就是降价,很可能引起价格战。其次,其他企业规模较小,预测能力较差,如果跟着定价和变价能够获得合理的利润,也就避免了独自定价和变价的风险。

由于不同产业的市场结构不同,价格领导的形式也各不相同。通常价格领导制有三种主要形式。

(1)主导企业领导定价模式。主导企业通常规模很大,甚至占据 50%~95%的市场份额。在这种情况下,小企业会自愿或被迫采取跟随策略。

(2)串谋领导定价模式。适于这种模式的产业市场集中度大多处于中等以上,其中,规模较大的主导企业的市场份额多在20%~30%,寡头垄断企业之间成本结构大体相同,它们共同决定适宜的价格水平,并得到其他小企业的追随。

(3)晴雨表式领导定价模式。由于产业集中度较低,所以这种定价模式更接近于竞争市场。其中的领导企业只是最先宣布价格变化,因为它对市场条件的变化更具有敏感性和预测能力。由于实力差距不大,企业之间的行动无法很好地协调,领导者也经常发生变换。

(二)成本加成定价

大量材料表明,实际大多数企业并不是按理论模型定价,而经常采用成本加成(即成本+目标利润)定价方法,作为企业定价基础的是平均成本和目标利润。定价公式为

$$P = L + C \tag{3-16}$$

其中,P 为价格;L 为分摊到单位产品上的目标利润;C 为平均成本。

企业采用成本加成定价的原因有两点。第一,信息不充分。一般企业难以掌握整个市场的需求和费用变动情况,很难确定真实的边际成本和边际收入曲线,因而无法按利润最大化原理($MR = MC$)定价。相比之下,以经验数据为基础的成本加目标利润定价方法更为实用。第二,企业内所有者、经营者和职工所关注的重点不同,所有者关心的是与股息、投资回报相联系的利润最大化,经营者关心的是稳定的利润和企业的成长,职工关心的是个人的收入。成本加成定价能比较好地把这几方面的需要结合起来。不过,这种定价法在客观上也可视为一种价格协调行为,因为市场经济中的所有者、经营者和职工都有攀比心理,因此最终各个企业的目标利润和工资会趋于一致,结果价格也将趋于一致,这实际上起到了价格协调的作用。

「案例 3-1 中国保险行业的价格卡特尔[①]」

自 2013 年 4 月起,国家发展和改革委员会针对浙江省保险领域的价格垄断行为展开了深入调查。基于调查结果,浙江省保险行业协会作为主导方,因组织并推动价格垄断协

---

① 本案例主要内容参考了陈跃华的《中国保险行业价格自律行为及监管对策》(《中国价格监管与反垄断》,2016 年第 8 期,第 44~46 页),由作者整理而成。

议的实施，被处以高达 50 万元的罚款；参与其中的财产保险公司则因次要责任，被处以相当于上一年度商业车险销售额 1%的罚款，罚款金额达到了 1.102 亿元。它们之所以受到严厉处罚，是因为实施了一系列违反反垄断法律的行为。

首先，从行为主体与操作模式来看，浙江省保险行业协会通过频繁召开会议、发布通知及纪要等手段，编织起一张由多家省级财产保险公司参与的保险价格自律网络，共同制定并执行了一系列详尽的保险价格自律公约及其细则。

其次，审视这些公约与细则的内容，不难发现，它们通过设定财险险种费率调整系数的上下限、固化手续费率等手段，实质上对保险价格进行了直接或间接的锁定，严重遏制了市场应有的价格竞争活力。

最后，从执行层面剖析，这些自律机制不仅配备了严格的履约保证金制度，还设立了针对违约行为的严厉惩罚措施，每单达 2 万～4 万元的罚金将直接从保证金中扣除。

上述现象，无一不触犯了我国的反垄断法律，实质上构成了价格卡特尔的非法行为。《中华人民共和国反垄断法》（简称《反垄断法》）第十七条规定禁止经营者与交易相对人达成下列垄断协议：①固定向第三人转售商品的价格；②限定向第三人转售商品的最低价格；③国务院反垄断执法机构认定的其他垄断协议。《反垄断法》把商品和服务统称为商品，商业车险费率就是机动车商业保险服务的价格，固定或者变更折扣率就是变相固定变更保费，也就是变相固定变更保险服务价格。可见，保险价格自律公约明显违反了《反垄断法》。同时，《反垄断法》第二十一条还规定：行业协会不得组织本行业的经营者从事本章禁止的垄断行为。因此浙江省保险行业协会的行为也是明显的违法行为。

可见，我国车险行业价格自律行为的存在，反映了我国市场经济体制还不够健全，还需要进一步改革。

第二节 市场竞争行为

市场竞争行为主要包括以下几方面的内容：以控制和影响价格为基本特征和直接目的的定价行为，如限制性定价行为和掠夺性定价行为；以促进销售、提高市场占有率为主要内容的促销行为，如广告行为等；以产权关系变动为主要特征的企业组织调整行为，如企业兼并行为；通过创新提高企业竞争力的行为，即研发创新行为。

一、定价行为

定价作为一种市场竞争行为，可以被看作一种策略性行为。**策略性行为**是指企业通过影响竞争对手对该企业行动的预期，使竞争对手在预期的基础上做出对该企业有利的决策。现代产业组织学拓展了这一概念，认为策略性行为是一家企业为提高其利润所采取的旨在影响市场环境的行为总称。策略性行为可分为合作策略性行为和非合作策略性行为。本章第一节提到的市场协调行为，就可视为合作策略性行为；而本节介绍的市场竞争行为，则是非合作策略性行为。采取非合作策略性行为的企业，需要运用多种手段来提高其竞争地位，这些手段包括阻止对手进入某市场、将对手逐出市场，或缩小对手的规模。掠夺性定价和限制性定价，是最符合非合作策略性行为特征的两种定价行为。

（一）掠夺性定价

掠夺性定价是指一家企业为将对手挤出市场和吓退企图进入该市场的潜在对手，而采取降低价格（甚至低于成本）的策略，待对手退出市场后再行提价。在大多数掠夺性定价中，企业将价格压低到成本以下，即企业通过承担短期损失来换取长远利益。

掠夺性定价行为有以下三个重要特征。

（1）降价的暂时性。如果把价格降低到所有企业的成本之下，发起企业就会承受亏损，但是在把竞争对手驱逐出市场之后，发起企业往往会再度把价格提升到可以获得经济利润的水平。因此，掠夺性定价必须是暂时的降价，才能保证发起企业在这个过程中"先亏损后盈利"。换句话说，掠夺性定价是发起企业以牺牲短期利益为代价，换取长期利润最大化的策略性定价行为。

（2）降价目的是缩减供给。在掠夺性定价中，企业发动暂时性降价必然会造成短期内市场需求的扩大，然而企业的真实目的并不是扩大需求量，而是要缩减供给量。这是因为，发起企业只有先通过掠夺性定价将对手逐出市场，从而缩减市场中的供给量，然后才能提高价格。

（3）发起者一般为大企业。一般情况下，采用掠夺性定价策略的都是实力雄厚的大企业，因为对手可能不相信企业发出的威胁信号，或者采取硬拼的对策，发起企业就必须具备比它的对手更长时期地忍受低价造成的亏损的能力，才有可能获得最后的成功。而要做到这一点，就要求发起企业本身就是实力雄厚的大企业。

需要指出的是，如果企业之间具有完全相同的成本曲线，那么发起掠夺性定价的企业其实是很难成功的。这是因为，在掠夺性定价期间，发起方比对手损失更多。为维持低价，发起方必须满足在此价格上的所有需求，而其对手为达到损失最小化，可以自由地减产。掠夺性定价见图 3-1。

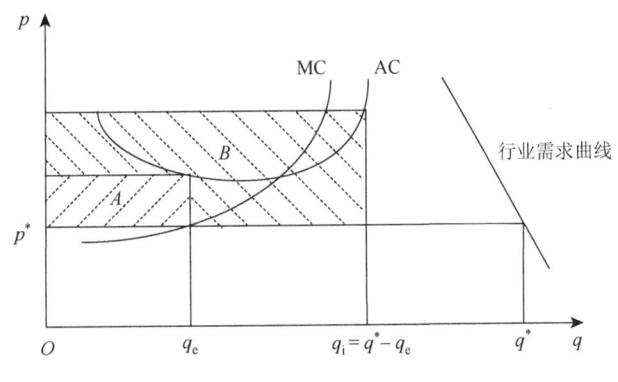

图 3-1 掠夺性定价

从图 3-1 可以看出，如果发起企业的产量是 q_i，对手的产量是 q_e，那么为了把价格 p^* 压低到比双方共同的平均成本曲线 AC 更低的水平，发起企业的产量 q_i 必须等于 $q^* - q_e$，其中 q^* 是全行业需求量。也就是说，发起企业必须满足除竞争对手产量之外的所有市场需求，才有可能把价格压低到 p^*。而在这种情况下，发起企业的亏损额是矩形 B，对手的亏损额是矩形 A，显然 $B>A$，即发起企业必须承受比对手更大的亏损才能实现掠夺性定价。而对手如果减产，即把产量从 q_e 的基础上再减少一部分，那么就可以减少亏损；相反，此时发起企业必须满足对手减产后空余出来的需求，才能把价格压制在 p^* 的水平，这意味着发起企业的亏损会进一步增加。

正因为如此，在没有其他策略性行为的前提下，发起掠夺性定价的厂商的最佳策略是以较快的速度迫使竞争对手破产，而且要确信破产厂商的资产被永远逐出该产业，或至少受自己控制。否则其他厂商还会再次购买这些资产并进入该产业。因此，最可靠的掠夺性定价策略行为是迫使竞争者破产并购买该资产。不过，在完全可竞争市场（可竞争市场是指可以快进快出而进入退出成本很小的市场），掠夺性定价难以成功。因为新企业至少有三种途径来避免或减轻掠夺带来的损失。它可以选择进入时机，也可以在掠夺前与买主签订长期合同，还可以在掠夺期减产。

最新的一些掠夺性定价研究认为，企业间的信息不对称，即企业对对手的行为判断不同，可以造成成功的掠夺。例如，发起企业既可能是高成本企业，也可能是低成本企业，而且只有发起企业自己才确切知道其成本。在回击新企业的入侵时，发起企业可以因下面两个原因中的任何一个而降低价格。其一，若发起企业是低成本企业，价格下降表明该企业具有价格优势，即价格低于新进入企业的成本而仍然高于发起企业自己的成本，有打价格战的资本；其二，若发起企业是高成本企业，但由于地位的不对称（如老企业有较长的历史，形成了市场信誉），发起企业实行价格低于成本的策略，可以使新进入者误以为它是低成本企业，因而不敢进入。

问题在于，在大多数情况下，发起企业与对手的成本曲线和市场地位都是相同的。在这种情况下要想成功实施掠夺性定价，就需要付出代价。在博弈论中，成功的非合作策略性行为需要满足两个条件：①竞争优势；②可置信的承诺。即企业要让对手相信，无论对手反应如何，它将坚决执行其预定策略。其中可置信的承诺是掠夺性定价成功的关键因素。如果发起掠夺性定价的企业可以成功地令对手相信，除非对手退出该产业，否则掠夺性定价将不会停止，那么对手就会为了减少损失而退出该产业。但要做到这一点，就必须通过付出某种代价令对手相信其坚持到底的承诺。此时，保留多余的生产能力（即过剩产能）就是一个很好的策略。多余生产能力可以为发起企业带来规模经济，从而降低成本，这就造成了发起企业相对于其对手拥有成本优势的局面。这个局面可以成功地令对手相信，发起企业可以承受长期的价格战，也就是可置信的承诺，那么掠夺性定价成功的概率就会很大。

需要注意的是，过剩产能的主要作用是威慑，发起企业并不需要真的启动过剩产能。具体地说，多余的生产能力会对竞争对手形成威慑，对手将认识到发起企业无须付出多大努力就可以大幅度地提高产量、降低成本。因此多余生产能力可以传递老企业愿意并且能够进行激烈价格竞争的一个信号。换句话说，发起企业只需保留多余生产能力，并公之于众，就足以起到令对手退出市场或不敢进入市场的作用，无须真的启动多余的生产能力。

（二）限制性定价

限制性定价是指寡头垄断市场中的原有企业将其价格和产量限制在一定水平（价格通常低于垄断价格，产量通常高于 MR = MC 所决定的利润最大化产出水平），以至于新企业进入市场后发现所剩下来的需求不足以使它盈利，从而阻止竞争对手进入。限制性定价的前提是信息的不对称。潜在进入者并不知道原有企业的成本曲线，因此原有企业可以通过限制性定价告诉潜在进入者，它的边际成本很低，进入是无利可图的。图 3-2 描述了限制性定价。

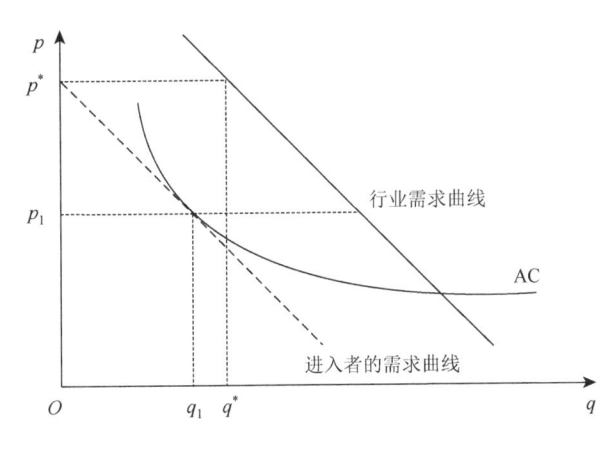

图 3-2 限制性定价

在图 3-2 中，原有企业把市场价格限制在 p^*，产量定为 q^*。假定 p^* 低于垄断价格，q^* 单位的产量高于 MR = MC 所决定的利润最大化产出水平。再假定原有企业和新企业的平均成本曲线都是 AC 曲线。此时原有企业把产量定为 q^*，意味着对新企业来说，整个市场的需求减少了 q^* 个单位。换句话说，行业需求曲线向左移动了 q^* 个单位，恰好与平均成本曲线 AC 相切。这相当于试图进入市场的新企业所面临的需求曲线（即图 3-2 中虚线）与平均成本曲线 AC 相切，此时其价格和产量分别为 p_1 和 q_1。由于需求曲线与平均成本曲线相切，新企业的价格和产量只能使其获得正常利润，那么新企业进入这个市场将无利可图，从而很可能放弃进入市场，这就起到了阻止新企业进入的作用。

可见，限制性定价的实质是利润率较高的产业必然吸引新的企业进入，所以产业内的原有企业可以通过放弃一部分短期利润，降低价格以阻止新企业进入，追求长期利润最大化。不过，如果真的实施限制性定价，原有企业也要遭受损失，因为它放弃了利润最大化。

但实际上原有企业并不需要付出这个代价。因为原有企业未必真的要生产 q^* 单位的产量来阻止潜在进入者的进入。它只需要威胁其他厂商：如果有其他厂商进入，我就将生产 q^* 单位的产量。这同样会起到阻止对手进入的作用。如果原有企业保留了多余的生产能力，可以随时将产量扩大到 q^* 单位,那么就实现了可置信的承诺,使对手相信其有能力实施限制性定价,从而不敢进入市场。可见,多余的生产能力对于成功的限制性定价也是很有用的。

(三)搭配销售

除掠夺性定价和限制性定价之外,搭配销售行为也值得一提。**搭配销售**是指厂商要求消费者购买某种商品时需要同时购买另一种商品,并且把购买第二种商品作为其可以购买第一种商品的条件。在竞争性行业,这种行为很常见。例如,销售商经常会把鞋子和鞋带一起出售,尽管这两种商品完全可以分开销售。这样的搭售行为不仅可以节约销售时间,而且对消费者也是有利的。但有些搭售行为却有可能损害消费者福利。例如,有的厂商将某种有垄断市场势力的产品,与另一种没有垄断市场势力的产品搭配销售,这相当于把一种产品的垄断势力延伸到另一种产品上去,无形中起到了打击无垄断势力产品竞争对手的作用。

从本质上说,搭配销售类似于进入壁垒,即阻止了无垄断势力的对手进入,这显然是破坏竞争的行为,因此,大多数国家的反垄断法明文禁止搭配销售行为。不过,关于搭配销售的性质在学术界仍有争议。芝加哥学派并不认为搭配销售是一种进入壁垒。例如,芝加哥学派经济学家迪雷克托(Director)认为,搭配销售其实是一种价格歧视,例如,IBM(International Business Machines Corporation,国际商业机器公司)在出租大型计算机时,强迫消费者购买 IBM 提供的纸卡,那么就可以根据计算机的使用强度进行价格歧视,哪个消费者购买的纸卡多,就说明他对计算机的使用强度大、磨损严重,理应通过购买 IBM 的纸卡,向 IBM 支付更高的价格。虽然租用计算机时支付的价格是相同的,但如果可以对纸卡收取高价,则 IBM 就可以通过价格歧视获利更多。虽然有这样的争议,但总的来说搭配销售仍然是一种被反垄断法禁止的行为。

(四)提高对手的成本

提高竞争对手的成本也可归类为定价行为的一种。如果一家企业能做到保持自己的成本不变,同时提高对手的成本,那么它必定从中获利。在一般情况下,只有实力雄厚的企业才能采取这种策略。提高对手的成本可以利用图 3-3 加以说明。

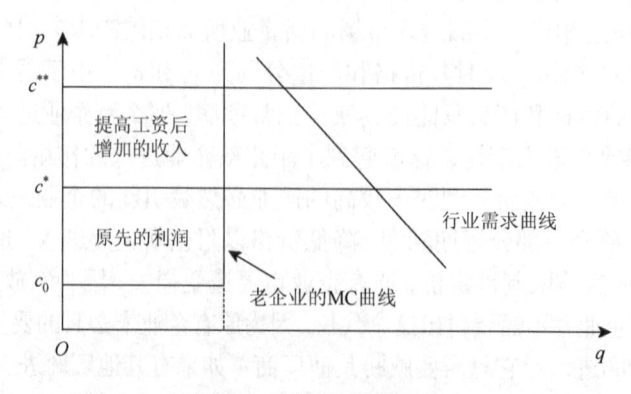

图 3-3 提高对手的成本

在图 3-3 中，假定市场中的行业平均成本为 C^*，而原有老企业因为技术先进，因此成本较低为 C_0。这样，老企业就有了 C^*-C_0 的经济利润。但是，老企业还想通过提高对手的成本将对手逐出市场，因此将本企业工资提高了 $C^{**}-C^*$ 个单位。由于各企业间的工资攀比，老企业的做法导致所有企业的成本都上升了 $C^{**}-C^*$ 个单位，从而使行业平均成本上升至 C^{**}。但由于老企业技术先进，可以完全消化工资涨幅，其实际成本没有变化，仍然是 C_0。行业平均成本上升后，老企业的利润反而增加了 $C^{**}-C^*$ 个单位。这样，老企业就在成本不变、利润增加的情况下提高了所有竞争对手的成本，使其陷于不利地位。可见，采取这种策略的前提是企业技术先进，有足够的能力消化工资涨幅。

除上述做法之外，提高对手的成本还有以下做法：干扰对手企业的生产和销售方式，如破坏生产过程和阻塞信息；通过非兼容性生产提高转换成本，如谷歌公司曾威胁不再出售安卓操作系统给华为公司，这将会提高华为公司的转换成本；借助政府管制干扰对手，即依仗与政府之间的良好关系，游说政府通过对本企业有利、对竞争对手不利的管制措施等。

二、广告行为

广告行为是企业在市场上经常采用的一种主要的非价格竞争方式。产业组织理论重点研究广告对市场结构和市场绩效的影响，以及广告在不同行业的特点等问题。

（一）广告在不同产业市场上的特点

定义广告费与销售收入的比率为广告密度，广告密度取决于产品的特点。

（1）消费品产业的广告密度普遍高于生产资料产业的广告密度。这是因为，相对于消费品的购买者来说，生产资料的购买者大部分是企业而非消费者，它们有更多的渠道获得相关产品的准确信息，也拥有足够多的手段和技术来检测购买产品的质量，买卖双方并不存在严重的信息不对称问题，因而其购买决策受广告的影响较小。另外，由于生产资料的技术经济特点，生产资料的生产企业更倾向于依靠销售服务而不是广告来促销。

（2）消费品可以分为方便商品和选购商品两类。方便商品的特点是单价低、购买频率高，如矿泉水和卫生巾；选购商品的特点是单价高、购买频率低，如家电和汽车。对于选购商品，消费者购买时主要考虑的是产品特点和销售服务，更多地根据自身经验以及专家咨询或者售后服务等一系列因素来决定是否购买，不易受广告的影响，因此广告密度较低。而对于方便商品，消费者在购买时不愿花很多的精力和时间去考虑，更容易受广告的影响，因此广告密度较高。经验数据也证实了方便商品的广告密度要高于选购商品的广告密度。

（3）消费品也可以分为三类：搜寻商品、经验商品和信任商品。搜寻商品是指消费者在购买之前就已知道其特征的商品，如服装；经验商品是指只有在使用之后才能确认其特征的商品，如食品；而信任商品则是消费者在购买和使用之后仍然不能确定其质量的商品，如保健品。商品的不同种类导致广告也可分为两种类型，即信息性广告和劝说性广告。信息性广告用来描述产品的特征（如重量、尺寸和材质等）和销售条件（如地点、价格和数量等），而劝说性广告主要是向消费者宣传产品的存在和信誉，试图影响消费者的购买决策，改变消费者的偏好。一般来说，搜寻商品的生产者更有可能选择信息性广告，而经验商品和信任商品的生产者更有可能选择劝说性广告。广告经验数据表明，经验商品和信任商品的广告密度比搜寻商品要高。

上面主要从经验观察和实证分析的角度，说明了广告密度在不同产品中的差别。那么，这种广告密度的差别究竟是怎么产生的？有什么深层次的原因？回答这些问题，有助于企业采取合理的广告策略。下面要介绍的最优广告水平理论，可以提供这些问题的答案。

（二）最优广告水平的确定

在市场经济中，广告是企业非价格竞争的重要手段。企业的广告费支出与其销售收入有密切的联系，广告费支出的增加将导致销售收入的增加。但企业的广告费支出不能无限增长下去，这就出现一个问题，一个企业应该做多少广告最为合适，或者说要寻求一个最优广告水平。最优广告水平就是使企业利润最大化的广告费支出水平。

美国经济学家多夫曼（Dorfman）和斯坦纳（Steiner）对最优广告水平进行了研究。既然广告费支出影响产品销量，那么企业的需求函数可以表示为 $Q(P,A) = \delta A^\alpha P^\beta$，其中 $\delta>0$，α 为需求广告弹性，即需求量变化率与广告费用变化率之比；β 为需求价格弹性，即需求量变化率与价格变化率之比，$0<\alpha<1$ 且 $\beta<-1$；Q 为销量，P 为价格，A 为广告费。该函数表示企业产品销量由价格和广告费共同决定。企业的利润函数可以表示为 $\pi = P(Q)-C(Q)-A$，其中 $C(Q)$ 为成本函数，表明成本由销量决定。

假设该产品的单位成本为 C，此时厂商需要选择产品价格 P 以及广告费用 A 来最大化自己的利润，那么厂商的最优化问题为

$$\max \pi(A,P) = P(Q) - C(Q) - A = \delta A^\alpha P^{\beta+1} - C\delta A^\alpha P^\beta - A \tag{3-17}$$

把利润函数 π 分别对价格 P 和广告费 A 求一阶偏导数，并令其等于 0，即可得出厂商利润最大化的一阶条件：

$$0 = \frac{\partial \pi(A,P)}{\partial P} = \delta A^\alpha (\beta+1) P^\beta - C\delta A^\alpha \beta P^{\beta-1} \tag{3-18}$$

$$0 = \frac{\partial \pi(A,P)}{\partial A} = \delta \alpha A^{\alpha-1} P^\beta (P-C) - 1 \tag{3-19}$$

假设均衡时的广告费用、产品价格以及产量销量分别为 A^*、P^* 和 Q^*，对式（3-18）和式（3-19）进行整理后可以得到：

$$\frac{A^*}{P^* \times Q^*} = \frac{P-C}{P}\alpha = -\frac{\alpha}{\beta} \tag{3-20}$$

根据式（3-20）可知，当广告费与销售收入的比率等于需求广告弹性与需求价格弹性的比率时，企业得到最大利润。也就是说，当产品的需求广告弹性越大，或者需求价格弹性的绝对值越小时，广告费用与销售额之间的比率就越高，厂商做广告的意愿就会更加强烈。这就是最优广告水平。这个公式又被称为**多夫曼-斯坦纳条件**。依据这个条件，可以对不同产品之间广告密度的差别进行解释。例如，建筑材料的购买者主要是建筑公司而不

是消费者，而且建筑公司的购买决策主要基于产品的质量和价格，对广告并不敏感。建筑材料的厂商很难通过广告来提升建筑公司的购买意愿，因此需求广告弹性较低，若此时需求价格弹性不变，则根据式（3-20）可知，广告密度必然也较低，即厂商不愿意多做广告。相反，在饮料和化妆品行业，广告可以有效地影响消费者的购买决策，需求广告弹性较高，根据式（3-20）可知，广告密度必然较高，厂商做广告的意愿就会很强。

需求价格弹性也可以影响广告密度。当需求广告弹性不变时，消费者对价格并不敏感的商品（如生活必需品），需求价格弹性的绝对值较低，根据式（3-20）可知，广告密度将较高；而消费者对价格敏感的商品（如奢侈品），需求价格弹性的绝对值较高，根据式（3-20）可知，广告密度将较低。读者可以利用多夫曼-斯坦纳条件，自行分析不同类型商品的广告密度差别。

（三）市场结构与广告密度的关系

广告密度与市场结构之间的关系，主要受三个因素的影响。首先，从需求价格弹性的角度考虑，如果行业中企业数量增多，竞争的加剧会使该行业的需求曲线变得平缓，因此需求价格弹性的绝对值会变大，这意味着厂商主要依靠价格竞争，做广告的边际收益下降了，根据多夫曼-斯坦纳条件，广告密度会下降。其次，从需求的广告弹性角度考虑，如果广告存在一定的公共产品特性（如绿茶有益健康的广告会让所有绿茶厂商受益），广告会同时增加每个厂商的需求，那么随着行业中企业数量的增多，就会有越来越多的企业采取"搭便车行为"而不做广告，这就降低了每个企业做广告的意愿。最后，如果广告未能提升市场总需求，但能提高广告投放企业的市场份额，那么随着市场企业数量的增多，竞争会加剧，这将会提升所有企业做广告的意愿。在这三个影响因素中，前两个因素表明广告密度随市场集中度的提高而增加，而最后一个因素则显示广告密度会随市场集中度的提高而减少。因此，广告密度与市场结构之间的关系很可能呈现出非线性特征。

实证研究的结果证实了这一推测。英国经济学家萨顿（Sutton，1974）的实证分析发现，市场集中度与广告密度之间呈倒"U"形的关系，即随着市场集中度的增加，广告密度先上升后下降。萨顿对这种倒"U"形关系的解释是：在市场集中度较低的情况下，激烈的竞争迫使企业主要通过降低价格来争夺市场份额，此时广告对于企业来说，其边际收益相对较低。随着市场集中度的逐步提高，各企业开始具备一定的市场势力，广告的边际收益逐渐显现，并逐渐取代价格而成为企业竞争的主要手段。然而，当市场集中度继续升高并超过某一临界值后，企业对市场的控制能力显著增强。在这种情况下，企业对广告的依赖程度开始减弱。尤其是当企业品牌认可度较高时，企业会尝试在不影响广告促销效果的前提下减少广告支出，从而导致广告密度降低。

需要指出的是，这里的倒"U"形关系仅仅是一个大致的趋势，真实世界中影响广告密度的因素很多。上述倒"U"形关系可能会受到这些因素的影响，如市场竞争态势、企业广告投放策略、广告创意及效果等。因此，并不是所有市场和产品都严格地遵循这一趋势。事实上，我们经常可以在垄断程度很高以及很低的市场中同时观察到大规模的广告投入。

广告不但本身受到市场结构的影响,而且它也会影响市场结构。

(1)对于竞争性产业来说,广告有提高集中度的作用。这是因为,当所有竞争企业都从事广告活动时,它们的市场份额将随广告活动的成败而变化。在广告竞争中,不可能所有的企业都是成功者,也不可能所有的企业都是失败者,有成功者也有失败者。成功的广告会使企业拥有更多的消费者,把其他企业的顾客也吸引过来,市场份额提高。失败的广告会使企业失去顾客,甚至被迫退出市场。所以,广告竞争的结果会使竞争产业的集中度提高。实证研究也表明,广告活动是竞争企业市场份额差距拉大的重要原因。

(2)广告也有增强进入壁垒的作用。产业内原有企业通过做大量的广告已经为其产品在市场上树立了信誉,商标已被消费者所熟悉和认可,拥有了稳定的消费者群。也就是说产业内原有企业所投入的广告费已经通过商标和信誉形成了无形资产。因此,新企业在进入市场初期就不得不支出较高的广告费,这就给新企业的进入增加了障碍。

(四)产品差异化如何影响广告密度

与市场结构与广告密度之间的关系相似,产品差异化也是通过影响产品的需求价格弹性和需求广告弹性,最终对广告密度产生影响。

首先,在产品差异化程度很高时,由于替代品较少,消费者在价格变动时难以找到合适的替代品。因此,消费者对产品价格的敏感度较低,需求价格弹性绝对值就会比较小。反之,在产品差异化程度很低时,市场中的替代品丰富,消费者可以轻松找到价格更低的替代品。此时,消费者对产品价格更加敏感,需求曲线趋于平坦,需求价格弹性绝对值就会比较大。由此可见,产品差异化程度与需求价格弹性绝对值呈负相关,即产品差异化程度越高,需求价格弹性绝对值越小。根据多夫曼-斯坦纳条件,广告密度会随着需求价格弹性绝对值的减小而增大,因此,产品差异化程度的提高会通过降低需求价格弹性绝对值,来增加广告密度。

其次,在产品差异化程度很低时,厂商难以通过广告将自身产品与同类产品相区分,消费者也难以凭借广告锁定某一品牌的产品。此时广告会产生外部效应,即做广告不但会增加自身产品的需求,也会增加同类产品的需求,这就降低了厂商做广告的意愿,导致广告密度下降。然而,在产品差异化程度很高时,广告针对性更强,争取潜在消费者的成功率更高。这意味着需求广告弹性更大,即相同的广告费用能带来更多的需求,厂商因此更愿意增加广告支出。根据多夫曼-斯坦纳条件,广告密度会随着需求广告弹性的增大而增大,所以产品差异化程度的提高会通过提高需求广告弹性,来增加广告密度。

综上所述,产品差异化程度与广告密度存在正相关关系,即产品差异化程度上升会提高广告密度,产品差异化程度下降会降低广告密度。消费品市场的调查也证明了上述结论。国信证券股份有限公司2012年发布了题为"广告行业:增长为重,波动为轻"的研究报告,根据该报告提供的数据,在产品差异化程度高的食品饮料和医药行业,广告密度分别高达5.69%和3.33%,而在产品差异化程度低的金融、商业零售和家电等行业,广告密度均在1%以下。

三、企业兼并行为

(一) 企业兼并的含义

企业兼并是指在市场经济条件下,财产独立或相对独立的法人通过市场购买或其他有偿转让的形式,获取其他企业法人的资产,从而实现产权转移的经济行为。这一定义包括三个内涵。第一,企业兼并是以产权有偿转让为基本标志的,通过产权转让使被兼并企业的资产流向兼并企业,而且这种产权转让一般要经过市场来实现。第二,企业兼并是市场竞争中的优胜劣汰、"优吃劣"的行为。第三,企业兼并的落脚点是吞并或吸收其他企业法人的资产,从而实现产权转移。在兼并过程中兼并一方因吸纳另一方企业而成为存续企业,并获得被兼并企业的产权;而被兼并企业则伴随兼并过程的完结而最终丧失法人资格。

企业兼并对市场结构的影响有两个方面。从积极的意义上说,兼并是产业结构调整的有效手段,投资可以从增量上调整产业结构,兼并可以从存量上调整产业结构。兼并可使生产要素向优势企业集中,优化资源配置。新兴产业可以通过兼并来吸收衰退产业原有的资本存量,使自身迅速成长壮大,衰退产业中的企业也可以通过兼并顺利退出。从消极的意义上说,兼并导致的集中可能会产生垄断,增强大企业的市场势力,以及形成更高的进入壁垒。因此,各国都非常重视企业兼并的政策问题,通过有效的产业组织政策来趋利避害。

(二) 企业兼并的类型

企业兼并的类型可以分为三种。

(1) **水平兼并**。水平兼并又称横向兼并,是指进行兼并的企业属于同一产业、生产同一类产品或处于同一个加工工艺阶段,面对同一个市场。例如,两家企业都生产手表,它们之间进行了兼并就可以称为水平兼并。

(2) **垂直兼并**。垂直兼并又称纵向兼并,是指进行兼并的企业之间存在着垂直的联系,分别处于生产和流通过程的不同阶段。例如,纺织企业和服装企业,前者向后者提供原材料,后者是前者的买主,这两个企业之间的兼并就是垂直兼并。

(3) **混合兼并**。混合兼并是指分属不同产业,生产工艺上没有关联关系,产品也完全不相同的企业间的兼并。例如,生产手表的企业和生产服装的企业,分别属于不同产业,生产工艺上没有关联关系,产品完全不同,如果它们之间进行了兼并就可称为混合兼并。

(三) 企业兼并的动机

企业兼并的动机多种多样,下面介绍的是企业兼并的几种主要动机。

(1) 获得规模经济效益。通过兼并扩大经营规模可以降低平均成本,从而提高利润,所以获得规模经济效益是企业兼并的重要动因之一。通过兼并所获得的规模经济效益可分为三个方面。第一种是财务上的规模经济效益。例如，兼并后因为大量购买的折扣可减少原材料采购成本，规模大、实力强可以得到较低利率的贷款，减少中间环节可降低促销费用等。第二种是技术上的规模经济效益。由于规模的扩大，设备的专业化。生产的自动化与连续化水平就可以提高，这样，生产出同样多的产品只需要较少的投入，第三种是协同效应。协同效应可以从互补性活动的联合生产中产生。例如，一家企业拥有一支强大的研究与开发技术力量，另一家企业拥有一批出色的经营管理人员，这两家企业兼并后，便会产生协同效应。

（2）降低进入新产业的壁垒。企业在进入一个新的产业时将会遇到进入壁垒，兼并可以有效地降低进入壁垒。一般来说，当企业试图进入新的产业时，它可以通过在新产业里投资新建企业的方式，也可以通过兼并新产业里原有企业的方式。采用新建企业的方式，将会遇到全部的进入壁垒，而且新增生产能力对产业的供求平衡会产生影响，如果新增生产能力很大，产业生产能力出现过剩，就有可能引发价格战。在采用兼并方法时，一方面可以大幅度降低进入壁垒；另一方面，由于兼并一般不给产业增加新的生产能力，短期内产业内部的竞争结构保持不变，引起价格战或报复的可能性就大大减少了。

（3）增强市场力量。通过兼并，企业的市场占有率上升，企业的市场力量即企业影响和控制市场的能力也随之增强，这也常常是兼并的重要动机。一般来说，市场占有率越高，企业的市场力量就越强，也就越有可能获得垄断超额利润。对于企业来说，提高市场占有率也可以采取价格竞争和非价格竞争等手段击败竞争对手，占领它的市场；但这时对方也会采取相同的手段加以还击，结果很有可能是两败俱伤。如果采用兼并的方式一举将对方吞并，则被兼并者的市场自然就归兼并者了。

（4）确保原材料半成品等投入品的供应。确保投入品的供应也是企业兼并的一个具体原因。因为将生产的不同阶段集中在一家大企业之内，一方面可以保证生产的各环节更好地衔接，保证原材料、半成品等投入品的供应；另一方面还可以降低运输费用、节省原材料、燃料，从而降低产品成本。企业间的垂直兼并与此关系较大。

（5）减少风险。有些企业通过兼并某些与自己产品无关的企业，实行经营多样化。这样，如果企业在某种产品的经营上出现亏损，往往可以从另一些产品的盈利中得到补偿，从而减少企业的经营风险。

（6）企业家的成就感和心理满足。企业规模的不断扩大，预示着企业兴旺发达，此时，作为企业领导人就会有一种成就感和心理满足，因为这些人是职业企业家，其职责就是领导企业取得发展。企业家与一般股东不同，股东只对股息感兴趣，只关心利润，而企业家则更多地关心企业长远发展，因为这将影响他们的权力、收入和社会地位等。因此，企业家的成就感和心理满足也是企业兼并的一个原因。

（四）对企业兼并的经验研究

可以看出，企业兼并的动机是多种多样的。那么，哪一种企业兼并的动机起到了决定性作用呢？美国经济学家兰文斯克拉夫特和谢勒（Ravenscraft and Scherer, 1989）对此进行了检验:他们认为,如果企业兼并取代了对利润最大化任务完成得不好的经理,那么被收购公司在兼并之前的利润率就应该低于同行业的其他公司;而如果企业兼并导致了规模经济或范围经济(economies of scope),那么兼并后的利润率应高于兼并之前,或高于同行业的平均水平。

但是,他们利用 2732 个美国企业微观数据检验得出的结果,却与上述预言正好相反。他们发现:①被收购公司在兼并前的利润率存在高于同行业平均水平的趋势;②根据兼并后营业项目的资产份额对营业项目的利润率进行回归时,发现估计系数显著为负;只有当这种资产是由规模大体相当的企业兼并所得时,才有迹象表明兼并后资产规模对利润率的影响是正的。这意味着,被兼并的一般都是"好"企业,但兼并对利润率的影响反而是负数。

两位美国学者还比较了两组企业利润率随时间变化的情况。其中一组是兼并所形成的企业;另一组是仍然保持独立的企业。结果发现,二者均随时间下降,但兼并所得企业的利润率下降速度快于独立企业。根据上述结果,他们的结论是:组织结构的更加臃肿复杂和管理上的竞争力或激励的减弱,导致企业兼并反而降低了企业效率。

那么,既然企业兼并未必能提高企业效率,为什么兼并还会发生,还会带来高溢价的收购?对此,马利斯(Marris,1963)指出,管理者效用与企业规模相关,规模越大经理的地位越稳固。穆勒(Mueller,1972)则认为,企业寻求强有力的市场地位,但管理资源有限,因此需要企业兼并。若这些解释成立,则企业兼并的真正动机应该是上述第六条,即企业家的成就感和心理满足。当然,企业兼并的动机非常复杂,很难用单一因素来解释。但美国学者的研究表明,不要对企业兼并带来的利润增长期望过高,这个结论在实业和证券投资中都有指导意义。

四、研发创新行为

研究开发(R&D)与技术创新(简称**研发创新**)是企业取得竞争优势的关键。作为一种企业的策略性行为,由研究开发与技术创新而带来的新产品的竞争,实质上比现存产品在价格上边际变化的竞争更加重要。美国麻省理工学院教授阿特拜克(1999)指出:"把现有技术开发得更精更细更好,也不能阻挡新企业采用新技术而抢占市场,并把反应迟钝的现有企业赶进产业历史的垃圾堆。"

研发创新有这样大的作用,显然应被视为一种重要的市场竞争行为。但这里要强调的是,能够把对手赶进"产业历史的垃圾堆"的技术创新,并不是普通意义上的技术创新,而是颠覆性的技术创新。现实中的绝大多数创新,并不能达到颠覆性技术创新的程度,不足以将对手赶进历史的垃圾堆。此外,实际上难以用现有指标精确地衡量研发创新及其作用,从而难以仅凭创新指标来判断某种技术创新是不是颠覆性技术创新。学术界经常使用的衡量创新的指标,如专利技术和研发支出,并不能真正地衡量创新。研发支出仅仅是创新的投入,并不等于创新本身;而专利技术仅仅是创新的参考指标,并不能准确地衡量创新。这就产生了以下问题,以至于难以判断研发创新与市场绩效之间的关系。

（1）研发费用可能被浪费在"专利保护"上面，因此不能简单地利用研发支出来判断创新的多少。企业的研发作为一种创新活动，既可能成功，也可能失败。成功的厂商意味着获得了创新的胜利，获得技术上的优势，并且很可能取得专利权。因此，研发竞争可以看作一种时间上的竞赛。一般认为，在最短时间内投入最多资源的厂商将赢得研发竞赛的胜利。但是，作为竞争策略的研发投入有可能被浪费。比如，世界上最大的30家电子公司的销售增长率远远低于其研发支出增长率。这并不是由于研发没有获得成功，而是被用于"专利保护"策略。这项策略意味着围绕一个核心发明，同时申请上百项相关或相近的专利，共同保护一项新产品。这种做法不仅用于防止直接地仿造，而且可以给竞争对手生产可能威胁本公司核心产品的相似产品设置障碍。这样，就难以仅凭研发费用和专利数量的多少来判断一个企业是否真正实现了创新。

（2）并不是所有的创新都可以获得专利。这包括两种情况。第一，较"抽象"的创新不能获得专利，如相对论和电磁原理、传送带和装配带的设想、电力系统的最优化技术等。而且，申请专利时需要披露新产品或新工艺的细节，为了防止有人盗窃专利成果，许多公司宁愿将发明作为商业秘密。第二，生产率的提高并不一定是研发的结果，而是实际生产的副产品。厂商从生产中获得经验，生产成本就会降低，这种类型的技术进步叫作**干中学**（learning by doing）。如果原有企业能通过第一阶段的干中学降低它在第二阶段的成本，那么它就比第二阶段里进入的新企业拥有优势。所以，干中学可以被视为一项投资，这项投资能让企业在以后阶段中提高利润。原有企业在干中学过程中能获得多少优势取决于两点：①老企业通过干中学可以比新企业降低多少成本；②学习需花多长时间。如果学习时间过短或过长，老企业占取的优势就不会很大。上述情况的存在，使得专利数量指标的作用大打折扣。

（3）专利泡沫问题。专利泡沫是指专利数量大幅增加的同时，整体的专利质量却在下降，很多专利没有社会经济及技术价值，这种专利虚增的现象可称为专利泡沫。许多资料都指出，中国的专利数量虽然很大，但其中存在部分并不产生新产品的实用新型专利；即使是在含金量较高的发明专利中，也仅有不到1/3得到了实际应用。相当多的发明专利，其作用仅仅有助于专利申请者评职称和完成科研任务，并没有太大的应用价值。用这样的指标去衡量产品创新，是很难有说服力的。

（4）影响市场绩效的除了专利之外，更重要的是销售和服务策略、学习曲线下降（干中学），以及控制成本。换句话说，仅仅有专利是不够的，如果不能合理地运用专利，照样不能转化为市场绩效。例如，著名的MS-DOS（microsoft disk operating system，微软磁盘操作系统）并不是微软（Microsoft）公司自己发明的，而是在1981年从美国西雅图一个电脑高手（在"西雅图计算机产品公司"工作的帕特森）手中购买的，购买价格仅5万美元。显然，这个操作系统的原创者并没有获得更多的回报，原因是他们不知道怎样合理地运用这项创新。而微软公司却发现了这项创新的市场价值，并采取了合理的销售和服务策略，结果取得了成功。

实证分析的结果也表明，研发支出未必总是能带来足够多的创新。熊彼特在其名著《经济发展理论》中曾提出了一个假说，认为实力雄厚的大企业能够具备用于研究开发项目的充足资金，因此企业规模越大，创新就越多。但迄今为止的实证研究结果并没有证明这一假说。例如，美国经济学家阿克斯和奥德里奇（Acs and Audretsch, 1987）在检验熊彼特假说时发现，在以不完全竞争为特征的市场上，大企业具有创新的优势；但是在更接近于完全竞争的市场上，小企业则拥有创新优势。这个结果说明，实际情况比理论假说要复杂得多。

总之，仅仅凭研发支出和专利数量不能判断研发创新行为是否带来市场绩效，而如果研发创新不能带来市场绩效，那就难以成为一项有效的市场竞争行为。综合以上论述，可以得出两个结论。第一，能够把对手赶进"历史的垃圾堆"的研发创新行为，一定是那种颠覆性的基础性技术创新，而不是围绕这个基础性技术创新的数以万计的专利，况且也无法判断这些专利是不是意味着真正的创新。第二，即使拥有了这种颠覆性的基础性技术创新，还要看是否能采取合理的销售和服务策略，使其转化为实实在在的产品差异化和进入壁垒，并带来真正的市场绩效。

「案例 3-2　混合兼并的成功经验和失败教训」

混合兼并意味着企业要进入一个与本行业完全不同的市场，因此风险远远大于水平兼并和垂直兼并。有学者指出，混合兼并要想成功，需要具备以下几项苛刻的条件。①有稳定的核心竞争优势。②坚持主营业务优先发展，经营范围有限。③有一定的企业规模。例如，在日本，只有当企业资产达到 400 亿～1000 亿美元时才有资格组织综合商社；我国学者认为，当企业资产达到 500 亿～1000 亿元规模时才可开展混合兼并。④原行业与目标行业之间存在相关性。⑤企业存在经营能力剩余。

同时具备上述五个条件是相当困难的，因此，这些条件大大限制了混合兼并的范围。现实中的混合兼并案例表明，符合上述条件的混合兼并往往容易成功，而违反上述条件的混合兼并则很容易失败。

海尔集团电子商务有限公司（简称海尔）的多元化经营是一个成功的混合兼并案例。1984～1991 年，海尔只生产电冰箱。1991 年开始，海尔进入其他家电领域。1991 年海尔兼并青岛空调器厂，进入空调行业；1995 年兼并青岛红星电器股份有限公司，进入洗衣机行业；1997 年兼并杭州西湖电子集团有限公司，进入电视机行业。1997 年的统计数据表明，海尔在电冰箱、空调和洗衣机行业均进入全国前三名，市场份额分别为 30.28%、24.11%和 27.68%。从海尔混合兼并的过程可以看出，海尔严格遵守了上述五个条件，尤其是在混合兼并范围方面，海尔的多元化经营仅仅从白色家电扩展到了黑色家电，并没有跨入与家电完全无关的行业。

而德隆国际战略投资有限公司（简称德隆）的兴衰则是混合兼并的反面典型。该公司是一个私营企业，1986 年以前，创始人唐万新主要进行个体经营，从事过挂面、自行车锁、玉石、服装、彩扩等行业。1986～1995 年，德隆通过证券市场上的积累，进军房地产和娱乐业。从 1995 年开始，德隆通过控股新疆屯河投资公司、沈阳合金股份有限公司、株洲湘火炬火花塞有限责任公司等上市公司，开始大规模资本经营，建立了食品加工、汽车零配件、采矿和水泥、旅游等四大支柱产业。从这几个支柱产业可以看出，德隆几乎没有核心的主营业务，各支柱产业之间联系很微弱；而且，该公司并不是在某个行业具备竞争优势后才开始多元化经营,而是一开始就通过控股的方式搞多元化。可以说,德隆完全违反了上述五个条件。不过,由于德隆通过大规模融资实现了迅速和大规模的多元化,在很长一段时间里还被当成了多元化成功的典型,甚至还作为案例被写进了商学院的教科书。但是好景不长,由于德隆摊子铺得过大,2003～2004 年的银根紧缩迫使德隆资金面断裂,其控股的三家主要上市公司股价在短时间内下跌 90%以上,这又导致德隆融资困难,难以偿还债务。仅仅几个月之后的 2004 年 6 月,德隆就宣告破产重组,创始人唐万新也锒铛入狱。

德隆兴衰的案例表明,混合兼并是风险很大的,只有符合一定条件的混合兼并才有可能成功。而对于激进的混合兼并,则务必要慎重。

第三节 市场绩效

一、市场绩效的含义和度量方法

市场绩效是指在一定的市场结构下,由一定的市场行为所形成的最终经济成果。它反映了特定的市场结构和市场行为条件下市场运行的效率。产业组织理论对市场绩效的研究有两个基本方面。第一,对市场绩效本身进行的描述和评价。第二,研究市场绩效与市场结构、市场行为之间的关系,并主要从这三者相互作用的关系中,寻找市场绩效的影响因素,从而对导致某种市场绩效的原因做出解释。

如何定量地反映市场绩效?这是产业组织学者长期以来一直非常关注的问题。衡量市场绩效的最常用指标是利润率指标。在早期的产业组织研究中,贝恩利用产业平均利润率来衡量市场绩效(Bain, 1951)。贝恩产业平均利润率的计算公式是

$$R = \frac{\pi - T}{E} \tag{3-21}$$

其中,R 为以税后资本收益率表示的产业平均利润率;π 为税前利润;T 为税收总额;E 为自有资本。R 越高,表明市场越偏离完全竞争状态,因此 R 也被作为研究市场结构对市场绩效影响的一个指标。贝恩曾利用该指标对不同行业利润率和市场集中度的相关关系进行了实证研究,但结果是二者的正相关度并不显著。一般认为,这是由于贝恩的利润率难以准确计量,因为不同行业、不同企业计算成本和利润率的方法和口径经常不同,即使是很微弱的基础数据偏差都会使结论产生很大偏差。为了解决这个问题,科林斯和普雷斯顿(Collins and Preston, 1969)转而采用包含正常利润的销售利润率来衡量市场绩效。计算公式是

$$销售利润率 = \frac{销售额 - (原材料成本 + 工资)}{销售额} \tag{3-22}$$

这个指标的主要优点是:经过数学变换,销售利润率与市场结构、市场行为的函数关系可以转化为价格–平均成本差额与市场结构、市场行为的函数关系,而价格–平均成本差额是有准确的全国普查数据的,这就避免了贝恩利润率指标基础数据不准确的问题。科林

斯的以价格-平均成本差额为被解释变量，市场集中度为主要解释变量进行了回归，回归结果是：市场集中度与价格-平均成本差额之间存在显著的正相关关系。

二、结构、行为、绩效三者关系的计量验证

上述贝恩和科林斯的验证使用的都是跨部门的产业层面数据，并得出市场集中度与利润率成正相关关系的结论。20世纪70年代以后，这种验证方式遭到了芝加哥学派的有力批评。批评的焦点是：上述验证所揭示的只是相关关系而不是因果关系，即使市场集中度与利润率的相关关系成立，也不能说明这究竟是大企业高效率的反映，还是垄断性的市场结构造成的。20世纪70年代后的实证分析转而采用企业层面的数据。这意味着大多数经济学家已经承认，市场结构、市场行为、市场绩效与其说是产业的现象，不如说是企业的现象，它们可能在更大程度上取决于具体企业的价格-成本差额、企业自己的市场份额、自己的资本成本以及自己的财务结构等因素。因此，产业组织的经验性研究已经从产业和跨部门研究转到了企业层面研究，并已成为经验性研究的主要趋势。如谢泼德（Shepherd, 1972）的验证：

$$p = 6.67 + 0.212\text{MS} + 0.027\text{CR}_4 - 0.299\log(\text{assets}) + 0.249\text{ASR} \qquad (3\text{-}23)$$
$$\quad\quad\quad\ (4.72)\quad\quad\ (1.56)\quad\ \ (1.54)\quad\quad\quad\ (1.54)$$

其中，p为企业平均税后利润率；MS为市场占有率；CR_4为企业卖方市场集中度；assets为衡量企业规模差异的企业资产对数；ASR为广告-销售比率。计量结果如下。①市场占有率比市场集中度的系数和显著性都强得多。因此，产业层面研究中利润率与市场集中度的正相关关系，实际上反映了企业的高效率，而不是企业在运用垄断势力。②企业规模对收益率有显著的负效应，这是大规模企业低效率的证据。③广告-销售比率对收益率有显著的正效应，说明产品差异化是决定盈利的重要因素。谢泼德的进一步计量分析表明，市场占有率对收益率的正向影响随市场占有率的上升而下降。这里需要运用某些技巧：当市场占有率和市场占有率的平方项都被作为收益率的解释变量时，市场占有率的系数始终显著为正，市场占有率平方项的系数显著为负。这说明，大型垄断企业不能完全依靠提高市场占有率来提高收益率。

三、SCP分析框架

分析市场结构、市场行为和市场绩效的关系可以分别从短期和长期两个角度来考察。在短期里，市场结构不会发生很大的变化，可以把市场结构看作既定的。在既定的市场结构下，企业必须采取与外部环境相适应的策略，必然选择有利于企业生存与发展的行为方式。就是说市场结构决定市场行为。而市场绩效如何，取决于产业内全体企业的具体行为。企业的价格策略会影响利润水平；企业的产品策略决定了产品是否能够满足市场需要；企业的销售策略影响着产品销售成本等。也就是说市场行为决定市场绩效。所以，从短期来看，决定市场绩效的直接因素是市场行为，而制约市场行为的根本因素是市场结构。图3-4中实线所示的方向，显示了这种因果关系。

```
市场结构 ——→ 市场行为 ——→ 市场绩效
```

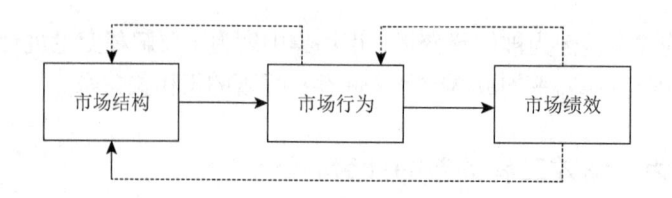

图 3-4 SCP 分析框架

从长期来说，市场结构是在变化的，市场结构的变化往往是市场行为变化的结果，有时市场绩效的变化也会直接使市场结构发生变化。例如，企业的技术进步可通过生产函数决定企业绩效，同时影响产业的成本结构、产品差别、进入条件，以及企业的兼并行为和价格策略等，即会导致市场结构和市场行为的变化。还有，企业的兼并行为会提高市场集中度，企业的价格策略会影响新企业的进入等。图 3-4 中虚线所示方向显示了市场行为对市场结构的影响，以及市场绩效对市场行为和市场结构的影响。所以，在一个较长时期内，市场结构、市场行为、市场绩效之间不是单向的因果关系，而是双向的因果关系。

总之，市场结构、市场行为和市场绩效之间是相互作用、相互影响的关系。虽然还难以判断何种影响方向更加重要，但可以认为，在短期内市场结构对市场行为、市场行为对市场绩效的影响更加重要，而在长期内市场绩效对市场行为和结构，以及市场行为对市场结构的影响有变得更加重要的可能性。

第四节 网络经济与产业组织

20 世纪 90 年代以来，网络经济的发展极大地改变了市场环境和企业行为方式，网络经济条件下的产业组织也因此出现了许多新的特征。本节将对网络经济条件下的市场结构、市场行为和反垄断政策问题进行简要介绍。

一、网络经济对市场结构的影响

网络经济目前还没有一个公认的定义。本节所指的网络经济是基于互联网而产生的一种新型经济形态，这种经济形态的核心特征在于计算机和信息技术在经济领域的广泛应用。具体地说，网络经济可以分为狭义和广义两种含义。狭义上的网络经济主要指基于因特网的经济活动，涵盖了网络企业、电子商务等业态。广义上的网络经济则更为宽泛，它是指以信息网络（包括但不限于因特网）为基础平台，以信息技术和信息资源的利用为显著特征的经济模式。

网络经济是一种从根本上有别于传统经济模式的新的经济运行方式，其主要特点是以信息网络作为平台，向用户提供信息产品。无论是信息网络还是信息产品，都有不同于传统物质产品的新特征，这些特征深刻地影响了网络经济条件下的市场结构。

(一)网络外部性

当消费者从商品中获得的效用随着该商品使用人数的增加而增加时,说明该商品具有**网络外部性**。有此种特性的商品都不是传统经济模式中的商品。例如,当消费者购买水果或铅笔时,他获得的效用仅仅取决于个人偏好以及产品特征,与该商品的用户数量无关。但在网络经济条件下,商品给消费者带来的效用就与该商品的用户数量有关了。这有两个原因。一是消费相同产品的用户增加,将带来直接的物理效果的增加,如电话、电子邮件、微信等,用户数量越多就越容易满足消费者与他人沟通的需求,这叫作直接的网络外部性。二是随着某一产品使用者数量的增加,使得该产品的互补品数量增多、价格下降而带来的价值。如用户购买 Windows 操作系统所获得的效用,与该操作系统平台上的软件数量较多有关,而操作系统平台上的软件数量,又与该操作系统的用户数量呈正相关。这样,操作系统的用户数量越多,平台上可供使用的软件就越多,消费者购买该系统的效用就越高,这种来自产品之间互补性的效应叫作间接的网络外部性。

网络外部性的存在,将会导致一些在传统经济模式中很少出现的效应。

首先,它会带来边际收益递增,原因是随着用户数量的增加,信息网络的建设成本、信息传递成本和信息处理成本就可以分摊到越来越多的用户身上,使边际成本随用户人数缓慢递减。同时,信息或网络产品本身较高的固定成本和极低的边际成本,也可以造成边际收益递增,如软件生产需要非常高的初始投入,而一旦第一个单位的产品研制成功,以后各单位产品的生产只不过是对第一单位产品的简单复制而已。以微软公司开发的 Windows95 为例,共投入约 2 亿美元的研究费用,即第一张 Windows95 光盘的生产成本高达 2 亿美元,但从第二张光盘开始,每张需要支付的成本仅为 50 美分。

其次,网络外部性将带来正反馈和需求方规模经济。**正反馈**的含义是使强者更强,弱者更弱,从而引起领先企业规模不断扩大,甚至垄断整个市场。在网络经济时代,正反馈处于支配地位。当两家或更多家企业争夺正反馈效应很强的市场时,只有一家会成为赢家,即"赢家通吃"(winner-tack-all)。在这种情况下,只有一家企业可以出头,其余企业都难以生存。出现这种情况的原因是正反馈带来的需求方规模经济。**需求方规模经济**是一种不同于工业经济时代产量增加导致成本降低而形成的规模经济,而是产生于网络技术的外部经济性,即在其他条件不变时,连接到一个较大的网络要优于连接到一个较小的网络。这样,规模较大网络的用户就会越来越多,以至于垄断整个市场。

上述两种效应都导致了网络经济中容易因为网络外部性而出现垄断的市场结构。不过,这两种效应还不足以告诉我们,什么样的企业更容易成为赢家通吃的垄断企业,这就需要考察消费者预期对市场结构的影响。

(二)消费者预期和关键数量

当存在网络外部性时,预期对一种产品的用户规模及其增长,从而对该产品能否被采用具有重要影响。由于存在网络外部性,每个消费者的效用取决于购买同样产品的其他消费者的人数,即网络用户规模。此时消费者的效用函数是互相依赖的,这就意味着消费者需要预期购买这种产品的其他消费者的数量,以得到尽可能大的网络外部效应。

下面通过一个数字例子来说明消费者预期的作用[①]。假设市场中有 100 万名消费者,并且消费者对于产品的购买意愿等于 n,n 是其他使用该产品的消费者的数量。假设消费者预期最终的用户规模为 n^e($0 \leq n^e \leq 100$ 万名)。如果每个消费者对该产品最终市场规模都持有非常悲观的预期,即 $n^e = 0$,那么消费者就会认为这一产品的价值为 0 元。此时可以得到,在任何不等于 0 元的价格之下,没有任何消费者愿意购买该产品,因此最终的用户规模为 0 名。而如果消费者持有很乐观的预期,认为所有人都会购买这一产品,即 $n^e = 100$ 万名,那么产品对于消费者的价值就等于 100 万元。因此只要产品价格略低于 100 万元,所有消费者最终都会购买该产品,最终的用户规模就等于 100 万名。由此可见,当价格在 0~100 万元时,消费者不同的预期会导致两种极端的结果:所有消费者都购买和所有消费者都不买。这说明,当存在网络外部性时,对于某一给定的价格,可能存在多种需求水平,而需求水平又取决于消费者对网络用户规模的预期。

进一步分析,如果价格是 90 万元,用户规模将会是 $n^e = 0$ 名还是 $n^e = 100$ 万名呢? 从直觉上看,$n^e = 0$ 名的可能性更大,因为在价格高达 90 万元的情况下,消费者只有在肯定至少有 90 万名其他消费者也愿意购买时才会去购买该产品,而达到这么高的数量并不容易。相反,如果价格仅为 900 元,则消费者只要肯定至少有 900 名其他消费者愿意购买同样的产品就够了。显然,用户规模达到 900 名比达到 90 万名容易得多,那么价格为 900 元时就会产生正反馈效应。也就是说,假定价格是 900 元,即使大多数消费者对于用户规模达到 $n^e = 100$ 万名持悲观态度,仍有可能有 900 名消费者真正去购买。一旦这种情况发生,对于其他消费者而言,购买同样的产品就成为优势战略,因为这时已经有 900 名消费者购买了该产品,将来网络的规模至少是 900 名,因此可以预期用户规模将迅速趋于 $n^e = 100$ 万名。这意味着,只要网络用户规模高于给定的最低值(本例中为 900 名),需求将通过自我强化机制继续增长,直至用户规模达到全部网络规模(本例中为 100 万名)。该最低值就被称为导致网络建立的购买者**关键数量**。根据上面的分析,价格越低,超过最低值(即关键数量)的可能性就越大。

关键数量的存在意味着在网络外部性条件下,需求的增长并不是线性的。当用户数量突破某一水平后,需求会呈现爆发式的增长。在一个网络外部性很强的市场中,用户数量是一个企业非常重要的资产。用户数量较少时企业在市场竞争中是非常危险的,而一旦用户规模超过了关键数量,产品需求很有可能会迎来一个高速增长期。上述例子表明,价格越低则超过关键数量的可能性越大。所以,为了能更快地使用户积累到关键数量,企业的一个重要策略就是通过较低的价格吸引潜在消费者成为用户,这样做的企业更容易成为垄断企业。

[①] 下面的例子引自王述英等的《产业经济学》(第 170~171 页,经济科学出版社,2006 年)。

「案例 3-3　网络外部性的作用：以淘宝的成功为例[①]」

在中国电子商务的萌芽阶段，淘宝与 eBay（也称易贝）之间的较量，深刻诠释了网络外部性的力量。时至今日，淘宝几乎已等同于网络购物的代名词，但鲜为人知的是，这一领域的先驱者是易趣网。1999 年 8 月，易趣网在上海成立，将源自美国的 C2C（consumer to consumer，顾客对顾客）电子商务模式引入中国，并迅速在网购领域占据了近三分之二的份额。自 2002 年起，eBay 的资金注入为易趣网注入了新的活力，直至 2003 年 6 月，eBay 实现对易趣网的全资控股，而正是在这一年，淘宝也宣告成立。

淘宝自创立之初，便推出了免费入驻的策略，即商家无须向平台支付任何费用，这一策略旨在吸引众多中小商家入驻，构建繁荣的商家生态。与此形成鲜明对比的是，eBay 旗下的易趣网则对商家收取商品上架费及交易佣金。对于消费者而言，购物平台商品种类的丰富度，直接关乎其购物满意度与体验。淘宝的免费政策如同磁石，吸引了大量中小商家加入，市场份额不断攀升。

面对竞争态势的逆转，eBay 于 2005 年决定调整策略，降低交易费用以图挽回失地，然而，这一举措似乎为时已晚。同年，淘宝成功超越 eBay，并在随后的岁月里持续扩大其市场领先地位。反观 eBay，其市场份额逐渐萎缩至个位数，最终在 2012 年以股权转让的方式，黯然退出了中国的电子商务市场。

二、网络经济对市场行为的影响

由于网络外部性的存在，传统的市场行为在网络经济中已经不适用了。在网络经济中，企业之间的竞争由争夺市场份额转向技术标准，原因是只要某企业的用户规模足够大，该企业的技术就会成为被整个市场承认和接受的技术标准，而一旦成为技术标准，又会使用户对未来的用户规模形成乐观预期，从而出现正反馈效应。企业为了在标准竞争中胜利，经常采取以下几种市场行为。

（1）先发制人，确立早期领导地位。当一种技术在安装基础层面率先占据主导地位时，即便有更先进、更便宜的技术问世，也很难对其构成实质性威胁。因此，迅速构建庞大的安装基础（即用户规模）显得尤为关键。同时，让用户意识到这一点也至关重要，因为这会使用户对安装基础的规模产生预期，进而诱发正反馈效应。一旦正反馈效应形成，后来者想要再追赶上来将会变得异常困难。常见的先发制人方法有两种：一是率先进入市场，在用户规模上形成先发优势；二是渗透定价，即以低于成本的定价吸引用户。极端的渗透定价就是免费策略，淘宝就是用这种策略击败了有先发优势的 eBay，而淘宝在获胜之后就开始收费，以网络外部性带来的收益补偿开始的损失。近期兴起的共享单车行业普遍采取低价和免费策略，其目的就是试图模仿淘宝的成功，在短期内把自己的网络做大，力争首先突破关键数量。

（2）吸引互补产品的供应。互补品的增多可以吸引更多的用户，而互补品生产商的决

[①] 本案例主要内容参考了刘志彪的《产业经济学》（第 167~168 页，机械工业出版社，2015 年）。

策又取决于它们对主产品厂商未来用户规模的预期。所以，影响互补品生产商的决策，既可以建立新的网络生态，又是击败其他技术标准的有力工具。早期 IBM 和微软都曾鼓励互补品企业的开发人员在 IBM 和微软自己的系统基础上开发软件和设计程序，并各自宣称有大批人员为它们的系统开发软件，就是想以此争取消费者，以打败竞争对手。

（3）加强预期管理。在网络经济中，预期是使消费者决定是否购买的关键因素。因此，网络经济中的厂商都不遗余力地宣传自己产品的特长，承诺推出更优质产品，或贬低对手的产品，使消费者对对手的产品失去信心和兴趣，以达到击败对手的目的。例如，微软就曾宣称 IE（internet explorer），浏览器将是未来的浏览器，并声明它计划将 IE 与 Windows 操作系统进一步整合。这样做的目的是影响消费者的预期，使消费者在摇摆不定的抉择中选择自己的机会更多。

（4）价格承诺。通过公开承诺长期内低价出售产品，使消费者相信自己将从中受益，从而诱使消费者购买自己的产品。也就是说，在采取渗透定价策略的同时，宣称这种策略不是权宜之计，而是长期策略，这样就可以起到稳定消费者预期的作用。

三、网络经济条件下的反垄断政策

（一）网络经济条件下的垄断形成机理

（1）网络外部性、正反馈和需求方规模经济导致的垄断。网络外部性引发网络扩张的正反馈效应，在这种效应作用下，企业市场份额急剧提高，甚至形成独家垄断的市场结构。这种垄断在非网络经济的传统行业中是难以存在的，因为传统经济中的企业虽然在规模经济阶段平均成本曲线下降，而出现类似于边际收益递增的正反馈效应，但到了规模不经济阶段，平均成本曲线就会转而上升，使其规模不能继续扩大到垄断市场的程度。然而在网络经济条件下，由于用户越多，网络的成本就可以分摊到越来越多的用户身上，所以平均成本曲线将持续下降，而不会转而上升，即不存在传统经济中的规模不经济阶段，这样，企业规模就会持续扩大到独家垄断市场的程度。

（2）标准竞争导致的垄断。在市场竞争中，如若产品之间不兼容，且网络外部性较强，那么如果一种产品或技术采取先发制人的策略而成为行业标准，则在正反馈效应的推动下，它就可以获得丰厚的超额利润和市场主导地位，甚至实现完全垄断。由标准竞争而形成的垄断可能会引发"消费惰性"，即标准转换成本的存在，消费者在面对比现有标准更优秀的新标准时，宁愿坚持选择先前选定的现有标准，也不采纳更先进的新标准。这种转换成本包括学习使用新标准的成本、更换系统的复杂性和不确定性等。消费惰性的存在，会使已经在标准竞争中获胜的企业，即使丧失了竞争优势，也能继续维持对市场的垄断。

（3）产业进入壁垒（锁定）形成的垄断。一旦用户规模超过关键数量，就会产生正反馈效应，这就会对其他试图进入市场的竞争者形成进入壁垒。这种基于网络外部性而产生的进入壁垒是很高的，但它也不是坚不可摧的。技术创新本身是一个动态的过程，当出现突破性技术创新时，新的技术标准完全可能取代旧的技术标准，如智能手机代替非智能手机就是一个例子。所以，网络经济中的这种进入壁垒容易为技术创新所打破。

（4）知识产权与专利权保护形成的垄断。在网络经济条件下，知识产权保护和网络效应的结合使得企业即使在信息技术快速发展变化的情况下，也能维持一定的市场垄断性。微软之所以能控制操作系统的绝大部分市场，一个重要的原因是美国知识产权的保护。

在网络经济中，知识产权保护与网络效应的相互作用，可以赋予企业在信息技术快速发展的过程中保持市场垄断地位的能力。操作系统市场便是典型案例，微软之所以能占据绝大部分操作系统的市场份额，关键在于其充分利用了本国知识产权保护的优势。具体而言，微软通过不断创新和优化操作系统，巩固了其知识产权地位。在此基础上，竞争对手在市场推广过程中将不得不面临侵犯知识产权的法律约束，结果难以挑战微软的主导地位。

（二）网络经济条件下的垄断绩效和反垄断政策

（1）网络经济条件下的垄断价格与产量。在网络经济条件下，由于边际收益递增和平均成本持续下降，产品的复制成本几乎接近于零，而且能重复销售和使用。在这种情况下，传统产业组织中的定价模式完全失去了作用。企业即使占据了垄断地位，也很少采取限制产量和垄断价格行为，而是为争取获得网络外部性和正反馈效应，采取低价策略和提高产量。此外，由于技术标准和正反馈效应成为主要的进入壁垒，传统产业组织中的各种进入阻挠行为，如掠夺性定价和限制性定价等，也在网络经济中失去了存在的意义。

（2）技术创新与网络经济中的垄断。传统经济模式中，处于市场垄断地位的企业在进行技术创新的动机上有所减弱。但在网络经济条件下，技术创新的频率加快，市场上垄断形成→被打破→形成新的市场垄断的频率明显加快，这使那些暂时处于垄断地位的企业也不敢高枕无忧，必须不断进行技术创新。可以说，网络经济中信息产业的垄断都是和技术进步联系在一起的，它不仅没有阻碍技术创新，反而正是对垄断地位的追求刺激了企业的技术创新。

（3）网络经济条件下的垄断绩效。厂商在网络经济中形成垄断地位之后，就会从原来的免费策略改为收费策略，因此我们可以看见诸如亚马逊、阿里巴巴这样的大型企业，已经从连年亏损转为盈利。这正体现了网络经济条件下垄断企业的盈利模式，即先通过免费或低价吸引用户，再通过提高价格补偿原来免费的损失。这本是无可厚非的，但这种垄断绩效仍然有可能造成社会福利水平的下降。这有两个原因。第一，虽然网络经济中的垄断经常为突破性的技术创新所打破，但这种创新并不是经常发生，在创新发生之前，正反馈造成的垄断必然引起竞争的减弱，由此导致与传统经济模式相似的创新减少和社会福利水平下降。第二，当存在网络外部性时，竞争到最后哪家厂商会胜出，很可能与厂商进入市场的先后顺序有关。当生产成本较高的厂商率先进入并且垄断市场，此时的网络外部性，就可能导致经济的无效率。这两个原因表明，政府对网络经济实施一定的规制是必要的。

由于网络经济条件下垄断形成及其表现出的绩效都发生了变化，从而政府反垄断政策需要进行相应的调整。由于网络外部性的存在，网络经济中的垄断企业可以向消费者提供性能更高、价格更低的产品和较多的产量。因此，立足于以往反垄断目标的一味打破垄断的做法可能会损害消费者福利。这时，政府反垄断的目标应从主要限制垄断地位、保护竞争者利益转为维护市场竞争秩序、促进技术创新和维护消费者利益上来。如果一些高效率的大型企业能够满足消费者的利益，那么反垄断政策也应当表示欢迎；但当那些大企业运用其实力以不合理的方式排除竞争者的时候，反垄断政策就应当加以制止。在这个原则之下，政府反垄断的最优选择就是，一方面促进技术创新以打破垄断，另一方面在不损害消费者利益和竞争秩序的前提下放松对现有垄断企业的限制。

本章提要

1. 古诺模型和伯特兰德模型表明，厂商串谋的产量和价格水平并不是纳什均衡的产量和价格水平，实际上难以维持。串谋成功的前提条件是创造一个便于觉察背叛的环境，这就需要提高产量和价格的透明度。最惠顾客条款（或最低价格保证）就可以起到这样的作用。

2. 主要的市场协调行为有卡特尔、价格领导制和成本加成定价。其中卡特尔就是古诺模型和伯特兰德模型所描述的厂商串谋行为的具体化。由于现实中的影响因素较多，卡特尔成功的条件要比理论模型更加复杂。

3. 定价行为包括掠夺性定价、限制性定价、搭配销售和提高对手的成本。其中掠夺性定价和限制性定价是最符合非合作策略性行为特征的两种定价行为，二者的成功都需要发起者具备竞争优势和可置信的承诺。多余的生产能力作为一种威慑力量，有助于形成可置信的承诺，从而有助于掠夺性定价和限制性定价的成功。

4. 多夫曼-斯坦纳条件表明，当广告费与销售收入的比率等于需求广告弹性与需求价格弹性的比率时，企业得到最大利润。依据该条件，不同类型产品广告密度的区别，原因在于各产品的需求广告弹性和需求价格弹性不同。

5. 企业兼并包括水平兼并、垂直兼并和混合兼并三种形式。本章总结了企业兼并的六种动机，但实证研究却表明，企业家的成就感和心理满足是最重要的兼并动机。这提醒我们，不要对企业兼并带来的利润增长期望过高。

6. 研发竞赛确实可以有助于增加企业的竞争力，但依靠专利数量和研发支出来判断企业研发竞赛的成果却是不可靠的。真正能够起到颠覆性作用的研发成果是那种基础性的重大创新，而不是围绕基础性创新而研发出来的数以万计的微小改良。

7. 对市场绩效的实证分析已经由早期的利用产业层面数据，转变为采用企业层面数据。因为市场结构、市场行为、市场绩效与其说是产业的现象，不如说是企业的现象，它们可能在更大程度上取决于具体企业的价格-成本差额、企业自己的市场份额、自己的资本成本以及自己的财务结构等因素。因此，从产业和跨部门研究转为企业与时间序列研究，已成为经验性研究的主要趋势。

8. 在网络经济中，网络外部性带来了边际收益递增、正反馈效应和需求方规模经济，这些因素容易导致独家垄断的市场结构，那些采取低价策略吸引消费者并率先突破关键数量的企业容易成为垄断企业。此时企业的竞争行为主要表现为率先进入市场、渗透定价、吸引互补品的供应、加强预期管理和价格承诺。在此情况下，网络经济中垄断形成机理、垄断绩效和反垄断政策都将与传统经济模式有所不同。

关键术语

市场行为　　　　　市场协调行为　　　古诺模型　　　　伯特兰德模型
最惠顾客条款　　　卡特尔　　　　　　价格领导制　　　市场竞争行为
策略性行为　　　　掠夺性定价　　　　限制性定价　　　搭配销售
多夫曼-斯坦纳条件　企业兼并　　　　　水平兼并　　　　垂直兼并
混合兼并　　　　　研发创新　　　　　干中学　　　　　市场绩效
网络经济　　　　　网络外部性　　　　正反馈　　　　　需求方规模经济
关键数量

本章习题

1. 双头垄断企业的成本函数分别为 $C_1(q_1) = 20q_1$，$C_2(q_2) = 40q_2$。市场需求函数为 $P = 200 - Q$，其中 $Q = q_1 + q_2$。企业 1 为私有企业，以利润最大化为目标；企业 2 为国有企业，以社会福利最大化为目标，其中社会福利定义为消费者剩余和两个企业利润之和。假定两个企业进行古诺竞争（即产量决策），请求出古诺均衡情况下各企业的产量和价格、企业 1 的利润和社会福利。

2. 什么是掠夺性定价？在两个企业成本曲线相同的情况下，如何进行成功的掠夺性定价？

3. 什么是限制性定价？在两个企业成本曲线相同的情况下，如何进行成功的掠夺性定价？

4. 利用多夫曼-斯坦纳条件，解释经验商品和信任商品的广告密度为什么高于搜寻商品。

5. 假定你是一家化妆品公司的 CEO（chief executive officer，首席执行官），现在正在考虑明年的广告预算，假设你知道以下信息：首先，明年的预期销售额为 100 万元；其次，如果广告支出增加 1%，那么产品的销售量会增加 0.05%；如果产品价格下降 1%，那么产品的销量会增加 0.2%，请问：

（1）明年的广告预算应该是多少？

（2）假设在更新信息后你发现如果产品价格下降 1%，产品的销量增加幅度为 0.5%，那么你应如何更改广告预算？

（3）请你总结一下需求价格弹性如何影响广告开支。

6. 请你从网络外部性的角度来解释为什么几乎所有的共享单车都是低价或免费的，为什么许多共享单车采取这种定价策略之后，并没有取得与淘宝相同的成功。

7. 淘宝网成功地利用免费策略击败了易趣网，成功跨越了关键数量并产生了正反馈效应。既然如此，网络外部性应该使淘宝网成为独家垄断企业，但为什么后来京东和拼多多还能出现并与淘宝网分庭抗礼？它们都采取了什么策略以至于可以抵消网络外部性的强大力量？

进一步阅读的文献

关于产业组织理论的更详细和更高深内容的介绍，可阅读以下教材：斯蒂芬·马丁著，史东辉等译的《高级产业经济学》（第二版，上海财经大学出版社，2003）；林恩·佩波尔等著，郑江淮等译的《产业组织：现代理论与实践》（第四版，中国人民大学出版社，2014）；Tirole 的 The Theory of Industrial Organization（The MIT Press，1988）；Belleflamme 和 Peitz 的 Industrial Organization: Markets and Strategies（Cambridge University Press，2010）。

若想了解产业组织研究的最新进展，可阅读以下英文期刊：The RAND Journal of Economics、Journal of Industrial Economics、International Journal of Industrial Organization。

若想进一步了解网络经济对产业组织的影响，可阅读刘易斯·卡布罗著，胡汉辉和赵震翔译的《产业组织导论》（人民邮电出版社，2002）；Shy 的 The Economics of Network Industries（Cambridge University Press，2001）。

若想了解国内产业组织研究的最新进展，可阅读以下中文期刊：《经济研究》《管理世界》《经济学（季刊）》《世界经济》《中国工业经济》。

本章参考文献

阿特拜克 J M. 1999. 把握创新. 高建，李明，译. 北京：清华大学出版社.
卡布罗 L M B. 2002. 产业组织导论. 胡汉辉，赵震翔，译. 北京：人民邮电出版社.
刘志彪. 2015. 产业经济学. 北京：机械工业出版社.
马丁 S. 2003. 高级产业经济学. 史东辉，等译. 上海：上海财经大学出版社.
苏东水. 2000. 产业经济学. 2 版. 北京：高等教育出版社.
王述英，白雪洁，杜传忠. 2006. 产业经济学. 北京：经济科学出版社.
熊彼特 J. 1990. 经济发展理论. 何畏，易家详，等译. 北京：商务印书馆.
赵玉林. 2017. 产业经济学原理及案例. 4 版. 北京：中国人民大学出版社.
Acs Z J, Audretsch D B. 1987. Innovation, market structure, and firm size. The Review of Economics and Statistics, 69（4）：567-574.
Bain J S. 1951. Relation of profit rate to industry concentration: american manufacturing, 1936-1940. The Quarterly Journal of Economics, 65（3）：293-324.
Collins N R, Preston L E. 1969. Price-cost margins and industry structure. The Review of Economics and Statistics, 51：271-286.
Marris R. 1963. A model of the "managerial" enterprise. The Quarterly Journal of Economics, 77（2）：185-209.
Mueller D C. 1972. A life cycle theory of the firm. The Journal of Industrial Economics, 20（3）：199-219.
Ravenscraft D J, Scherer F M. 1989. The profitability of mergers. International Journal of Industrial Organization, 7（1）：101-116.
Shepherd G. 1972. The elements of market structure. The Review of Economics and Statistics, 54（1）：25-37.
Shy O. 2001. The Economics of Network Industries. Cambridge: Cambridge University Press.
Sutton J. 1974. Advertising, concentration and competition. Economic Journal, 84：56-69.

第四章

产业结构理论

如果说产业组织主要是从企业层面考察产业内的各种关系,那么产业结构则是从宏观层面上考察产业之间的各种关系。本章将介绍产业结构的基本理论,分析产业结构的演变规律及其驱动因素,揭示产业结构发展变化的一般趋势,为制定产业规划和产业结构政策奠定理论基础。

■ 第一节 产业结构演变规律

一、为什么要研究产业结构

产业结构是指一个国家(地区)的劳动力、产出和各种资源在国民经济各产业部门之间的分配状况及其相互制约的关系。产业结构的基本含义,可以从两个角度来理解。一是从"质"的角度动态地揭示产业间技术经济联系与联系方式不断发生变化的趋势,揭示在经济发展过程中,处于主导或支柱地位的产业部门不断替代的规律及其相应的"结构"效益。二是从"量"的角度静态地分析产业间联系和联系方式的技术经济数量比例关系,即产业间投入量和产出量的比例关系。

读者可能会注意到,在经济学原理教科书中并没有提及产业结构。那么,为什么还要研究产业结构呢?这个问题涉及经济学家对经济增长因素的不同理解。根据经济学原理教材中的新古典增长模型,经济增长各要素可以由新古典生产函数 $Y=AK^{\alpha}L^{\beta}$ 来表示,其中 Y 为国民收入,K 为资本存量,L 为劳动投入,A 通常定义为技术进步,α 和 β 分别为资本与劳动产出弹性。根据这个公式,经济增长只有三个要素,即劳动、资本和技术进步,并没有产业结构的影子。这种理论实际上隐含地假定了整个经济处于竞争性一般均衡的状态,因此所有部门的资本和劳动都能带来同样的边际收益,资源在产业间的配置和流动是不重要的。可以用图 4-1 来描述新古典增长模型的经济增长过程。

图 4-1 所示的经济增长过程其实并不完全符合实际。现实中的国民经济各部门并不是处于竞争性一般均衡的状态,各部门的资本回报率和劳动报酬并不相等,各部门的要素边

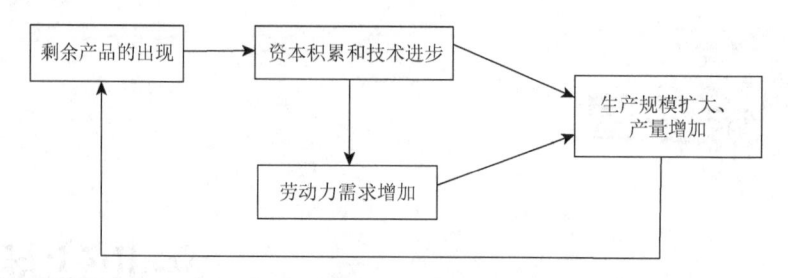

图 4-1　基于新古典增长模型的经济增长过程

际收益（或边际生产率）并不相等，而且价格机制并不能像竞争性一般均衡模型所假定的那样，在短期内消除这种非均衡现象。在这种情况下，经济增长不仅取决于劳动、资本和技术进步，而且取决于产业结构，因为资本和劳动从生产率较低部门向生产率较高部门的转移就能够加速经济增长。更重要的是，国民经济中某些部门的生产率和增长速度都很高，大大超过其他部门；这些部门都有数量众多的上游产业，可以在本部门高速增长的同时，通过拉动上游产业的需求来带动几乎所有国民经济部门的增长，此类部门叫作**主导产业**。主导产业带动其他部门增长的作用叫作主导产业的**扩散效应**。主导产业高速增长的原因是它的高生产率（通常来自技术进步），以及由这种高生产率派生出来的高工资和高资本回报率，这将会吸引其他产业的劳动和资本不断流入主导产业，使其规模快速扩张。主导产业的高速增长，通过其扩散效应带动整体经济的增长，就实现了一个完整的经济增长过程。可以用图 4-2 表示这一经济增长过程。

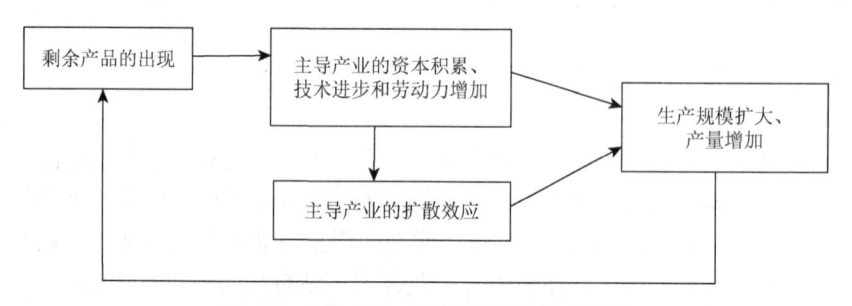

图 4-2　主导产业对经济增长的带动作用

显然，这种类型的经济增长在经济学原理教科书中并未出现过，但它在现实经济中却经常出现，这正是我们需要学习和研究产业结构的原因。此外，既然主导产业及其扩散效应可以带动经济增长，那么这就给发展中国家政府提供了一个很有吸引力的政策选项，即可以通过扶持主导产业实现经济快速增长。因此，产业结构不仅对理解现实经济很有用处，而且有很强的经济政策含义。

二、产业结构演变理论

我们已经知道了产业结构与经济增长的关系，尤其是主导产业的作用。那么接下来自然就会想到，主导产业更有可能花落谁家，在哪个领域里更有可能找到主导产业。这实际上就是产业结构的演变规律问题。国民经济可以分为很多类型的产业部门，这些部门在不同的经济增长阶段,其增长潜力和增长速度是不同的。我们所说的产业结构演变规律,其实就是要找出在经济增长的不同阶段中,各个产业部门的劳动、资本等要素更有可能向哪个产业部门集中。这有助于找到具体的某个主导产业,因为主导产业更有可能位于那种能吸引其他部门劳动和资本要素的部门中。迄今为止,经济学家已经提出了为数众多的主导产业演变规律,这里主要介绍几种流行的产业结构演变理论。

(一)配第-克拉克定理

最早注意到产业结构演变规律的是英国经济学家威廉·配第(William Petty)。他在1690年出版的《政治算术》一书中比较了英国农民的收入和船员的收入,发现后者是前者的四倍;他认为工业的收入比农业高,而服务业的收入又比工业多得多,说明工业比农业、服务业比工业具有更高的附加值,而不同产业之间的收入差距会推动劳动力向收入更高的部门转移。这一发现第一次揭示了产业结构演变和经济发展的基本方向,被称为配第定理。但由于时代的局限性,配第并没有注意到产业结构和人均国民收入水平之间的内在联系。

英国经济学家科林·克拉克(Colin Clark)于1940年在《经济进步的条件》一书中,将国民经济划分为第一产业(农业)、第二产业(制造业)和第三产业(服务业)三大产业。他以40多个国家和地区随时间发生的变化为依据,分析了劳动力在三大产业间移动的规律性,发现随着经济发展和国民收入水平的提高,劳动力首先从第一产业向第二产业移动。当人均收入水平进一步提高时,劳动力便向第三产业移动。劳动力在产业间的分布状态是:第一产业比重不断减少,第二产业和第三产业将顺次不断增加。由于克拉克的研究只是印证了配第的发现,因此,这一研究成果被称为**配第-克拉克定理**。

为什么劳动力会在不同产业间流动呢?克拉克提出的原因是不同产业之间收入的相对差异。实际上我们可以进一步解释收入相对差异的原因。由于这个定理主要关注的是第一产业劳动力比重的减少,因此,本书就以第一产业为例。第一产业劳动力流入第二产业和第三产业,显然是因为农业收入较低,而农业收入较低又可以由三个原因来解释。第一,农产品的需求收入弹性低,这导致了农产品需求增长有限,价格难以提升,自然压制了农业收入;第二,农业投资的边际收益递减,即农业的边际资本回报率较低,这使得资本不愿投入农业,农业增加值因此增长缓慢;第三,农业劳动生产率的提高,使得农业需要的劳动力减少,迫使那些在农业中"多余"的劳动力转移到第二产业和第三产业。

(二)霍夫曼定理

德国经济学家霍夫曼对工业化过程中工业内部结构的演变规律进行了研究。他在1931年出版的《工业化的阶段和类型》一书中,依据近20个国家的时间序列数据,分析了消费品工业的净产值与资本品工业的净产值之比的变动趋势,这个比例又被称为霍夫曼系数。霍夫曼发现,随着工业化的推进,霍夫曼系数将不断下降。这个结论被人们称为**霍夫曼定理**。霍夫曼根据霍夫曼系数的变化趋势,把工业化过程分为四个阶段,如表4-1所示。

表 4-1 霍夫曼对工业化阶段的划分

工业化阶段	霍夫曼系数的范围	主要特征
第一阶段	5.0（±1.0）	消费品工业占统治地位，资本品工业所占比重较小
第二阶段	2.5（±1.0）	资本品工业增长快于消费品工业，但消费品工业仍然比资本品工业规模大
第三阶段	1.0（±1.5）	资本品工业继续比消费品工业更快地增长，二者规模达到大致相等的程度
第四阶段	1.0 以下	资本品工业净产值超过消费品工业，已经处于主体地位，是实现工业化的重要标志

霍夫曼对产品分类的标准是产品用途。某产品的用途有 75%以上是消费资料的，都归入消费品工业；有 75%以上用途是生产资料的，都归入资本品工业，难以用以上标准分类的，则统统列入其他工业。霍夫曼的上述产业划分方法难以操作，在实际应用中，包括霍夫曼本人也无意识地使用轻、重工业的划分方法代替霍夫曼分类法。自霍夫曼定理问世以来，人们发现工业化过程中工业结构确实存在重工业化趋势。但霍夫曼系数不可能无限地下降，因为人们对重工业产品（如钢铁、住房）或依赖于重工业的消费品（如汽车）的需求，在增长到一定程度时将出现饱和，此时人们将转而更多地购买其他产品（如服务业产品）。因此霍夫曼系数在下降到一定程度时将停止下降，即重工业在整个工业中的比例不可能是永远上升的。

（三）库兹涅茨法则

美国经济学家西蒙·库兹涅茨（Simon Kuznets）在克拉克研究成果的基础上，搜集和整理了 20 多个国家劳动力与国民收入的历史资料，深入考察了劳动力和国民收入在产业间分布变化的一般规律。他在 1971 年出版的《各国的经济增长》一书中，分析了国民收入和劳动力在三次产业间的分布，提出了著名的**库兹涅茨法则**。这个法则指出，随着时间的推移，三次产业国民收入和就业比重将出现以下变化：①农业部门的国民收入比重和就业比重将不断下降；②工业部门的国民收入比重和就业比重将首先上升，到一定阶段后转而下降；③服务业部门的国民收入比重和就业比重将不断上升。

需要指出的是，库兹涅茨在其著作中阐述的"原版"库兹涅茨法则与上面列出的库兹涅茨法则有一定区别。在库兹涅茨于 1971 年出版他的著作时，世界上绝大多数国家还没有出现过工业部门国民收入比重和就业比重下降的情况。因此，库兹涅茨在书中提出库兹涅茨法则时，上述第②条的内容是"工业部门国民收入比重和就业比重在前一阶段处于上升趋势，当上升到一定程度时大体不变"。但自 1971 年至今的 50 多年间，几乎所有的发达国家都出现了工业部门国民收入比重和就业比重在维持了一段时间的"大体不变"之后，转而下降的情况。这样，经济学界目前普遍认同的库兹涅茨法则第②条，就不再拘泥于库兹涅茨原著中的说法，而改成了"工业部门的国民收入比重和就业比重将首先上升，到一定阶段后转而下降"。

库兹涅茨法则对发展中国家的经济发展前景有很强的指导意义。根据这个法则，发展中国家的制造业规模达到一定程度之后，必将出现制造业比重下降、服务业比重上升的情况。那么发展中国家的政府就可以利用这个法则，在适当的时机出台对服务业发展的扶持政策。由于这类政策顺应了产业结构变迁的大趋势，因此成功的概率很大。

（四）经济增长阶段论

欧美国家的经济学家根据产业结构变迁的历史资料，提出了多种经济增长阶段论，即根据产业结构变迁在某一个时期的特点，将全部经济发展过程划分为几个阶段。较早的经济增长阶段论有19世纪德国经济学家李斯特的经济发展阶段论，即把经济发展过程划分为原始未开化时期、畜牧时期、农业时期、农工业时期、农工商时期等五个阶段。还有20世纪美国经济学家钱纳里提出的工业化阶段论，即把工业化过程划分为经济发展初期、中期和后期。其中初期主要发展食品和纺织等工业，中期主要发展石油化工、煤炭、非金属矿产品等工业，后期主要发展服装、日用品、金属制品和机械制造等工业。不过，这两种阶段论对现实经济的影响比较有限，真正对现实经济发展产生重大影响的是美国经济学家罗斯托的经济增长阶段论。

1960年，美国经济学家华尔特·罗斯托（Walt Rostow）在《经济成长的阶段》一书中将一个国家的经济发展过程分为五个阶段，1971年他在《政治和成长阶段》中增加了第六个阶段。罗斯托认为，人类社会发展共分为六个经济增长阶段。一是传统社会阶段，其特征是不存在现代科学技术，生产主要依靠手工劳动，农业居于首要地位，消费水平很低，存在等级制，家庭和氏族起着重要作用。二是为起飞创造前提的阶段，在这一时期，社会开始考虑经济改革的问题，希望通过现代化来增强国力并改善人民的生活。这一阶段要解决的关键难题是获得发展所需要的资金。三是起飞阶段。根据罗斯托的解释，**起飞就是突破经济的传统停滞状态**。实现起飞需要三个条件：①较高的储蓄率，即储蓄占国民收入的10%以上；②要有带动起飞的主导产业；③建立能保证起飞的制度。例如，建立使私有财产有保障的制度、建立能代替私人资本进行巨额投资的政府机构等。罗斯托认为，一国只要具备了上述三个条件，经济就可实现起飞，一旦起飞，经济就可以持续增长了。四是成熟阶段，其特点是，现代技术已被推广到各个经济领域，工业将朝着多样化发展，新的主导产业逐渐代替起飞阶段的旧的主导产业。五是高额群众消费阶段，在这一阶段，主要的经济部门从制造业转向服务业，奢侈品消费向上攀升，生产者和消费者都开始大量利用高科技的成果。人们在休闲、教育、保健、国家安全、社会保障项目上的花费增加。六是对生活质量追求阶段，该阶段的主要目标是提高生活质量。

罗斯托的理论在第二次世界大战（简称二战）后初期曾拥有广泛的影响力，但目前该理论的影响力已经大大减弱。经济思想史学家马克·布劳格曾经指出罗斯托的理论有以下问题：①罗斯托对起飞的论证严重依赖起飞阶段储蓄率的提高，但实际上储蓄率高度依赖一个社会不变的准则和观念，很难改变；②罗斯托的理论没有说明把储蓄转化为投资的社会机制；③罗斯托是根据历史档案中的平均储蓄率和平均资本产出率划分各个阶段的，但实际上与经济增长关系重大的却是边际储蓄率和边际资本产出率，这些边际值可能逐年大大偏离平均值。由于上述问题，布劳格指出罗斯托的理论"代表着关于经济增长的一种极其天真的想法""当今几乎没有经济史学家相信罗斯托的主张，即根据收入储蓄比率和资本产出率在时间序列中的变动而分成明显的经济增长诸阶段"（布劳格，2003）。因此，虽然经济增长阶段论在国内仍有很大影响，但运用该理论时应慎重。

（五）其他产业结构演变规律

除了上述由学者专门总结出来的产业结构理论之外，还有一些产业结构演变的规律，虽不是某个学者专门的研究结果，但也为人们所认可。这里主要介绍两种产业结构演变规律，一是生产要素密集度演变规律，二是产业结构的高加工度化趋势。

按照生产要素的密集度不同，产业可以划分为劳动密集型产业、资本密集型产业和技术密集型产业三种类型。这三种不同类型的产业在国民经济中的地位是不断变化的，即由最初的以劳动密集型产业为主导，逐渐转向以资本密集型产业为主导，最终发展成为以技术密集型产业为主导。在经济发展初期，技术水平不高，资本稀缺，而劳动力资源丰富且成本较低。因此，以劳动力为主要生产要素的轻工业迅速崛起，在整个经济中占据主导地位，如纺织工业。随着经济持续发展，人均国民收入不断攀升，劳动力成本上升，劳动密集型产业逐渐丧失竞争优势。此时，资本要素从稀缺变为充足，资本价格下降，促进了资本密集型产业的发展。钢铁、煤炭、石油等资本密集型产业逐渐崛起。然而，随着工业化的进一步发展，资本密集型产业面临需求饱和、资源消耗和环境污染等问题。为应对这些挑战，越来越多的产业部门开始采用新技术、新工艺和新设备，生产需求旺盛的新产品。因此，技术逐渐成为主要的生产要素。这导致了工业化进程从劳动密集型向资本密集型，再到技术密集型的转变。

产业结构的高加工度化是指在工业结构的演进过程中，以原材料工业为中心的结构向以加工、组装工业为中心的结构发展的趋势。高加工度化表明加工、组装工业的发展速度将大大快于原材料工业的发展速度。世界一些工业发达国家高加工度化的事实说明，随着工业化的发展和科技进步的加速，工业增长对原材料的依赖程度将出现相对下降的趋势。以日本为例，1955~1995年日本工业中原材料工业比重由60%下降到10.7%，加工工业比重由40%上升到89.3%（赵玉林，2017）。高加工度化将使经济增长对能源及其他资源的依赖程度相对降低，从而实现低能耗、低资源消耗的经济增长。

三、产业结构演变的动因

产业结构为什么会出现上述演变趋势？这需要弄清楚产业结构演变的动因。国内的产业经济学教材中提到了很多种产业结构演变的动因，包括需求因素、供给因素、科学技术因素、制度因素和国际因素等，每一种因素又可以细分为很多二级的影响因素，总计不下十几种。这些因素的提出都有一定道理，但罗列这些因素并不能从逻辑上证明为什么产业结构会出现上述那些演变趋势。例如，供给因素中的自然条件和资源禀赋、人力资源等因素，既有可能有助于劳动密集型产业发展，也有可能有助于资本密集型和技术密集型产业发展，这就无法解释为什么产业结构演变是由劳动密集型到资本密集型再到技术密集型，而不是其他的演变顺序。事实上，这些因素更适合在计量方程中作为控制变量来使用。如果要从逻辑上解释产业结构的演变趋势，那么只需要两种因素就足够了，一是需求方面的恩格尔效应，二是供给方面的鲍莫尔效应。

恩格尔效应（Engel effect）是指随着人均收入水平的上升，需求收入弹性低的产品的需求量占总需求的比重越来越低，而需求收入弹性高的产品的需求量占总需求的比重越来越高，最终需求收入弹性高的产品将在产业结构中占据主导地位。**鲍莫尔效应**（Baumol effect）是指任何一个产业由技术进步而带来的资本回报率增长和生产率提高，都将使资本流入该产业，劳动力流出该产业。

如果用这两种因素解释产业结构演变，我们可以发现，几乎所有其他影响因素都可以直接或间接归类为这两种因素，上述各种产业结构演变规律都可以通过这两个概念加以解释。例如，配第-克拉克定理、库兹涅茨法则和罗斯托经济增长阶段论，本质上都是论证产业结构重心由第一产业变为第二产业再变为第三产业，而这正是恩格尔效应和鲍莫尔效应共同作用的结果。因为第三产业的需求收入弹性高于第二产业，第二产业的需求收入弹性又高于第一产业，根据恩格尔效应，此时即使三大产业的劳动生产率增长速度相等，劳动力也将从第一产业流入第二产业，再由第二产业流入第三产业。而根据鲍莫尔效应，第一产业的劳动生产率增长，将推动劳动力转移到第二产业；第二产业的劳动生产率增长，将推动劳动力转移到第三产业。可见，恩格尔效应和鲍莫尔效应的合力，将使产业结构出现先工业化后服务化的趋势。

霍夫曼定理则主要是恩格尔效应发挥作用的结果。显然，人们在收入较低时只能购买服装、家电等轻工业产品，在收入进一步提高时才有可能购买汽车、住房等重工业相关产品。这其实就是恩格尔效应，即重工业的需求收入弹性高于轻工业，那么随着人们收入水平的提高，重工业比重将越来越高。

生产要素密集度演变规律也可以归结为恩格尔效应和鲍莫尔效应的作用，原因是劳动密集型产品类似于霍夫曼定理中的消费品工业，都是服装、家电等轻工业产品，此类产品的消费饱和将使人们购买更多的资本密集型产品和技术密集型产品。资本密集型产品和技术密集型产品则可以被理解为较低端的与较高端的制造业及服务业产品。高端制造业和高端服务业都是技术进步速度快的产业，根据鲍莫尔效应，这将导致资本从低端制造业和低端服务业（即资本密集型产业）流入高端制造业与高端服务业，使其规模进一步扩大；同时，高端制造业和高端服务业的需求收入弹性都是很高的，根据恩格尔效应，在消费者对低端产品的需求达到饱和状态之后，将会更多地购买更高质量和更具创新性的产品，那么这样做的结果显然是高端制造业和高端服务业在经济中所占比重越来越高，这就实现了从资本密集型产业结构向技术密集型产业结构的转型。

高加工度化同样可以由恩格尔效应和鲍莫尔效应来解释。加工、组装工业的技术进步速度一般都高于原材料工业，这就产生了鲍莫尔效应，即技术进步带来的高资本回报率吸引大量资本进入加工组装工业。与此同时，随着人们收入水平的提高，人们显然越来越需要加工组装工业的产品（如空调和炉灶），而不是原材料工业的产品（如煤炭），这就必然像恩格尔效应所预言的那样，刺激加工组装工业的增长速度，使其超过原材料工业的增长速度，形成高加工度化趋势。

总之，鲍莫尔效应和恩格尔效应可以从逻辑上决定产业结构的演变趋势与方向，而两种效应推论得出的产业结构演变趋势又恰好与上述产业结构演变理论相符合，因此我们应更多地从这两种效应的角度理解产业结构演变的动因。

第二节 平衡增长理论与大推动工业化

一、大推动工业化理论

平衡增长理论形成于20世纪40年代，其基本内容是发展中国家为了摆脱贫困，克服本国市场容量狭小的问题，应同时在各个工业部门或国民经济各部门全面地、大规模地投资，使各个部门按一定比例同时增长，一步到位地建立独立完整的工业体系。这种做法也被称为**大推动工业化战略**。

采取这种战略的直接原因是发展中国家的市场容量狭小。为了理解这个问题对发展中国家工业化的阻碍，我们可以中国工业化初期的情况为例。在19世纪50年代，洋务运动开始之前，中国虽然人口众多，但处于自给自足的自然经济状态，并没有多大的市场购买力。1852年，英国驻广州商贸代办米切尔曾埋怨说，"拥有如此庞大人口的中国，其消费我们的制造品，竟不及荷兰的一半，也不及我们那人口稀少的北美或澳大利亚殖民地的一半，赶不上法国或巴西，赶不上我们自己，不在西印度之上，只比欧洲大陆上某些小王国如比利时、葡萄牙或那不勒斯稍微多一点点。这好像是一个奇怪的结局"（全慰天，1982）。其实一点也不奇怪，一国市场的大小，并不是决定于人口的多少，而是决定于社会经济状况。当时的中国是一个农业社会，而农业的边际报酬是递减的，所以农民只能维持温饱而已，当然无力购买工业品。这种状况其实决定了其后出现的洋务运动的结局，即这个运动很难实现中国的工业化。

市场容量狭小不仅体现为市场对消费品的购买力不足，而且体现为对生产资料（即资本品）的购买力不足。这样的例子在新中国成立前是不胜枚举的。例如，大隆机器厂是民国年间规模最大的民营重工业企业之一，该厂1902年由严裕棠创办于上海。经多年试制，大隆机器厂开始生产棉纺织机，但却没有销路，国内纱厂不愿购买。后来严裕棠干脆租用了江苏的一家纱厂，又兼并了上海等地的纱厂，然后将大隆的棉纺织机出售给自己控制的纱厂，才解决销路问题。大隆机器厂的经验是无法复制的，因为在这个例子中，民族资本家只需控制棉纺织机器厂和纱厂就可以解决销路问题，但如果这个民族资本家建立的是机床厂，那么就需要控制几乎所有下游行业的生产环节，这对于一个企业来说是不可想象的。再以1925年成立的上海新中工程股份有限公司为例，该企业专门生产水泵，质量尚好，是同类企业中比较发达的一家。但该企业水泵销量很少，每年只能卖出几十台。该公司的领导人在1962年回忆说，"以我国幅员之广，耕地面积之大，我厂每年销售水泵从未超过一百台……可见市场之狭隘，诚沧海一粟"（中国社会科学院经济研究所，1966）。

上述例子表明，在中国这样的农业社会，仅仅依靠单个企业家的创业活动，难以解决市场容量狭小的问题，工业化进程将极为缓慢。平衡增长理论对这种现象进行了理论解释。英国经济学家罗森斯坦·罗丹于1943年在《东欧和东南欧国家工业化的若干问题》一文中提出了大推动工业化理论。他认为，发展中国家长期工业落后，基础设施不全，劳动生产率低，资本形成不足，再加上生产函数、需求和储蓄的不可分性，小规模的个别生产部门的投资无法解决根本性问题，因而必须采取大推动工业化战略，在各个工业部门同时进行大量投资。供给能创造需求，各个部门就能产生相互依赖的市场，从而导致所有工业部门的全面增长。否则，就会出现有些工业部门发展过快、产品过剩和销售不畅的情况。大推动工业化理论的论证建立在生产函数、需求、储蓄的三个"不可分性"基础之上。

一是生产函数的不可分性，特别是社会基础资本供给中的不可分性。社会基础资本包括电力、运输或通信在内的所有基础产业。它具有以下不可分性特征。①它在时间上是不可分（即不可逆）的，必须在其他直接生产性投资之前先行投资。②它的设备具有最低限度耐久性，因此它的建设是"集聚性"的，也就是必须最低限度一次性投入大量资本。③它有较长的建设期，而且不能进口。由于上述特征，基础产业具有强烈的外部经济效应，即一个企业对基础产业的投资可以为其他企业的发展提供良好的外部条件。这使得社会边际收益大于私人边际收益，企业家因此不愿投资。劳动力教育培训也有类似的外部性。单个企业并不愿意对培训工人进行投资，因为工人不存在任何培训抵押，一个企业培训工人的投资可能由于工人转向其他企业工作而完全丧失。但假如由政府投资建立一个完整的工业体系，就可以将上述外部经济效应内部化。有了完整的工业体系，企业家就会因为预期将有很多不同部门的企业同时建立，预期市场对基础产业和基础设施有旺盛的需求，而愿意建立基础产业的企业。在完整的工业体系下，每个产业的每个企业都进行劳动力培训，那么每个企业的教育培训投资将为彼此创造外部经济效应，每个企业获得的外部经济效应就转变为本企业的内部收益。

二是需求的不可分性。一个国家或地区各产业是关联互补的，彼此都在为对方提供要素投入和市场需求，从而形成市场需求的不可分性，以共同突破市场瓶颈，降低市场风险。而要做到这一点，就必须使各产业的资源配置在空间上同时具有一定规模。我们可以举个例子说明这一点。假定一家鞋厂雇用了100名工人，如果工人的工资全部用于购买他们所生产的鞋子，这家鞋厂就将找到一个市场并使生产顺利进行。但工人不可能这样做。因为找不到市场而造成的风险会减弱对投资的刺激，导致这家鞋厂多半会放弃其投资项目。但如果100家工厂共雇用了1万名工人，这些工厂生产不同种类的产品。那么这1万名工人将把工资花在100种产品上。即使只有1%的工人需要买鞋，那家鞋厂就不愁销路了。以此类推，100种产品都会找到销路，不同行业的企业彼此成为客户，创造了一个极大的市场，这就是需求互补性。需求互补性降低了找不到市场的风险，自然就增加了对投资的刺激。

三是储蓄的不可分性。发展中国家一方面面临着人均国民收入较低，居民储蓄相应低下的困境，另一方面即使最小临界投资规模也需要大量储蓄。罗森斯坦·罗丹认为，人均国民收入越高，储蓄率越高。因此，大推动工业化的投资规模必须大到足以保证人均国民收入增长超过一定限度，使边际储蓄率高于平均储蓄率，此时平均储蓄率将不断提高，从而满足投资的要求。否则，储蓄的不充分将使投资规模受到限制。

可见，大推动工业化理论试图通过扩大国内市场，来解决发展中国家市场容量狭小的问题。那么，是否可以不用大推动工业化，让本国企业完全依赖国际市场呢？罗森斯坦·罗丹认为，国际贸易降低了大推动工业化所需要的最小投资规模，但是不能取消最小投资规模。原因是各国的生产函数不同，知识存量和组织效率不同。欠发达国家单个企业的产品，未必能在发达国家找到市场。而且，大推动工业化与比较优势原则并不矛盾。例如，当一个进口鞋子的国家决定自己生产鞋子，表面上是自给自足；但如果该国不但决定自己生产鞋子，而且决定自己生产所有工业部门的产品，那么该国需要鞋子的工人数量可能会增长100倍，结果该国鞋的市场也可能会增大100倍，以至于它的鞋子进口量会增加而不是减少。

二、贫困恶性循环理论

1953年，哥伦比亚大学的罗格纳·纳克斯（Ragnar Nurkse）在《不发达国家的资本形成》一书中提出了**贫困恶性循环**理论，这个理论也是大推动工业化的理论根据之一。纳克斯认为，资本匮乏是阻碍发展中国家发展的关键因素。发展中国家的人均收入水平低，投资的资金供给（储蓄）和产品需求（消费）都不足，这就限制了资本形成，使发展中国家长期陷于贫困之中。

贫困恶性循环理论包括供给和需求两个方面。

在供给方面，发展中国家由于经济不发达，人均收入水平低下。低收入意味着人们将要把大部分收入用于生活消费，很少用于储蓄，从而导致了储蓄水平低，储蓄能力小；低储蓄能力引起资本稀缺，从而造成资本形成不足；资本形成不足又会导致生产规模难以扩大，劳动生产率难以提高；低生产率造成低产出，低产出又造成低收入。这样，周而复始，形成了一个"低收入—低储蓄能力—低资本形成—低生产率—低产出—低收入"的恶性循环。

在需求方面，资本形成也有一个恶性循环。发展中国家经济落后，人均收入水平低下，低收入意味着低购买力和低消费能力；低购买力导致投资引诱不足；投资引诱不足又会造成资本形成不足；低资本形成使生产规模难以扩大，生产率难以提高；低生产率带来低产出和低收入。这样，也形成了一个"低收入—低购买力—低投资引诱—低资本形成—低生产率—低产出—低收入"的恶性循环。

综上所述，纳克斯总结成一句话："一国穷是因为它穷"（a country is poor because it is poor），或者翻译为"穷就是因为它穷"。纳克斯认为，要摆脱贫困陷阱，不能采取让某个产业孤立增长的政策。在低收入国家中，任何一个产业独自增加投资、引进先进技术都会由于市场规模太小而受到阻碍。农业和制造业的关系提供了一个最简单的例子。在一个农民没有能力生产超过自身需要的农产品的国家中，几乎不可能为制造业产品提供市场；相反，农业的改进也可能由于非农产业的落后所带来的农产品市场需求不足而受到阻碍。两个部门必须同时增长。如果一个部门保持一种被动的缓慢增长状态，另一个部门的增长速度也会下降。

摆脱这种缓慢发展的一个路径是平衡增长原则，对国民经济各产业进行大规模、全面的投资，使国民经济各产业同时扩大和全面增长，这就会在许多产业之间相互提供投资引诱，在各个产业之间互相创造市场，即实现需求的互补性。这样，所有产业的投资都会有利可图，资本形成就能实现，就能摆脱贫困恶性循环。不过，纳克斯版本的大推动工业化与罗森斯坦·罗丹的理论不同,他认为由于各个部门产品的需求价格弹性和收入弹性大小不同,形成不同部门发展能力和潜力的差异,各部门的投资比率也因此应有不同。弹性大的部门,表明发展不足,有潜力,应增加投资;弹性小的部门,表明发展已过快,应减少投资。

三、大推动工业化战略的成绩和局限性

平衡增长理论也有自己的局限性。学术界对该理论批评最多的问题是,大推动工业化的"第一推动力",即一开始进行全面、大规模投资的资金该从哪里来。根据贫困恶性循环理论,发展中国家正是因为收入低才缺乏投资能力,这就难以具备全面大规模投资的最基本的前提条件。对此问题,罗森斯坦·罗丹强调最小临界投资规模,即小于此规模将无法实现大推动工业化。他认为低收入国家工业化资金有两个来源:一是国内,即在不降低国内原有消费水平的基础上,利用一切可以利用的资本来增加投资;二是国际,发展中国家的工业化不能仅仅依靠国内资本,还要依赖大量的国际投资和资本引进。罗森斯坦·罗丹的观点在逻辑上可以成立,但要变成现实却比较困难。因为大推动工业化要求一步到位地建立起完整的工业体系,需要的资金量巨大,无论是本国自己筹集还是依赖外资都不易达到最小临界投资规模,而且发展中国家还存在缺乏投资吸引力和偿债能力等问题。但世界上确实有一些国家通过大推动工业化建立了完整的工业体系,这主要有三种情况。

第一,某些发展较早、经济规模较大、存在巨额民间资本积累的西方发达国家,在某项基础性技术创新问世之后,本国民间企业家基于对未来的乐观预期,掀起了建立各种互补的产业部门的投资浪潮。第一次工业革命推动英国出现了投资浪潮,第二次工业革命推动美国出现了投资浪潮。这些国家投资浪潮的结果,就是建立了一个完整的、互补的工业体系。

第二,某些缺乏民间资本积累的国家,为了赶超发达国家,依靠政府筹资和规划,模仿发达国家已经存在的工业体系,由政府出面对各个工业部门进行全面、大规模的投资,一步到位地建立本国完整的工业体系。这样做的前提是该国在农业社会时期就拥有足够庞大的人口数量,使得政府有可能通过高额农业税收筹集到足够的资金。这方面比较成功的例子有日本在明治维新时期的工业化、苏联在20世纪20～40年代的工业化、中国在20世纪50～70年代的工业化。

第三,某些历史机遇较好的小国,虽然人口规模有限,也缺乏民间资本积累,但可以得到大量的外援或外债支持,使该国政府可以对多个工业部门进行投资,建立起一个相对完整的工业体系。这方面比较成功的例子是韩国在20世纪60～80年代的工业化。韩国的成功离不开美国对它的援助,1946～1971年,韩国得到的美国无偿经济援助达44亿美元,超过了二战后马歇尔计划中任何欧洲国家获得的美国援助金额;韩国获得的美国无偿军事援助也达到52亿美元,这使得韩国可以节省巨额资金进行工业化(董向荣,2004)。

总之,大推动工业化战略虽然在某些国家获得了成功,但成功的条件却非常苛刻,或者要求有巨额民间资本积累,或者是人口众多的大国,或者有较好的历史机遇。显然,世界上大多数国家都不具备这些条件,因此也就难以应用大推动工业化战略。

「案例4-1　中国20世纪50～70年代的大推动工业化」

　　1949年以前，中国是一个农业国，工业在整个国民经济中的比重很低。为了改变这种落后的状况，新中国成立后中国政府实施了两次大推动工业化战略。第一次是在1953～1957年的第一个五年计划期间，以苏联援建的156项重点工程、694个大中型建设项目为中心，由政府出资进行了大规模投资，建成了一批门类比较齐全的基础工业项目，此时期的基本建设投资高达550亿元，按当时汇率计算相当于200亿美元以上。第二次是在1972～1978年，由政府出资从美国、日本、法国、德国等发达国家引进并兴建26个大型工业项目，至1982年全部建成，总投资超过200亿元，按当时汇率计算相当于100亿美元以上。两次大规模工业化完成之后，中国初步建立了独立完整的工业体系。

　　从结果来看，这两次大推动工业化是非常成功的。它使中国一步到位地从农业社会跃入工业社会。举例来说，德意志民主共和国在"一五"期间援建的郑州人造金刚石厂项目，在对机器的需求还不高时就创办了一个非常专业化的人造金刚石厂。在英国，对机器（特别是机床）需求经长时间发展达到相当规模后才出现这样的企业。中国在20世纪50年代跳过这个长久的逐步演进过程，短期内就实现了工业化。

　　有些学者认为，新中国成立初期就建立完整的工业体系是没有必要的，只需依照本国劳动力丰富的比较优势，建立劳动密集型的轻工业，就可以循序渐进地实现工业化。这种说法忽略了一个基本的事实，即新中国成立初期的市场容量狭小是客观存在的。在一个报酬递减的农业社会，即使是轻工业产品，也同样会销售困难。民国年间的民族工业其实就是遵循比较优势的劳动密集型轻工业，但销售困难的情况却很常见。若新中国成立初期工业化的方向也是劳动密集型的轻工业，那么最有可能的结果是重演民国年间"实业救国"的失败。而大推动工业化的好处是，不但可以为上下游产业之间创造出市场需求，而且可以通过扩大所有产业的从业者人数，扩大所有产业的有购买力的工业人口，从而扩大所有产业的市场需求，这样就可以解决市场容量狭小问题。

　　韩国的成功经验经常被用来论证为不需要大推动工业化的例子。然而事实上，虽然韩国遵循比较优势的出口导向战略取得了一定成功，但它的工业体系仍然是20世纪60年代以后由政府出资并规划建立的，如果说与中国有什么本质区别的话，那就是韩国工业化的主要资金来源是外国援助，而这个经验是不能照搬到中国来的。对于中国这样的大国，依靠外援建立完整的工业体系是不可想象的。从数字上看，韩国得到的美国援助已经超过了所有欧洲国家，但仍然不到中国两次大推动工业化投资总额的1/7。

第三节　不平衡增长理论与选择性产业政策

　　美国经济学家赫希曼是平衡增长理论的主要批评者。他在1958年出版的《经济发展战略》一书中，不仅指出大推动工业化要受到资本不足的限制，发展中国家很难在短期内筹集到大量资金，而且指出发展中国家最为稀缺的是企业家资源，是缺少能够把储蓄转变为投资的机制和能力。赫希曼同意发展中国家必须进行大规模投资来打破贫困恶性循环的观点，但认为把投资分散在各个部门的平衡增长不能解决投资决策机制问题。一个经济发展战略必须首先解决投资决策机制问题，才有可能使有限的资源得到有效配置，推动经济增长和发展。

一、引致投资最大化理论

什么样的发展战略可以解决发展中国家投资决策机制缺乏问题呢？赫希曼认为答案是实施优先发展引致投资最大化项目的不平衡发展战略。

引致投资最大化项目，就是通过自身的发展能够诱导其他产业发展的项目。赫希曼把经济投资活动区分为社会预摊资本和直接生产性活动两类。其中，社会预摊资本是指用于基础设施的投资，具有不可分性、资本产出比较高和投资效益较低等特点。直接生产性活动是指用于非基础设施部门的投资，可以直接增加经济产出和收益。这两类投资都是经济增长所必需的，但由于发展中国家资本短缺，不可能同时投资两类部门，因此有必要在二者中做出选择，决定发展的先后顺序。

如果优先投资社会预摊资本，即建立各种基础设施，那就为直接生产性活动创造了一个宽松的外部环境，降低了私人投资的直接成本，对私人投资也会产生引诱作用。这种不平衡发展战略的引致投资方式是吸引投资，而不是强迫投资。

如果优先投资直接生产性活动，即优先发展制造业等生产部门，那么就会出现基础设施短缺问题，如交通运输、水、电力、石油、煤炭等方面的供应不足。但赫希曼忽略了基础设施短缺的不良后果，反而认为这种超越了基础设施供给能力的直接生产性活动，将会产生一种巨大的压力，要求一个国家增加社会预摊资本的供给。在这种压力之下，政府不得不增加投资，纳税人也更容易接受公共投资增加以及由此而带来的纳税要求。这种不平衡发展战略的引致投资方式带有一定的强迫性。

赫希曼认为，发展中国家应该选择优先发展直接生产性活动，这种发展战略带来的刺激和压力，将迫使政府和公众快速做出投资决策。这不仅能促使一个国家更有效地利用稀缺的资源，而且能够培育"强迫性"的投资决策机制，充分动员社会现有的和潜在的储蓄，使之转变为投资，从而达到引致投资最大化。

二、关联效应理论

在解释如何选择最有效的不平衡发展具体格局的时候，赫希曼提出了**关联效应**原理。关联效应是指国民经济各产业之间存在的相互依赖和相互影响的关系。关联效应分为前向关联和后向关联。一个产业的**前向关联**是指该产业与需要它的产出作为中间投入的产业之间相互依赖和影响的关系，如钢铁行业的前向关联产业是机械、汽车、造船等产业；一个产业的**后向关联**是指该产业与为它提供各种中间投入的产业之间的相互依赖和影响的关系，如钢铁行业的后向关联产业是铁矿石、煤炭、电力等产业。由于产业之间关联效应的存在，一个产业中的一项投资会通过关联效应机制传递到其他产业，引起这些产业的连锁投资。

赫希曼认为，根据引致投资最大化原理，发展中国家应该精心选择和优先发展国民经济产业结构中关联效应最大的产业。产业关联效应的大小可以用该产业的需求价格弹性和需求收入弹性来衡量。一个产业的需求价格弹性和需求收入弹性大，表明该产业在价格上涨和收入增加过程中的被需求量更大，这意味着产业的关联效应大。发展中国家的政府可以借助统计工具，对产业的关联效应进行计算和排序，从中选择关联效应最大的产业进行扶持和优先发展。根据赫希曼的研究，钢铁行业的关联效应最大，最适合优先发展。关联效应理论在某种程度上成为选择主导产业的理论基础。政府选择关联效应最大的产业作为主导产业，并扶持其优先发展，使其能够通过关联效应带动整个国民经济的增长，这种做法被称为**选择性产业政策**。

三、不平衡增长理论的成绩和局限性

赫希曼的不平衡增长理论，符合发展中国家受到资本短缺的约束，只能有选择地优先发展某些产业的实际情况。基于不平衡增长理论的选择性产业政策，在二战之后曾被许多国家采用，对日本、东亚新兴工业化国家和中国的高速增长发挥了重要作用。在相当长的时间里，选择性产业政策几乎成为产业政策的同义词，可见不平衡增长理论的巨大影响力。但是，该理论也存在严重的局限性。

首先，不平衡增长理论要求发展中国家集中资源优先发展关联效应最大的主导产业，然而这个主导产业同样需要大量的投资。赫希曼认为钢铁产业的关联效应最大，而钢铁产业是一个资本密集型产业，大多数发展中国家难以筹集到发展钢铁产业的足够资金。在这一点上，不平衡增长理论和平衡增长理论的弱点是相同的，即都需要大量资金作为"第一推动力"，但发展中国家恰恰缺乏资金。

其次，不平衡增长理论低估了基础设施生产函数的不可分性问题。按照赫希曼的设想，优先发展直接生产性活动，会强迫政府和公众同意加大对基础设施的投资，促使国家更有效地利用稀缺资源。问题在于，基础设施有生产函数不可分性的特点，就是它在时间上是不可逆的。基础设施必须首先建成，其次才可以进行直接生产性活动。否则，任何直接生产性投资都会因为能源、原材料、交通运输短缺的问题而难以持续。这意味着直接生产性活动的孤立增长，一开始就会因为基础设施短缺而被迫中止。在这种情况下，不平衡增长难以实现，这恰恰说明了建立完整工业体系的必要性。

虽然有这些局限性，但基于不平衡增长理论的选择性产业政策，确实在许多国家发挥了重要作用。因此，不平衡增长理论并不是完全错误，只是它与平衡增长理论一样，也有自己的适用范围。从选择性产业政策的历史来看，真正通过这种政策取得巨大成功的经济体，都是在已经有了相对完整工业体系之后才取得了成功。而缺乏完整工业体系的国家，采取类似政策却有失败的例子。拉丁美洲国家于20世纪60～80年代实施的进口替代战略，实际上就是按照赫希曼不平衡增长理论的设想，选择了优先发展某些下游产业作为替代进口的工业部门。但由于不存在完整的工业体系，拉丁美洲国家缺少这些进口替代工业的上游产业，进口替代工业所使用的零部件、原材料和中间产品主要依靠进口，所以在货币汇率上不得不实行币值高估的汇率制度。这有利于进口但不利于出口，影响了国际收支平衡。结果是进口替代越多，进口反而越多，国际贸易逆差越来越大，最终导致债务危机。

与此相反，日本、韩国、中国等东亚国家采取选择性产业政策却取得了成效，根本没有发生债务危机。这些国家都有一个共同特点，那就是在选择主导产业的同时，国内都存在一个相对完整的工业体系。主导产业的上游产业、基础设施都已建成，除本国缺乏的某些自然资源（如石油和煤炭）之外，并不需要大规模进口零部件和中间产品，因此不会出现债务危机。完整的工业体系就好比一张有很多节点的网络，每个节点都代表一个产业。有了这张网之后，再集中力量提升网络中的某个重要节点（即主导产业），就可以很容易地将整个网络的所有节点带动起来，实现所有产业的高速增长。可见，先设法建立独立完整的工业体系，然后通过扶持主导产业带动这个工业体系，是一条容易取得成功的发展路径。

正反两方面的经验教训表明，不平衡增长理论更适用于已建成相对完整的工业体系的国家，而不适用于缺乏完整工业体系的国家。通过正确的顺序，将平衡增长理论与不平衡增长理论结合起来，对发展中国家的经济发展大有裨益。

「案例 4-2 中国的经济增长模式」

自 1978 年以来，中国经济持续高速增长。根据国家统计局公布的数据，1978~2021 年，中国经济实现了年均 9.2% 的高速增长。按不变价格计算，2021 年中国 GDP 大约相当于 1978 年的 40 倍。为什么中国能够取得如此耀眼的经济奇迹？人们普遍认为是因为中国实行了改革开放政策，激发了人们的积极性，提高了经济效率，引进了国外资本和先进技术及管理经验等。但是我们应该注意到，世界上的发展中国家，实行市场经济和对外开放的国家非常多，但并没有哪个国家取得中国这样巨大的成功，甚至很多国家还处于经济停滞状态。所以，我们应该寻找中国模式中与其他发展中国家不一样的地方。

中国在 1978 年前后实施的不同发展战略，很可能是中国模式独特性的主要原因。1978 年前，中国实施的是计划经济条件下的大推动工业化战略，建立了一个独立完整的工业体系；1978 年后，中国实施了选择性产业政策，政府在 20 世纪 80 年代对纺织、家电等主导产业进行了扶持，进入 21 世纪之后又对汽车、电子、房地产等主导产业进行了扶持。这两种发展战略的前后衔接和互相搭配，对中国的高速增长起到了重要作用。正如我们已经指出的那样，一个已经建成的完整工业体系就好比一个网络，发展网络上的任何一个重要节点（即主导产业）都会很容易地带动整个网络的发展。例如，改革开放初期，城乡居民对家电产业产生了旺盛的需求，许多地方政府都把家电产业列为主导产业。家用电器需要钢铁、化工和有色金属加工的产品来制造零部件，假如这些产品在国内无法生产，都需要进口，那么将对国际收支平衡造成巨大压力。但是，这种情况不会发生。中国在改革开放以前就已经建立了独立完整的工业体系，完全可以提供家用电器零部件生产所需要的能源、原材料和中间产品。所以，中国家电行业的高速增长，不但没有造成拉丁美洲国家那样的债务危机，反而拉动了所有上游产业的高速增长。中国经济之所以持续高速增长，是因为对改革前建立的工业体系和改革后实施的主导产业政策的合理搭配。

不过，这样的合理搭配也是有条件的。改革前虽然建立了完整的工业体系，但这一时期的城乡居民收入较低，如果这种情况不改变，那么家用电器和纺织服装等最终消费品将找不到足够大的市场。例如，尽管在改革开放以前中国出现过棉布短缺，以至于需要凭票购买，但自 1979 年起通过改革调整了轻重工业比例之后，仅仅两年之后的 1981 年，棉布的产量增加就吞噬了 1979 年前累积多年的潜在市场需求，并出现积压滞销的现象，迫使中国政府于 1983 年取消了凭票购买棉布的政策。可见，仅仅调整轻重工业比例虽然在短期内可以释放市场需求，但要想追求长期持续的高速增长，仅靠释放改革前累积的潜在市场需求就显得不够了，还需要引入新的市场需求。中国通过农业改革和对外开放解决了这一问题。

首先是农业改革。1979 年，中国同时实施了提高农民收入的两项改革措施。一是实行家庭联产承包责任制，提高了农民生产积极性；二是大幅度提高农产品价格。这两项措施都增加了农民收入，特别是在农村创造了一个被称为"万元户"的高收入人群。虽然"万元户"在农民人口中的比例不高，但由于人口基数大，"万元户"的规模仍然相当可观。这部分人在富裕起来之后，对家电、纺织等产业有旺盛的消费需求，而由于这些产业是主导产业，农民的消费需求又转化为城市几乎所有行业从业人员的收入增长，并再次转化为对工业品的消费需求，从而拉动了经济增长。可以说，农业改革带来的农民收入增长，是城市主导产业增长的第一推动力。

其次是对外开放。20 世纪 80 年代初，中国东南沿海地区兴起了大量出口导向型的中小型民营企业。这些企业的领导人和中高级管理人员，都在企业高速发展过程中成为高收入者。当然，这些人在总人口中的比例也不高，但由于人口基数大、民营企业数量众多，仍然造成了一个绝对数量庞大的高收入人群。这部分人在富裕起来之后，也对家电、纺织产品产生了类似于农村"万元户"的旺盛需求，并对城市主导产业产生了类似于农业改革的拉动作用。可以说，对外开放是城市经济的增长的另一个推动力。

正是在农业改革和对外开放的推动之下，中国的完整工业体系和产业政策才产生了完美对接，并共同创造了改革后的经济奇迹。需要指出的是，完整的工业体系只是主导产业增长的必要条件，而不是充分条件。假如中国在改革开放初期就已经出现了人均收入较高和劳动力成本较高的现象（类似于苏联解体前的情况），那么对外开放将不会催生大量有国际竞争力的中小企业，对外开放对经济增长的推动力将不会存在。假如中国在 1979 年已经实现了由国家出资给予农民的高工资和高福利（类似于东欧剧变前的情况），那么农业改革将不会激发农民的积极性，农业改革对经济增长的推动力也不会存在。中国在正确的时间做了正确的事情，也是中国经济取得成功的重要原因。

第四节 二元经济结构

一、刘易斯二元经济模型

（一）传统部门和现代部门

二元经济是指发展中国家的经济是由两个不同的经济部门组成的，一是传统部门，二是现代部门。美国经济学家阿瑟·刘易斯（Arthur Lewis）在 1954 年发表的《劳动无限供给下的经济发展》一文中,率先提出了系统的二元经济理论。刘易斯认为,发展中国家经济是由传统部门和现代部门组成的二元经济结构。在二元经济中,两个部门具有完全不同的再生产规律。

二元经济中的现代部门以城市现代工业部门为代表。该部门由企业家和劳动者组成,企业家利用劳动和资本存量的组合来实现利润最大化,企业家将他们获得的大部分利润用于储蓄和投资。工业部门存在持续的技术进步,劳动生产率迅速提高。在完全竞争假设条件下,现代工业部门的就业水平和生产量由劳动边际生产力等于实际工资水平的交点所决定。

二元经济中的传统部门以传统农业部门为代表。传统部门是一个维持自身生存需要的部门,该部门不存在企业家,劳动者是用自己的劳动和土地来获得农户家庭的总产出最大化。传统农业部门生产方式落后,劳动生产率低下,技术进步处于停滞状态。从长期看,传统部门的实际工资(或人均收入)仅相当于最低生存费用,仅仅能够保证人口的再生产。而且传统农业部门的人口过度膨胀,存在零值劳动力,即劳动的边际产值为零的劳动力;还存在不充分就业的劳动力,即劳动的边际产值大于零但小于最低生存费用的劳动力,以**隐蔽失业**(disguised unemployment)的形式存在。**剩余劳动力**就是上述零值劳动力和不充分就业劳动力的总和。

(二)二元经济的发展过程

如果劳动力在传统农业部门和现代工业部门之间可以自由流动,那么要素价格均等化就会出现,此时传统部门的最低生存费用将决定现代工业部门实际工资的下限。不过二者并不相等。刘易斯认为,因为城乡生活费用(如水费、房租和交通费)、城乡生活方式的差别以及城市工会力量的作用,现代部门的实际工资水平比传统部门的最低生存费用要高出30%~50%。不过有一点二者是相同的,即由于传统农业部门的剩余劳动力数量巨大,无论在城市还是农村,劳动供给对于工资都是无限弹性的。也就是说,实际工资的略微提高就会导致近乎无限的劳动供给,因而即使现代工业部门的劳动需求增加了,实际工资也不会提高。

因此,现代工业部门的企业就可以利用工资仅略高于最低生存费用的廉价劳动力,不断扩大生产规模,为传统农业部门的剩余劳动力提供就业机会。当现代工业部门的生产规模和就业量足够庞大,以至于传统农业部门的剩余劳动力被现代工业部门吸收完毕之后,由于农业劳动力减少和农业劳动生产率提高等原因,农业劳动的边际产值将超过最低生存费用,传统农业部门的工资将与劳动的边际产值相等。此时劳动力变成稀缺要素,劳动供给由无限弹性变成有限弹性,现代工业部门要吸引传统农业部门的劳动力,也必须按照劳动的边际产值支付工资。这样,以传统农业部门剩余劳动力被吸收完毕为转折点,经济发展将分为两个阶段:第一阶段是劳动供给为无限弹性的劳动无限供给阶段,此阶段工资由最低生存费用决定;第二阶段是劳动供给为有限弹性的劳动有限供给阶段,此阶段工资由劳动的边际产值决定。

我们可以用图 4-3 表示这两个阶段。在图 4-3 中，纵轴代表工业部门的边际产值和工资水平，横轴代表工业部门就业数量，L^* 代表经济中的总剩余劳动力数量。S_L 代表劳动供给曲线。在经济发展第一阶段，由于劳动力数量无限供给，工业工资 W_m 由农业部门的工资水平 W_s 决定且固定不变，所以劳动力供给曲线弹性无限大。但是，如果剩余劳动力已经被吸收完毕，劳动与资本一样成为稀缺资源，这时候工业部门的工资就不再是固定不变的，而是由劳动的边际生产力决定。所以当工业部门吸收的劳动力超过了 L^*，劳动供给曲线就开始上翘。Q_1'、Q_2' 和 Q_3' 分别代表 1 期、2 期、3 期的劳动需求曲线（即边际生产力曲线），A、B、C 分别代表三个时期利润最大化就业均衡点。在第 1 期，厂商使用的劳动力数量是 L_1^*，剩余劳动减少到 $L_1^* L^*$，利润水平为 $\pi_1 = aW_mA$。在第 2 期，由于厂商进行了储蓄和扩大再生产，厂商使用的劳动力数量扩大到 L_2^*，剩余劳动减少到 $L_2^* L^*$，利润水平上升到 $\pi_2 = bW_mB$。储蓄和投资扩大的作用将在第 3 期、第 4 期继续，以此类推。

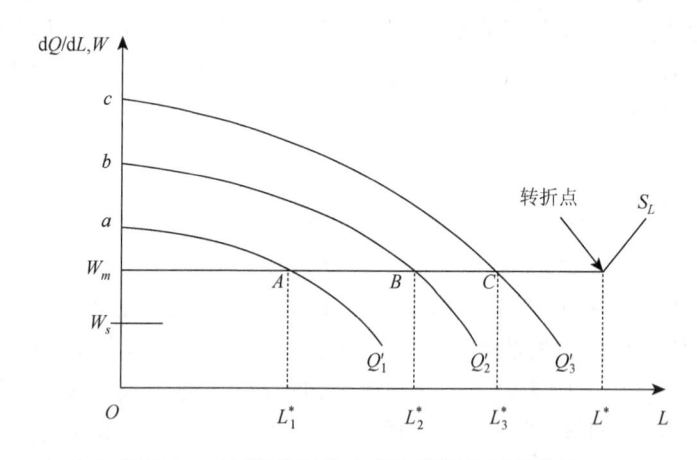

图 4-3　二元经济结构中现代部门的经济增长

这一过程一直持续下去，直到农业部门的劳动力数量 L^* 全部被吸收完毕为止。这时候，经济将出现一个转折点，二元经济结构将消失，进入经济发展的第二阶段。在到达转折点之前，由于农业部门存在大量剩余劳动力，且源源不断地涌入工业部门，因此工业工资水平 W_m 不会因为剩余劳动力的流出而上升；农业部门工资水平 W_s 也不会下降，因为 W_s 已经是最低生存费用了，没有下降空间。一旦到达转折点，农业部门的剩余劳动力已经被工业吸收完毕，劳动力无限供给的情况不复存在，劳动与资本一样成为稀缺的投入要素。此时工业和农业的工资水平都将由劳动的边际生产力决定，工资将跟随劳动边际生产力的上升而上升。对于转折点之后的经济发展第二阶段，刘易斯是这样表述的，"当资本的供给赶上劳动供给后，经济进入第二个发展阶段。古典经济学不再适用；现在我们处在新古典经济学的世界中。在这个世界中，所有的生产要素都是稀缺的，从这种意义上说它们的供给都是缺乏弹性的。资本积累过程中，工资不再固定不变；技术进步带来的利益不再为利润所有者独享，边际利润不一定一直上升"（Lewis，1958）。

（三）二元经济模型中某些易混淆的问题

第一，不只是农业存在剩余劳动力，城市的非现代部门也存在剩余劳动力。刘易斯本人就指出过，城市的非现代部门也有剩余劳动力，如临时工、小零售商人等。我们介绍的刘易斯模型仅仅提到农业剩余劳动力，这只是为了分析方便进行的简化，并不代表城市没有剩余劳动力。

第二，剩余劳动力与政治经济学中的产业后备军不是一回事。刘易斯模型中的剩余劳动力其实是城乡传统部门的非熟练劳动力，即具有正常心智和体力，但缺乏教育和工作经验的劳动者，如保洁工、洗车工、餐厅服务员和建筑小工等。由于没有特殊专长，我们可将非熟练劳动力视为"同质"的劳动力。在现实中，可以用是否具备某种学历来区分熟练劳动力和非熟练劳动力。在刘易斯转折点到来之前，这些非熟练劳动力既无一技之长，又数量巨大，因此只能接受相当于最低生存费用的工资。而那些有技术和学历的熟练劳动力，如工程师、机械修理工、研发人员、管理人员等，在任何时期的劳动供给都是有限弹性的，因此不属于剩余劳动力的范畴。而政治经济学中的产业后备军，则包含了几乎所有的失业人口，无论是城乡传统部门的剩余劳动力，还是现代工业部门失业的熟练劳动力，都属于产业后备军。所以，产业后备军的范围要比剩余劳动力宽泛得多。

第三，剩余劳动力与农闲劳动力不是一回事。刘易斯理论中剩余劳动力的含义是，只要某劳动力的边际产出低于工资，那么他就属于剩余劳动力；如果该劳动力的边际产出等于工资，那么他就不是剩余劳动力。但有些学者却把农闲劳动力当作剩余劳动力的同义词，认为只要劳动力有农闲时间，即农村劳动力年均工作日低于 270 个工作日，就可称农村存在剩余劳动力。应该注意，本节提出的剩余劳动力，与上述农闲劳动力是不同的概念。根据刘易斯的理论，只要某劳动力的边际产出等于工资了，那么即使他处于农闲状态，年均工作日低于 270 个工作日，他也仍然不属于刘易斯模型中的剩余劳动力。事实上，以农闲时间来判断某个人是否属于剩余劳动力，在逻辑上是有问题的。在农业高度机械化的条件下，譬如在美国，农民也有大量的农闲时间，但他们显然不是剩余劳动力。

二、对刘易斯转折点之前工资上升的解释

根据图 4-3 可知，转折点之前的劳动供给曲线 S_L 是无限弹性的，即农业工资在转折点之前应保持不变，恒等于最低生存费用；工业工资则在农业工资基础上再加 30%～50%，但同样保持不变。然而，图 4-3 所描述的工业和农业工资保持不变的情况，其实是一个理论上的简化。在现实经济中，无论是现代工业还是传统农业，工资都不可能固定不变。真实情况是，即使是在转折点之前，工业化过程中的工业和农业工资都是缓慢上涨的。例如，新中国成立以来一直到 21 世纪初期，是公认的农业剩余劳动力丰富的时代，但根据国家统计局提供的数据，这一时期的农民收入一直都在增长。

那么，刘易斯的理论错了吗？当然不是。经济学家已经提出了多种对这个现象的解释。其中比较流行的是日本学者南亮进从最低生存费用角度的解释和费景汉、拉尼斯从农产品价格角度的解释。

（一）南亮进模型

南亮进（Ryoshin Minami）是日本一桥大学教授。他在1973年出版的《经济发展的转折点：日本经验》一书中指出，即使没有达到转折点，实际工资也不会保持不变，因为最低生存费用会因为以下理由发生变化。

（1）最低生存费用伴随着社会和文化结构的改变而提高。

（2）由于通信手段的进步和流动性的增加，高收入者的生活方式和消费习惯会对低收入者形成示范。

（3）城市高工资熟练工人的消费习惯会对刚进城的非熟练工人的消费习惯形成示范。

（4）从农村前往生活水平较高的城市，会提高全社会的生活标准。

（5）由于大众传播的普及，农村的消费行为也会模仿城市，农村最低生存费用也会因此上升。

南亮进还举例证明了他的观点。例如，20世纪初期不是生活必需品的收音机，到了20世纪50年代就成了日常生活不可缺少的物品；随着文明的进步，教育支出也会由奢侈品变成必需品。这都意味着最低生存费用会提高，那么由最低生存费用决定的实际工资也会缓慢上升。南亮进的观点比较符合刘易斯的原意。刘易斯早在1955年就已指出，现代工业部门的劳动者会模仿资本家的生活方式，并对生活有更多要求。图4-4表达了南亮进的上述解释。在图4-4中，纵轴代表现代部门的边际产出和工资水平，横轴代表现代部门劳动就业量L。T_T是刘易斯转折点，W_T和MP_L^T分别表示工资与边际产出。从图4-4中可见，在转折点T_T之前，由于最低生存费用上升，由其决定的工资水平W_T也在缓慢上升；边际产出MP_L^T低于工资，且以更快的速度上升。转折点之后，工资W_T和边际产出MP_L^T相等，同时工资加速上升，边际产出仍然以原来的斜率上升。

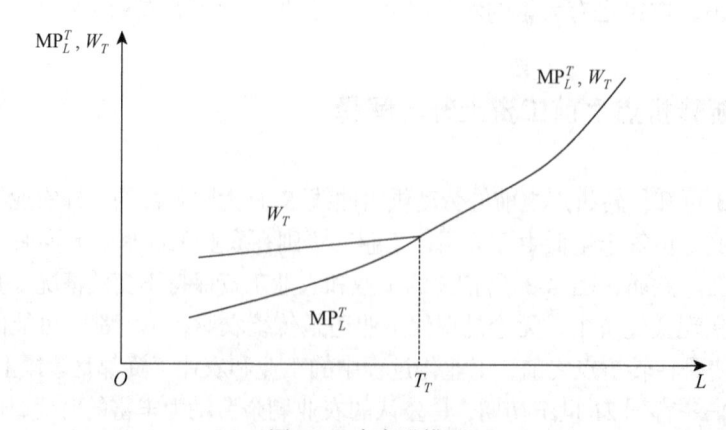

图4-4 南亮进模型

需要指出，转折点之前 W_T 虽然缓慢上升，但它的增长不是由边际生产力的提高引起的，而是由各种外生的非经济因素引起的。只要工业部门在某个时点上提供高于最低生存费用决定的工资，仍然会面临无限的劳动供给，迫使工资回落至最低生存费用水平。也就是说，即使工资在缓慢上涨，劳动的供给弹性在某个时点上仍然是无限大的，此时的劳动力仍然是具有无限供给弹性的剩余劳动力。南亮进模型的主要特点是：第一，不需要假定边际生产力为零（即零值劳动力）的存在；第二，转折点的到达不是仅仅由于农业剩余劳动力被工业吸收完毕，而是农业剩余劳动力减少和农业边际生产力提升的共同结果。这两条在刘易斯的原著中都提到过，比较符合刘易斯模型的本来面貌。

（二）费景汉-拉尼斯模型

费景汉和拉尼斯都是美国耶鲁大学教授。他们在 1961 年共同发表的《经济发展理论》论文和 1963 年共同出版的《劳动剩余经济的发展：理论和政策》一书，对刘易斯模型做了改进。其中最大的改进是，他们将刘易斯原著中的一个转折点扩展为两个转折点，在第一个转折点之前，传统农业部门存在大量边际生产力为零的零值劳动力，此时农业劳动力的减少不会影响农业总产量。在第一个和第二个转折点之间，零值劳动力消失，只剩下边际产值大于零但小于最低生存费用的劳动力，此时农业劳动力的减少会引起农业产量下降，食品价格和现代工业部门工资将因此而上涨。因此，第一个转折点又被称为"**粮食短缺点**"。在第二个转折点之后，工资将由劳动的边际产值决定，这个转折点又被称为"**商业化点**"。可见，刘易斯原著中的转折点大体相当于费景汉和拉尼斯的第二个转折点。这个模型的思想如图 4-5 所示。

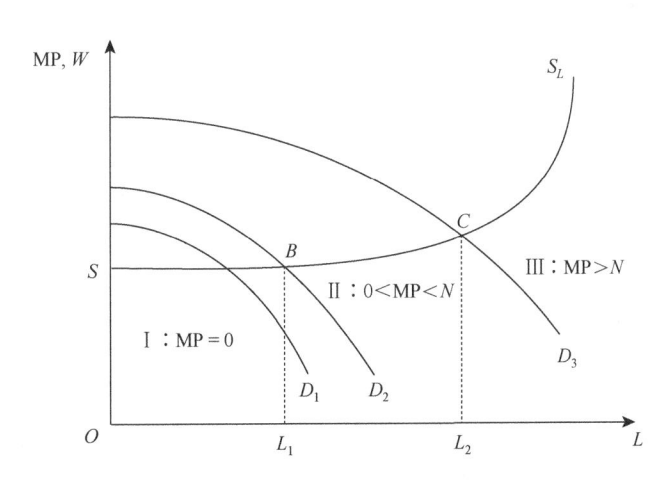

图 4-5 费景汉-拉尼斯模型

在图 4-5 中，纵轴代表现代工业部门的边际产出和工资水平，横轴代表工业部门就业数量。S_L 代表劳动供给曲线，D_1、D_2 和 D_3 分别代表 1 期、2 期、3 期的劳动需求曲线。根据就业数量的不同，横轴可以划分为三个阶段。第一个阶段为农业劳动边际生产力等于零（MP = 0）的阶段。费景汉和拉尼斯把边际生产力等于零的农业劳动力称为剩余劳动力。

这部分劳动力转移到工业部门不会引起农产品总产量的减少和粮食的短缺,因为这一阶段的农业劳动边际生产力为零。农产品总量不减少,工业部门工资水平就不提高,从而工业部门的劳动供给是无限的,劳动供给曲线是水平的。如图 4-5 中的水平劳动供给曲线 SB 部分所示。

在第二个阶段中,农业劳动边际生产力大于零小于农业劳动者的最低生存费用($0<\mathrm{MP}<N$),或用费景汉和拉尼斯的话说,小于不变的制度工资。当这部分劳动力从农业部门转移出去时,农业总产出就会下降。此时,农产品和粮食短缺就发生了。粮食短缺必然引起粮食价格上涨,工资水平也必然相应提高。所以,第二阶段工业部门的劳动供给曲线是上升的,如图 4-5 中的劳动供给曲线 BC 部分所示,其中 B 点就是粮食短缺点。

费景汉和拉尼斯把农业劳动边际生产力低于不变制度工资的劳动定义为隐蔽失业者。根据这一定义,第一阶段、第二阶段的农业劳动力是剩余劳动力和隐蔽失业者之和。当这些劳动力全部转移到工业部门中时,劳动力转移就进入了第三阶段。在第三阶段,剩余劳动力和隐蔽失业者都消失了,农业部门的工资水平也不再是由制度决定,而是由市场原则决定,即由劳动边际生产力决定。此时劳动的边际生产力高于不变制度工资,因此,这一阶段农业部门的工资高于不变制度工资($\mathrm{MP}>N$)。由于农业的工资水平上升了,工业部门的工资水平必须上升得更高,否则,农业劳动力就不会转移到工业部门。因此,第三阶段的劳动供给曲线上升得更陡,如 C 点之后的部分所示,其中 C 点就是商业化点。

费景汉和拉尼斯从粮食价格的角度解释了转折点之前工资上涨的原因。他们正确地指出了工业化需要由足够的粮食储备来支撑。如果在粮食短缺点之后,由于劳动力转移引起粮食短缺、工资上升,则不利于工业化。这被称为农业对工业化的"粮食贡献"。此后不久,英国经济学家尼古拉斯·卡尔多(Nicholas Kaldor)又将这一观点扩展为农业对工业化的四种贡献。除"粮食贡献"之外,还有"原料贡献",即工业化必须依赖农业部门提供的原材料;"外汇贡献",即工业化需要依赖农产品出口获得的外汇收入;"市场贡献",即工业化需要依赖农业部门对工业产品的需求。农业对工业化的这四大贡献,通常被认为是农业基础性地位的表现。

三、托达罗城乡迁移模型

刘易斯模型的前提是城市不存在失业。实际上城市存在大量失业。此外,刘易斯把城市工业部门的工资水平不变作为分析的基础,理由是农村存在大量的剩余劳动力,只要城市净工资水平上升,就会有更多的农村人口流入城市寻找工作,迫使城市工资水平下降,回落到原来的工资水平。但实际上,在城市存在大量失业的情况下,工业部门的工资水平并没有下降,反而一直在上升,刘易斯模型并没有解释这种似乎矛盾的现象。

美国经济学家米切尔·托达罗在 1969~1971 年发表的一系列论文中,解释了这一现象。托达罗认为,农民进入城市的决策不仅取决于城乡收入差异,而且取决于找到工作的概率。劳动力的转移将导致城市失业率不断提高。用公式表示:

$$\pi = \frac{\gamma N}{S-N} = \frac{\gamma N}{US} \tag{4-1}$$

其中，π 为农村移民找到工作的概率；γ 为城市新就业机会创造率；N 为城市就业人数；S 为城市劳动力总量；$S-N$ 为城市失业人口；$U[U=(S-N)/S]$ 为城市失业率。农民向城市的迁移意味着 $S>0$，此时 $\partial U/\partial S = N/S^2 > 0$，即农民向城市的迁移将导致城市失业率 U 上升。当城市失业率上升至均衡失业率 U^* 时，农村移民的就业概率 π 将会下降至临界点 π^*，此时农民将停止向城市移民；只有当城市就业机会创造率因政策或周期因素上升，导致失业率低于均衡失业率 U^* 时，城市化进程才会重新开始。这意味着只要失业率处于 $0<U<U^*$ 的范围内，即农村移民找到工作的概率处于 $\pi^*<\pi<1$ 的范围内，农民就有动力向城市移民。由于这种情况下农村移民找到工作的概率 π 小于 1，所以城市里只要新创造出一个就业机会，就会有两个以上的农民迁移到城市来碰运气。如果他幸运地找到了工作，那么就可以获得更高的收入；如果他不幸没找到工作，他就会滞留在城市里打零工，等待下一次招工机会继续碰运气。托达罗把农村移民打零工的部门称为**非正规部门**，把他们找到正式工作的部门称为**正规部门**。二者的差别在于，正规部门的工资水平受到工会力量或政府政策的保护，而且还享有政府提供的各种社会福利及劳动安全保障、社会保险等；而非正规部门的从业者不能享受上述待遇，只能从事临时性的工作。

根据上述逻辑，城市创造的就业机会越多，滞留在城市的失业农村移民就越多。据托达罗的估计，每一个新创造的工作，将会吸引二至三个农民迁入城市。这样就出现一个令人难以置信的现象：城市现代部门扩张得越快，就业创造得越多，失业率就越高，城市病就越严重。这正是城市工资水平不下降和城市存在大量失业现象并存的原因。托达罗认为，这种情况使就业农村移民的工资增加被失业农村移民的工资损失抵消了，减少了工业化给全社会带来的总福利。为了解决这个问题，他提出了以下政策建议。

第一，依靠工业扩张是不能解决当今发展中国家城市严重失业问题的。托达罗认为，资本积累的增加必然伴随着劳动生产率的提高，因此，对劳动需求的增长必然低于工业产出的增长，因为在托达罗模型中，工作创造率等于工业产出增长率与劳动生产率增长率之差。因此，随着工业部门的扩张，劳动就业增长速度呈下降趋势。

第二，即使城市工业部门扩张与劳动需求扩张保持同步，通过扩张城市现代部门来解决城市失业问题也是不可能的。因为就业概率与现代部门的就业创造率呈正相关关系。现代部门创造的就业机会越多，就业概率就越大，从而将引诱越来越多的农村人口流入城市，而且流入的人口数目远大于工业部门创造的就业机会数目。因此，托达罗认为，解决城市失业问题决不能仅仅依靠工业部门的扩张。

第三，一切人为地扩大城乡实际收入差异的措施必须消除。托达罗指出，在当今发展中国家，城市工资水平不是由市场决定的，而是由政府的最低工资法和工会垄断这些外在力量决定。这些由政治因素决定的工资水平远远高于农业平均收入。这样高的收入差异无疑是吸引更多的农村人口流入城市的重要原因。因此，托达罗认为，要降低城市失业率，就必须消除政府规定的最低工资法，限制工会的权力等，使城市工资水平下降，从而减少城乡实际收入差异。

第四，大力发展农村经济是解决城市失业问题的根本出路。托达罗建议，政府应当改变重工业轻农业的发展战略，把更多的资金用于改善农业的生产条件和农村的生活环境，使农业劳动者实际收入水平提高，生活环境更加舒适。只有这样，人口从农村流入城市的刺激才会下降，城市就业压力才会减轻。

托达罗模型对城市失业现象给出了很有道理的解释，但他的政策建议却不适用于中国。这有两个原因。

首先，中国的特殊国情是存在城乡户籍分割，有些农村户籍移民很难在城市正规部门中找到稳定的工作，在很多情况下只能在非正规部门打零工。但由于中国城乡之间存在收入差距，即使农村户籍移民在城市打零工，其收入也高于务农收入。所以，虽然中国城市的非正规部门不享有正规部门的待遇，但却足以吸引农民迁入城市。托达罗提出的消除最低工资法、限制工会权力等政策，对中国城市里打零工的农村移民是无效的。

其次，中国还有一个与国外不同的地方，即农民存在目标性消费。依据中国的传统习惯，大多数农民需要为支付下一代的婚姻成本而储蓄，是农民消费或储蓄行为的主要目标之一。虽然政府近年来加大了对农村的投资，在一定程度上提高了农民收入，但比起高额的婚姻成本仍然是力所不及。部分农民为了筹集目标性消费的资金，仍然需要进城打工。托达罗发展农村经济的建议，虽然有一定效果，但不能阻止农民迁入城市。

立足于中国的国情，解决中国城乡收入差距和城市病问题的最终出路，仍然是城市化和非农产业的经济增长。发展农村经济可以作为城市化的辅助政策，但它不能取代城市化。

「案例4-3　中国的二元经济模式」

中国作为世界上人口众多的发展中国家，二元经济特征十分显著。可以说，自现代工业引入中国的那一天起，中国就完全符合刘易斯模型对二元经济的所有描述，如剩余劳动力数量巨大、农村劳动生产率低、农民收入低且增长缓慢、城市工业化可以雇用大量的农村廉价劳动力等。

中国也有一些不同于二元经济模型的地方，其中最突出的表现是城乡收入差距。刘易斯模型描述的情况是劳动力可以在城乡之间自由流动，所以要素价格均等化就会出现，城乡工资差距仅仅体现的是生活方式和交通费用等方面的差别。但中国的情况却有所不同。在相当长的时间内，中国农村户籍的移民很难有机会进入城市的正规部门，只能进入城市非正规部门，即劳动力只能在农村和城市非正规部门之间自由流动，所以农村和城市非正规部门的收入差距相对较小，而农村和城市正规部门的收入差距却相对较大。这样一来，中国的二元经济实际上变成了三元经济，即农村、城市非正规部门和城市正规部门。由于近年来中国政府越来越严格地执行《中华人民共和国劳动法》和《中华人民共和国劳动合同法》，上述问题有所改善，进城农民工的收入已经有了很大提高，但与城市正规部门依然有差距。根据人力资源和社会保障部提供的数据，2021年进城农民工与城镇私营单位（很多都属于非正规部门）平均工资已经没有明显差距，但与城镇非私营单位雇员的平均工资差距依然达到1∶1.7。

可见，最终解决城乡二元经济差别的出路，不是简单地让农民迁入城市，而是要实现户籍人口城市化，即要让农村移民更多地获得城市户籍，同时减少城乡户籍在就业机会、公共服务、社会福利方面的差别，最终实现城乡之间和城市内部户籍之间收入、社会福利、公共服务的均等化。

本章提要

1. 经济增长不仅来自资本积累、劳动投入和技术进步，而且来自生产要素从低生产率部门向高生产率部门的流动，来自主导产业拉动其他部门增长的扩散效应。这就给发展中国家政府提供了一个很有吸引力的政策选项，即可以通过扶持主导产业实现经济快速增长。

2. 几乎所有的产业结构演变规律都可以由恩格尔效应和鲍莫尔效应来解释。恩格尔效应是指随着人均收入水平的上升，需求收入弹性低的产品，其需求量占总需求的比重越来越低；而需求收入弹性高的产品，其需求量占总需求的比重越来越高，最终需求收入弹性高的产品将在产业结构中占据主导地位。鲍莫尔效应是指任何一个产业由技术进步而带来的资本回报率增长和生产率提高，都将使资本流入该产业，劳动力流出该产业。

3. 实行大推动工业化战略的目的是解决发展中国家市场容量狭小问题，以及孤立产业增长引起的协调问题。发展中国家对国民经济各产业进行大规模、全面的投资，使各产业同时扩大和全面增长，这就会在许多产业之间相互提供投资引诱，在各个产业之间互相创造市场。这样，所有产业的投资都会有利可图，资本形成就能实现，就可以摆脱贫困恶性循环。

4. 赫希曼认为，政府应选择关联效应最大的产业作为主导产业，并扶持其优先发展，使其能够通过关联效应带动整个国民经济的增长，这种做法被称为选择性产业政策。

5. 大推动工业化战略和选择性产业政策的成功条件都很苛刻。大推动工业化要求有巨额民间资本积累，或者是人口众多的大国，或者有较好的历史机遇。选择性产业政策更适用于已建成相对完整的工业体系的国家，而不适用于缺乏完整工业体系的国家。从历史经验来看，先设法建立相对完整的工业体系，然后通过扶持主导产业带动这个工业体系，是一条容易取得成功的发展路径。

6. 二元经济理论认为，以传统农业部门剩余劳动力被吸收完毕为转折点，经济发展将分为两个阶段：第一阶段是劳动供给为无限弹性的劳动无限供给阶段，此阶段工资由最低生存费用决定；第二阶段是劳动供给为有限弹性的劳动有限供给阶段，此阶段工资由劳动的边际产值决定。

7. 托达罗认为，农民进入城市的决策不仅取决于城乡收入差异，而且取决于找到工作的概率。只要这个概率足够大，就会吸引农村移民进城碰运气。结果是城市创造的就业机会越多，失业率就越高，城市病就越严重。

关键术语

产业结构	主导产业	扩散效应	配第-克拉克定理
霍夫曼定理	库兹涅茨法则	起飞	恩格尔效应
鲍莫尔效应	大推动工业化	贫困恶性循环	关联效应

前向关联	后向关联	选择性产业政策	二元经济
隐蔽失业	剩余劳动力	粮食短缺点	商业化点
正规部门	非正规部门		

本章习题

1. 为什么中国出现了产业结构服务化的发展趋势？请分别应用恩格尔效应和鲍莫尔效应加以解释。

2. 为什么大推动工业化战略在大型发展中国家（如中国）比在小型发展中国家（如朝鲜和越南）更容易获得成功？

3. 同样是建立本国的汽车产业替代进口汽车，为什么韩国成就了经济奇迹，而巴西却陷入了债务危机？

4. 假如中国已经通过了刘易斯转折点，非熟练工人的工资持续增长，那么你觉得中国的通货膨胀率、经济增长率和产业结构会发生什么变化？

5. 刘易斯转折点之前非熟练劳动力工资仍然会上涨，请问除了最低生存费用上涨和食品价格上涨之外，还有没有其他原因？

6. 假定一个国家存在托达罗问题，即由于某种原因，城市工资高于农村，大量农村移民进入城市寻找工作，导致城市存在较高失业率。你认为什么政策或政策组合可以解决上述问题？如果该国的农村移民不能进入城市正规部门，那么你提供的政策组合会有什么变化？

进一步阅读的文献

有关大推动工业化理论的最新发展，可阅读 Murphy 等的 "Industrialization and the big push"（*Journal of Political Economy*，1989，97（5）：1003-1026）；Murphy 等的 "Income distribution, market size, and industrialization"（*The Quarterly Journal of Economics*，1989，104（3）：537-564）。

有关二元经济模型的更详细介绍，可阅读叶静怡的《发展经济学》（第 7～11 章，北京大学出版社，2003）。

如果想了解刘易斯本人对二元经济的详细观点，可阅读阿瑟·刘易斯著，施炜等译的《二元经济论》（北京经济学院出版社，1989）。

对刘易斯转折点的详细测算方法感兴趣的同学，可阅读南亮进著，关权译的《经济发展的转折点：日本经验》（社会科学文献出版社，2008）。

本章参考文献

布劳格 M. 2003. 凯恩斯以后的 100 位著名经济学家. 冯炳昆，李宝鸿，译. 北京：商务印书馆.
董向荣. 2004. 美国对韩国的援助政策：缘起、演进与结果. 世界历史，(6)：15-24.
刘易斯 W A. 1989. 二元经济论. 施炜，等译. 北京：北京经济学院出版社.

南亮进. 2008. 经济发展的转折点：日本经验. 关权, 译. 北京：社会科学文献出版社.
全慰天. 1982. 中国民族资本主义的发展. 郑州：河南人民出版社.
王述英, 白雪洁, 杜传忠. 2006. 产业经济学. 北京：经济科学出版社.
杨天宇. 2018. 判断劳动力短缺的两种理论之区别：马克思产业后备军理论与刘易斯二元经济理论的比较. 贵州社会科学, (10)：107-111.
杨治. 1985. 产业经济学导论. 北京：中国人民大学出版社.
叶静怡. 2003. 发展经济学. 北京：北京大学出版社.
赵玉林. 2017. 产业经济学原理及案例. 4版. 北京：中国人民大学出版社.
中国社会科学院经济研究所. 1966. 上海民族机器工业. 北京：中华书局.
Herrendorf B, Rogerson R, Valentinyi A. 2013. Growth and structural transformation. NBER Working Paper, No. 18996.
Lewis W A. 1958. Unlimited labour: further notes. The Manchester School of Economic and Social Studies, 26 (1): 1-32.
Murphy K M, Shleifer A, Vishny R W. 1989a. Industrialization and the big push. Journal of Political Economy, 97 (5): 1003-1026.
Murphy K M, Shleifer A, Vishny R W. 1989b. Income distribution, market size, and industrialization. The Quarterly Journal of Economics, 104 (3): 537-564.

第五章 产业结构优化

揭示产业结构演变规律的目的，在于合理地遵循和利用这些规律，促进产业结构的优化升级。一般认为，产业结构优化包括产业结构合理化和产业结构高度化两个方面。本章将根据产业结构演变规律，介绍产业结构合理化和高度化的主要内容，并解释主导产业和创新在产业结构优化升级中的作用。

■ 第一节 产业结构合理化

产业结构合理化的思想，在魁奈的经济表、马克思的两大部类理论和列昂惕夫的投入产出法中都有过深入的阐述。这些理论都无一例外地强调各产业部门必须按比例协调发展，这其实也是产业结构合理化的核心内容。

一、产业结构合理化的含义

产业结构合理化是指在一定经济、社会发展战略目标要求下，实现供求结构均衡、各产业部门协调发展并取得较好结构效益的产业结构优化过程。产业结构合理化是一个动态过程，也就是说，随着经济社会的发展和科学技术的进步，产业结构将不断发生变化。产业结构合理化就是在产业结构演变过程中，通过不断调整产业间比例关系和提高产业间关联程度，使资源在产业间得到合理配置和有效利用的动态过程。

合理化的产业结构，一般应符合下列两个要求。

第一，产业结构要和需求结构相适应，以实现供给结构与需求结构的均衡。供给结构与需求结构的矛盾是经常存在的，有可能是供给结构不适应需求结构，其原因在于市场不完善、信息不对称以及需求信息的时滞等问题，造成生产者对未来需求演变的判断发生失误，使得供给结构无法及时适应需求结构的变化。也有可能是需求结构不适应供给结构，其原因在于某些新产品刚进入市场时，消费者对该产品的认识需要一个过程，因此造成需求结构在短期内无法适应供给结构的变化。其中,供给结构不适应需求结构是更加常见的情况。为此,需要及时调整供给来促进二者的均衡。也就是说,当投资与消费的比例以及由此派生的需求一旦确立,产业结构就必须与之相适应。如果一个时期的产业结构与需求结构不相适应,势必造成国民经济的失衡。例如,2003~2005年的中国电力短缺,就是生产者对未来电力需求判断失误造成的。而由于发电企业的建设周期较长,全国性的电力短缺持续了数年之久。

第二,各产业之间在生产上应该相互衔接、紧密配合,保持合理的比例关系。这就是说,产业间存在投入与产出的联系,客观上要求产业结构的各个组成部分,即投资品生产、消费品生产、中间产品生产以及为生产和生活服务的各部门,依据它们之间在生产供应上的相互衔接,形成一个相互适应、相互服务、相互促进和相互弥补,实现协调发展的体系。例如,农业的发展为工业提供劳动力和原材料,工业反过来又为农业的发展提供机械装备与技术,二者相互促进并保持合理的比例关系,即为产业结构合理化的表现。

二、产业结构合理化的判断标准

什么样的产业结构才是合理的?学者基于不同的角度,设计了不同的判断标准,其中有代表性的判断标准有以下几种。

(一)国际标准结构

美国经济学家钱纳里利用101个国家在1950~1979年的统计资料,通过回归分析得出了经济发展中的"标准产业结构"。钱纳里进行回归分析的公式如下:

$$X_i = \beta_0 + \beta_1 \lg Y + \beta_2 (\lg Y)^2 + \beta_3 \lg N \tag{5-1}$$

其中,X_i为第i产业净产值的市场占有率;Y为人均国民收入;N为样本国家的人口数量。利用上述公式,钱纳里将估计结果列成一个图表,可以反映人均国民收入在100~3000美元的产业结构的变化规律,他称之为世界发展模式的"标准结构"表,学术界通常称之为**国际标准结构**。对照这个表可以判断人均国民收入为多少美元时,各产业部门在人均国民收入中应占多少比重,由此确定产业结构是否合理(表5-1)。国际标准结构是以多个国家的历史数据进行回归得到的模型,反映了产业结构演变的一般规律。但是,由于各个国家所处的经济发展阶段和国际经济环境不同,国内资源禀赋、人力资本状况和技术水平不同,所选择的发展战略也各不相同,很难有统一的发展模式和产业结构,所以很难用同一种标准模型来判断不同时期各国的产业结构是否合理。因此,国际标准产业结构只能为判断产业结构合理化提供参考。

表 5-1　以劳动力结构为指标的国际标准结构表

产业分类	人均国民收入的基准水平（1980 年）					
	<300 美元	300 美元	500 美元	1000 美元	2000 美元	4000 美元
第一产业	81.0%	74.9%	65.1%	51.7%	38.1%	24.2%
第二产业	7.0%	9.2%	13.2%	19.2%	25.6%	32.6%
第三产业	12.0%	15.9%	21.7%	29.1%	36.3%	43.2%

资料来源：Syrquin M，Chenery H. 1989. Three decades of industrialization. The World Bank Economic Review，3（2）：152-153

（二）需求结构基准

在市场经济条件下，产业结构合理化的最基本要求是能满足市场的需求，因此，可以将产业结构和需求结构相适应的程度作为判断产业结构是否合理的标准之一。二者适应程度越高，产业结构就越合理，反之产业结构就不合理。这可以称为产业结构合理化的**需求结构基准**。在经济增长过程中，市场需求是不断变化的，因此产业结构与需求结构之间总是存在一定的偏差。这种偏差既有可能是总量上的，也有可能是结构上的。其中，结构偏差更加重要。现实中经常出现的情况是供给和需求的总量平衡，但供需结构却不一定平衡。通常可以用需求收入弹性和生产收入弹性来判断产业结构与需求结构互相匹配的程度。需求收入弹性用某种商品需求增长率与人均国民收入增长率之比来表示，而生产收入弹性用某种商品生产率增长率与人均国民收入增长率之比来表示。当每一种产品的需求收入弹性与生产收入弹性都相等时，产业结构能够满足需求结构。不过，在现实中难以出现供需结构恰好匹配的情况。因此，我们可以通过观察各种产品需求收入弹性与生产收入弹性的差值大小和调节速度，来判断产业结构对需求结构的满足程度。

需要指出的是，这个基准只是产业结构合理化的必要条件，而不是充分条件。这有两个原因。首先，需求结构有可能是畸形的。例如，某些国家贫富差距巨大，奢侈品需求十分旺盛。如果产业结构与这样的需求结构相适应，就会出现大量资源被奢侈品生产占用，而生活必需品却日益萎缩的局面，这种产业结构不能说是合理的。其次，仅凭此基准判断产业结构是否合理，将会忽略创新对产业结构合理化的作用。在某项新发明刚刚出现时，整个市场对该项发明可能一无所知，不会对其产生需求，需求收入弹性为 0，但这不意味着该项新发明转化成的产品破坏了产业结构合理化，相反，它可能会创造和引领新的市场需求，使其与供给相适应，这也应被视为产业结构合理化，而需求结构基准无法衡量这种类型的产业结构合理化。

（三）产业平衡基准

产业平衡基准以各产业间比例的平衡与否作为判断产业结构合理性的基准。从理论上说，经济增长建立在各产业协调发展的基础上，产业间保持比例平衡是经济增长的基本条件。但是，这个基准有一个重大缺陷。该基准只能衡量各产业部门间的静态比例关系，忽略了各产业部门间的动态比例关系。随着产品创新的不断出现，静态的产业间比例关系不断被打破，产业间比例不断处于动态变化之中。从静态的角度看，过去的某些产业间比例关系在当时是合理的；但从动态的角度看，过去合理的比例关系放到现在就不一定合理。例如，改革开放前计划工作者普遍认为轻重工业产值比例应为 1：8，这个比例关系来自 1978 年前的经验，但现在该比例关系早已不再适用了。如果政府管理部门在修改合理的产业间比例关系标准时，跟不上市场的变化而发生时间滞后，这就有可能限制和延缓产业结构升级的进程，影响经济的快速和健康发展。

（四）影子价格分析

从效率的角度讲，产业结构合理化的最终目标是实现全社会资源利用的最优化，因此全社会的资源是否实现了合理有效的利用，就成为衡量产业结构合理化的重要标准。这里可以采用影子价格分析来判断产业结构是否合理。**影子价格**就是用线性规划方法计算出来的反映资源最优使用效果的价格。用微积分描述资源的影子价格，即当资源增加一个数量而得到目标函数新的最大值时，目标函数最大值的增量与资源增量的比值，实际上就是目标函数对约束条件（即资源）的一阶偏导数。可见，影子价格反映了某种资源对目标函数最大化的边际贡献。在一个经济系统中，不同产业部门很可能消耗同种资源，但不同产业部门消耗该资源的影子价格却可能存在差异。那么我们就可以根据产业部门影子价格差异的程度衡量产业结构合理化。

如果生产要素在各产业中的影子价格大体相等，则我们可以说资源达到最优配置，产业结构基本合理，这时即使改变各产业的资源投入量也不会取得更好的经济效益；如果某种资源在各产业间的影子价格显著不同，说明产业结构不够合理，有限的资源没有得到更好的利用，这时应该把资源从影子价格低的产业调往影子价格高的产业，使得整个产业系统获得更大的效益。

还可用某种资源在各产业部门的影子价格，与该资源在全部产业中整体影子价格平均值的偏离程度来衡量产业结构是否合理。偏离越小，产业结构就越合理。从影子价格的定义可以看出，影子价格不仅可以反映资源的边际贡献，还可以反映资源的稀缺程度。如果某种资源在某产业部门的影子价格，高于该资源在全部产业中整体影子价格的平均值，就说明该资源在这个产业是稀缺的，需要从该资源低于整体影子价格平均值的产业调入。通过资源在产业间的流动，最终实现各产业影子价格相等，产业结构也就实现了合理化。

总的来看，影子价格可以为判断产业结构合理化提供一个相对较好的客观标准。这个标准的主要缺陷是计算烦琐，需要收集大量的数据，其投入成本远高于上述其他标准。

三、产业结构合理化调整的动力与机制

产业结构合理化的调整机制是根据现有产业结构的状态，通过输入新的信号和能量，引起产业结构的变动，从而形成新的产业结构状态的过程。根据输入信号和调整类型的不同，可以把调整机制分为市场机制和计划机制。

产业结构调整的市场机制是一种自我调整机制，即经济主体在市场信号的引导下，通

过生产要素的重组和产业部门间的流动，使产业结构尽可能适应需求结构的变动。具体说，如果需求结构变动引起某些部门产品价格上涨，而且涨价幅度达到部门间生产要素转移的临界点（转移后收益＝转移成本＋机会成本）时，产品价格下降部门的生产要素就会转移到产品价格上涨的部门，直至形成供给结构与需求结构的新平衡点。在这一过程中，产业结构调整的信号是价格，动力是分散经济主体追求约束条件下的收益最大化。

产业结构调整的计划机制是政府对经济的调控过程。政府从经济发展的总体目标出发，通过纵向等级向经济主体发布指令，直接进行资源在产业间的配置。例如，对企业生产数量的要求，或者通过更改各部门投资计划来调整资源配置。这种指令通常分为两类。一类是间接调控手段，如价格政策、财政政策、货币政策等。另一类是直接调控手段，如经济发展规划、许可证管制等。在这一过程中，调整的信号是政府的计划数量或指令，动力是政府对某种经济目标的追求。

两种机制各有优缺点。市场机制的优点是有利于实现资源的最优配置，缺点是有可能出现市场失灵，而且缺乏对各经济主体间协调失灵的处理能力（具体可参见本书第十章）。计划机制的优点是有助于发展中国家赶超发达国家，缺点是政府不具备完全信息，其计划指令可能发生失误，产生政府失灵问题。虽然两种机制各有优缺点，但由于计划机制的弊端更加难以改善，当今世界绝大多数国家的经济体制都是市场经济。例如，中国政府就提出，要让市场机制在资源配置中起决定性作用。产业结构调整作为资源配置的一种形式，自然也要以市场机制作为最基本的调整机制。

案例 5-1　大数据能使计划经济优于市场经济吗？[①]

市场经济优于计划经济，在当今世界几乎是一个人所共知的常识，但近年来却有人认为，由于大数据的普遍应用，市场经济这只无形的手有可能被我们发现，以至于计划经济将变得可行，甚至优于市场经济。这种观点其实并不新鲜，早在20世纪20年代欧洲经济学家关于社会主义经济计算的争论中，就已提出了类似观点；而20世纪50～80年代苏联经济学家则对这种观点进行过真正的应用。这里我们主要以苏联经济学家的失败为例，说明大数据为什么不能让计划经济变得可行。

最早关注计算机有利于实施计划经济的是波兰经济学家兰格。兰格认为，中央政府可以用影子价格代替市场价格，具体地说，中央政府只需任意给出"一组随机物价"，并向下属企业传递这种价格信息。各个企业依据这种信息，从利润最大化原则出发确定各种生产要素的需求量并上报给中央当局，然后中央当局从每种生产要素的总需求量与其库存量的比较中可以判断"随机物价"是过高还是过低，调整随机物价的水平，重新向企业传递。这样反复试错，就可以最终得到均衡的价格系统，这个价格系统可以和市场价格一样起到优化资源配置的作用。上述整个过程可以通过计算机来快速求解。兰格甚至断言"市场过程连同它的烦琐的试验似乎过时了""在这个问题上，电子计算机有不容挑战的优越性"。

[①] 本案例部分内容参考了纪玉山的《"准市场经济"辨析》（《吉林大学社会科学学报》，1994年第1期，第20～24页），由作者整理而成。

苏联经济学家涅姆钦诺夫、康托罗维奇等对兰格的观点进行了应用。他们建立了一个"社会主义最优职能系统",该系统包含了中央政府的实物计划和各种资源的影子价格,其中影子价格的求解几乎完全遵循了上述兰格的思想。这个系统在数学的精密化程度上可以和阿罗-德布鲁的一般均衡模型相媲美,康托罗维奇还因此于1975年获得诺贝尔经济学奖。直到1985年左右,苏联经济学家还在这一系统的软件开发上进行着不懈的努力。然而,计算机最终也没有改变计划经济失败的命运。

可以看出,虽然大数据有助于解决计划经济所需数据的收集问题。但是,这并不足以使计划经济变得可行。苏联的计算机计划经济之所以失败,不仅是因为数据收集困难,而且还有更深层次的原因。

首先,大数据仅仅解决了数据收集问题,但没有解决数据处理问题。经济运行是一个复杂开放的巨大系统,它不仅包含着数以万计的生产者和消费者,而且包含着数以万计的、错综复杂地联系在一起的商品和服务。从计算数学的理论来看,用一个最优化线性模型来求解多种商品的影子价格,尽管理论上的最优解是存在的,但是随着商品种类数(n)的加大,计算的时间将近似地以2^n的速度增加。根据日本经济学家盐泽由典的估计,即使用每秒10亿次的巨型计算机进行计算,当商品数达到近百种时,计算时间也长得惊人(纪玉山,1994)。而且生产者和消费者的供需行为是在不断变化的,这意味着这样的巨量计算必须每时每刻都要不停地进行。以人类目前掌握的知识和技术,再强大的计划机构也难以胜任这样庞大的任务,大数据的应用并没有改变这一状况。

其次,市场价格不仅具有资源配置的功能,而且还有利益激励的功能,尤其是可以通过市场回报激励人们的创新行为。而影子价格仅能反映资源的稀缺程度,如果计划当局把影子价格当作计划指令下达给企业,那么企业及其员工就只能被动地按照上级下达的影子价格进行生产和销售,实际上成了计算机的奴隶,积极性和创造性都被扼杀了。即使能够及时准确地计算影子价格,也仍然解决不了计划经济缺乏利益激励,特别是缺乏创新激励的问题。

综上所述,大数据并没有改变市场机制在资源配置中的决定性作用,断言计划经济将因为大数据变得可行是缺乏依据的。

■ 第二节 产业结构高度化

一、产业结构高度化的含义

产业结构高度化是一个连续不断的动态过程,主要指产业结构从低水平状态向高水平状态的发展,也可将其称为**产业结构升级**。产业结构高度化的实质,是随着科技发展和分工的深化,产业结构不断向高附加值化、高技术化、高集约化演进,从而更充分、更有效地利用资源,更好地满足经济发展需要的一种趋势。

随着人们对产业结构研究角度的不断增多,人们对产业结构高度化的理解也越来越深刻,产业结构高度化的内容也不断丰富。概括地讲,产业结构高度化包括以下几方面的内容：①在整个产业结构中，由第一产业占优势比重逐渐向第二产业、第三产业占优势比重演进，最终实现高服务化；②产业结构中劳动密集型产业占优势比重逐渐向资金密集型、知识技术密集型产业占优势比重演进，最终实现高技术化和知识技术集约化；③产业结构中由制造初级产品的产业占优势比重向制造中间产品、最终产品的产业占优势比重演进，最终实现高加工度化；④产业结构中由制造低端产品的产业占优势比重向制造高端产品的产业占优势比重演进，最终实现产业高端化。

产业结构的高度化需要以产业结构合理化为基础，脱离合理化的高度化是不能持续的。二者之间存在互相渗透、交互作用的关系。要实现产业结构高度化，必须使其结构合理化，产业结构合理化也必须在产业结构高度化的动态过程中进行。产业结构合理化是一个不断调整产业间比例关系和提高产业间关联作用程度的过程，而这一过程同时也是产业结构不断高度化的过程。因此，要把合理化和高度化问题结合起来，以产业结构合理化促进产业结构高度化，以产业结构高度化带动产业结构合理化。如果忽视二者的密切关系，一味追求高度化的产业结构，而不考虑高度化过程中各产业的关联程度和比例关系，就会使一些基础产业、传统产业因增长滞后而成为经济发展的瓶颈，无法进一步发展，甚至引发经济衰退。只有实现产业结构高度化与合理化的协调，才能真正实现产业结构的优化。

二、主导产业与产业结构高度化

产业结构高度化的直接动力是主导产业的发展。当原有的主导产业衰退时，新的、具有更高发展速度的主导产业对原有主导产业的替代，是产业高度化的表现形式。在第四章，我们已经知道了主导产业可以在本部门高速增长的同时，通过拉动上游产业的需求来带动几乎所有国民经济部门的增长，即扩散效应。实际上主导产业的扩散效应不止于此。这里我们可以对主导产业给出一个正式的定义。主导产业概念最早见于美国经济学家罗斯托的《经济成长的阶段》一书。罗斯托认为，主导产业是指这样一些产业部门，"在这些部门中，革新创造的可能，或利用新的有利可图的或至今尚未开发资源的可能，将造成很高的增长率并带动这一经济中其他方面的扩充力量"（罗斯托，1962）。现代产业经济学教科书对主导产业的理解又比罗斯托的定义更加广泛，尤其是考虑到了市场需求对主导产业的促进作用。具体地说，**主导产业**（leading industry）是指能够充分利用先进技术并具有较高的需求收入弹性，在自身保持较高经济增长速度的同时，又具有较大的产业关联效应，从而能够很好地带动其他产业发展的产业部门。

罗斯托认为，主导产业具有以下特点：①引入技术创新或制度创新，即引入新的生产函数；②增长率明显快于整个经济的平均增长率；③具有较强的扩散效应，对其他产业乃至所有产业的增长有较大的诱导作用。可见，主导产业不仅自身增长速度快，而且还能通过扩散效应对其他产业的增长起直接或间接的诱导作用。主导产业的扩散效应表现为以下三个方面。

（1）**回顾效应**，即主导产业对为其提供投入物的产业发展有拉动作用。当主导产业处于高速增长阶段时，由于其技术经济的要求，会对其上游产业提出新的投入需求。这些新的投入需求，将会促进上游产业技术、人力以及制度等各方面的发展。

（2）**前向效应**，即主导产业的发展诱导了新兴工业部门、新技术、新材料、新能源的出现。原因是主导产业发展将使相关产业产生一个"瓶颈"问题，这个问题的解决肯定是有利可图的，所以它能吸引发明家和企业家创立新的产业。

（3）**旁侧效应**，即主导产业的发展引起周围经济和社会方面的一系列变化，如城镇和交通基础设施建设、工人区的形成、按技术等级建立的有纪律的劳动力队伍的形成等。

罗斯托曾经以纺织工业为例说明主导产业的扩散效应，见图5-1。

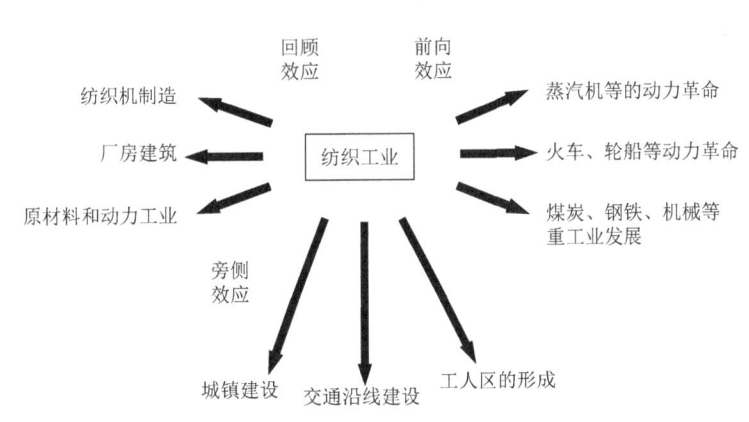

图5-1　主导产业（纺织工业）的扩散效应示意图

18～19世纪英国纺织工业的发展，其回顾效应在于拉动了纺织机制造、厂房建筑以及原材料和动力工业；其前向效应在于催生了蒸汽机的发明，并由此引发了火车、轮船等动力革命以及煤炭、钢铁、机械等重工业发展；其旁侧效应在于城镇建设、交通沿线建设和工人区的形成，罗斯托对此举例说："棉纺织业革命改变了曼彻斯特，汽车工业改变了底特律。"

初始的主导产业达到一定规模后，将通过回顾效应、前向效应和旁侧效应诱导产业结构实现高度化。当初始主导产业出现衰退时，新的主导产业会代替它，并发挥出新的回顾效应、前向效应和旁侧效应。产业结构就是通过这样一个过程不断实现了高度化。

三、主导产业的选择基准

由于主导产业的发展对一国经济发展和产业结构升级具有重要的战略意义，因此，许多发展中国家试图通过政府的力量，扶持主导产业的发展以促进产业结构升级。这样，主导产业的选择就成为非常关键的问题，而选择主导产业首先需要确定选择基准。罗斯托的扩散效应理论可以很好地描述主导产业的特点，但却难以量化，因此无法作为主导产业的选择基准。一般而言，主导产业的选择基准主要包括以下几类。

（1）**产业关联度基准**，又称**赫希曼基准**。美国经济学家赫希曼在《经济发展战略》一书中，依据投入产出的基本原理，提出了依据后向关联度确定主导产业的准则，即主导产业的选择应依照工业部门后向关联度的大小顺序排列。这一基准要求主导产业以最终产品的制造业部门为主,从而可以为主导产业的后向关联部门提供产品市场,并起到拉动经济增长的作用。在实践中,运用赫希曼基准主要通过影响力系数和后向关联系数来衡量产业关联强度(见本书第六章)。

(2)筱原两基准。日本经济学家筱原三代平于20世纪50年代提出了需求收入弹性基准和生产率上升基准,合称筱原两基准。该基准是日本政府制定产业政策、选择主导产业、推动产业结构升级的理论依据。

需求收入弹性基准为

$$需求收入弹性 = \frac{某一产业产品的需求增长率}{人均国民收入增长率} \tag{5-2}$$

在市场经济条件下,市场需求是产业发展的最主要也是最大的动力。在价格不变的情况下,随着收入的增长,消费者对不同商品的需求增长率是不同的。有的商品需求增长快于收入增长,有的商品需求增长慢于收入增长,有的商品需求在收入增长的情况下反而减少。选择需求收入弹性大的产业作为主导产业,可以随经济增长产生较大的发展动力,符合主导产业增长速度快的要求。

生产率上升基准为

$$全要素生产率上升率 = \left(\frac{报告期全要素生产率}{基期全要素生产率} - 1\right) \times 100\% \tag{5-3}$$

全要素生产率上升率高的产业,技术进步比较快,单位产品的生产成本较低,从而吸引各种资源向其流动。由于得到更多的资源供给,该产业将实现较快的增长速度。因而全要素生产率上升率是主导产业选择的一个重要基准。

可见,需求收入弹性基准是基于社会需求结构对产业结构的影响而言的,生产率上升基准是基于社会供给结构对产业结构的影响来说的,二者不是孤立无关的,而是有着内在的联系。首先,从供给方面看,如果仅有较高的技术进步率,未必能支持较高的生产率上升率,因为较高的生产率上升率是以较好的销售条件为基础的,也就是说要以不断扩大的需求为基础。其次,从需求方面看,收入弹性较高的部门,意味着它有广阔的市场,广阔的市场是大批量生产的先决条件。而工业部门的技术进步和大批量生产存在着必然的联系。同时,大批量生产带来的生产成本下降又是扩大需求的必不可少的条件。也正因为两个基准之间的这种内在联系,两者表现的特性是一致的,要么都高,要么都低。

需要指出的是,筱原两基准的应用存在以下前提条件:①基础产业相当完善,不存在瓶颈制约,或者即使存在一定程度的瓶颈制约,但要素具有充分的流动性,资源能够在短期内迅速向瓶颈部门转移,尽快缓解瓶颈状态;②产业发展中不存在技术约束;③不存在资金约束。如果上述条件不存在,则筱原两基准理论就未必成立,利用该基准选择主导产业也未必可行。

从上述基准可以看出,赫希曼基准可以在一定程度上反映主导产业的扩散效应,但却难以反映主导产业高速增长、有良好的发展前景这一特性;而筱原两基准可以很好地反映主导产业增长迅速及发展前景广阔这一特性,却难以反映主导产业的扩散效应。在实际应用中,可以将赫希曼基准和筱原两基准结合起来使用。

(3)过密环境基准和劳动内容基准。20世纪70年代,随着经济发展和产业结构的升级,日本产业结构审议会提出了这两个基准。过密环境基准从经济的长远发展和社会的整体利益关系出发,要求选择能提高能源利用率、强化社会消除公害能力的产业为主导产业。劳动内容基准从提高社会成员的满意度出发,要求选择主导产业时要考虑能为劳动者提供舒适、安全和稳定的劳动场所的产业。这两个基准考虑的都不是经济发展,而是社会发展。

（4）比较优势基准。主导产业选择既是一个国家的主导产业选择,也包括一个地区的主导产业选择,而地区的主导产业选择必须建立在地区比较优势基础上。衡量一个地区产业是否具有比较优势,通常使用的指标是**区位熵**（location quotient,LQ）。区位熵是通过测定各个产业部门在各地区的相对专业化程度来间接反映产业比较优势的指标。当一个产业在某地区的专业化程度较高,说明该产业已经在该地区的产业中占有重要地位,相对于其他地区来说,该地区的该产业已经具有比较优势,所以可以作为该地区的主导产业。区位熵常用的测定指标有产值、产量、就业人数等。其计算公式如下:

$$\text{LQ} = \frac{C_{ik}/C_i}{C_k/C} \tag{5-4}$$

其中,C_{ik} 为 i 地区 k 产业的产值;C_i 为 i 地区所有产业的产值;C_k 为全国 k 产业的产值;C 为全国所有产业的产值。如 LQ>1,说明 i 地区 k 产业在该地区的专业化程度超过全国平均水平,即表示该产业提供的产品或服务在满足了该区域的需求后还有剩余,可用于向区外输出,从而该产业成为该区域具有比较优势的部门,可以作为主导产业。LQ≤1 时,i 产业在该地区至多只是一个自给性部门;LQ<1 时,说明该地区 i 产业专业化水平低于全国,还需从地区外输入产品;LQ=1 时,表明该地区 i 产业专业化水平与全国相当,基本自给自足。

除上述基准外,国内学者还曾提出过瓶颈基准增长后劲基准和短替代弹性基准等。

四、产业高端化

政府选择并扶持主导产业确实可以推动产业结构升级,但有一种类型的产业结构升级却与众不同,它难以通过政府扶持主导产业的方式取得成功,这就是产业高端化。**产业高端化**,顾名思义就是制造高端产品的产业在产业结构中比重越来越高的过程。高端产业目前还没有一个公认的定义,但美国布鲁金斯学会在其研究报告《美国高端产业:定义、布局及重要性》中提出的高端产业定义可以作为参考。该报告认为,美国高端产业有两个鉴定标准:一是产业中每个工人的研发支出超过 450 美元,这大于或等于全行业标准的 80%;二是产业中获得 STEM（science,technology,engineering,mathematics,科学、技术、工程和数学）学位的人数必须高于全国平均水平,或者在本行业中所占份额高达 21%。按此标准,则技术先进应为高端产业的主要特征,但这并不意味着只要政府投入巨资引进或研发先进技术,产业高端化就能实现。这是因为,高端产业的先进技术意味着产品的高附加值,所以产品价格会比较昂贵,这就需要存在足够多的高购买力消费者,否则即使有了先进技术,高端产业的产品也会因为缺乏市场而夭折。这里我们借助第四章中恩格尔效应和鲍莫尔效应的概念,来说明市场需求对产业高端化的关键作用。

从逻辑上说,产业高端化可以通过两条途径实现。一是恩格尔效应,即随着人均收入水平的上升，需求收入弹性低的产品，其需求量占总需求的比重越来越低；而需求收入弹性高的产品，其需求量占总需求的比重越来越高，最终需求收入弹性高的产品在产业结构中占据了主导地位，产业升级也就成功了。高端制造业和高端服务业的需求收入弹性都是很高的，在消费者对低端产品的需求达到饱和状态之后，将会更多地购买更高质量和更具创新性的产品，那么这样做的结果显然是高端制造业和高端服务业在经济中所占比重越来越高，所以消费升级将导致制造业和服务业的高端化。二是鲍莫尔效应，即任何一个产业由技术进步带来的资本回报率增长和生产率提高，都将使资本流入该产业，劳动力流出该产业。而高端制造业和高端服务业都是技术进步速度快的产业，这将导致资本流入高端制造业和高端服务业，使其规模进一步扩大。但如果一国人均收入水平太低，缺乏对高端制造业和高端服务业的市场需求，那么这些高端产业的先进技术将会因为没有市场回报而不会被采用，甚至高端产业本身都将不会存在。所以，人均收入水平提高带来的市场需求扩大，也是鲍莫尔效应的前提条件。

可见，市场需求带动产业高端化的两条途径，最终是殊途同归的。我们可以用图 5-2 来表示市场需求对产业高端化的带动作用。

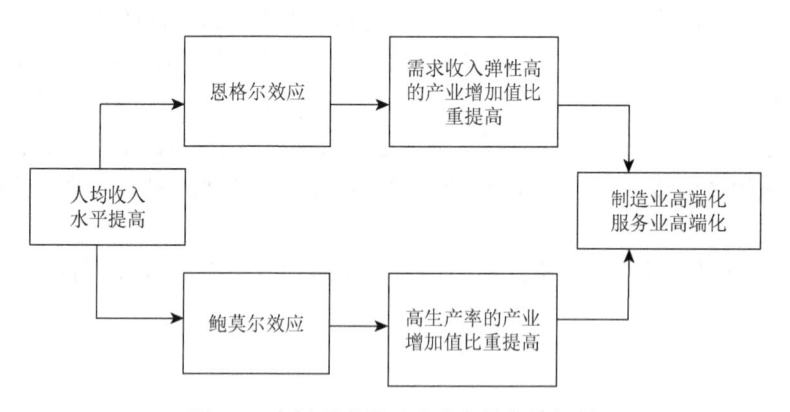

图 5-2　市场需求带动产业高端化的机制

从图 5-2 可以看出，制造业高端化和服务业高端化的源头是人均收入水平的提高。而人均收入水平的提高所带来的消费升级，则通过恩格尔效应和鲍莫尔效应两条途径促进了制造业和服务业的高端化。根据这个逻辑，产业迈向中高端是人均收入水平提高的结果。

不过，社会各阶层人均收入水平的提高，对产业高端化的贡献并不是相同的，收入较高的阶层对产业高端化的贡献更大，这有以下两个原因。

首先，在一般情况下，收入水平越高的阶层，恩格尔系数越低，对低端产品需求饱和的可能性越大，对高端产品的需求量越大。换言之，高端需求主要来自收入较高的阶层；而收入较低的阶层购买力较弱，高端需求自然也比较弱。由于高端需求主要来自收入较高的阶层，因此这部分人群的数量对于产业高端化的带动作用是至关重要的。假如高收入的人口占总人口的大部分，那么产业结构也必然是高端产业在整个国民经济中的比重较大。

其次，根据迈克尔·波特提出的波特钻石模型，本国购买者如果对产品质量的要求十分苛刻，就会对厂商产生一种压力，迫使其在品质、性能、服务等方面尽量持续改进，这有利于提高国际竞争力。而要求苛刻的本国购买者一般都属于收入较高的阶层，这实际上意味着，收入较高的购买者越多，就越能迫使厂商提供高端产品。所以，产业高端化在客观上要求尽可能地增加收入较高的人口数量，从而使更多的消费者对产品的要求变得苛刻。

「案例 5-2　中国产业高端化的途径：需求拉动还是供给推动？」

当前有一种流行的看法认为，中国的消费升级已经取得了很大进展，但是产业升级却没有跟上，许多高端产品和服务供给不足。所以，政府的政策选择应该是扶持供给侧的高端化，以适应已经升级的消费需求。而本章中图 5-2 描述的机制认为，市场需求带动了产业高端化，因此产业高端化的方向应该是努力扩大中等收入及其以上群体的人口数量，以便对高端制造业和服务业产生更多的需求，即政府的政策选择应该是促进需求侧的高端化。那么，产业高端化的途径是需求拉动，还是供给推动呢？从逻辑上说，供给推动论可能有一定问题。

首先，中国目前的经济体制是市场经济，市场在资源配置中起决定性作用。如果消费升级已经达到大量需求高端产品的程度，厂商必然会从市场中得知这一信息，而不会对这一信息视而不见。既然市场经济中厂商的目标是利润最大化，那么它就会有激励提供相应的高端产品，供给结构也将因此得到调整而适应需求结构。基于这个逻辑，目前的产业结构事实上反映的正是需求结构的现状。我国消费升级确实已达到一定水平，但由于部分低收入人口的存在，还并未达到高端需求占优势的程度；反映到产业结构上，就是低端产业仍然占优势，高端产业虽然占比上升但还不占优势。供给侧和需求侧是相互匹配的。

其次，持产业升级落后看法的主要证据之一，是中国人在境外的强大购买力，似乎中国人的消费需求已经相当高端化了，这实际上是一种误解。中国人在境外大量购买高端产品的确是事实，但由于人口基数大，能够出境购买高端产品的消费者在全体人口中并不占优势。当然，这些消费者的绝对数量也很巨大，但为什么这么多高端消费者仍然不能刺激产业的高端化？这里有一个机会成本的问题。也就是说，国内厂商面对着比高端需求更加巨大的低端需求，即使只提供低端产品也能获得令人满意的利润，那么此时它再去提供高端产品，不仅要付出研发和建设生产线等大量支出，还要冒研发和市场开拓失败的风险，更重要的是这需要放弃低端产品扩产所带来的利润，机会成本较高，未必合算。所以，问题不在于高端消费者有多少，而在于高端消费者是否在市场规模中占绝对优势，如果出现后一种情况，那么放弃小规模低端产品的机会成本就会很低，厂商就会有充足的激励去进行产业高端化。显然，中国的消费需求还没有达到这个程度。

最后，本章第一节指出，供给结构确实有可能不适应需求结构，但这只能发生在预期错误的情况下。也就是说，厂商对未来的市场需求方向预期出现错误，等到发现错误的时候，由于产品结构的调整有一个时滞，已经来不及调整产业结构以适应需求结构了，这时候就会发生供给侧与需求侧不匹配的情况，如 2003～2005 年中国电力行业的产能短缺。但产业高端化与消费升级之间并不会发生这种背离，原因是中国的消费是否升级并不是秘密，尤其是在大数据的情况下，得知消费升级的方向是很容易而且成本很低的事情，基本上不会出现大面积预测错误的可能性。所以，我们很难想象中国的厂商会因为没有发现消费升级而拒绝产业高端化。

我国目前的居民收入分配格局还没有达到产业高端化的要求。我们利用城乡收入口径统一的中国家庭收入调查（Chinese Household Income Project，CHIP）数据，用 1000 元作为分组单位，以家庭人均可支配收入作为分组标准，分别统计了城镇、农村居民和全体居民各个收入分组的家庭数量，统计结果见图 5-3。其中，图 5-3（a）为城乡全体居民的收入分组，图 5-3（b）为城镇和农村居民的收入分组。

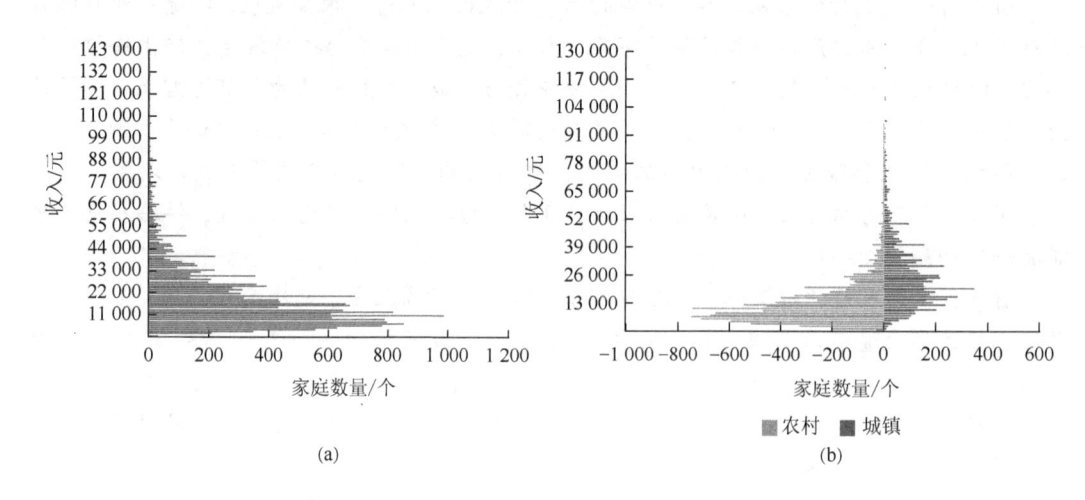

图 5-3　家庭人均可支配收入分布状况

统计的数据为家庭人均可支配收入总额，统计单位为家庭。收入的分组单位分别为 1 000 元。纵轴表示收入的分组，0 表示 0～1 000 元（不包含 1 000 元），11 000 表示 11 000～12 000 元（不包含 12 000 元）。横轴表示处于某一收入分组的家庭数量

从图 5-3 可以看出，如果把城乡全体居民视为一个整体，那么集中于底部的家庭数量相当多，收入越高家庭数量越少，呈现明显的金字塔型分配格局。但如果分别统计城镇和农村的收入分组，则可以发现，农村居民的收入分组仍然呈现与城乡全体居民相似的金字塔型分配格局，但城镇居民的收入分组却已经接近橄榄型，特别是处于中等偏下收入的家庭数量最多。换句话说，由于农村的低收入家庭数量较多，如果我们考虑城乡口径统一的全体居民，而不仅是城镇居民，那么全部居民家庭的收入分布将呈现明显的金字塔型分配格局。这样的分配格局意味着高收入人口占总人口的比重相对低，与此相对应，高端产业的比重也不会太高。要加快产业高端化的步伐，最根本的途径就是尽快改变上述全体居民的金字塔型分配格局，努力实现橄榄型分配格局。

第三节　创新与产业结构高度化

按照美国经济学家熊彼特的观点，**创新**是指引入一种新的生产函数，在既定的劳动力和资本情况下，可以获得更高的产出。创新实现了生产手段的新组合，它包括五种情况：引进新产品，开发新技术，开辟新市场，控制原材料的新来源，实现新的组织。熊彼特认为，创新对产业有"创造性破坏"的作用，即创新带来的技术进步可以产生短期的超额利

润，也伴随着一定程度的垄断，而从长期看它又会为新的创新所打破，不连续的"创造性破坏"会改变整个产业。

一、创新促进产业结构高度化的机制

创新是产业结构高度化的主要动因之一，对产业结构升级有直接的推动作用。具体地说，创新从以下方面促进了产业结构升级。

（1）创新从供给和需求两个方面影响产业的投入产出状况和生产要素配置，从而推动产业结构升级。从供给方面看，创新通过提高劳动者素质、改进生产技术、扩大劳动对象范围、提高管理水平等途径，推动了产业结构升级；从需求方面看，创新为整个市场创造了新的市场需求，市场需求结构的变化又可以诱发产业结构的变迁和升级。

（2）创新将引起生产要素在产业部门之间转移，促进新产业成为主导产业。当创新产生一个新的产业或新的产品或服务时，由于新产品的需求收入弹性较大，会使生产要素流入该部门；同时，新产品的边际收益较高，一般高于已有产业边际收益的平均水平，这将会吸引其他产业的生产要素向该产业转移。因而，新产业将出现高速增长，有成为主导产业的潜力。

（3）创新通过对生产要素相对收益的影响而间接影响产业结构的变化。英国经济学家希克斯认为，创新通过改变各种生产要素，尤其是劳动和资本的相对边际生产率，来改变其收益率之间的平衡。当创新产生非平衡影响时，就会促进生产要素的相互替代，如资本替代劳动等，这种要素之间的替代会影响产业结构的变动。

（4）创新会改变经济系统的产业结构，从而促进产业结构优化。此类影响主要可通过以下三种效应进行解释。一是根本性的创新对既有产业的升级具有显著的推动作用，这种效应为产业结构优化奠定了基础。二是创新在产业内外的传播与模仿过程中，会产生乘数效应。这种效应如同涟漪般扩散，使创新的影响力超越单一产业，进而推动整个产业链的优化升级。三是基于新技术基础上的产业竞争，类似于自然界的优胜劣汰。在此过程中，企业为保持竞争力，不得不进行持续创新。这一机制有助于优质企业崛起，同时淘汰劣势企业，从而实现产业结构的优化。

二、产品创新、工艺创新对产业结构高度化的不同作用

根据创新对象的不同，技术创新可以分为产品创新和工艺创新（也称为过程创新）。**产品创新**指的是技术上有变化的产品的商业化，通常指新产品的产生；而**工艺创新**，则是指工艺技术上所出现的能够创造新价值的发展和变化，包括生产工艺流程、加工技术、操作方法和生产技术装备等方面的开发与改进。这种开发和改进，通常能大幅度降低生产成本，并会通过节约劳动力来提高生产效率。

这两种创新对于产业结构升级的作用是很不相同的。产品创新确实可以创造新需求，尤其是能够创造出高收入阶层的消费需求。高收入阶层对于那些市场上已经存在的产品的消费，可能早就已经饱和了；但产品创新却可以为他们提供能够产生购买欲望的新产品，从而刺激他们的消费。这样一来，产品创新将不会遇到产能过剩、需求饱和问题的阻碍，

可以持续性地使某个主导产业高速增长，并通过扩散效应拉动产业结构升级。由产品创新导致的新主导产业对旧主导产业的不断替代，即熊彼特所说的创造性破坏，正是产业结构升级的主要表现形式。

而工艺创新对总需求所起的作用可能正好相反。因为工艺创新将通过提高本行业的生产效率，使本行业总就业量减少、失业人数增加，这将导致消费能力薄弱的低收入阶层人数增加，从而使全社会总的消费率下降。当然，工艺创新可以通过增强本行业的竞争力，提高该行业就业者的工资水平，从而也有增加消费的作用。不过这个作用的大小是不确定的，这要看就业者的消费增加是否能抵消失业者的消费减少。同时，如果工艺创新的对象是早已存在的传统产业，那么由于高收入阶层对这种产业的产品需求早已饱和，工艺创新也无法起到创造新需求的作用。

需要指出的是，同一种技术创新既有可能是产品创新，也有可能是工艺创新。例如，如果人工智能技术用于生产新出现的产品，那么就属于产品创新，可以创造新需求；而如果人工智能技术用于生产早已存在的传统产品，那么就是工艺创新，就会通过机器排挤工人降低就业总量，从而间接地加剧总需求不足和产能过剩。

可以看出，真正能够发挥产业升级作用的创新形式是产品创新，工艺创新虽然也能通过提高效率促进现有产业的升级，但前提是该产业没有产能过剩和需求饱和，而这在产品老化的情况下并不容易做到。所以，如果要通过创新推动产业结构高度化，那么最佳形式应是促进产品创新，这就在客观上要求有更多的发明创造，而不是对现有产品的生产技术改进。

三、创新的源泉：技术推动还是需求拉动

弄清楚创新产生的原因，对于推动产业结构升级具有至关重要的作用。目前关于创新的源泉主要有两种说法，一是技术推动论，二是需求拉动论。

（1）**技术推动论**认为，技术创新是由技术发展的推动作用产生的，科学研究上的重大突破是技术创新的动力，也是驱使技术创新产生和开展的根本原因。例如，以内燃机为动力的发明创造了对汽车运输的需求，而汽车的发明绝不是全世界范围内的马匹短缺引起的；更重要的是，在内燃机发明之前，消费者根本就不知道内燃机和汽车是何物，自然不会产生对内燃机和汽车的需求，但内燃机和汽车仍然被发明出来了，这说明科学发现才是创新的第一推动力。正如熊彼特所指出的那样，"一般是生产者发动经济的变化，而消费者只是在必要时受到生产者的启发，消费者好像是被教导去需要新的东西"（熊彼特，1990）。科学研究对创新的推动作用如图 5-4 所示。

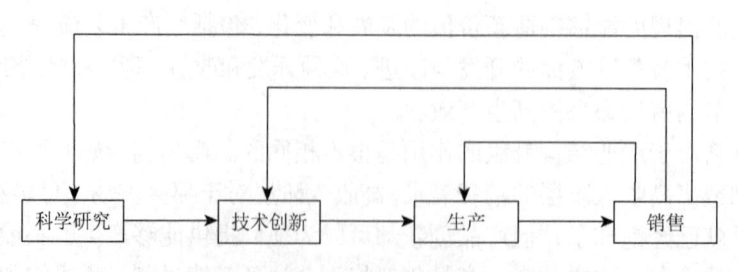

图 5-4 科学研究对创新的推动作用

在图 5-4 中，科学研究带来了技术创新，技术创新转化为产品的生产和销售，而产品销售又反过来对科学研究、技术创新和产品生产等过程进行反馈，使科学研究、技术创新和产品生产更符合市场的要求。可见，虽然产品销售也起到了重要作用，但创新的第一推动力仍然是科学研究。

（2）**需求拉动论**认为，技术创新源自市场需求，即市场需求信息是技术创新活动的出发点。市场需求通过消费者偏好，对产品和技术提出了明确的要求，可以诱发技术创新活动，创造出适合这一需求的适销产品。需求拉动论者经常提到的例子是，通过对美国铁路等四个行业的研究表明，投资与发明之间存在一个时间差，投资变化领先于专利变化，而投资变化是市场需求变化引起的，因此在技术创新上，需求拉动因素要先于技术的推动因素。市场需求对创新的拉动作用如图 5-5 所示。

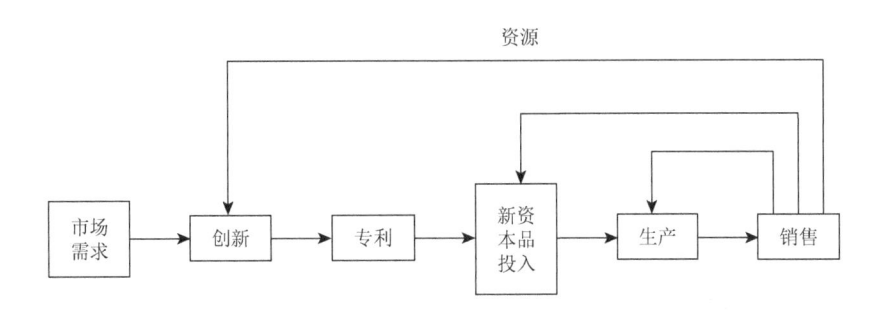

图 5-5　市场需求对创新的拉动作用

在图 5-5 中，市场需求诱发了创新，创新转化为专利，吸引资本进入进行生产和销售，产品销售反过来又对生产、投资和创新环节进行反馈，使其进一步符合市场的要求。在这个过程中，创新的第一推动力是市场需求。

技术推动论和需求拉动论都能解释一部分技术创新，但二者的适用范围并不相同。

（1）技术推动论的适用范围。虽然任何发明在进行时，发明家都会设想这项发明对社会有一定用处，认为它可能满足某种社会需要，但这种被发明家意识到的需求仅仅是潜在的、模糊的需求，并不能用准确的消费者偏好表达出来，仅仅存在于发明家对未来应用前景的设想之中。在这种情况下，虽然需求因素也存在，但科技进步自我发育的内在规律仍然是创新出现的决定性因素。与其说是需求诱发创新，不如说是科研人员在解决了某个技术问题的同时，也唤起了新的需求。由科学研究推动的技术创新，基本上都是产品创新，尤其是令消费者"出乎意料"的产品创新。重大的基础性技术创新和颠覆性技术创新，一般都是由技术推动的。人类历史上发生过的三次工业革命，几乎都是某项科学研究的突破引起的。

（2）需求拉动论的适用范围。市场需求确实诱发了一部分技术创新，但在更多的情况下，市场需求只能解释在既定产品或工艺上发生的微小的技术进步，而不能解释技术上的突破。尽管如此，我们也不能否认，那些渐进性的创新，尤其是渐进性的工艺创新，确实是由需求因素诱发的。对于已经在市场上存在的产品，消费者偏好可以准确地反映市场对该产品进一步改进升级的需求，从而诱导企业提供满足市场需求的技术创新。也就是说，需求拉动论可以解释渐进的技术创新。

比较技术推动论和需求拉动论的适用范围，可以发现，对产业结构升级至关重要的产品创新，更有可能是技术推动的结果。因此，能否出现科学技术上的突破，是产业结构能否升级的关键。

四、创新缓慢的原因分析

创新对于产业结构升级是至关重要的，提高创新的速度和数量自然成为人们追求的目标。著名的新增长理论认为，研发投入可以带来技术创新，但在现实中我们却经常发现，技术创新并不是只要砸钱就能充分涌现的。这里我们分三个方面，讨论虽有研发投入但创新仍然缓慢的原因。

（1）发达国家创新速度放缓的原因。20世纪70年代以后，西方发达国家出现了技术进步放缓的现象。根据美国经济学家奥利维尔·布兰查德提供的数据，美国、英国、法国、德国、日本五个发达国家技术进步的平均值从1950~1973年的4.4%下降到1973~1987年的仅仅1.6%。学术界提出了很多假说解释这一现象。

第一种假说认为，事实上技术进步并没有放缓，测算出来的技术进步放缓其实只是测量误差的结果。这个假说的主要问题是，必须证明20世纪70年代之后的测量误差比之前变大了，该假说才能成立，但是没有多少证据能证明这一点。

第二种假说认为，发达国家中服务业在GDP中的比例越来越高，但服务业的技术进步很有限，比如，在理发业中根本就没有多少技术进步。但发达国家的统计数据表明，自20世纪70年代开始，技术进步减慢的速度在制造业和服务业几乎是一样的，因此，经济服务化并不能解释技术进步的放缓。

第三种假说认为，研发支出的增长放缓导致了技术进步放缓，这个假说比较符合新增长理论的预言。但事实并不支持这个假说。美国经济学家奥利维尔·布兰查德提供的数据表明，1963~1989年，美国、英国、法国、德国、日本五个发达国家研发支出占GDP的比例不但没有下降，反而还有所增长。

因此，西方学者提出的上述假说实际上都难以解释技术进步的放缓。而许多经济学家承认，迄今已经有很长一段时间没有真正重要的发现，技术创新速度确实放缓了，而技术创新的放缓势必造成产业结构升级的放缓。这个现象的原因仍然是一个谜。正如奥利维尔·布兰查德所指出的那样，"很不幸，这一点已经超出了我们的知识范围"（布兰查德，2003）。

（2）中国几个世纪以来创新放缓的原因。中华民族历史上是一个善于创新的民族，以"四大发明"为代表的诸多创新在全世界是有口皆碑的。但是我们可以发现，这些创新大多发生于明代以前，而在明代以后却少有创新。为什么出现这种结果？北京大学的林毅夫教授提出的一个著名假说认为，古代的创新靠经验就能成功，近现代的创新却需要科学和实验。而从宋代开始，科举考试吸引了中国读书人的注意力，使当时的知识分子无心投资于现代科学研究所必需的人力资本，造成了中国明代以后的创新放缓。但著名美学家高尔泰提到的一个案例，却几乎可以否定林毅夫的假说。高尔泰发现，敦煌莫高窟的壁画和造像，自唐代以后一代不如一代，尤其是明清两代的画像皆鲜艳粗俗，毫无美感。要知道，这些画像的作者都是普通的工匠，根本没机会参加科举考试，而且敦煌孤悬塞外，政治经济各方面的发展都比中原慢好几拍，但其艺术创造力的衰落却与中原地区技术创新的放缓是同步的，这显然难以用科举考试来解释（高尔泰，2003）。总的来说，近几个世纪以来中国创新为何放缓，仍是一个未解之谜。

（3）新中国成立以来缺乏重大基础性创新的原因。新中国成立以来，尤其是自1978年改革开放以来，中国政府对科学研究一直都很重视，投入了大量人力、物力和财力支持技术创新。虽然新中国的技术创新取得了一定成果，已经远远超过明清两代和民国时期的科技创新成绩，但原创性的技术创新却比较缺乏，仅有杂交水稻、青蒿素、汉字激光照排系统和人工合成牛胰岛素等寥寥几种；而那种足以引起工业革命的重大基础性创新，自新中国成立起至今还没有发生过。为什么会出现这个结果？我国科技史学家赵红州提出的一个假说可能会解释这个现象。赵红州发现，人的一生并不是所有年龄段都富有创造力。根据科学史统计数据，杰出科学家做出重大贡献的最佳年龄区在25～45岁，其最佳峰值为37岁左右（赵红州，1979）。这个假说与现实比较一致。例如，屠呦呦发明青蒿素时是41岁，袁隆平发明杂交水稻时是43岁，王选发明汉字激光照排系统时是42岁，而他们开始从事这些研究的时候都只有30多岁。这意味着，比较年轻的科学家更有创造力。然而，在当前国内的学术界，年长的科学家占有的科研资源相对较多，年轻科学家占有的科研资源相对较少，这在一定程度上削弱了中国科学研究的创造力。因此，要提高中国科学家的创造力，还需要将科研资源更多地向年轻科学家倾斜。

本章提要

1. 产业结构合理化就是在产业结构演变过程中，通过不断调整产业间比例关系和提高产业间关联程度，使资源在产业间得到合理配置和有效利用的动态过程。合理化的产业结构，一般应符合两个要求：第一，产业结构要和需求结构相适应，以实现供给结构与需求结构的均衡；第二，各产业之间在生产上应该相互衔接、紧密配合，保持合理的比例关系。

2. 产业结构合理化的判断标准包括国际标准结构、需求结构基准、产业平衡基准和影子价格分析等，其中影子价格可以为判断产业结构合理化提供一个相对较好的客观标准。影子价格就是用线性规划方法计算出来的反映资源最优使用效果的价格。如果生产要素在各产业中的影子价格大体相等，则资源达到最优配置，产业结构基本合理。还可用某种资源在各产业部门的影子价格，与该资源在全部产业中整体影子价格平均值的偏离程度来衡量产业结构是否合理。偏离越小，产业结构就越合理。

3. 产业结构高度化包括高服务化、高技术化、知识技术集约化、高加工度化和产业高端化等多个方面。产业高度化的直接动力是主导产业的发展。主导产业具有以下特点：①引入技术创新或制度创新，即引入新的生产函数；②增长率明显快于整个经济的平均增长率；③具有较强的扩散效应，对其他产业乃至所有产业的增长有较大的诱导作用。

4. 主导产业的扩散效应包括回顾效应、前向效应和旁侧效应，主导产业选择基准包括赫希曼基准、筱原两基准、过密环境基准和劳动内容基准等。

5. 人均收入提高带来的消费升级，可以通过恩格尔效应和鲍莫尔效应实现产业高端化。不过，社会各阶层人均收入的提高，对产业高端化的贡献并不是相同的，收入较高的阶层对产业高端化的贡献更大。

6. 真正能够发挥产业升级作用的创新形式是产品创新，工艺创新虽然也能通过提高效率促进现有产业的升级，但前提是该产业没有产能过剩和需求饱和，而这在产品老化的情况下并不容易做到。

7. 技术推动论更适用于解释重大的基础性技术创新和颠覆性技术创新，需求拉动论更适用于解释渐进性技术创新。比较技术推动论和需求拉动论的适用范围，对产业结构升级至关重要的产品创新，更有可能是技术推动的结果。因此，能否出现科学技术上的突破，是产业结构能否升级的关键。

关键术语

产业结构合理化	国际标准结构	需求结构基准	产业平衡基准
影子价格	产业结构高度化	产业结构升级	主导产业
回顾效应	前向效应	旁侧效应	赫希曼基准
筱原两基准	区位熵	产业高端化	创新
产品创新	工艺创新	技术推动论	需求拉动论

本章习题

1. 假如中国各个地方政府将赫希曼基准和筱原两基准结合起来选择主导产业，那么许多产业的关联效应、需求收入弹性和生产率增长速度并不会因为地区的不同而不同，各地方政府计算出来的主导产业很可能是相同的，这是否会导致地区间重复建设？如果因此而出现重复建设的话，应该如何改进主导产业的选择基准？

2. 中国是世界上钟表销量最大的国家之一，瑞士的钟表销量在世界范围内是微不足道的，但是世界公认的高端手表产地却是瑞士而不是中国，这是什么原因？

3. 产业结构合理化要求资源从影子价格低的行业流动到影子价格高的行业，产业结构高度化则要求资源从低附加值、低技术、低加工度和低端产业流动到高附加值、高技术、高加工度和高端产业。这两种资源流动方向是否会产生矛盾？如果产生矛盾的话应该如何解决？

4. 熊彼特指出，创新不是在时间轴上均匀分布的，而是趋于"成簇"地集中于某些时间段；创新不是随机地均匀地分布于整个经济系统，而是趋向集中于某些部门及其相邻部门。创新的这个特性将会对产业结构升级的具体过程产生什么影响？

进一步阅读的文献

有关影子价格分析的原理和具体操作方法，可阅读魏权龄和胡显佑的《运筹学基础教程》(第三版,第 2 章,中国人民大学出版社,2012);《运筹学》教材编写组的《运筹学》(第四版,第 1~2 章,清华大学出版社,2012)。

有关产业关联度分析的操作方法,可阅读刘起运等的《投入产出分析》(中国人民大学出版社,2011)。

若想了解国内学者提出的主导产业选择基准,可阅读周振华的《产业结构优化论》(上海人民出版社,2014);周振华的《现代经济增长中的结构效应》(上海人民出版社,2014)。

有关技术创新动力的争论,可阅读 Schmookler 的 *Patents, Invention and Economic Change: Data and Selected Essays*(Harvard University Press,1972);Dosi 的 "Technological paradigms and technological trajectories: a suggested interpretation of the determinants and directions of technical change"(*Research Policy*,1982,11(3):147-162);乔治·巴萨拉著,周光发译的《技术发展简史》(复旦大学出版社,2000)。

本章参考文献

巴萨拉 G. 2000. 技术发展简史. 周光发, 译. 上海: 复旦大学出版社.
布兰查德 O. 2003. 宏观经济学. 2 版. 钟笑寒, 王志鹏, 戴洁, 等译. 北京: 清华大学出版社.
高尔泰. 2003. 敦煌四题. 读书,(1): 53-62.
纪玉山. 1994. "准市场经济"辨析. 吉林大学社会科学学报,(1): 20-24.
罗斯托 W W. 1962. 经济成长的阶段. 国际关系研究所编译室, 译. 北京: 商务印书馆.
王耀德. 2008. "需求拉动论"类观点的考察: 对技术自主论的一种辩护. 自然辩证法研究,(11): 33-36.
熊彼特 J. 1990. 经济发展理论. 何畏, 易家详, 等译. 北京: 商务印书馆.
杨天宇. 2018. 如何实现橄榄型分配格局?——基于客观阶层标准的实证分析. 中国人民大学学报, 32(6): 53-65.
杨天宇, 陈明玉. 2018. 消费升级对产业迈向中高端的带动作用: 理论逻辑和经验证据. 经济学家,(11): 48-54.
杨治. 1985. 产业经济学导论. 北京: 中国人民大学出版社.
赵红州. 1979. 关于科学家社会年龄问题的研究. 自然辩证法通讯,(4): 29-44.
周振华. 2014. 产业结构优化论. 上海: 上海人民出版社.
Dosi G. 1982. Technological paradigms and technological trajectory. Research Policy, 11(3): 47-162.
Schmookler J. 1972. Patents, Invention and Economic Change: Data and Selected Essays. Cambridge: Harvard University Press.

第六章

产业关联

第四章和第五章论述的产业结构理论与产业结构优化，主要是从"质"的角度解释了产业间技术经济联系与联系方式发展变化的规律及其影响因素。本章论述的产业关联理论，将从"量"的角度，分析国民经济各产业部门间技术经济联系与联系方式，即产业间"投入"和"产出"的量化比例关系，主要介绍产业关联分析的方法、工具和基本内容。

■ 第一节 产业关联概述

一、产业关联的含义

产业关联是指产业间以各种投入品和产出品为连接纽带的技术经济联系。投入指的是产品生产过程中所需要的原材料、辅助材料、燃料、动力、服务、固定资产折旧以及劳动报酬等；产出是指各个部门产品生产的总量。例如，农业部门在生产过程中要消耗种子、化肥、农药、地膜、水、电力、技术咨询服务等，这就是农业部门的投入；通过这些投入，农业部门生产出各种产品，如粮食、蔬菜、饲料等，这就是农业部门的产出，农业部门的产出又作为原材料等投入到其他部门的生产过程中。投入和产出有实物形态与价值形态两种表示方式。投入和产出的关系，体现了各产业之间的技术联系（实物形态）或者技术经济联系（价值形态）。

对产业关联的研究，最早可以追溯到法国经济学家魁奈用来表明产业间贸易关系的《经济表》。在此基础上，马克思提出了两大部类原理和生产、流通、分配等循环流转理论，扩展了国民经济各部门相互连接的含义。在1874年，瓦尔拉斯首次使用联立方程组来描述经济的一般均衡状态，由此正式确立了产业关联的理论基础。20世纪30年代，里昂惕夫建立了投入产出模型，并系统阐述其理论，形成了一种旨在探索国民经济各部门相互关系和运行规律的数量经济分析方法，产业关联分析框架得以正式确立。

产业关联分析是指借助投入产出方法对产业之间在生产、分配、交换上发生的联系进行分析研究，从而认识一国国民经济各产业部门的比例关系及其特征，进而为经济预测、经济规划和产业政策服务。产业关联分析主要是用定量的分析方法来研究上下游产业之间供给推动和需求拉动的相互影响，解释产业结构的演变规律，为制定产业政策、确立产业发展方向提供依据。

二、产业关联的方式

产业关联方式是指产业部门间发生联系的依托或基础，以及产业间相互依托的不同类型。产业关联的方式主要有以下几种。

（1）前向关联和后向关联。赫希曼在《经济发展战略》一书中认为前向关联效应是"任何在性质上并非唯一满足最终需求的活动，将导致利用其产品作为某种新生产活动的投入的意愿"。也就是说，**前向关联**是通过供给关系与其他产业部门发生的关联。例如，制造汽车需要消耗钢铁，站在钢铁产业的角度，它与汽车产业的联系就是前向关联，汽车产业是钢铁产业的前向部门。

赫希曼认为后向关联效应是指"每一非初级经济活动将导致其原材料工业的产生和发展"，即**后向关联**是通过需求关系与其他产业部门发生的关联。仍以钢铁和汽车为例，站在汽车产业的角度，它与钢铁产业的联系就是后向关联，钢铁产业是汽车产业的后向部门。

（2）单向关联和多向关联。**单向关联**是指在一系列产业部门间，先行产业部门为后续产业部门提供产品，以供其生产时直接消耗，但后续产业部门的产品不再返回先行产业部门的生产过程。例如，棉花→棉纱→布匹→服装，这种产业间的联系就是单向关联。

多向关联是指在一系列产业部门间，先行部门为后续产业部门提供产品，作为后续产业部门的生产性直接消耗，同时后续产业部门的产品也返回相关的先行产业部门的生产过程。如煤炭→钢铁→机械→煤炭，这是产业间的多向关联；又如煤炭↔电力，即煤炭产业为电力产业提供燃料，同时电力产业也为煤炭产业提供电力作为动力源，这是产业间的双向关联。

（3）直接联系和间接联系。在经济系统的运行中，产业间存在着大量的直接联系和间接联系。**直接联系**是指两个产业部门之间存在着直接提供产品或服务的联系。**间接联系**是指两个产业部门本身不发生直接联系，而是以其他部门的产品为中介发生联系。例如，汽车工业与采矿业之间没有直接联系，但是汽车需要钢铁做原材料，而钢铁需要采矿业提供铁矿石做原材料，从而汽车工业与采矿业之间发生联系，这就是间接联系。

第二节 产业关联分析的基本方法：投入产出法

一、投入产出法的含义

产业关联的基本分析工具是**投入产出法**，即通过投入产出表、投入产出模型来对产业间"投入"和"产出"的数量比例关系进行分析。在产业关联分析中，投入产出法主要是通过编制棋盘式的投入产出表和建立相应的线性代数方程体系，构成一个模拟现实国民经济各部门产品的相互流入、流出的社会再生产过程数学模型，以分析各产业间的各种重要比例关系。

伴随着各国宏观经济管理的加强，投入产出法作为一种全面和实用性强的经济模型受到普遍重视。1968 年，联合国统计委员会正式规定投入产出表为国民经济核算体系的一个重要组成部分。至今，世界上已经有 100 多个国家编制了投入产出表。近年来投入产出分析在分析对象和分析手段上有了长足的进展，动态投入产出表、地区投入产出表、企业投入产出表，以及为解决各种特殊问题而编制的投入产出表（如能源、教育、环境污染、人口等）已相继问世。

早在 20 世纪 60 年代，陈锡康等就在中国开始了投入产出表的研究。改革开放前，中国的投入产出分析主要着重于理论研究；改革开放后，山西省在 1980 年开始试点编制的《1979 年山西省投入产出表》成为由政府部门编制的第一张投入产出表。此后，投入产出方法在中国的应用得到了较大的发展。迄今为止，中国已经有了 1987 年、1992 年、1997 年、2002 年、2007 年、2012 年和 2017 年七份在大规模投入产出调查基础上编制的投入产出表。此外，每隔五年，国家统计局还将通过对基准年份数据的调整，发布延长的投入产出表。这些投入产出表形成的时间序列，连续地记录了改革开放以来中国经济快速增长中部门间投入产出结构的变化，为全面考察这一期间中国产业结构的变化提供了非常好的数据基础。

二、投入产出表的框架结构

投入产出表有多种类型，其中，静态产品投入产出表是投入产出分析的基本形式，而其他类型的投入产出表，则可以看成是静态模型的扩展。因此，要了解投入产出原理，必须首先了解静态产品投入产出表。表 6-1 是经过简化的静态价值型全国投入产出表。

表 6-1　简化的静态价值型全国投入产出表

投入来源		中间产品				最终产品 y_i	总产品 X_i
		部门 1	部门 2	⋯	部门 n		
物质消耗	部门 1	x_{11}	x_{12}	⋯	x_{1n}	y_1	X_1
	部门 2	x_{21}	x_{22}	⋯	x_{2n}	y_2	X_2
	⋮	⋮	⋮	⋮	⋮	⋮	⋮
	部门 n	x_{n1}	x_{n2}	⋯	x_{nn}	y_n	X_n
增加值	折旧 d_i	d_1	d_2	⋯	d_i		
	劳动报酬 v_i	v_1	v_2	⋯	v_n		
	纯收入 m_i	m_1	m_2	⋯	m_n		
总产值		X_1	X_2	⋯	X_n		

表 6-1 可以分为四个部分。

（1）第Ⅰ象限为中间产品部分，即表 6-1 的左上角部分。这一部分是投入产出表的核心部分，反映一个国家在一定时期内发生的各产业之间相互提供中间产品的交易关系。表 6-1 中的横栏和纵栏排列着相互对应的产业名称。从横向看，表 6-1 中 x_{ij} 代表第 i 部门在一年内被第 j 部门作为中间产品使用的价值量；从纵向看，x_{ij} 表示第 j 部门一年内消耗 i 产品的价值量。例如，表 6-1 中第 3 行表示 1 号部门产品作为中间产品被其他部门使用的价值量，第 3 列表示 1 号部门消耗其他部门产品的价值量。

（2）第Ⅱ象限为最终产品部分，即表 6-1 的右上角部分。这一部分的主栏为产业部门，宾栏为最终产品（或最终需求），其中最终产品还可以细分为投资、消费、净出口等项目。该象限从横向看，反映各产业的产品成为最终产品的情况；从纵向看，反映各最终需求项目的产业部门构成情况。

（3）第Ⅲ象限为增加值部分，即表 6-1 的左下角部分。其主栏是增加值的价值构成，包括折旧、劳动报酬和纯收入等，宾栏是各产业部门。该象限从横向看，反映增加值的内容是由哪些产业提供的；从纵向看，反映各产业部门所提供的增加值是由哪些内容构成的。

（4）第Ⅳ象限为再分配部分，即表 6-1 的右下角部分。从理论上讲，该部分应反映初次分配后，进行再分配形成最终收入，并与最终需求项目发生联系的情况，其主栏应为增加值的价值构成，宾栏应为各个最终产品项目。但在实践中，由于收集同时反映主栏要求又反映宾栏要求的资料极其困难，故在编表时往往省略掉。

如果把上述四部分综合起来考察，可以发现，第Ⅰ象限、第Ⅱ象限综合说明了各产业部门的产品作为中间需求和最终需求的完整情况，或者各产业部门产品的销售结构（去向）；第Ⅱ象限、第Ⅲ象限综合说明了各产品部门的成本结构以及增加值结构。由于上述价值型投入产出表统一以货币为计量单位，横行和纵列各项都可以相加。价值型投入产出表是建立投入产出模型的基础，也是计算各种系数，并据此进行经济分析的基础。

有了投入产出表，"我们在经济学中有了理论和事实之间的桥梁，一座名副其实的桥梁"（里昂惕夫，1982）。投入产出表可以清楚地把国民经济各产业间的复杂联系生动地展现在我们面前。一个产业，不仅通过生产过程中使用的各种投入物而与一部分其他产业建立起直接联系，而且还通过各种投入物的生产而与更多的其他产业建立起间接联系。如汽车制造业，在其产品生产过程中，通过使用钢铁、玻璃、橡胶、油漆等投入物而与这些产业建立起直接的依存关系，同时，它又通过钢铁的生产、玻璃的生产、油漆的生产、橡胶的生产而与更多的其他产业建立起广泛的联系。在整个社会再生产过程中，任何一个产业都是通过生产上的技术联系，与众多的其他产业建立起投入产出关联，由此形成一个无限延伸、交叉重叠的产业关联链条。一个具体详细的投入产出表，能够将各产业间复杂的投入产出关系直观地呈现出来。

三、投入产出模型

根据投入产出表提供的数据，可以进一步对产业各部门间的物质技术联系进行整理和归纳，从而得到关于这种联系的更概括、更准确的说明，这就是建立投入产出模型。投产出模型是由系数、变量的函数关系组成的数学方程组所构成,其模型的建立一般分为两个步骤:首先,依据投入产出表计算直接消耗系数和完全消耗系数;然后,再依据投入产出表中的平衡关系,建立起投入产出的数学函数表达式,即投入产出模型。

(一)直接消耗系数和完全消耗系数

直接消耗系数,也称投入系数,即通常所说的单位产品的消耗量,一般用 a_{ij} 表示,其定义是每生产单位 j 产品需要消耗 i 产品的数量。这个指标反映了各产业间的直接联系程度,其计算公式是

$$a_{ij} = \frac{x_{ij}}{X_j}, \quad i,j = 1, 2, \cdots, n \tag{6-1}$$

其中,a_{ij} 为 j 部门每单位总产出 X_j 所消耗的 i 部门产品的数量,即直接消耗系数;x_{ij} 为第 j 部门消耗 i 产品的价值量;X_j 为第 j 部门产品的总价值量。直接消耗系数描述了一种产品生产过程中对其他产品的直接消耗,反映了产业间的直接联系。但是对于某种产品的生产来说,它不仅在直接生产过程中消耗其他各类产品,而且在间接生产过程中也要消耗这些产品。例如,生产汽车需要直接消耗钢材,但与此同时,建设一条汽车生产线也需要消耗钢材,因此,生产汽车不但直接消耗钢材,而且还通过汽车生产线的使用而间接消耗钢材。也就是说,任何产品在生产过程中,除了各种直接消耗关系外(直接联系),还有各种间接消耗关系(间接联系)。在国民经济各部门的生产中,几乎都存在这种间接消耗的关系,而充分理解各种间接消耗关系是充分理解复杂宏观经济问题的有力工具。例如,某些表面上看起来毫无联系的部门或产品,实际上都有着比较重要的间接联系。如果能将各部门间、产品间的间接消耗和完全消耗关系计算出来,则对了解和分析国民经济各部门间、产品间的内在联系是有很大帮助的。利用投入产出表,借助于直接消耗系数,我们可以计算出生产一种产品对另一种产品的完全消耗系数,以真实地描述生产一种产品所消耗的其他产品的全部数量。

完全消耗系数是指生产一定数量的某种产品(如汽车),对另一个其他产品(如钢材)的直接消耗数量和间接消耗数量的总和。完全消耗系数(一般用 b_{ij} 表示)是直接消耗系数和间接消耗系数之和,它能够全面、深刻地反映各产业之间的内在联系。完全消耗系数的计算公式是

$$b_{ij} = a_{ij} + \sum_{k=1}^{n} b_{ik} a_{kj} \tag{6-2}$$

其中,b_{ij} 为完全消耗系数;$b_{ik} a_{kj}$ 为一种产品通过中间产品 k($k = 1, 2, 3, \cdots, n$)对于另一种产品的间接消耗量,也称为间接消耗系数。如果用 b_{ij} 表示完全消耗系数,经过推导可得,由它们组成的矩阵 B 和直接消耗系数矩阵 A 之间存在如下关系:

$$B = (I - A)^{-1} - I \tag{6-3}$$

其中,B 为完全消耗系数矩阵;A 为直接消耗系数矩阵;I 为单位矩阵;$(I-A)^{-1}$ 为里昂惕夫逆矩阵,又称为**逆矩阵系数**,它的经济含义是:当某一产业部门的生产发生了一个单位变化时,导致其他各产业部门直接和间接的产出水平变化总和。

（二）按行建立的投入产出模型及其经济含义

由于投入产出表中各产业的投入和产出都是平衡的，所以既可按行又可按列建立投入产出模型。基本的投入产出模型是按各产业所在的行建立关系后再构成的线性方程组。从横行看，投入产出表反映的是各类产品的分配使用情况，其中一部分作为中间产品供其他产品生产中使用（消耗），另一部分则作为最终产品供投资和消费使用，两部分相加就是一定时期内各类产品的生产总量。据此可以建立最终产品与总产品之间的平衡关系，各产业总产品＝各产业中间产品＋各产业最终产品，也可以理解为各产业总需求＝各产业中间需求＋各产业最终需求。这种平衡关系的数学表达式为

$$\begin{cases} x_{11} + x_{12} + \cdots + x_{1n} + y_1 = X_1 \\ x_{21} + x_{22} + \cdots + x_{2n} + y_2 = X_2 \\ \quad\quad\quad\cdots\cdots \\ x_{n1} + x_{n2} + \cdots + x_{nn} + y_n = X_n \end{cases} \quad (6\text{-}4)$$

简记为：$\sum_{j=1}^{n} x_{ij} + y_i = X_i$，$i = 1, 2, \cdots, n$。

然后把式（6-1）变换为 $x_{ij} = a_{ij}X_j$ 代入式（6-4），可以得到以下模型：

$$\begin{cases} a_{11}X_1 + a_{12}X_2 + \cdots + a_{1n}X_n + y_1 = X_1 \\ a_{21}X_1 + a_{22}X_2 + \cdots + a_{2n}X_n + y_2 = X_2 \\ \quad\quad\quad\cdots\cdots \\ a_{n1}X_1 + a_{n2}X_2 + \cdots + a_{nn}X_n + y_n = X_n \end{cases} \quad (6\text{-}5)$$

简记为：$\sum_{j=1}^{n} a_{ij}X_j + y_i = X_i$，$i = 1, 2, \cdots, n$。

式（6-5）就是按行建立的投入产出基本模型，用矩阵形式可以表示为

$$AX + Y = X \quad (6\text{-}6)$$

其中，A 为 n 阶直接消耗系数矩阵（a_{ij}）；X、Y 分别为 n 个部门总产品列向量和最终产品行向量。

将上述基本投入产出模型进行变换，可以得到两种变换形式。第一种变换形式是用总产品表示最终产品的投入产出模型。把基本投入产出模型的各方程经过移项可以得到以下矩阵形式：

$$Y = (I - A)X \quad (6\text{-}7)$$

其中，I 为单位矩阵；而 $(I - A)$ 为一个特殊形式的矩阵，其具体形式为

$$(I - A) = \begin{pmatrix} 1 - a_{11} & -a_{12} & \cdots & -a_{1n} \\ a_{21} & 1 - a_{22} & \cdots & a_{2n} \\ \vdots & \vdots & & \vdots \\ -a_{n1} & -a_{n2} & \cdots & a_{nn} \end{pmatrix} \quad (6\text{-}8)$$

矩阵 $(I-A)$ 有明确的经济含义。矩阵中的纵列说明了每种产品投入与产出的关系。若用"负"号表示投入，用"正"号表示产出，则矩阵中每一列的含义说明，为生产一个单位各种产品，需要消耗（投入）其他产品（包括自身）的数量。而主对角线上各元素，则表示各种产品扣除自身消耗后的净产出。同时，也可看到，此矩阵的"行"没有经济含义，因为每一行的元素不能运算。

总之，式（6-7）建立了总产品与最终产品之间的联系。也就是说，已知各种产品的总产量，则通过式（6-7）就可以计算出一定生产技术结构下，各种产品作为最终产品被消耗的数量。

第二种变换形式是用最终产品表示总产品的投入产出模型。把总产品表示为最终产品的线性组合，是投入产出模型的另一种重要变换形式。这一变换形式可以直接从上述矩阵，即 $Y=(I-A)X$ 中导出。这实际上是把各部门的最终产品作为已知数，求解各部门的总产出。具体地说，将 $Y=(I-A)X$ 两边左乘 $(I-A)^{-1}$ 可以得到：

$$X = (I-A)^{-1}Y \tag{6-9}$$

由此，若已知某部门的最终产品 Y，则根据式（6-9）就能计算出该部门的总产品 X。这里 $(I-A)^{-1}$ 就是式（6-3）中提到的逆矩阵系数。式（6-9）的经济含义是很明确的，即已知各种产品作为最终产品被消耗的数量，则通过式（6-9）就可以计算出一定生产技术结构下，各种产品的总产量。这里各部门的总产品被表示为各部门最终产品的线性组合，该组合在量上的关系是由逆矩阵系数 $(I-A)^{-1}$ 中的元素确定的。

（三）按列建立的投入产出模型及其经济含义

按列建立的投入产出模型，反映的是各部门价值的形成过程，即根据生产与消耗之间的平衡情况，建立起增加值与总产值之间的平衡关系。从投入产出表的纵列来看，可以看出物质消耗 + 增加值 = 总产值，其数学表达式为

$$\sum_{j=1}^{n} x_{ij} + N_j = X_j, \quad j=1,2,\cdots,n \tag{6-10}$$

其中，N_j 为第 j 部门的增加值，即新创造价值，$N_j = d_i + v_i + m_i$。

将式（6-1）变换为 $x_{ij} = a_{ij}X_j$ 代入式（6-10），可以得到：

$$\sum_{j=1}^{n} a_{ij}X_j + N_j = X_j, \quad j=1,2,\cdots,n \tag{6-11}$$

其中，$\sum_{j=1}^{n} a_{ij}$ 为生产单位 j 部门产品的物质消耗，也称为物质消耗系数。如果用 a_{cj} 表示 $\sum_{j=1}^{n} a_{ij}$，则式（6-11）又可以写成 $a_{cj}X_j + N_j = X_j$，或者 $(1-a_{cj})X_j = N_j$，显然 $1-a_{cj}$ 的含义为 j 部门增加值占其总产值的比重。用矩阵可以表示为

$$(I - A_c)X = N \tag{6-12}$$

其中，N 为各部门增加值列向量；A_c 为物质消耗系数矩阵，是一个对角矩阵，即

$$A_c = \begin{pmatrix} \sum_{i=1}^{n} a_{i1} & 0 & \cdots & 0 \\ 0 & \sum_{i=1}^{n} a_{i2} & \cdots & 0 \\ \vdots & \vdots & & \vdots \\ 0 & 0 & \cdots & \sum_{i=1}^{n} a_{in} \end{pmatrix} = \begin{pmatrix} a_{c1} & 0 & \cdots & 0 \\ 0 & a_{c2} & \cdots & 0 \\ \vdots & \vdots & & \vdots \\ 0 & 0 & \cdots & a_{cn} \end{pmatrix} \quad (6\text{-}13)$$

式（6-12）建立了总产值与增加值之间的联系，同样，还可以建立增加值与总产值之间的联系，即

$$X = (I - A_c)^{-1} N \quad (6\text{-}14)$$

由于 $(I-A_c)$ 是对角矩阵，所以其逆矩阵 $(I-A_c)^{-1}$ 也是一个对角矩阵，而且其对角线上的元素为矩阵 $(I-A_c)$ 对角线上元素的倒数。我们称 $(I-A_c)$ 为增加值系数矩阵，即由各部门增加值占总产值的比重所组成的矩阵。

第三节 产业关联程度分析

对于各个产业之间的关联或依存关系，仅仅从形式上把握是不够的，还应从关联程度上把握。这是因为，任何产业都或多或少地同其他产业存在某些关联，但关联的程度却有所不同。有的产业与国民经济中大多数产业都有密切的关联，而有的产业仅仅同某些数量有限的产业存在微弱的关联。这种差别在很大程度上决定了一个产业在国民经济中的地位，从而也决定了何种产业更容易受到产业政策和经济周期等因素的影响，以及经济周期的不同阶段和产业政策的不同类型将对不同产业产生何种影响。在本节中，我们将介绍产业关联程度的概念、计算方法及其经济含义。

一、中间需求率和中间投入率

产业关联程度是指一个经济体系中各产业之间的相互依存程度。中间需求率和中间投入率是反映产业关联程度的重要指标。要想了解中间需求率和中间投入率，首先应了解中间需求和中间投入的概念。

中间需求指的是由直接消耗系数所决定的，某产业的产出作为中间产品，被其他产业（包括该产业本身）所需求的需求量之和。**中间投入**指由直接消耗系数所决定的，某产业在经济活动中从其他产业（包括该产业本身）得到的中间产品之和。可见，中间需求相当于投入产出表第Ⅰ象限中某个产业横行各项数值之和，而中间投入则相当于投入产出表第Ⅰ象限中某个产业纵列各项数值之和。

由此我们可以分别引出中间需求率和中间投入率的概念。**中间需求率**是指各产业的中间需求与该产业的总需求之比。用公式表示，第 i 产业部门的中间需求率 G_i 的计算公式为

$$G_i = \frac{\sum_{j=1}^{n} x_{ij}}{\sum_{j=1}^{n} x_{ij} + Y_i}, \quad i=1,2,\cdots,n \tag{6-15}$$

其中，$\sum_{j=1}^{n} x_{ij}$ 为各产业部门对第 i 部门产品的中间需求之和；$\sum_{j=1}^{n} x_{ij} + Y_i$ 为第 i 部门产品的总产出；Y_i 为第 i 部门产品的中间需求部分。这个指标反映了第 i 部门的产品中有多少作为中间产品（即原材料）为各产业所需求。中间需求率越高，越表明该产业具有原材料产业的性质。由于一个产业的产品不是作为中间产品被需求，就是作为最终产品被需求，具有"中间需求率＋最终需求率＝1"的关系，因此，若一个产业的中间需求率低，其最终需求率必然较高，则这个产业的产品更多的是用于居民消费和居民投资（如购买房地产），而不是被当作原材料来使用。

中间投入率是指各产业的中间投入与总投入之比。它反映了该产业的生产要素来源的分布，即各产业在自己的生产活动中，为生产单位产值的产品，需要从其他产业购进的原料在其总投入中所占比重。用公式表示，第 i 产业部门的中间投入率 F_j 的计算公式为

$$F_j = \frac{\sum_{i=1}^{n} x_{ij}}{\sum_{i=1}^{n} x_{ij} + D_j + N_j}, \quad j=1,2,\cdots,n \tag{6-16}$$

其中，D_j 为第 j 部门的全部折旧费用；N_j 为第 j 部门创造的全部新价值。这个指标反映某产业在生产过程中，为生产单位产值的产品需从其他产业购进的中间产品（原材料）在总产值中所占比重。由于附加价值（增加值）＝总投入－中间投入，附加价值率＝附加价值/总产值＝1－中间投入率，因此中间投入率越高的产业，附加价值率越低。

运用中间需求率和中间投入率指标，可以揭示不同产业群在国民经济中的不同地位。美国经济学家钱纳里和日本经济学家渡边曾经根据美国、意大利、日本、挪威等国的投入产出表，计算整理，将不同的中间需求率和中间投入率的各产业做了如下划分（表 6-2）。

表 6-2 按中间需求率和中间投入率大小划分的不同产业群

指标	中间需求率小	中间需求率大
中间投入率大	Ⅲ最终需求型制造业 日用杂货、造船、皮革及皮革制品、食品加工、粮食加工、运输设备、机械、木材加工、非金属矿物制品、其他制造业	Ⅱ中间投入型制造业 钢铁、造纸、石油产品、有色金属冶炼、化学、煤炭加工、橡胶制品、纺织、印刷及出版
中间投入率小	Ⅳ最终需求型基础产业 A. 渔业 B. 运输业、商业、服务业	Ⅰ中间投入型基础产业 农业、林业、煤炭、金属采矿、石油及天然气、非金属采矿、电力

资料来源：杨治（1985）

根据表 6-2 提供的产业群划分，我们可以将各产业群在国民经济中的地位做如下描述。

第Ⅰ类产业可称为中间投入型基础产业，如农业、林业、煤炭等。这类产业的中间投入率小，中间需求率大，说明许多产业需要第Ⅰ类产业的产品做原材料，而第Ⅰ类产业并不需要其他产业的产品做原材料。因此，这类产业被称为基础产业。在经济发展中，第Ⅰ类产业必须先行发展，否则容易出现原材料匮乏，形成经济发展的"瓶颈"，"瓶颈产业"就是指这种情况。

第Ⅱ类产业可称为中间投入型制造业，这类产业的中间投入率和中间需求率都很大，如钢铁、化学、造纸、纺织等，这类产业处于社会再生产的"纽节"或"关键环节"，国家要控制经济发展速度，需要从这些产业入手。例如，在我国 2003～2007 年的经济高速经济增长时期，政府就曾以抑制经济过热为目的，对钢铁产业的增长速度进行了调控。

第Ⅲ类产业可称为最终需求型制造业，如日用杂货、造船、皮革及皮革制品等。这类产业的中间需求率小，中间投入率大，说明第Ⅲ类产业需要许多其他产业的产品做原材料，而其他产业并不需要第Ⅲ类产业的产品做原材料。因此，这类产业被称为最终产品产业。在经济发展中这类产业是重要的经济增长点，可以刺激消费、拉动经济增长。

第Ⅳ类产业可称为最终需求型基础产业，这类产业的中间需求率和中间投入率都很小。这里有两种情况：一是有可能这类产业虽然缺乏与其他产业的直接关联，但却是其他产业发展的必要条件，如运输业、服务业等；二是有可能这类产业在社会再生产中的地位不重要，甚至可有可无，如钢琴等。

从以上描述可以看出，第Ⅱ类产业在社会再生产中的地位最为重要。不过，中间需求率和中间投入率分析只能从直观上显示各产业在国民经济中的地位，它不能告诉我们某种产业在国民经济中的地位，与全体产业在国民经济中地位的平均值相比，是否更加重要。这是中间需求率和中间投入率分析的不足之处。要解决这个问题，需要进一步进行产业波及效果分析。

二、前向关联效应和后向关联效应

产业关联程度及其分析的提出，与主张发展中国家实行非均衡增长的战略有直接的联系。第四章介绍了赫希曼的关联效应理论。赫希曼认为，通过对产业前向关联效应和后向关联效应的计算，找出这两种关联效应系数大于其平均值的产业部门，并把它们作为经济发展战略中的主导产业加以扶持以使其优先发展，可以通过产业的关联效应带动整个国民经济的增长。在本章我们具体介绍前向关联效应和后向关联效应的计算方法。

首先可以从直观上解释产业关联效应。关联效应在产业间衔接的链条是双向的。如果把生产最终产品的部门规定为前向，把生产中间产品的部门规定为后向，又假定有三个产业部门 A、B 和 C，那么它们之间的连锁关系如图 6-1 所示（刘志彪，2015）。

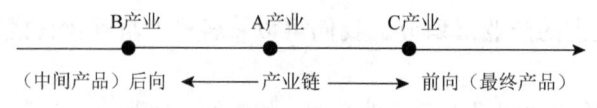

```
         B产业        A产业       C产业
    ─────●───────────●───────────●──────▶
    （中间产品）后向  ◀─产业链─▶  前向（最终产品）
```

图 6-1 产业的前向关联和后向关联

图 6-1 表明，B 产业向 A 产业提供中间产品，A 产业向 C 产业提供中间产品。这样，当 A 产业扩张（或收缩）时，如果诱发了向其提供中间产品的 B 产业的扩张（收缩），则叫作 A 产业的后向关联效应，如果又诱发了把 A 产业的产品作为中间产品投入的 C 产业的扩张（收缩），就称为 A 产业的前向关联效应。

可见，我们可以根据产业关联作用的方向，把产业关联分为前向关联和后向关联。由于各产业在国民经济中所处的地位不同，其前向关联和后向关联的程度也不相同。可以分别用以下两个公式测定各产业的前向关联效应。

前向关联效应的计算公式为

$$L_{fi} = \frac{\sum_{j=1}^{n} x_{ij}}{Z_i}, \quad j = 1, 2, \cdots, n \tag{6-17}$$

其中，L_{fi} 为第 i 产业的**前向关联系数**；x_{ij} 为第 j 部门消耗 i 产品的价值量，即第 i 部门为第 j 部门提供的中间投入；Z_i 为第 i 部门产品作为中间产品和最终产品被使用的价值之和。产业的前向关联效应表明一个产业生产单位产品对其下游产业的推动作用。

对后向关联效应的衡量方法与前向关联效应相类似，公式为

$$L_{bj} = \frac{\sum_{i=1}^{n} x_{ij}}{X_j}, \quad i = 1, 2, \cdots, n \tag{6-18}$$

其中，L_{bj} 为第 j 产业的**后向关联系数**；x_{ij} 为第 j 部门消耗 i 产品的价值量，即第 i 部门为第 j 部门提供的中间投入；X_j 为第 j 部门产品的总价值量。产业的后向关联效应表明一个产业生产单位产品所消耗的上游产业的产品数量。

第四节 产业波及效果分析

在国民经济体系中，当某一产业部门发生变化时，将会引起与其直接相关的产业部门的变化，而这些相关产业部门的变化又会引起与其直接相关的其他产业部门的变化，依次传递，影响力逐渐减弱，这一过程就是**产业波及**。产业波及效果分析，就是分析国民经济中某一产业部门的变化对其他产业部门将产生怎样的影响。

一、产业波及效果的基本分析工具

投入产出表是分析产业波及效果的有效工具。当投入产出表中的某一系数发生变化

时，对表中其他系数可能产生的影响，就是产业波及效果。这种波及效果发生的依据是各产业之间的相互关联。当某个产业发生变化时，必然会因为各产业的相互作用关系传导到其他产业乃至整个国民经济体系，没有一种变化是孤立发生的。运用投入产出表，可以分析以下两种情况的产业波及效果。

第一种情况是最终需求的变化。某一产业最终需求发生变化，必将导致包括本产业在内各个产业部门各自产出水平的变化。这类波及效果反映在投入产出表中，就表现为表中第Ⅱ象限横行数据的变化，并通过第Ⅰ象限产业间的中间产品联系，波及各个产业部门。第二种情况是增加值的变化。当某一产业增加值的构成项目，如折旧、工资和利润发生变化时，会对国民经济各产业部门的产出水平发生或大或小的影响。这类波及效果，在投入产出表中，表现为表中第Ⅲ象限中某些数据的变化，通过表中第Ⅰ象限产业间的中间产品联系，分析对国民经济各产业部门的影响。

对产业波及效果进行分析，需要使用三个基本工具。除了使用投入产出表这一基本工具之外，还要借助以下两种基本工具。

（1）直接消耗系数表。在产业波及的传导过程中，直接消耗系数起到了重要作用。以最终需求的产业波及效果为例，当某一产业最终需求发生变化时，首先引起该产业总产出的变化，而该产业总产出的变化又会引起该产业中间投入的变化，从而引发各个中间产品产业的连锁反应。而任何一个产业中间投入变化的数量正是由直接消耗系数决定的，因此可以通过直接消耗系数对这种波及效果进行追踪分析。

由于各产业之间存在复杂的投入产出联系，可以用直接消耗系数表来综合地反映某一产业最终需求或增加值的变化对其他产业的影响。直接消耗系数表是反映各个产业之间生产技术联系的一览表。当所有产业部门 a_{ij} 求出后，可以得到如下直接消耗系数表：

$$A = \begin{pmatrix} a_{11} & a_{12} & \cdots & a_{1n} \\ a_{21} & a_{22} & \cdots & a_{2n} \\ \vdots & \vdots & & \vdots \\ a_{n1} & a_{n2} & \cdots & a_{nn} \end{pmatrix} \quad (6\text{-}19)$$

有了直接消耗系数表就有了进行产业波及效果分析的基本工具。例如，如果某一产业的最终需求增长 30%，则这个产业必须增加 30% 的生产量。为此它需要增加 30% 生产量的相应原材料投入量，这样向该产业提供原材料、中间产品的产业，就要按照直接消耗系数的比例增加生产，以满足该产业原材料和中间产品需求增长的需要。而这些产业的生产扩大又使得向它们提供中间产品的另一部分相关产业的生产相应扩大，以此以减弱态势波及下去，直至该产业最终需求或增加值引起的波及效果连锁反应趋于消失。可见，某产业最终需求或增加值变化对其他产业的波及效果，是通过直接消耗系数逐层跟踪推进，并随之确定各产业产出的相应变化量。

从理论上说，这种波及效果将无限扩展和持续下去，直至消失。那么，有没有办法将这种由强到弱的各级波及效果的总量计算出来呢？也就是说，不论波及是单向循环还是多向循环，在已知某产业最终需求或增加值一定的增长量后，能否用一种简单有效的方法，使受波及的各产业的最终产出量能够简明地显示或计算出来呢？答案是肯定的，逆矩阵系数表就可以做到这一点。

（2）逆矩阵系数表。逆矩阵系数表就是由式（6-3）介绍的逆矩阵系数矩阵$(I-A)^{-1}$。在此我们可以回忆一下式（6-9）里$X=(I-A)^{-1}Y$，该式揭示的是总产品X与最终产品Y之间的相互关系，因此可以利用$(I-A)^{-1}$测量某产业最终需求或增加值变化的波及效果。在这里逆矩阵系数的经济含义是：当某产业的生产发生一个单位的变化时，导致各产业部门由此引起的直接和间接地使产出水平发生变化的总和。

利用投入产出表、直接消耗系数表和逆矩阵系数表三个基本工具进行产业波及效果分析时，应注意以下两个问题。

第一，直接消耗系数的稳定性和有效性。直接消耗系数是依据过去某一时期产业关联的数据得到的，它反映的是过去某一时期产业间的联系，由此计算出的系数也只反映过去那个时期的情况。由于技术水平在短期内不易变动，直接消耗系数在短期内是稳定的，利用这个工具进行短期的产业波及效果分析是没有问题的。但在长期里技术水平会有变化，用这个工具分析长期的产业波及效果，需要对现有的直接消耗系数进行修正和预测，以保持其稳定性和有效性。

第二，波及效果的时滞现象。产业波及效果的时滞，是指某产业最终需求的变化导致其他产业的变动并不立即反映在产出量的变化上。或者说，任何产业产能的增加或减少都需要时间，因此，某产业最终需求的变化引起其他产业产出量的变化需要一个过程。这个过程的长短往往在不同产业和不同时间段有很大差异，产生这种差异的原因是库存的存在。如果需求的增加可以由库存来满足一部分，那么某产业最终需求变动导致的波及效果，就会由于库存的存在而被削弱。而由于不同产业、同一产业不同时间段的库存有差别，波及效果的时滞也就有差别。库存的这种缓冲作用只能表现在投入产出表中最终需求的库存部分，中间需求和中间投入矩阵无法反映这种变动。因此，在产业波及效果分析时，要考虑时滞现象和库存问题，以免得出错误的结论。

二、产业波及效果的现状分析

产业波及效果的现状分析，是指对现实的产业间波及效果进行分析，它基本上不涉及未来情况的预测分析。其实质是运用逆矩阵系数和投入产出表中的相关数据来计算其他的有关系数，从而认识产业波及效果的有关规律。

（一）产业的影响力系数和感应度系数

任何一个产业部门的生产通过产业间的关联方式，必然要影响或受影响于其他产业的生产。通常把一个产业影响其他产业的程度叫作该产业的影响力；把受到其他产业影响的程度叫作该产业的感应度。二者分别用影响力系数和感应度系数来度量。

为使读者可以从直观上理解影响力系数和感应度系数，我们首先从一个最简单的逆矩阵系数表说起。例如，表6-3就是一个包含农业、制造业和服务业的逆矩阵系数表，表中任何一个数字都表示产业和产业之间的逆矩阵系数。

表 6-3　逆矩阵系数表　　　　　　　　　　　　　　　　单位：亿元

产业类别	农业	制造业	服务业
农业	1.62	0.61	0.50
制造业	0.96	2.35	0.99
服务业	0.98	1.04	1.99

以表 6-3 中第 2 列为例，第 2 列各数值表示，若农业的最终需求增长 1 亿元，则其波及效果是：农业生产最终增加 1.62 亿元，制造业增加 0.96 亿元，服务业增加 0.98 亿元，其余各列以此类推。若以表中第 2 行为例，第 2 行各数值表示，若农业、制造业和服务业的最终需求分别增长 1 亿元，则各自生产本身将受影响而增加 1.62 亿元、0.61 亿元和 0.50 亿元，其余各行以此类推。这样，我们就可以得知任一行业最终需求增加时对任一其他行业的影响。

但是，这样做并不足以让我们得出某产业影响其他产业或受其他产业影响的程度，与全社会所有产业相比是更高还是更低。为此我们可以采取以下方式。从纵列来看，首先，求出第 2 列 3 个数值的平均值，这个平均值可以理解为农业影响其他产业的一般程度或平均水平；其次，分别求出第 3 列和第 4 列的平均值，把这 3 列的平均值相加后再求平均值，求出的这个平均值可以理解为，任一产业影响其他产业的一般程度或平均水平；最后，我们再把某列（如第 2 列）的平均值除以最后求出的这个平均值，得出的结果可以理解为农业影响其他产业的能力与全社会平均水平的对比，如果这个比值大于 1，则农业影响其他产业的能力就超过了全社会所有产业影响力的平均水平，若这个比值小于 1，则农业影响其他产业的能力就低于全社会的平均水平。这个比值，就是**影响力系数**。

从横行来看，首先，求出第 2 行 3 个数值的平均值，这个平均值可以理解为农业受其他产业影响的一般程度或平均水平；其次，分别求出第 3 行和第 4 行的平均值，再把这 3 行的平均值相加后再求平均值，求出的这个平均值可以理解为任一产业受其他产业影响的一般程度或平均水平；最后，我们再把某行（如第 2 行）的平均值除以最后求出的这个平均值，得出的结果可以理解为农业受其他产业影响的程度与全社会平均水平的对比，如果这个比值大于 1，则农业受其他产业影响的程度就超过了全社会所有产业的平均水平，若这个比值小于 1，则农业受其他产业影响的程度就低于全社会的平均水平。这个比值，就是**感应度系数**。

将上述过程与逆矩阵系数表 6-3 相比较，则表中横行的值即反映了该行所对应产业受其他产业影响的感应度；纵列的值反映了该列所对应的产业影响其他产业的影响力。横行系数的平均值可看作该产业受其他产业影响的一般程度；纵列系数的平均值则可看作该产业影响其他产业的一般程度。

感应度系数公式为

$$S_i = \frac{\frac{1}{n}\sum_{j=1}^{n} q_{ij}}{\frac{1}{n^2}\sum_{i=1}^{n}\sum_{j=1}^{n} q_{ij}}, \quad i,j = 1,2,\cdots,n \tag{6-20}$$

其中，S_i 为 i 产业部门受其他产业影响的感应度系数；q_{ij} 为 $(I-A)^{-1}$ 中的第 i 行第 j 列的系数。该公式的文字表述是：某产业的感应度 = 该产业横行逆矩阵系数平均值/全部产业横行逆矩阵系数平均值的平均值。某产业的感应度系数若大于 1 或小于 1，表明该产业的感应度系数在全部产业中居于平均水平以上或以下。

影响力系数公式为

$$T_i = \frac{\frac{1}{n}\sum_{i=1}^{n} q_{ij}}{\frac{1}{n^2}\sum_{i=1}^{n}\sum_{j=1}^{n} q_{ij}}, \quad i,j=1,2,\cdots,n \tag{6-21}$$

其中，T_i 为 i 产业部门影响其他产业的影响力系数；q_{ij} 为 $(I-A)^{-1}$ 中的第 i 行第 j 列的系数。该公式的文字表述是：某产业的影响力 = 该产业纵列逆矩阵系数平均值/全部产业纵列逆矩阵系数平均值的平均值。某产业的影响力系数若大于 1 或小于 1，表明该产业的影响力系数在全部产业中居于平均水平以上或以下。

从感应度系数和影响力系数的定义来看，感应度大的产业在经济增长过程中要受到比较大的需求压力，如果不能先行发展很容易成为"瓶颈"产业；影响力大的产业能够带动其他相关产业的发展，类似于主导产业。影响力和感应度都大的产业一般是处于战略地位，此类产业不但自身的繁荣和衰退会强烈影响国民经济，而且在经济增长过程中必须先行发展，否则容易成为"瓶颈"产业而阻碍经济增长。也就是说，这类产业对社会经济发展具有重大影响，可以将其视为"关系国民经济命脉的产业"。

（二）产业的生产诱发系数和最终依赖度

生产诱发系数就是由某一最终需求项目（如消费、投资、出口等）的变化所诱致的某一产业生产的变化。利用投入产出表计算出的各产业生产诱发系数，可以揭示一个国家各最终需求项目对各产业生产的影响程度。生产的**最终依赖度**用来衡量各产业部门的生产对最终需求项目的依赖程度，也就是说，最终需求对各产业的直接或间接的影响程度就是生产的最终依赖度。下面，我们分别介绍生产诱发系数和最终依赖度的计算方法。

（1）生产诱发系数的计算。前面已经指出，投入产出行模型 $X=(I-A)^{-1}Y$ 揭示了总产品 X 与最终产品 Y 之间的相互关系，因此可以利用 $(I-A)^{-1}$ 测量某产业的波及效果。在这里，可以将这个公式理解为最终产品对总产品的诱发程度，其中 Y 为某产业最终产品（最终需求），X 为总产品，我们可以把它叫作**生产诱发额**。不过，这样只能让我们直观地理解生产诱发额，还不能计算出具体的生产诱发额。若要计算具体的生产诱发额，可以采取以下步骤：根据公式 $X=(I-A)^{-1}Y$，可以用矩阵 $(I-A)^{-1}$ 中第 i 行的向量乘以最终需求中第 S 个项目（如消费）的列向量之和，即可得到由第 i 产业第 S 个最终需求项目所诱发的生产额，即生产诱发额，用公式表示为

$$X_i^S = \sum_{k=1}^{n} C_{ik} Y_k^S, \quad i=1,2,\cdots,n, \quad S=1,2,3 \tag{6-22}$$

其中，X_i^S 为 i 产业由第 S 项最终需求所诱发的生产额，即生产诱发额；C_{ik} 为 $(I-A)^{-1}$ 矩阵中的向量；Y_k^S 为 k 产业第 S 项的最终需求额；$S=1,2,3$ 分别为投资、消费、净出口三个最终需求项目。

i 产业的最终需求项目的生产诱发额除以相应的最终需求项目的合计数，便可以得到各产业最终需求项目的生产诱发系数。

$$W_i^S = \frac{\sum_{k=1}^{n} C_{ik} Y_k^S}{\sum_{k=1}^{n} Y_k^S} \quad (6\text{-}23)$$

其中，W_i^S 为 i 产业第 S 项最终需求的生产诱发系数；$\sum_{k=1}^{n} Y_k^S$ 为各产业第 S 项最终需求的合计数。

可以通过举例说明来加深对生产诱发系数的理解。例如，农业的消费需求从投入产出表中查出是 843，用逆矩阵系数表计算出的生产诱发额为 1968，然后又从投入产出表中查出各产业最终需求的消费项合计数是 22 585，那么农业消费需求的生产诱发系数就是 W_i^S = 1968/22 585 = 0.0871。这个系数的经济含义是：当各产业消费需求合计数增加 1 个单位时，农业消费需求将诱发 0.0871 个单位的生产额。用同样的办法可以计算农业的投资生产诱发系数、出口诱发系数和农业各最终需求项目合计的生产诱发系数。通过求出每一产业某项目的最终需求的生产诱发系数，就可以得到有关该最终需求项目的生产诱发系数表，该表揭示了最终需求项目对各产业部门的生产诱发作用的大小。

（2）最终依赖度的计算。最终依赖度是指某产业的生产对各个最终需求项目（消费、投资、出口等）的依赖程度。这里既包括该产业生产对某最终需求项目的直接依赖，也包括间接依赖。其计算方法是：该产业各个最终需求项目的生产诱发额除以该产业各个最终需求项目的生产诱发额之和，就得到该产业对各个最终需求项目的最终依赖度。用公式表示：

$$Z_i^S = \frac{X_i^S}{\sum_{s=1}^{3} X_i^S} \quad (6\text{-}24)$$

其中，Z_i^S 为 i 产业对 S 项最终需求的最终依赖度，X_i^S 为 i 产业由 S 项最终需求诱发的生产额。用文字表述，式（6-24）的计算方法是：某部门的生产对各最终需求项目的最终依赖度 = 该产业各最终需求项目的生产诱发额/该产业各最终需求项目的生产诱发额合计。通过计算每一个产业的生产对各最终需求项目的依赖度，可以得到最终依赖度系数表。对最终依赖度系数表进行分析、归类，我们可以发现，各个产业的生产最终依赖于投资、消费还是出口，可以在最终依赖度表中得到清楚的显示。据此，可以将各产业部门划分为消费依赖型产业、投资依赖型产业和出口依赖型产业。

需要指出的是，生产诱发系数和最终依赖度的含义是不同的。生产诱发系数的作用在于认识各最终需求项目对诱发各个产业生产的作用大小，其经济含义是当总的某个最终需求项目合计数（如各产业消费需求合计数）增加 1 个单位时，某一产业的该项最终需求能诱发多少单位的生产额。而最终依赖度的作用在于认识各产业的生产对市场需求的依赖程度，其经济含义是指各产业的生产受到了哪种最终需求多大的支持。由于使用了逆矩阵系数$(I-A)^{-1}$作为工具，因此产业的最终依赖度不仅考虑了直接的最终需求，而且考虑了间接的最终需求对产业生产的影响。

（三）综合就业系数和综合资本系数

利用逆矩阵系数$(I-A)^{-1}$不仅可以计算各最终需求项目变化诱发的最终产出额变化，还可以计算出随着各产业部门生产的增长而最终需要投入的就业人数和资本量。这样就需要计算综合就业系数和综合资本系数。

（1）综合就业系数的计算。某产业的**综合就业系数**，就是该产业为进行 1 个单位的生产，在本产业部门和其他产业部门直接与间接需要的就业人数。显然，综合就业系数代表了某个产业在整个国民经济中创造就业的能力。我们常说某些产业是劳动密集型产业，言外之意，这些产业每生产单位产值能够创造出更多的就业。但如果从综合就业系数的角度来看，我们直观上认为的劳动密集型产业，实际上创造就业的能力并不高于直观上认为的非劳动密集型产业。产生这种现象的原因是：从综合就业系数的角度看一个产业是否创造就业，不仅要看该产业本身直接创造就业的能力，还要看该产业在其关联产业中间接创造就业的能力。

具体来说，综合就业系数的计算要借助于逆矩阵系数，其计算公式为

$$\text{综合就业系数} = \text{就业系数} \times \text{逆矩阵中的相应系数}$$

用矩阵形式表示，则综合就业系数的行向量 L 可以表示为就业系数的行向量 A_L 与逆矩阵系数的乘积。

$$L = A_L \times (I-A)^{-1} \tag{6-25}$$

其中，就业系数为每单位产值所需就业人数，即某产业就业系数＝该产业就业人数/该产业总产值。可见，就业系数衡量的是某产业本身创造就业的能力。我们常说的劳动密集型产业，其实就是就业系数高的产业。但是，就业系数高的产业，其逆矩阵系数未必也高，从而其综合就业系数可能较低。例如，根据库兹涅茨定律，农业和服务业的就业系数应该高于制造业，但农业和服务业使用的中间产品相对较少，其中间投入率相对较低，对其他产业就业的波及效果也就相对较小；而制造业使用的中间产品较多，中间投入率较高，对其他产业就业的波及效果较大，因此除了直接创造本产业的就业以外，还能在其他产业间接创造出更多的就业。结果，某些看起来似乎不需要多少劳动力的资本密集型产业，其创造就业的能力反而高于传统上的劳动密集型产业。例如，美国汽车城底特律就是汽车产业的衰落导致了整个城市的高失业率，这说明支撑该城市就业的是看上去并非劳动密集的汽车产业，而不是看上去劳动密集的农业和服务业。

（2）综合资本系数的计算。某产业的**综合资本系数**，就是该产业为进行 1 个单位的生产，在本产业部门和其他产业部门直接与间接需要的资本。综合资本系数的计算也要借助于逆矩阵系数，其计算公式为

综合资本系数＝资本系数×逆矩阵中的相应系数

用矩阵形式表示，则综合资本系数的行向量 K 可以表示为资本系数的行向量 A_K 与逆矩阵系数的乘积。

$$K = A_K \times (I-A)^{-1} \tag{6-26}$$

其中，资本系数为每单位产值所需资本，即某产业资本系数＝该产业资本量/该产业总产值。与综合就业系数相似，综合资本系数也存在类似的与人们的直觉不一致的现象。显然，资本系数高表示某产业本身需要的资本数量较多，这类产业通常都是我们直观上认为的资本密集型产业。但若考虑综合资本系数，那么情况就大不相同了。因为某些表面上资本密集的产业，其中间投入率和对其他产业的波及效果并不是很高，或者说该产业相应的逆矩阵系数并不是很高，那就意味着该产业在整个国民经济中间接需要的资本量并不是很高，从而其综合资本系数反而低于某些看似资本系数不高的行业。

三、产业波及效果的预测分析

（一）最终需求变动的波及效果预测

在制定科学的经济决策时，往往需要考虑某些大型投资项目的建设和某些产业的调整与倾斜政策对国民经济的影响。基于投入产出模型的产业波及效果分析，是解决这一问题的重要工具。大型投资项目的建设和产业结构的调整，都将带来最终需求的变动，这些需求的变动将直接或间接地影响其他产业部门。如果受到较大波及的产业，其生产能力没有得到相应的发展，那么最终需求的变动将导致产品供不应求和价格上涨，甚至诱发全社会的通货膨胀，最终影响该项目或产业政策的预期效果。因此，在对大型投资项目和特定的产业政策进行可行性分析时，我们需要对这些项目或政策的产业波及效果进行估计。

对某一大型投资项目的波及效果预测并不复杂。首先，将式（6-9）的投入产出行模型 $X = (I-A)^{-1}Y$ 改写为增量形式 $\Delta X = (I-A)^{-1}\Delta Y$，其中，$\Delta X$ 和 ΔY 分别为各产业总产品与该投资项目所需最终需求变化量的列向量；其次，将该投资项目所需的最终产品按产业分类进行分解；最后，把这些需求视为各产业的最终需求增加额 ΔY，再利用公式 $\Delta X = (I-A)^{-1}\Delta Y$，分别计算各产业的生产诱发额 ΔX，这些生产诱发额就是该投资项目对各产业的波及效果预测数据。运用这一方法，我们可以估计诸如铁路、公路、桥梁等基础设施建设项目对整体国民经济的影响。

测算某些产业最终需求变动对整体国民经济的影响，也可以采用类似的方式，即将公式 $\Delta X = (I-A)^{-1}\Delta Y$ 中的 ΔX 和 ΔY 分别视为各产业总产品与最终需求变化量的列向量，然后根据各产业最终需求的变化量 ΔY，分别计算各产业的生产诱发额 ΔX，这些生产诱发额就是该产业政策引致的最终需求变动对各产业的波及效果预测数据。

上述公式仍然只具有直观的形式，为了更清楚地揭示波及效果预测的计算过程，我们可以将上述公式具体化。以产业最终需求变动的波及效果为例，若 k 产业的产量增加了 ΔX_k，为了计算 k 产业的波及效果，根据投入产出行模型 $X = (I-A)^{-1}Y$ 可以推导出以下公式：

$$\begin{bmatrix} \Delta X_1 \\ \Delta X_2 \\ \vdots \\ \Delta X_{k-1} \\ \Delta X_{k+1} \\ \vdots \\ \Delta X_n \end{bmatrix} = \begin{bmatrix} C_{1,k} \\ C_{2,k} \\ \vdots \\ C_{k-1,k} \\ C_{k+1,k} \\ \vdots \\ C_{n,k} \end{bmatrix} \frac{\Delta X_k}{C_{k,k}} \tag{6-27}$$

其中，C_{ij} 为 $(I-A)^{-1}$ 矩阵中的元素；$\Delta X_1, \Delta X_2, \cdots, \Delta X_n$ 分别为各产业生产的增加量。利用这个公式计算出来的 ΔX_i，包括了 ΔX_k 对 i 产业的直接和间接的影响，这对于分析某些产业和大型投资项目对国民经济的全部影响是很有意义的。

虽然这种方法非常简单，但需要注意以下问题。

（1）在计算某个大型项目对全部产业的波及效果时，需要使用产业分类较细的投入产出表，否则难以保证计算的精度。

（2）某个产业某一项最终需求的变化，往往会引起其他最终需求项目的变化。例如，某产业投资需求的变化可能会引起该产业消费或出口需求的变化。这种连锁反应是投入产出法难以估计的。因为投入产出分析所依据的最终需求项目的变化，必须在模型体系之外被外生给定，它并不能在模型体系中内生地解决。这就需要把投入产出法和其他方法结合起来。例如，可以用计量经济模型来解决各产业最终需求各项目在预测期内的赋值问题。

（3）投入产出模型 [如 $X=(I-A)^{-1}Y$] 并不考虑各产业对产业波及效果的吸收能力，即不考虑各产业是否具有最终需求变化所需要的相应生产能力。如果最终需求变化要求 X 必须增大，但各产业却没有相应的生产能力，那么产业波及的传导就会受阻。另外，所需增大产量的某产业如果库存量较大或有相应的进口渠道，这时即使产业波及有令该产业增产的要求，但由于该产业可以释放库存或增加进口来满足增产要求，那么就有可能减弱或中断该产业本应具有的波及效果。

（4）产业波及效果的时滞问题。我们已经指出，最终需求的变化导致其他产业产出量的变化可能会有一段时间滞后。如果出现这种情况，那么就会出现某些产业不能及时形成新增生产能力，导致产品供不应求的现象，这将表现为该产业的产品价格上涨。直到新增生产能力形成后，产品价格才会回落。这显然会影响波及效果预测的准确性。

可见，投入产出法并不是万能的，它与其他经济模型一样，都是在一定的假设条件下进行分析。这就要求我们在分析产业波及效果时，把投入产出法和其他方法有机地结合起来使用。

（二）价格变动的波及效果预测

国民经济中各产业间存在复杂的产业关联，某种产品价格的变动必然引起其他产品价格的变动。在某些情况下，某种上游产业（如能源和原材料）的产品价格变动，将对整个国民经济的价格水平 [如 PPI（producer price index，生产价格指数）和 CPI （consumer price index，居民消费价格指数）]产生重大影响。产业波及效果分析可以用于预测某产品价格变动对其他产品价格的影响。与式（6-27）相似，我们可以假定 k 产业产品的价格变化为 ΔP_k，预测 ΔP_k 对国民经济中全部价格体系的影响，有一个简便的计算方法。

根据式（6-27），可以推导出以下公式：

$$\begin{bmatrix} \Delta P_1 \\ \Delta P_2 \\ \vdots \\ \Delta P_{k-1} \\ \Delta P_{k+1} \\ \vdots \\ \Delta P_n \end{bmatrix} = \begin{bmatrix} C_{k,1} \\ C_{k,2} \\ \vdots \\ C_{k,k-1} \\ C_{k,k+1} \\ \vdots \\ C_{k,n} \end{bmatrix} \frac{\Delta P_k}{C_{k,k}} \qquad (6\text{-}28)$$

其中，C_{ij} 为 $(I-A)^{-1}$ 矩阵中的元素；$\Delta P_1, \Delta P_2, \cdots, \Delta P_n$ 分别为各产业产品价格的变化量。利用这个公式计算所有的 ΔP_i，我们就可以了解 k 产业产品价格的变化对整个价格体系的全部影响，包括直接影响和间接影响。

「案例6-1 国有企业创造就业机会的能力」

在计划经济时代，国有企业通常担负着创造就业机会的职能，这是造成国有企业冗员负担的重要原因。为了适应市场经济，我国国有企业在20世纪90年代末实行了减员增效、下岗分流等措施。这是否意味着国有企业创造就业机会的能力下降了呢？答案是否定的。

从产业关联的角度看，一个企业能创造多少就业机会，不能仅仅看它自己雇用了多少人，而且还要看它直接和间接创造的就业机会总和。现代经济中的各产业之间存在复杂的投入产出联系，某些主导产业的发展可以带动另一些产业的发展，即存在产业关联效应。这意味着，一个产业的增长，除了在本产业中创造就业机会之外，还会在被该产业带动的相关产业中创造就业机会。所以，要评价国有企业创造就业机会的能力，不仅要看它自己创造了多少就业机会，还要看它带动的其他产业中的企业（不一定是国有企业）因产值增长而创造的就业机会。从这个角度看，我们对国有企业创造就业机会的能力将会有一个全新的认识。

1994~2004年，城镇国有企业就业人员连续十年下降，累计减少就业人员超过4500万人。从表面上看，这似乎是国有企业创造就业机会的能力下降了，但事实未必如此。原因是这期间国有经济布局进行了战略性调整，国有经济更加集中于那些关系国民经济命脉的主导产业，而这些产业都是有强大的产业关联效应的。这意味着，虽然国有企业直接创造就业机会的能力下降，但通过产业关联效应间接创造就业机会的能力上升。所以，国有企业创造就业机会的能力如何，还需要利用投入产出分析工具进行具体的测算。

为了考察20世纪90年代末国有企业改革对国有企业创造就业机会的能力的影响，我们利用本章的式（6-24）计算了1999~2004年国有工业企业的就业系数和综合就业系数[①]。结果发现，国有企业的减员增效和战略性调整，使得1999~2004年国有工业企业直接创造的就业机会从2211万人下降到1234万人，下降了44%；但与此同时，国有工业企业通过产业关联而直接和间接创造的就业机会却从7161万人上升到10 341万人，上升了44%；其中间接创造的就业机会从4950万人上升到9107万人，上升了84%。可见，20世纪90年代末的国有企业改革，不仅没有削弱国有企业创造就业机会的能力，反而增强了国有企业创造就业机会的能力。从这一点可以看出，产业关联理论和方法有助于我们深入分析经济现象，并得出更准确的结论。

本章提要

1. 产业关联是指产业间以各种投入品和产出品为连接纽带的技术经济联系。投入品和产出品有实物形态与价值形态两种表示方式。投入和产出的关系，体现了各产业之间的技术联系（实物形态）或者技术经济联系（价值形态）。

2. 产业关联方式是指产业部门间发生联系的依托或基础，以及产业间相互依托的不同类型。产业关联的主要方式包括前向关联和后向关联，单向关联和多向关联，以及直接联系和间接联系。

3. 产业关联的基本分析工具是投入产出法，即通过投入产出表、投入产出模型来对产业间"投入"和"产出"的数量比例关系进行分析。在产业关联分析中，投入产出法主要是通过编制棋盘式的投入产出表和建立相应的线性代数方程体系，构成一个模拟现实国民经济各产业部门产品的相互流入、流出的社会再生产过程数学模型，来分析各产业间的各种重要比例关系。

4. 投入产出表包括中间产品、最终产品、增加值和再分配四个象限，根据投入产出表提供的数据，可以分两个步骤建立投入产出模型。首先，依据投入产出表计算直接消耗系数和完全消耗系数；其次，分别建立投入产出行模型和投入产出列模型。

5. 产业关联程度是指一个经济体系中各产业之间的相互依存程度。中间需求率、中间投入率、前向关联效应和后向关联效应都是衡量产业关联程度的重要指标。依据各产业中间需求率和中间投入率的数值差异，可以将全部产业划分为中间投入型基础产业、最终需求型制造业、中间投入型制造业和最终需求型基础产业四大类别，从中可以看出某个产业在国民经济中的地位。

6. 逆矩阵系数的经济含义是：当某产业的生产发生一个单位的变化时，导致各产业部门由此引起的直接和间接地使产出水平发生变化的总和。利用逆矩阵系数表，可以计算出该产业的影响力系数、感应度系数、生产诱发系数、最终依赖度、综合就业系数和综合资本系数等。利用这些工具，可以进行产业波及效果分析，即分析国民经济中某一产业部

[①] 具体计算过程参见杨天宇和朱俊霖的《市场化改革后国有企业创造就业机会的途径研究》(《湖北经济学院学报》，2008年第4期)。

门的变化对其他产业部门将产生怎样的影响。

7. 利用逆矩阵系数表，可以通过某些大型投资项目和某些产业的调整与倾斜政策对国民经济的影响进行预测分析，这种预测分析既包括对各产业产出增量影响的预测，也包括对各产业价格变化影响的预测。

关键术语

产业关联	前向关联	后向关联	单向关联
多向关联	直接联系	间接联系	投入产出法
直接消耗系数	完全消耗系数	逆矩阵系数	中间需求
中间投入	中间需求率	中间投入率	前向关联系数
后向关联系数	产业波及	影响力系数	感应度系数
生产诱发系数	最终依赖度	生产诱发额	综合就业系数
综合资本系数			

本章习题

1. 什么是逆矩阵系数？如何利用逆矩阵系数计算影响力系数、感应度系数、生产诱发系数、最终依赖度、综合就业系数和综合资本系数？

2. 美国经济学家赫希曼在《经济发展战略》一书中，提出了依据后向关联度确定主导产业的准则，即主导产业的选择应依照工业部门后向关联度的大小顺序排列。本章第二节提到的后向关联系数恰好符合赫希曼的准则。然而，本章第四节提到的影响力系数也可以用于衡量某个产业对其他产业的带动作用。请问，当我们分别用后向关联系数和影响力系数判断主导产业时，运用这两个指标的逻辑有什么不同，用这两个指标分别选择主导产业的准确性有没有差别？

3. 国有经济战略性调整的结果是，国有企业越来越多地进入产业关联程度高的行业，退出产业关联程度低的行业。请问，这样做将会增强国有企业的就业创造能力，还是减弱国有企业的就业创造能力？

4. 假定在经济过热时期，国家通过某种产业政策，使影响力系数和感应度系数都大于1的产业放慢了增长速度，那么这将会对国家整体的经济增长速度产生什么影响？若国家在经济衰退时期采取措施加快了上述产业的增长速度，是否会同样加快国家整体的经济增长速度？

进一步阅读的文献

有关投入产出分析的详细内容，可阅读刘起运的《投入产出分析》（第二版，中国人民大学出版社，2011）；夏明和张红霞的《投入产出分析：理论、方法与数据》（第二版，中国人民大学出版社，2019）。

关于最终需求变动和价格变动波及效果预测公式的详细推导过程，可参阅沈士成和于光中的《投入产出分析教程》（河南人民出版社，1987）。

若想了解投入产出分析与经济理论之间的联系，可阅读夏明的《投入产出体系与经济结构变迁》（中国经济出版社，2006）。

若想了解英语文献中投入产出分析的新进展，可阅读 Raa 的 *The Economics of Input-Output Analysis*（Cambridge University Press，2005）。

本章参考文献

蒋选，杨万东，杨天宇. 2006. 产业经济管理. 北京：中国人民大学出版社.
里昂惕夫 H. 1982. 投入产出经济学. 崔书香，译. 北京：商务印书馆.
刘起运，陈璋，苏汝劼. 2011. 投入产出分析. 2 版. 北京：中国人民大学出版社.
刘志彪. 2015. 产业经济学. 北京：机械工业出版社.
苏东水. 2000. 产业经济学. 2 版. 北京：高等教育出版社.
夏明. 2006. 投入产出体系与经济结构变迁. 北京：中国经济出版社.
夏明，张红霞. 2019. 投入产出分析：理论、方法与数据. 2 版. 北京：中国人民大学出版社.
杨治. 1985. 产业经济学导论. 北京：中国人民大学出版社.
赵玉林. 2017. 产业经济学原理及案例. 4 版. 北京：中国人民大学出版社.
Raa T T. 2005. The Economics of Input-Output Analysis. Cambridge：Cambridge University Press.

第七章

产业发展

自 20 世纪 80 年代后期以来，美国、日本、欧洲等世界主要发达国家和地区，竞相凭借新的科技进步浪潮，大力发展新兴产业，力图夺取新世纪经济发展的主动权和竞争优势。新产业的兴起、成长和发展，旧产业的分化、重组，必将导致全球产业结构的新变化。目前，新兴产业的发展已经清晰地显现出未来国际产业发展的三大趋势：产业生态化、产业融合化和产业集群化。本章将对这三大产业发展趋势进行详细介绍。

■ 第一节 产业生态化

传统的产业结构理论假设自然资源的存量是充足的，将资源禀赋作为前提条件，也很少考虑产业结构变动对环境的影响，这显然有悖于当前的可持续经济发展目标。在当前我国经济发展面临资源和环境约束的情况下，如何实现人与自然的和谐关系和协调发展，已成为无法绕过的产业发展目标。基于这个目标，产业生态化的趋势应运而生。

一、产业生态化的含义

产业生态化是一种促进人与自然和谐与协调发展的模式，它要求以"减量化、再利用、再循环"为社会经济活动的行为准则，运用生态学规律把经济活动组成一个"资源—产品—再生资源"的反馈式流程，以达到资源充分利用、污染排放减少的目标，逐步将整个产业结构对环境的负外部性影响减少到最低限度。"减量化、再利用、再循环"又称 3R 原则，具体来说包括以下几方面。

（1）减量化（reduce），要求用较少的原料和能源投入来达到既定的生产目的或消费目的，进而从经济活动的源头就注意节约资源和减少污染。减量化有几种不同的表现。在生产中，减量化原则常常表现为要求产品小型化和轻型化。此外，减量化原则要求产品的包装应该追求简单朴实而不是豪华浪费，从而达到减少废物排放的目的。

（2）再利用（reuse），要求制造产品和包装容器能够以初始的形式被反复使用。再利用原则要求抵制当今世界一次性用品的泛滥,生产者应该将制品及其包装当作一种日常生活器具来设计,使其像餐具和背包一样可以被再三使用。再利用原则还要求制造商应该尽量延长产品的使用期,而不是非常快地更新换代。

（3）再循环（recycle）,要求生产出来的物品在完成其使用功能后能重新变成可以利用的资源,而不是不可恢复的垃圾。按照循环经济的思想,再循环有两种情况,一种是原级再循环,即废品被循环用来产生同种类型的新产品,如报纸再生报纸、易拉罐再生易拉罐等;另一种是次级再循环,即将废物资源转化成其他产品的原料。原级再循环在减少原材料消耗方面达到的效率要比次级再循环高得多,是循环经济追求的理想境界。

"减量化、再利用、再循环"在产业生态化中的重要性并不是并列的。生态化不是简单地通过循环利用实现废弃物资源化,而是强调在优先减少资源消耗和减少废物产生的基础上综合运用3R原则,3R原则的优先顺序是：减量化—再利用—再循环。

总之,产业生态化将使传统的线性经济发展模式的"先污染、后治理"方式慢慢被"资源—产品—再生资源"的反馈式流程和"低开采—高利用—低排放"的循环利用模式所替代,经济活动更加生态化,资源利用效率更高,环境污染更小,经济发展的质量将得到提高。

二、产业生态化的实现途径

产业生态化强调运用"减量化、再利用、再循环"的3R原则改造传统的生产、流通和消费流程。它强调在生产、流通和消费等过程的输入端进行减量化,在输出端进行再利用和再循环,这样整个生产、流通和消费过程都具备了生态化特征。具体地说,产业生态化在经济循环各个环节的实现途径为：①生产环节,通过清洁生产,提高资源利用效率,包括发展环保产业、生态工业园、生态农业、高新技术产业等,全面提高产业的生态化水平；②消费环节,倡导绿色消费,转变传统消费模式；③废弃物资源化环节,培育发展静脉产业（即废弃物回收和再利用产业）,促进废弃物再利用和产业化；④资源环节,推广可再生能源开发利用,优化能源供给结构,同时推进节能、节水、节地、节材,全面建设节约型社会。图7-1表现了上述四个环节的相互关系。

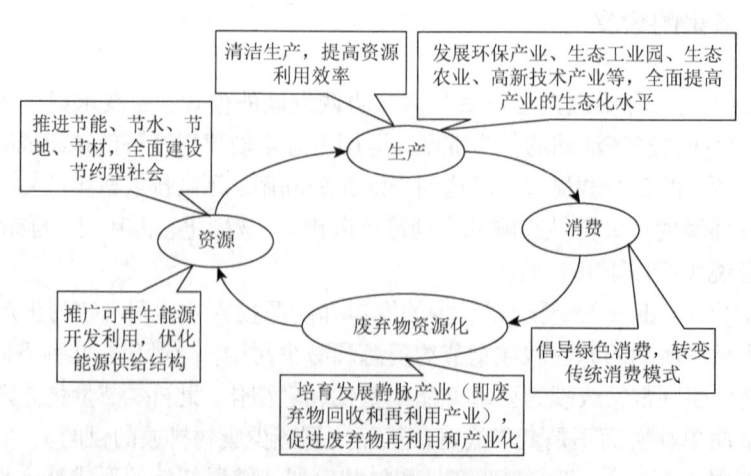

图7-1　产业生态化的各个环节

从图 7-1 可以看出，实现产业生态化的最关键环节是废弃物资源化，因为其他三个环节的主要作用是减少废弃物，而只有这一环节是真正处理废弃物。废弃物资源化就是要将生产过程中产生的废弃物进行再加工和处理，使之成为其他生产过程中可以利用的再生能源或原材料，从而实现资源的再利用，减少经济发展对自然界资源能源的损耗，减少环境污染，其具体实现过程见图 7-2（赵玉林，2017）。

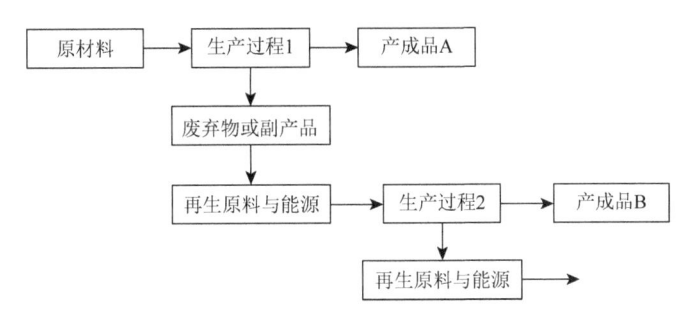

图 7-2 废弃物资源化的具体实现过程

生态工业园区是产业生态化的一种典型模式。2008 年 4 月 1 日起实施的《生态工业园区建设规划编制指南》里给生态工业园区下的定义是依据清洁生产要求、循环经济理念和工业生态学原理而设计建立的一种新型工业园区。它通过物质流或能量流传递等方式把不同工厂或企业连接起来，形成共享资源和互换副产品的产业共生组合，使一家工厂的废弃物或副产品成为另一家工厂的原料或能源，模拟自然生态系统，在产业系统中建立"生产者—消费者—分解者"的循环途径，寻求物质闭环循环、能量多级利用和废物产生最小化。案例 7-1 介绍了生态工业园区的具体形式。

「案例 7-1 山东日照经济技术开发区生态工业园区」

生态工业园区是产业共生模式在现实经济中的应用。与传统的经济技术开发区、高新技术开发区不同，这种园区着力于最大限度地提高资源利用率，从源头上将污染物排放量减至最低，实现园区清洁生产。它仿照自然生态系统的物质循环方式，使上游生产过程中产生的废物成为下游生产的原料，使不同企业之间形成共享资源和互换副产品的产业共生组合。我们以山东日照经济开发区生态工业园区为例，介绍生态工业园区的具体形式。

生态产业链是生态工业园区最基本的构成单元，也是生态工业园区的最基本特征和最重要的组成部分。园区中最重要的产业链主要有以下几条。

（1）钢铁—钢铁深加工—机械加工—造船。开发区的生态建设注重建立相关产业的关联性。以机械制造业为核心，建立钢铁外围产业集团，包括钢铁的深加工、五金产品的生产和机械加工等行业，形成开发区的优势产业集群（industrial cluster），成为开发区经济发展的重要支撑之一。

（2）钢铁—五金产品—机械加工—钢铁废料—水泥。围绕钢铁、机械加工和造船行业的生产废料的回收利用，形成了上述产业链，其核心是钢铁废料的循环利用，主要有两个方面的用途,一是钢铁废料回收用于钢铁企业的生产,二是细颗粒用作水泥企业的生产原料。该产业链与钢铁和造船生产主产业链一道,构成了开发区物质循环利用的主要联结关系。

(3)林业—木浆—造纸—印刷—包装材料。这是开发区围绕木材的加工利用构成的典型的物质循环产业链。林业生产的木材形成木浆用来造纸,造纸的产品直接用于生产印刷材料,印刷生产的产品又用于包装材料。

(4)林业—木制品板材—家具。这是围绕木材加工的附属产业链。木材原料加工成为木制品板材,进而加工成为家具,其中的加工废料可以回用到木浆制造中,实现废物的循环利用。

(5)木质废料—木质板材—木材废料—食用菌生产。木材加工业的废料是生产食用菌的良好载体。木质废料利用的产业链是开发区工业与周边农业生产相结合的产业链,是开发区食品加工和生产的产业链的组成部分。

(6)电厂—粉煤灰—水泥。燃煤火电厂粉煤灰的综合利用,也是开发区废物综合利用的有效途径。

(7)农副产品—油脂—饲料。这是开发区围绕食品生产的产业链之一,也是食品生产废料综合利用的产业链。开发区周边地区农副产品的生产,为食品生产提供了丰富的原料。同时,食品生产的废料会用于农业生产中,加工成为农业生产的饲料,实现物质循环利用,提高开发区的生产效率和效能。

(8)种植业—纺织原料加工—纺织厂—服装加工。利用当地的种植优势,发展棉花和桑蚕等棉纺和丝纺基础产业,同时形成纺织原料加工产业,进一步发展服装产业,形成从原料到产品的纺织产业链。

从日照生态工业园案例可以看出,一个大型生态工业园区至少包含一家"轴心公司",该公司能向其他公司提供原料或已经加工过的材料,并且与这些吸收或利用其废物的公司保持紧密联系,这些企业将组成一系列的"卫星型"企业,如日照生态工业园就是围绕钢铁、发电、木材加工、食品加工等产业中的核心企业建立起各种产业链条。

三、产业生态化的经济学意义

产业生态化在经济学领域的重要意义在于,它可以用一种效率较高的方式解决负外部性问题。负外部性是一种重要的市场失灵形式,它是指一个人或企业的行为影响了其他人或企业,使之支付了额外的成本费用,但后者又无法获得相应补偿的现象。环境污染就是一种典型的负外部性行为。负外部性问题,传统的方法是可以通过界定产权、征税、补贴以及企业合并等方法来解决。例如,征税和补贴的方法就是对负的外部性征收税负,正的外部性给予补贴。征税是可以抑制产生负的外部性的经济活动;补贴是可以激励产生正的外部性的经济活动。界定产权是指把外部性的影响作为一种财产权明确界定下来,此时只要谈判的交易费用不高,外部性的问题就可以通过当事人之间的直接交易而"内部化"。这些方法都存在以下问题,如征税和补贴可能因为政府没有掌握足够的信息而引起扭曲,而界定产权则有可能因为交易费用过高而交易失败。

相比之下，负外部性问题可以在一定程度上被产业生态化"内部化"地解决。在产业生态化背景下，企业之间可以采取"自愿协商"的方式解决资源环境问题，这主要体现在以下几个方面。第一，产业的共生性使企业间相互合作，物质流、能量流在产业间闭路循环，如生态工业园区，园区内的各个企业相互利用所谓的废弃物资源，达到共赢的效果。第二，产业生态化是一种循环经济，而循环经济理念下没有废弃物的概念，废弃物只是"放错了地方的资源"。这些废弃物是产业之间关联的纽带，将产业发展的环境污染问题解决在了产业的"内部"。第三，产业生态化的"减量化"原则强调从"输入端"减少资源的使用数量，这就从源头上将资源浪费和环境污染问题解决在了产业的"内部"。

虽然产业生态化不能完全杜绝负外部性问题，但它至少提供了一个解决负外部性问题的平台，而且这种模式是通过市场机制自发运作的，政府仅仅提供基础设施（如提供生态工业园区的基础设施），既不会因为信息不完全而引起市场扭曲，也不会因为交易费用过高而流产。假如整体产业结构都生态化了，那么负外部性问题必然大大减轻。因此，这是一种更加高效率地解决负外部性问题的模式。

第二节　产业融合化

产业融合是指不同产业或同一产业内的不同行业相互渗透、相互交叉，最终融为一体形成新产业的动态发展过程。当前的绝大多数产业融合都与技术创新有关，本节主要介绍基于技术创新的产业融合化现象。

一、产业融合的动因

（一）技术创新与产业融合

产业融合是伴随着技术创新而出现的新现象。20世纪70年代通信产业与信息产业的融合，是最早出现的真正意义上的产业融合现象。这次融合的直接推动力来自通信技术和信息处理技术的迅速革新，它们促使通信、邮政、广播、报刊等传媒领域加强了彼此的协作，呈现出融合发展的态势。自20世纪90年代起，通信技术的不断进步，以及以信息技术为代表的新型技术的广泛应用，特别是新型计算机技术、软件开发、数字通信网络的发展以及个人电脑的普及所带来的互联网的广泛应用，都进一步推动了出版、电影、音乐、广告、教育等产业的融合发展。因此，产业融合现象的产生，与信息化进程中的数字技术创新和发展是密切相关的。由数字技术发展而来的数字融合不仅改变了信息获取的时间、空间和成本，更重要的是，这些数字技术的突破发生在各个相关产业的边缘地带，使得这些产业（如电信、广播电视、出版等）的信息内容能够融合为一种应用或服务方式。这就为这些产业的边界模糊化和融合发展提供了关键技术支持。

技术创新对产业融合的推进是一个层层递进的过程（余东华，2005）。基于技术创新所开发的替代性技术、工艺或产品，通过渗透、扩散的方式融入其他产业，从而引发技术融合现象。这种现象可能是由于新技术的引入改变了原有产业的生产技术路径，或是丰富了其经营内容和形式。因此，不同产业之间形成了相似的技术基础和共同的技术平台。在此基础上，各个产业根据技术融合的导向，调整原有业务，整合物质、技术、人力和管理资源，积极发展新业务、提供新产品或服务，使得不同产业在技术融合的基础上实现业务融合。技术创新、技术融合以及在此基础上产生的业务融合，共同改变了市场需求特征，为原有产业的产品或服务带来新的市场需求，进而拓展了产业融合的市场空间，产生市场融合。技术融合、业务融合和市场融合的总和就是产业融合。

总之，技术创新作为推动产业融合的重要驱动力，不断地改变着原有产业的生产方式、业务范围和市场环境。在技术创新、技术融合的基础上，产业间的业务融合和市场融合得以实现，最终实现了产业融合。

以电信、广播电视和出版这三大产业的融合为例，技术创新在以下方面促进了产业融合。

（1）信息资源数字化提供了产业融合的技术基础。在产业融合发生之前，三大产业所提供的虽然都是信息产品或服务，但各自有其特定的技术手段及设备，并按特定的技术标准提供各自的信息服务内容。因为各产业之间的信息资源形式不同，又缺乏将它们进行统一的技术条件，所以只能各自依据不同的技术条件确立各自的价值链，形成各自的市场，而信息技术进步使得信息资源数字化成为可能，所有信息资源都可以转化为统一的"比特"（信息量单位）进行传输，这就给三大产业的融合提供了技术基础。

（2）信息实现手段的统一为产业融合创造了必要条件。在信息化过程中，三种关键技术的发展与成熟，包括微处理技术取代传统的半导体技术、开放性技术标准替代个别技术标准，以及标准化与集成化组件开发软件的应用，取代了原始的手工劳动开发方式，统一了信息实现手段，从而提升了电信、广播电视和出版产业之间的信息互通性和互联性（王述英等，2006）。这就为产业融合创造了必要条件。

（3）互联网平台的建立最终使三大产业融合成为现实。基于 IP（internet protocol，互联网协议）的互联网，是一个双向传播系统，具备传输任何数字形式信息的能力，而数字技术的发展，又可以将语音、数据和影像等信息以 1 和 0 的形式编码化处理，形成统一的数字语言。在互动的基础上，这些数字语言都可以在互联网平台上传播。这样，电信、广播电视和出版行业的信息资源在数字化和信息实现手段统一的基础上，最终实现了信息资源的互联性和互通性。

上述三个方面的技术创新形成了三大产业的技术融合，而三大产业在此基础上又产生了业务融合和市场融合，最终形成产业融合。可见，技术创新可以视为产业融合的前提条件。由技术创新所引致的技术融合、业务融合和市场融合是对传统工业经济时代导致产业分立的技术边界、业务边界和市场边界的突破，因而在技术融合、业务融合和市场融合基础上产生的产业融合，可以看作对传统工业化产业分立的革命性的否定（周振华，2003）。

（二）放松规制与产业融合

仅仅技术创新还不足以出现产业融合。即使技术创新催生了技术融合和业务融合，但如果政府规制部门禁止跨行业经营，那么技术融合和业务融合就不能转化为市场融合，最终也就难以形成产业融合。换句话说，不同产业之间存在着进入壁垒，这使不同产业之间存在着各自的边界，而各国政府的经济性规制是形成不同产业之间进入壁垒的重要原因。

经济性规制是政府针对自然垄断产业实行的有关企业进入和价格行为在内的干预方式。传统经济规制理论认为，由于自然垄断产业具有规模经济和范围经济等特征，维持独家垄断或少数几家企业寡头垄断的市场结构更有利于增强产业的生产和经营效率，避免大规模重复投资造成的社会福利损失。因此，需要对自然垄断性产业实行进入规制，阻止完全市场化、自由化的进入与退出行为（具体参见本书第十一章）。这样，政府就可以利用强制力量阻止投资流向某些特定的产业领域，阻碍由于新企业进入所产生的市场竞争效应的发挥，市场融合自然也就不会出现。

然而自20世纪70年代开始，发达国家出现了政府规制放松的现象。一是由于政府规制保护下的垄断企业缺乏降低成本的动力，经营效率低下，进而抑制了整体经济的活力。因此，政府作为规制者开始对规制效果产生不满，这是政府规制放松的主观原因。二是技术创新或者是改变了某些自然垄断产业的技术经济特性，或者是扩大了对自然垄断产业的市场需求，总之是使自然垄断产业的特性发生了一些变化，这是政府规制放松的客观原因。在上述两个原因之下，一些发达国家放松了政府规制，取消或部分取消了对被规制产业的各种价格、进入、投资、服务等方面的限制，为产业融合创造了比较宽松的政策和制度环境。政府规制的放松导致其他相关产业的业务加入到本产业的竞争中，从而可以将技术融合和业务融合转化为市场融合，逐渐走向产业融合。

例如，从传统观点来看，电信业是一个自然垄断产业。自20世纪70年代以来，电信领域中技术的创新如光纤的发明、计算机的应用、互联网的普及和卫星通信的引入，使得电信业的自然垄断性大大减弱。1996年美国批准并颁布实施新的《电信法》。新法律打破了美国国内电信市场的界限，允许各类公司越界经营原来禁止经营的业务，其中最主要的是打破长途与本地的界限，打破电信网、互联网和有线电视网的界限，实现了三网融合。新《电信法》放松了对电信业的经济性管制，使得电信业、信息服务业、有线电视业之间的产业边界模糊，促进了信息通信业之间的融合。

二、产业融合的分类

产业融合是在技术创新的推动下，不同产业或同一产业内的不同行业相互渗透、相互交叉，从而使产业界限模糊化的过程。一般而言，从产品性质的角度可以将产业融合形式分为四种类型（余东华，2005）。

（1）**渗透型融合**。**渗透型融合**往往发生在高新技术产业和传统产业的边界处。高新技术尤其是信息技术具有渗透性特点，可以通过嫁接改造等多种方式渗透到传统产业中，使传统产业获得新的生命力和竞争优势，同时产生新的产业。这一过程就是渗透型产业融合。20世纪90年代以来，信息和生物技术对传统产业的渗透融合，一方面使得机械制造、新闻出版等传统产业焕发生机，另一方面还产生了诸如机械电子、生物电子、电子图书、电子商务等新兴产业。高新技术产业之间也能够通过渗透型融合形成新的产业，如生物技术与信息技术融合产生的DNA芯片计算机就是典型的例子。

（2）互补型融合。**互补型融合**是指两种或两种以上的、在功能上具有互补性的独立产品，在同一标准元件束或集合下得以高度兼容的整合过程。融合后的产品形成一个系统，其使用价值高于各个产品单独使用时的价值，其使用功能大于各自独立使用时的功能。互补型融合通常是在原本各自独立产品已经具有互补关系的情况下，通过采用共同的标准元件束或集合后发生的互补性整合，主要发生在同一标准元件束下所开发的新产品或者子系统之间，因此要求在联合使用时有共同的标准软硬件"接口"。例如，中国联通在提供宽带上网服务的同时，销售路由器，这样可以为各自独立的产品进入同一个系统中，实行有机联合使用提供"标准接口"。这既可以使中国联通避免为满足不同用户而准备不同的路由器，也可以使消费者降低商品选择成本。

（3）替代型融合。**替代型融合**的产生需要两个前提条件：一是融合的产品之间具有相似的特征及功能，是可替代产品；二是这些产品之间具有共同的标准元件束或集合。例如，有线电视公司和电信公司都可以提供宽带服务，二者是可替代产品。但是如果没有共同的标准元件束或集合，二者的宽带信号就不能互相识别，实际上仍然不可替代。如果技术创新为二者提供了某种共同的标准元件束或集合，二者的宽带信号就可以互相识别，形成实际的可替代性，这就是替代型融合。因此，替代型融合就是指具有相似特征及功能的独立产品或服务，在具有共同的标准元件束或集合时，变得具备可替代性的过程。例如，电信、广播电视和出版三大产业提供的不同产品或服务，都具有传递数据、语音、视像等相似的特征及功能，具有可替代性。当数字化技术和互联网的发展为三大产业的不同产品和服务，提供了共同的标准元件束或集合后，这些产品或服务就发生了替代型融合（周振华，2003）。

（4）重组型融合。**重组型融合**是指原本各自独立的产品或服务，在同一标准元件束或集合下通过重组完全结为一体的整合过程。这种融合主要发生在具有紧密联系的产业之间，或同一产业内部的不同子产业之间。通过重组型融合而产生的产品或服务，往往是不同于原有产业的新型产品或服务。例如，第一产业内部的种植业、养殖业、畜牧业等子产业之间，以生物技术融合为基础，通过生物链重新整合，可以形成生态农业等新兴产业形态。在信息技术高度发展的今天，重组型融合更多地表现为以信息技术为纽带的、产业链的上下游产业的重组融合，融合后生产的新产品表现出数字化、智能化和网络化的发展趋势，如模糊智能洗衣机、绿色家电的出现就是重组型融合的重要成果。

从以上分析可以看出，在产业融合的四种类型中，渗透型融合和替代型融合更偏向于"融"，而互补型融合和重组型融合更偏向于"合"。不管是"融"还是"合"，都从根本上改变了原有的产业形态。

三、产业融合的经济效应

产业融合是一种新的现象，本质上更是一种产业组织方式创新。虽然产业融合对产业结构和经济增长都产生了一定影响，但其影响最大的领域则毫无疑问是产业组织。无论是从理论上还是从实践上，产业融合都给传统的产业组织理论带来了冲击，一些传统的研究范式难以对产业融合现象做出解释。本节主要分析产业融合对市场结构、市场行为和市场绩效的影响。

（一）产业融合与市场结构

产业融合往往发生在产业的边界和交叉处，必然带来产业边界的模糊或消失，并通过市场融合改变传统的市场结构。

（1）产业融合使市场边界发生变化，行业界限不断淡化。在产业融合的背景下，原本具有替代性的产品之间替代性进一步加剧，而原本不具备替代性的产品也可能转变为具有替代性的产品，或潜在的替代品逐渐变为现实替代品。由此，市场界限呈现出交叉或模糊化的趋势。市场边界的变化直接引发了市场结构的变化，使得产业融合逐渐突破行业壁垒，呈现出跨行业发展和竞争的特征。在传统产业组织理论中，市场结构的主要衡量指标是市场集中度。然而，在产业融合背景下，由于市场边界的模糊化，界定一个市场已经变得很困难了。如果连市场都无法界定，传统产业组织理论中对于市场结构的衡量方法，自然就变得不适用了。不仅如此，产业融合还使得原本属于不同行业、市场的企业成为竞争对手。一个新兴的"融合企业"可能涉及多个行业，若仅依据传统行业标准进行分类，势必难以精确确定其行业属性。这样一来，传统的产业分类标准就需要调整和修订，以适应产业融合所带来的市场变革。

（2）产业融合强化了竞争。产业融合通过突破产业之间的边界，实现产业、企业之间新的联系，从而促进了更大范围的竞争。在传统产业组织理论中，只有属于同一产业内部的企业之间才存在相互竞争关系，而与产业外的企业之间不存在竞争关系。然而在产业融合发生之后，某个产业与其他产业相互介入，该产业与其他产业的企业之间就会处于相互竞争的状态（植草益，2001）。这样一来，无论某个企业属于什么产业，只要该产业与其他产业出现了产业融合的可能性，该企业就不得不同时面对同行业企业和其他行业企业的竞争。这极大地提高了竞争的激烈程度，也极大地削弱了垄断企业的力量。由于面临新的潜在竞争压力和替代威胁，即使是垄断企业也将不得不选择以竞争行为来维系自身的垄断地位。

（3）企业和产业边界的变化能够形成新的企业组织结构。在产业融合过程中，产业融合和企业之间竞争的加剧，必然会加剧企业的破产倒闭、合并和重组等现象。同时，产业融合也为企业提供了扩大规模和多元化经营的商机。在这样的融合过程中，企业会演化出新的组织形式（植草益，2001）。与产业融合相适应的企业组织形式需要具有开放性、自组织、自适应和网络性等特点，能够适应产业和企业边界的动态变化。**网络型组织结构**就是产业融合发展中催生的一种新型的企业合作形态。这种组织结构中只有规模很小的中心组织，而将制造、销售或其他重要业务活动都外包给其他组织，中心组织和其他组织的关系契约的建立和维持为基础。它不像传统企业组织那样以资产作为企业边界，也不需要签订相互控股协议，而是基于成员间的共同利益，在具体业务流和具体价值流的水平上进行合作。在网络型企业组织中，组织的大部分职能都外包给组织外的企业（即从组织外"购买"），这给管理者提供了高度的灵活性。这种新形式的组织结构在很大程度上能够成为产业融合得以拓展的重要微观基础。

（二）产业融合与市场行为

在产业融合过程中，各种技术创新以及各种新技术的重新组合与使用都会不断改变市场边界，带来更加激烈的市场竞争，这增加了企业所面对的不确定性。如果不能适应产业融合带来的市场环境变化，不能为提前看清楚产业融合的趋势而有所准备，企业将在短期内面临巨大风险。因此，面对产业融合趋势，企业的市场行为不能局限于传统的定价、广告或兼并行为，而是应该及时了解产业融合趋势，积极适应产业融合带来的技术、产品和市场的变化，以增强竞争优势。从世界上一些大型公司应对产业融合的成功做法看，它们往往都是针对产业融合的变革制定出多项战略性措施，采取**反应式战略**，即通过观察不同战略的具体效果，不断试错，再从中挑选那些比较有成效的措施继续执行，从而找到正确的方向。例如，面对网络电脑、多媒体和三维图像等市场融合新情况，英特尔（Intel）公司的市场行为就是搞好战略定位，并实施了一些诸如在公司内部成立网络部、与微软联合开发新产品与 MCI 等通信公司联合开发网络服务器、与好莱坞的电影制片厂合作成立电影实验室等战略性措施，并定期对这些战略性措施进行评估，进而决定完善和变革的方向。从英特尔公司的案例我们也能够看出，为应对产业融合带来的挑战，企业决策层更加注重企业之间的合作，在合作中有竞争，在竞争中有合作，走竞争—合作—协同—竞争的路子（余东华，2005）。

（三）产业融合与市场绩效

产业融合有效地打破了传统产业边界，促使不同产业的资源打破产业边界，实现了更大范围内的自由流动和优化配置，使不同产业的资源得以整合。这种整合通过规模经济和范围经济效应，降低了企业成本，提升了企业竞争力，如 IBM 在 20 世纪 80 年代投巨资建设的信息基础设施，随着互联网的出现而价值下降。不仅如此，这些设施所带来的收益在公司总收益中的占比也趋于下降，已经日益成为公司的负担。与此同时，美国电话电报公司（AT&T）试图重新进入传统市内电话领域，但却缺乏信息技术设施。双方利用技术融合的机会成功整合了原来利用不充分的资源。AT&T 通过收购具有良好性能价格比的 IBM 数据网络，并获得 IBM 一份价值 50 亿美元的 5 年期合同，实现了其电信业务的低成本扩张，而 IBM 通过转让其信息基础设施，变现了资产，也摆脱了对于自身而言价值越来越低的物质资本负担，并通过交换承接 AT&T 合同总额高达 40 亿美元的应用软件和数据处理的外包业务，充分地发挥了其数据业务技术和服务的核心能力。两大公司借助于技术融合和产业融合，调整企业业务结构，实现资源的优化整合，达到企业发展的双赢局面（余东华，2005）。Gambardella 和 Torrisi（1998）对 20 世纪八九十年代电子行业的研究表明，计算机、通信、半导体以及其他电子产品行业融合发展的绩效明显好于其他融合不明显的产业，产业绩效与技术融合状况呈正相关关系。

当然，产业融合并不是社会分工的对立面，因而也不意味着所有的产业都融为一体，使社会回归分工前的"混沌状态"。从长远看，产业的边界是变化的，可能出现产业界限模糊化或者发生移动的现象。但是，在短期内产业仍然具有相对的独立性和稳定性，产业的边界仍然存在。

「案例 7-2　什么样的"互联网+"和"人工智能+"才是产业融合？」

　　"互联网+"和"人工智能+"都是近年来比较流行的词语。通俗地说，"互联网+"和"人工智能+"就是互联网或人工智能加各个传统产业，但并不是简单地两者相加，而是利用信息通信技术、人工智能技术以及互联网平台，让互联网与传统行业进行深度融合，创造新的发展生态。从产业融合的角度看，"互联网+"和"人工智能+"确实是复兴传统行业的好办法，但是，近年来个别公司打着"互联网+"和"人工智能+"的旗号炒作，令投资者遭受了一定的损失。这就提出了一个问题，什么样的"互联网+"和"人工智能+"才是真正的产业融合？

　　从产业融合的定义及分类可以看出，产业融合是不同行业之间"相互渗透、相互交叉，最终融为一体形成新产业的动态发展过程"。换句话说，产业融合的结果应该是出现了与融合之前不同的新产业。这种形成新产业的产业融合有多种形式，它可以是高新技术产业与传统产业之间的渗透型融合（如生物电子），可以是独立产品采用共同的标准元件来之后的互补型融合（如宽带上网和路由器），可以是不同产业提供相似产品的替代型融合（如电信和广播电视），也可以是不同产业通过重组结合成一个新产业的重组型融合（如生态农业）。按照上述标准，假如某个企业进行"互联网+"和"人工智能+"的结果仅仅改变了产品销售方式，而没有带来新的业态，那么这不能叫作产业融合。

　　这方面的典型例子是房地产。假如"互联网＋房地产"和"人工智能+房地产"的结果就是在网上卖房子，或者为房地产销售提供了智能客户服务，那么这仅仅是改变了销售渠道和销售方式而已，和传统的电视购物几乎没有区别，这显然没有带来新的业态，也不能叫作产业融合；但假如"互联网＋房地产"和"人工智能+房地产"的结果是出现了包括"智能客厅、智能厨房和智能机器人"在内的"智能房产"，那么就是形成了新的业态，这才能叫作产业融合。以这个标准去衡量那些宣称"互联网＋房地产"或"人工智能+房地产"的公司，就会发现真正的产业融合并没有多少。另外的例子是教育行业。如果"互联网＋教育"仅仅是网上授课，那么这和传统的电视教学几乎没有区别；如果"人工智能+教育"仅仅是利用 ChatGPT 或文心一言等工具寻找习题答案，那么这和原有的互联网搜索工具没有本质区别。这两种情况很难说是产业融合。但如果"互联网＋教育"能够通过互联网促进师生之间、学生之间的互动式教学，"人工智能+教育"能够通过虚拟教室或虚拟实验室等形式增强学生的创造性思维和解决问题的能力，那么这就有可能产生新的业态，即产业融合。

　　可见，试图通过"互联网+"和"人工智能+"实现产业融合并不是一件容易的事情，但如果没有通过"互联网+"和"人工智能+"实现真正的产业融合，而只是打着"互联网+"和"人工智能+"的旗号炒作，那就需要引起警觉了。对照本章提到的产业融合定义及分类，有助于我们判断哪些"互联网+"和"人工智能+"才是真正的产业融合。

第三节 产业集群化

产业集群，又称为产业集聚，是一种正在全球普遍兴起的经济现象。在全球范围内，越来越多的产业活动正在逐渐趋于空间的集中，通过在地理上的聚集而获得集群的竞争优势。对于产业集群化的内涵、类型、构成及其形成机理的研究已成为现代产业经济学的一个重要组成部分。本节主要介绍这种特殊产业现象的含义、形成原因、测量方法、类型等内容，并对我国新产业区的形成机理进行分析和阐述。

一、产业集群化的含义

虽然产业集群化现象早已存在，但人们真正使用产业集群（或产业集聚）一词来分析产业的地理集中现象也不过几十年的时间。目前，学术界对产业集群的内涵还没有统一的表述。为了揭示产业集群的内涵，我们首先需要了解产业集群化现象究竟是什么样子。

（一）产业集群化现象

对于全球范围内出现的产业集群化现象，由于不同研究者的出发点不同，对于现象的理解和侧重也有所不同，这恰好为我们更全面地理解产业集群化现象提供了一个比较完整的图景。目前学术界关注的产业集群化现象有以下几个方面。

（1）从全球来看，有限几个高度集中的核心经济区所生产的产品占据了全世界总产出的很大一部分。例如，美国高科技产业主要集中在硅谷，影视娱乐业集中在好莱坞；日本的汽车产业集中在东京；中国的软件产业集中在北京，通信产业集中在深圳等。这些产业活动在地理上的集中现象引发了人们对于要素空间集聚的内在本质这一问题的思考，新经济地理学派提出的集聚经济理论就是这种研究视角的代表。

（2）从微观角度看，在相关产业中的企业越来越倾向于选择相近的区位以形成专业化的产业集群，如广东顺德的家具产业集群，广东中山的家电产业集群，浙江温州的服装产业集群等。这种情况不仅发生在中国，在全球都很普遍。例如，印度一个非常小的城镇卡尼巴德（Qanibad）的纺织集群所织造的毯子占印度全国产量的75%，意大利70%以上的制造业、30%以上的就业和40%以上的出口都是在专业化产业区内实现的。面对大量专业化产业集群区域的出现，有些学者将研究重点放在产业集群化的经济和社会动因上，并提出了新产业区理论来解释这一现象。

（3）从时间维度看，产业在地理上的集中具有相当大的稳定性。例如，20世纪初美国的大部分制造业集中在东北部相对较小的一个近似平行四边形的地带，这种情况直到20世纪60年代都没有太大变化，产业集群持续时间长达半个多世纪。中国的上海地区自19世纪末以来就是中国制造业集中的地区，迄今为止仍是如此。尽管经过上百年的变迁，制造业的技术水平、生产方式已经发生了很大变化，原有的低成本劳动力优势比一百多年前大大减弱,但上海的制造业集聚却没有出现减弱的趋势。对这一现象比较流行的解释是新经济地理学派提出的路径依赖理论。

(4)产业集群区往往成为技术创新的主要发源地。这主要体现在高科技企业越来越倾向于参与高科技园区内的产业集群化,许多高科技园区成为一个国家的主要创新发源地,如美国的硅谷、中国北京的中关村,印度的班加罗尔等高科技园区,都成为本国乃至全世界著名的创新中心之一。国家创新系统学派运用默会知识(tacit knowledge)的概念对此现象进行了解释。

(二)产业集群化的内涵

如前所述,学术界对产业集群化现象认识的出发点和侧重点并不相同。由此必然带来研究目的和研究角度的区别,以及产业集群化内涵的不同理解。经济学家和地理学家提出了多种表述各异的产业集群概念,但这些概念基本都具有一种内在一致性,即大量企业因各种相互联系所带来的收益而形成地理上的集中。在学术界提出的诸多概念中,最为流行和获得较多认可的是 Porter(1990)对产业集群所做出的界定:**产业集群**是"某一特定领域内,在地理位置上相互接近的公司集团和关联组织,它们通过商品和辅助活动相联系"。波特也因此被认为是首次使用"产业集群"一词并对其做出系统阐述的学者。

以波特的产业集群概念为基础,结合其他学者对产业集群的界定,可以将产业集群的内涵归结为如下几个方面。①产业集群表现为企业在地理上的高度集中,这既有可能是因为企业需要节约运输成本,也有可能是因为企业需要节约信息等其他交易成本。②产业集群内的企业之间在经营活动上存在紧密联系,其中既有纵向的投入—产出关系,也有横向的竞争合作关系。③产业集群内部的技术交流和分享极为频繁,存在明显的技术外溢效应。得益于技术外溢,集群内技术创新十分活跃。④产业集群内的企业不仅通过经营活动而紧密联系,也通过社会网络而紧密联系。社会性动因也是产业集群形成的原因之一。

二、产业集群化的形成原因

由于产业集群化现象比较复杂,其形成原因也肯定不是唯一的。学术界已形成了很多解释产业集群化形成原因的流派,从这些解释的具体内容看,它们并不是互斥的,而是互补的,可以视为对同一现象的多角度剖析。根据这些流派提出的理论,我们可以从以下方面理解产业集群化的形成原因。

(一)新古典经济学派:外部经济

英国新古典经济学家马歇尔认为,产业集群是由外部经济导致的。**外部经济**是指当整个产业的产量(因企业数量的增加)扩大时,该产业各个企业的平均成本下降,因而有时也称为外部规模经济。马歇尔指出"外部经济往往能因许多性质相似的小型企业集中在特定的地方——通常所说的工业地区分布——而获得"(马歇尔 A,1964)。这段话描述的其实就是产业集群化现象。马歇尔还阐述了为什么集中在一起的厂商比单个孤立的厂商更有效率的三个主要原因：①厂商集中促进了专业化供应商队伍的形成；②厂商的地理集中分布有利于劳动力市场共享；③产业集群有助于知识外溢和技术创新。这三个原因其实说的就是产业集群的外部经济效应。正由于产业集群可以享有外部经济的好处，才能吸引众多企业加盟产业集群，从而诱发经济活动在地理上的集中。美国经济学家保罗·克鲁格曼指出，时至今日，马歇尔提出的这三个原因仍然成立。例如，美国硅谷就有大量的专业化供应商，从而使一些关键的设备和服务变得便宜和容易获得，厂商因而也能集中精力干它们最擅长的事情而把其他方面的业务外包给别人去做，而那些远离硅谷的外国公司，因为缺乏与硅谷的供应商联系的便利渠道，它将不得不自己提供生产所需的原材料或远距离与硅谷的供应商打交道，无形中提高了成本。硅谷的产业集群也为员工跳槽提供了便利，这种灵活性不仅增强了硅谷对高技术工人的吸引力，也增强了对雇用他们的公司的吸引力。至于知识外溢在硅谷就更加明显了。克鲁格曼曾引用过一位记者对硅谷中知识外溢的描述，他写道："在那里从事半导体工业工作的年轻男女们就像是神秘的兄弟会成员一般，在下班后会一起去喝一杯，聊聊天，谈谈战时的故事。如间歇性的神经过敏、周期性幻觉、泡沫记忆、脉冲训练、无弹性联系、蛙跳测试、P/N 交叉、睡眠疾病模式、缓慢死亡情节、RAMs、NAKs、MOSes、PCMs、PROMs、PROM 吹风机、PROM 爆破器，以及 Teramagnitude……"（克鲁格曼 P R 等，2016）。这种信息的非正式交流意味着在硅谷的公司比其他地方的公司更容易与技术前沿保持一致。事实上，许多跨国公司在硅谷设立研究中心甚至建厂，就是想跟上当代科技的最新发展。

综合以上三个原因，可以看出外部经济的实质是，行业规模越大，生产成本越低，这意味着该行业有一条向下倾斜的供给曲线，即行业的产出越大，厂商愿意销售其产品的价格就越低。

（二）新经济地理学派：规模报酬递增

新经济地理学派以克鲁格曼为代表人物，他从规模报酬递增的假设出发，利用生产函数和效用函数建立了中心-外围模型，刻画了产业集群形成的规律（Krugman，1991）。

该模型假设有南方和北方两个地区，每个地区都生产农产品和制造品两种产品。产业的地理集中主要受三种效应驱动。一是市场准入效应，即垄断厂商总是将其生产安排在大市场同时有向小市场出口的趋势；二是生活成本效应，有大量厂商集中的地区商品价格相对较低，从而会吸引大量的消费者聚集在该地区，进而节约了消费者的生活消费支出；三是市场挤出效应，在存在竞争的情况下，厂商总是向竞争者相对少的地区集中。前两种效应的合力形成聚集力，它有利于厂商和消费者在地理上的集中；第三种效应则形成离心力，促使厂商在地理上的扩散。

克鲁格曼认为，聚集力与离心力的大小主要取决于南方和北方之间的贸易成本。离心力是随着贸易自由化的加强而逐渐下降的。因为当南北方贸易完全自由化时，来自另外一个地区厂商的竞争和来自当地厂商的竞争是一样的，市场挤出效应将因此而下降。聚集力同样也受南北之间贸易自由化水平的影响。如果两地之间的贸易自由化水平很高，贸易成本就相对较低，此时两地商品的价格没有太大差别，厂商的生产区位对相对生活成本的影响就较小，这不但降低了生活成本效应，而且因为吸引的消费者减少而缩小了市场规模，降低了市场准入效应。可见，聚集力和离心力都随两地贸易自由化程度的提高而下降，但它们下降的幅度是不同的。克鲁格曼利用数学模型证明，随着贸易成本的递减，离心力下降程度比聚集力下降的程度快得多。

根据克鲁格曼的模型，产生这种现象的原因是，某地区居民用于购买制造业产品的收入份额越大，厂商离开该地区的激励就会越小。这主要缘于两个原因：第一，制造业产品需求旺盛使得工人更容易在当地找到工作，厂商需要支付更高的工资才能让工人离开该地，这提高了厂商迁出该地区的成本，阻碍了市场准入效应的下降；第二，支付在制造业产品上的收入份额越大，则该地区的相对市场规模也越大，使得厂商和消费者可以享受规模经济带来的成本和价格下降的福利，这同时阻碍了市场准入效应和生活成本效应的下降。也就是说，即使贸易成本下降了，由于上述抵消因素的存在，那些一开始就有较强制造业产品购买力的地区，其市场准入效应和生活成本效应的下降幅度将会比较小。相反，市场挤出效应并没有类似的抵消因素，这就造成了离心力下降幅度大于聚集力下降幅度的现象。例如，高铁的开通加剧了上海厂商对内陆厂商的竞争压力，但上海超市中很多消费品仍然比内陆便宜，上海人也仍然不愿到外地就业。这样，市场挤出效应的下降会大于生活成本效应和市场准入效应，离心力的下降幅度会大于聚集力的下降幅度。

当贸易成本下降到某种程度（均衡点）时，聚集力将会超过离心力，所有的工业将会移动到一个地区，形成行业的地理集中。此时劳动力和工业区位的转移并不是逐渐发生的，而会发生突变，也就是说，一旦某个区位形成产业的地理集中，该地区的聚集经济就会迅速发展并获得地区垄断竞争优势，就如同地球上的地震和火山沉寂了几十年或上百年，一旦爆发就能迅速改变地貌一样。产业的地理集中一旦出现，聚集力超过离心力的机制将会长期持续下去，使得产业在地理上的集中具有稳定性，形成产业集群的路径依赖特征。

（三）新产业区学派：社会网络和社会资本

新产业区学派主要研究那种由中小企业集聚而成的产业集群。研究者发现，很多发达的产业集群都是由中小企业集聚而成的，企业之间不但有投入产出联系、合作和竞争关系，而且还有各种非正式渠道的交流和沟通，形成"社会网络"，人们把这种现象称之为**新产业区**。

新产业区的重要特征是，产业集群内企业间的相互信任和经济关系是长期稳定存在的，研究者把这种现象称为非经济制度中的**根植性**（embeddedness）。这种根植性不是产生于正式的制度，而是产生于当地的人文因素。例如，由邻居、朋友、同学、宗族关系以及其他的社会关系等构成的人际关系网络。在地理接近条件下，这些因素对降低交易成本、信息交流等可以发挥很大的作用，客观上有利于经济增长，而且这种作用是长期持续的。由于社会网络具有推动经济增长的作用，研究者进一步认为，新产业区的产业集群根植于社会资本，即个体间的联系产生于某种可以带来相互信任的文化、规范、习俗等，这种形式的资本可视为经济增长的一个新要素。社会资本发达的地区更易形成产业集群。例如，中国的浙江温州地区自古以来就是一个商业发达的地区,代代相传的商业传统催生了有利于商业发展的**社会资本**,这对于温州的产业集群化产生了重要作用。

需要指出的是,社会资本的概念仍然存在很大争议。例如,山西、安徽徽州也是古代商业发达的地区,但却没有使这些地区出现新产业区,甚至连商业传统都荡然无存了。这说明某个时代形成的社会网络未必真能起到社会资本的作用。再比如,由于国情的不同,中国和意大利的学者更强调社会资本产生于邻居、朋友、同学、宗族之类的社会网络,而美国学者却认为社会资本产生于那种非血缘关系的、因信仰和价值观相同而结成的社会团体。正因为这个区别,许多美国的社会资本衡量指标难以在中国通用。例如,美国人将无偿献血率作为社会资本的工具变量,原因是无偿献血的人一般都热心公益,更容易参加社会团体,因此容易拥有更多的社会资本,而在中国,这个指标与邻居、朋友、同学、宗族之类的关联并不大。所以,我们不能将美国的社会资本指标原封不动地照搬到中国使用,这是需要特别注意的。

(四) 国家创新系统学派:默会知识与创新

国家创新系统学派解释了产业集群与创新之间的关系。他们认为,人类掌握的全部知识可分为**编码化知识**(codified knowledge)和**默会知识**两种。其中编码化知识是指可以用编码(包括文字、数字或计算机语言等方式)进行记录,具有可共享性,可以很方便地脱离其生产者而存在和传播的知识,而默会知识则难以用编码进行记录,只能以储存于知识拥有者大脑中的个人经验的形式存在。在这两类知识中,默会知识占据整个知识的绝大部分,而编码化知识则只是冰山一角。当代的创新活动需要由创新者互相之间交流编码化知识和默会知识,在互动过程中产生创新的灵感,进而实现创新。然而,编码化知识的传播是非常容易的,实际上并不需要面对面接触,而默会知识的传播无法利用有形的载体,只能通过面对面接触的方式才能够实现。这意味着,如果一个创新者想获得更多的创新灵感,就必须寻找更多的机会与其他创新者面对面交流。

产业集群恰好可以提供这一机会。产业集群具有地理上的接近性,这就有利于创新者之间的频繁见面,从而有利于非编码化的默会知识的传播,并进一步在传播过程中通过不同默会知识的碰撞而产生新思想和新发明,这正是创新多发生于产业集群内的原因。显然,这会吸引更多的企业加入产业集群。不仅如此,由于创新者都属于某个企业,它们之间的频繁交流还可以形成企业间的网络关系,以及新产业区学派所说的可以带来信任的文化、规范和习俗,即社会资本。这就进一步增强了产业集群对集群外企业的吸引力。因此,默会知识和创新也是产业集群的形成原因之一。

三、产业集群化的测量方法

学术界已经提出了多种产业集群水平的测量方法,这里只介绍最常用的几种方法,分别是行业集中度和HHI、空间基尼系数和产业空间集聚指数(concentration index of industrial space)。

(1) 行业集中度和HHI。这两个指标原本用于衡量产业组织理论中的市场集中度,但它们同样也可以用于计算产业集群水平。以行业集中度为例，在计算产业集群水平时，行业集中度的意思是产业规模最大的 n 个地区有关数值（如销售额、就业等）占全国的份额，计算公式为

$$\mathrm{CR}_n = \sum_{i=1}^{n}(X_i/X) \tag{7-1}$$

其中，X_i 为所研究产业在地区 i 的规模；X 为该产业的全国规模；n 为地区总数。与该指标用于市场集中度计算时的优缺点相似，该指标对规模最大的前几个地区份额总和的变化反应灵敏，计算简单易行，但它无法反映产业内其他地区的分布状况，也无法反映前 n 个地区之间产业规模的差异及其变化。再以 HHI 为例，该指标计算公式为

$$\mathrm{HHI} = \sum_{i=1}^{n}(X_i/X)^2 = \sum_{i=1}^{n} S_i^2 \tag{7-2}$$

其中，X 为该产业的全国规模；S_i 为所研究产业在 i 地区规模占全国规模的比重；n 为地区总数。HHI 越大，表明产业集群水平越高。与计算市场集中度时的优点相似，该指标对产业规模较大的前 n 个地区的份额变化特别敏感，充分考虑了地区总数和地区产业规模的影响，能够反映地区数目及产业规模分布的差异性。该指标的缺点是有可能存在失真情况。也就是说，较高的 HHI 不一定意味着更高的产业集群水平，因为该产业的企业可能均匀地分布在地区 i 内部，而不是聚集在地区 i 内部的某个地方，而且若某产业内部只有少数的企业，即使按照式（7-2）计算得到较高的 HHI，也难以称为产业集群水平高；同理，较低的 HHI 也不一定意味着产业集群不存在。

（2）空间基尼系数。基尼系数原本是用于计算收入分配公平程度的统计指标，美国经济学家 Krugman（1992）利用基尼系数的原理和方法，构造了空间基尼系数，并用来测度美国制造业的集聚程度。**空间基尼系数**的计算方法是，比较某个地区某一产业的就业人数占全国该产业就业人数的比重，以及该地区全部就业人数占全国总就业人数的比重，并将所得结果定义为空间基尼系数。这个指标可以衡量某地区的产业集群水平，计算公式为

$$G = \sum_{i}(S_i - x_i)^2 \tag{7-3}$$

其中，G 为空间基尼系数；S_i 为地区 i 某产业就业人数占全国该产业就业人数的比重；x_i 为该地区就业人数占全国总就业人数的比重。空间基尼系数的值在 0 到 1 之间变动，越接近 1 表明产业集群程度越高。

（3）产业空间集聚指数。美国经济学家埃利森（Ellison）和格莱泽（Glaeser）指出克鲁格曼的空间基尼系数大于零不一定表明产业集群现象肯定存在，因为空间基尼系数没有考虑到企业之间的差异。举例来说，如果一个地区存在一个规模很大的企业，有可能就会造成该地区在该产业上有较高的空间基尼系数，但实际上并无明显的产业集群现象存在。为了解决空间基尼系数失真的问题，埃利森和格莱泽提出了新的集聚指数——产业空间集聚指数来测定产业空间集聚程度，简称 **EG 指数**。计算公式为

$$Y = \frac{G - \left(1 - \sum_{i} x_i^2\right)H}{\left(1 - \sum_{i} x_i^2\right)(1 - H)} \tag{7-4}$$

其中，Y 为 EG 指数；x_i 为 i 区域某产业就业人数占全国该产业总就业人数的比重；G 为空间基尼系数；H 为 HHI。为了判断产业集群程度的高低，埃利森和格莱泽将 EG 指数值划分为三个区间，其中 $Y<0.02$ 表示该产业不存在产业集群化现象；$0.02 \leqslant Y \leqslant 0.05$ 表示该产业在该区域的分布相对均匀；$Y>0.05$ 表示该产业在该区域的集聚程度较高。

EG 指数的优点是考虑了企业规模及区域差异带来的影响，能够进行跨产业、跨时间甚至是跨国的比较。缺点是仍然以空间基尼系数为基础，若空间基尼系数测度不准，就会影响 EG 指数的准确性。但相对来说，由于 EG 指数拥有完美的数学形式和考虑因素较多等优点，它仍然是应用最为广泛的测算方法之一。

四、产业集群的类型

对于产业集群的分类，目前还没有统一的观点，由于产业集群在现实中有各种各样的表现形式，其划分标准有很多种。本节推荐联合国贸易与发展会议（United Nations Conference on Trade and Development，UNCTAD）提出的产业集群分类，这种分类方式可以直观地看出不同来源的产业集群的差别。

联合国贸易与发展会议 1998 年提出了产业集群划分的三个标准，即集群内企业技术的总体水平、集群内技术的延伸性以及集群内企业相互协作程度。按照这三个标准，产业集群可以分为两大类。一是**自发型产业集群**，二是**开发型产业集群**。顾名思义，前者是民间自发建立的产业集群，而后者则是政府推动建立的产业集群。自发型产业集群包括非正式产业集群、有组织的产业集群和创新型产业集群三种类型；开发型产业集群包括科技产业园区和创业园与出口加工区两种类型。上述五种产业集群的具体特征见表 7-1。

表 7-1　产业及全球的类型及其特征

项目	自发型产业集群			开发型产业集群	
	非正式产业集群	有组织的产业集群	创新型产业集群	科技产业园区和创业园	出口加工区
案例	库马西（加纳）	锡亚尔科特（巴基斯坦）	班加罗尔（印度）	国际创业园（中国）	保税加工区（墨西哥）
技术水平	低	中	高	低到高	中低
技能	低	中	高	中	中低
创新	很少	中等	较多	中等	很少
信任	低	高	高	低	低
合作	低	高	高	低	中
竞争	高	高	高	中	高
企业规模	小	大企业和中小企业	大企业和中小企业	中小企业	大企业和中小企业
出口	很少	中等或较多	较多	中等	较多
学习	很少	中等或较多	较多	较多	很少或中等

资料来源：https://unctad.org/system/files/official-document/c3em5d2.en.pdf

非正式产业集群是指那种因为偶然因素而在地理上集中的厂商集聚形式,这种形式在发展中国家是很常见的。非正式产业集群内有大量的中小企业,但企业之间缺乏信任和合作,没有共享信息的传播。集群内企业的技术水平落后,工人的技术水平低,进入壁垒很低,竞争激烈。集群中企业的进入和退出很频繁,同时也缺乏技术创新、管理水平提升和产品质量改善等行为。可见,非正式产业集群实际上只有集群的形式,并不是真正的产业集群。

有组织的产业集群也是以中小企业为主,但企业之间具备发达的社会网络,合作行为比较普遍。集群内的企业规模大于非正式产业集群,一般通过系统的训练和"学徒制"来提高员工的技术水平。尽管只有少数企业技术水平接近于产业技术前沿,但总体上拥有较高的技术水平。虽然这种形式的产业集群有合作行为,但它是基于各种人际关系网络而形成的合作,企业间合作的范围比较有限。中国的浙江温州产业集群就属于有组织的产业集群。

创新型产业集群以各种自发形成的高科技产业集群为代表,如美国的硅谷、印度的班加罗尔、中国的中关村等。集群内企业主要从事知识密集型的生产活动,拥有较强的产品创新和工艺创新能力。企业间信任和合作程度较高,但这种合作是基于企业间地理上的接近性,而不是基于人际关系,因此合作的范围要大于有组织的产业集群。集群中很多中小企业为大企业提供零部件服务,大企业为小企业提供技术平台和技术指导。

科技产业园区和创业园与出口加工区是政府科技与贸易政策下的产物,其实质是政府希望模仿创新型产业集群的成功,因此通过人为建立产业集群,试图实现产业集群、技术创新和出口增长。在科技产业园区和创业园中,确实有一些企业通过这种集群获得了成功。但是,这种人为建立的产业园区缺乏一个在企业间形成信任与合作的过程,实际上仅仅是出于享受政策优惠的动机,才把这些企业聚集在一起,这导致企业间缺乏正常的协作和交流机制,使其实际效果大打折扣。同时,这种产业园区也因为土地成本过高、基础设施投资巨大、与周边产业缺乏联系、难以带动地方经济增长而受到批评。在出口加工区中,尽管吸引了很多外商投资,但与科技产业园区和创业园相似,集群内部同样缺乏正常的协作和交流机制,协调和合作水平很低,与当地经济的投入—产出联系也比较少。

五、三种类型的新产业区

在解释产业集群化的各种理论中,新产业区理论尤其值得注意,因为它是唯一一个解释欠发达地区如何出现产业集群的理论。我国地区差距较大,中西部还有部分欠发达地区,在这些地方实现产业集群,是缩小地区差距的有效途径。根据国内文献的研究结果,目前我国有三种类型的新产业区,分别是嵌入型集群、原发型集群和衍生型集群。

(一)嵌入型集群

嵌入型集群,是指依靠外部资源流入而形成的产业集群。出现这种产业集群的必要条件是得天独厚的地理位置,其主要特点是交通便利且靠近发达地区,同时又拥有丰富的劳动力资源、良好的气候条件以及稳定的社会环境等。珠江三角洲东部的深圳、东莞、惠州等城市，就是典型的嵌入型集群。这些城市在改革开放以前经济都比较落后，但由于靠近香港，而且具备交通便利和劳动力资源丰富等优点，吸引了大量外资企业进入，在很短的时间内就成为发达的产业集群区。不过，这种形式的产业集群难以推广到其他落后地区，因为其他地区难以具备珠江三角洲东部这样优越的地理条件。

（二）原发型集群

原发型集群，是指基于本地区传统生产要素的积累而形成的产业集群。这种新产业区一般在历史上就是手工业发达的地区，有深厚的手工业技术和经验积累。浙江宁波和温州就是原发型集群的典型例子。宁波和温州自古以来就是手工业发达的地区，如宁波的服装和温州的制鞋，其产品都曾作为贡品进奉朝廷。这种传统一直延续到了现代。到改革开放初期，虽然这两个地区仍然经济落后，但却积累了大量的能工巧匠，这相当于为劳动密集型企业准备了数量巨大的熟练劳动力，而宁波和温州的经商传统，又使得当地人具备通过社会网络融资的能力。改革开放使宁波和温州的熟练劳动力（来自社会网络的）和融资能力得到了有机结合的机会，这才催生了宁波和温州等新产业区的出现。原发型集群并不要求优越的地理位置，但仍然难以在落后地区推广，因为它需要某地区拥有丰富的传统生产要素，这只适合于那些历史上手工业发达的地区，大多数落后地区并不具备这个条件。

关于原发型集群，有一个问题需要解释，即为什么这些手工工匠都聚集在历史上形成的手工业发达地区，而不向外扩散。如果这些工匠流散到其他地区，那么就无法成为原发型集群的生产要素，甚至原发型集群本身都可能因此而难以存在。浙江大学的金祥荣教授对这一问题提出了如下解释（金祥荣和朱希伟，2002）。

（1）产业特定性知识。与某一产品生产有关的技术、技巧、技能与经验等知识并非短期内形成与发展成熟的，往往需要经历一个漫长的积累与沉淀过程。历史上形成的生产知识历经一代代后人的继承、发展与突破已经流传至今，大量知识与当地的文化相结合，形成一种只有身临其境才能潜移默化学习的默会知识。据当地县志记载，各种手工匠师徒之间都有行话（隐语），俗称"市语"。当着客户的面，师徒之间在确定用料、工序、索取报酬等，都运用市语，商定对策。这种默会知识，往往是世代相传、历史积淀而成的产业特定性知识，弥漫着浓厚的地方文化色彩，在地理空间的传播与扩散能力很弱。

（2）技术工匠和特质劳动力。产业特定性知识的低流动性使这一地理区域内孕育出大量技术工匠，从而使这一地理区域成为该产业的制造中心和能工巧匠的集聚地。每位能工巧匠身边一般都追随了多位学徒，早期的学徒往往要在师父家里干上一两年的杂活，然后才被允许练习一些简单的基本功，这一般又要耗费一两年时间；等到入门三四年的光景，师父才开始传授关键的要领；徒弟学成后，往往又要在师父门下"免费"打工一两年后才被允许"下山"。同时，师父在传艺时往往会"留一手"，这既可能是出于徒弟学成后可能跟自己直接竞争的考虑，又可能是出于选择"德才兼备"继承人的需要。因此，师父的一些"秘诀""诀窍"一般不会轻易地传授给徒弟，往往是传授给自己的儿子或儿媳。这种人为延长、内外有别的功利性技艺传授方式大大减弱了技术知识在地理上的扩散能力，进一步强化了技术工匠在特定地理区域内的集聚程度。

（3）产业氛围。从事特定产业的技术工匠在某一地理区域内的集聚，使得这一区域内人们的社会经济生活弥漫着一种浓厚的产业氛围。当地的人们几乎生活在一个露天的大工厂之中，工匠从事生产操作的情景随处可见；孩子从小就在耳濡目染中不知不觉地学习到许多这一产业的生产知识。同时，由于从事这一产业的工匠很多，使得这一地理区域往往因该产业而闻名，从事这一产业会受到当地人的尊重，人们把自己的孩子送到当地有名的工匠门下学艺成为一种很自然的职业选择。同类工匠的地理集聚产生的竞争压力，使得技术进步、生产工艺改进等创新活动十分频繁，这些创新成果往往由于工匠之间地理上的相互靠近被很快地传播与扩散开来，营造出一种"创新—溢出"的共享文化。由于这种产业氛围已经与当地的文化、习俗融为一体，从而在空间上的流动性很弱以致成为笼罩在这一区域的"一团雾气"，难以扩散到其他地区。

（三）衍生型集群

除上述两种类型的新产业区之外，还有一种类型的新产业区，既不是产生于外部资源的流入，也不是产生于传统生产要素的积累，而是由专业化贸易市场转化而来的，这就是中国学者提出的衍生型集群（王珺，2005）。

衍生型集群，是指由专业贸易市场转化而来的产业集群。这种产业集群一般出现在靠近大城市的周边地区，但并不需要像嵌入型集群那样紧邻发达地区。珠江三角洲的佛山、江门、中山等城市就是衍生型集群的例子。这些城市的传统手工业不够发达，与香港距离较远，受地理区位的影响而获得外商投资的数量相对较少。也就是说，这里既没有传统生产要素的积累，也没有外部资源的大量进入。但这些城市有一个优势，那就是离省会广州距离较近，交通也比较便利，这就为它们通过专业贸易市场形成产业集群提供了机会。

考察珠江三角洲西部地区产业集群的发展历程，可以把当地产业集群分为三个阶段，即大城市需求刺激周边地区专业市场兴起阶段、依赖专业市场的生产活动聚集阶段和地方产业集群化成长阶段。

第一阶段是大城市周边专业贸易市场的兴起。20世纪80年代初期，随着改革开放的推进，大城市居民对日用工业品和耐用消费品产生了巨大的消费需求，然而当时占主导地位的国有商业市场化程度较弱，不能对快速增长的市场机会做出反应。大城市周边地区的中小城市抓住了这个商机，广泛开设专业贸易市场，为大城市居民提供日用工业品和耐用消费品。珠江三角洲西部地区邻近广州，同时又可以利用优惠政策和各种市场渠道从境外组织一些国内大城市紧缺的日用工业品和耐用消费品，因此顺理成章地形成了服装、鞋类、家具、家电、电子等多种商品的专业化贸易市场。

第二阶段是依托专业市场的产业集群生长。在这些市场的经营过程中，当地企业发现生产收益大于贸易收益，并经过一定时间的学习与资金、技能积累，进入生产领域。例如，广东顺德开始只有家具市场而从未生产过家具，但当地人在经营家具城时逐渐发现，家具的生产技术并不复杂，有能力进行替代性生产。通过模仿性生产，企业获得了意想不到的高额收益，其他企业又纷纷效仿，最终形成家具产业集群，这就是通常所说的"前店后厂"。珠江三角洲西部的产业集群，如顺德区乐从镇的家具行业和南海区大沥镇的摩托车行业，都是这样兴起的。当然，并不是所有的专业化市场都能带来产业集群，技术不复杂是形成产业集群的必要前提。例如，广东省南海区和番禺区的钢材、家电市场就没有形成产业集群。

第三阶段是脱离专业市场的产业集群成型。随着集群内一些企业规模的扩大，对专业贸易市场的依赖性逐步降低。这表现为大企业开始建立了自己稳定的销售网络，由进入专业市场的零星采购商的随机采购变为向大型采购机构稳定供货，由依赖本地专业贸易市场变为跨地区、跨国家的专业购销网络。中小企业将越来越多的资源和生产能力用于接受大企业的稳定的配件订单，也降低了对专业市场的依赖性。例如，广东省顺德区家具已销往全国大多数城市的家具城，从中涌现出多个名牌产品，对本地家具市场的依赖性大大降低。这种类型的产业集群是基于专业贸易市场衍生而来的，因此称为衍生型产业集群。相对于嵌入型集群和原发型集群，衍生型集群的模仿难度较小，适合于推广到几乎所有大城市周边的中小城市。

案例 7-3　河南省漯河市食品产业集群与南街村的崛起

河南省漯河市南街村是一个著名的"亿元村"。与中国的其他名村相似，这个村子其实是一个巨大的乡镇企业集团。南街村之所以引人注目，是因为该村实行了类似于改革开放以前的集体经济制度。1984～2020 年，南街村集团的产值增长了 3200 多倍。虽然曾有报道说南街村自 1997 年总产值达到 17 亿元以来就持续下滑，甚至在 2008 年一度面临债务困境，但目前这些问题已经解决。据公开报道的数据，南街村 2010 年的资产已达 30 亿元，负债仅为 4 亿元；2020 年南街村集团总产值达 23 亿元，已远远超过 1997 年水平。这个成绩已经相当优秀了。

对于南街村的成功，人们已提出了很多解释。有人认为南街村的崛起体现了集体经济制度的优越性，很少有人注意到，南街村恰好处于一个巨大的食品产业集群之中。该村所在的河南省漯河市，是中国食品工业协会公布的首个"中国食品名城"，食品工业高度发达。截至 2020 年，漯河市食品产业主营业务收入已占全市工业的 60%，占河南省食品产业的 1/6。无论以本章的哪个产业集群化测量指标来计算，漯河市的产业集群化水平都会高得惊人。全市共有 7000 多家食品企业，其中有大量的名牌产品和企业，南街村在其中并不是最突出的。例如，双汇火腿肠就是漯河本地企业生产的。除此之外，漯河还有澳的利、卫龙等食品品牌。南街村位于这样的产业集群之中，它的发展显然会有很多便利条件。马歇尔提出的外部经济的三个原因，即专业化供应商队伍的形成、劳动力市场共享、知识外溢和技术创新，都可以在漯河市的食品产业集群中实现。

在这方面，我们可以将南街村与安徽省凤阳县小岗村做一个比较。互联网上有言论称实行集体经济制度的南街村，要比实行家庭联产承包责任制的小岗村发达富裕得多，这体现了集体经济制度的优越性。如果从外部经济的角度考察，这个结论值得商榷。安徽省凤阳县是传统的农业县，制造业并不发达。以 2020 年的统计数据为例，凤阳县制造业增加值还不到南街村所在临颍县的 30%。虽然当地民间文化艺术发达，但却缺乏传统生产要素的积累。小岗村处于这一环境中，想要发展任何一种制造业都比较困难。无论是购买原材料和半成品,还是雇用技术工人,都要花费更高的成本,至于知识外溢更是与小岗村无缘。可以说,在南街村与小岗村面对的不同产业集群背景下,即使两个村采取完全相同的制度,甚至两个村互相实行对方的制度,南街村胜过小岗村的概率也会大得多。所以,如果考虑到得天独厚的产业集群化背景,南街村的崛起与其说反映了集体经济制度的力量,不如说反映了产业集群化的威力。

本章提要

1. 产业生态化强调运用"减量化、再利用、再循环"的3R原则改造传统的生产、流通和消费流程。它强调在生产、流通和消费等过程的输入端进行减量化,在输出端进行再利用和再循环,这样整个生产、流通和消费过程都具备了生态化特征。这种方式可以在一定程度上将负外部性问题"内部化"地解决。

2. 产业融合是在技术创新和放松规制的推动下,不同产业或同一产业内的不同行业相互渗透、相互交叉,从而使产业界限模糊化的过程。从产品性质的角度可以将产业融合形式分为渗透型融合、互补型融合、替代型融合和重组型融合。

3. 产业融合对市场结构的影响体现在淡化了行业边界、强化了竞争和催生了网络型组织结构,对市场行为的影响体现在反应式战略的出现,对市场绩效的影响体现在使不同产业的资源打破产业边界,在更大范围内自由流动、优化配置,形成规模经济和范围经济,从而降低了企业成本。

4. 产业集群化的内涵不仅体现为企业在地理上高度集中,而且还体现为集群内企业在经营活动上的密切联系,集群内知识分享非常频繁,技术外溢效应明显,技术创新活动十分密集。这些现象不仅有经济上的动因,还有社会性的动因,社会网络和社会资本都是产业集群化的驱动力。

5. 外部经济、规模报酬递增和社会资本都可以从不同角度解释不同类型产业集群的形成原因,默会知识的传播特点则解释了创新多发生于产业集群内的原因。

6. 产业集群化的主要测量方法包括行业集中度、HHI、空间基尼系数和EG指数。按照联合国贸易与发展会议提出的产业集群划分标准,产业集群可以分为两大类。一是自发型产业集群,二是开发型产业集群。前者包括非正式产业集群、有组织的产业集群和创新型产业集群三种类型,后者包括科技产业园区和创业园与出口加工区两种类型。

7. 中国有三种类型的新产业区,即嵌入型集群、原发型集群和衍生型集群。其中嵌入型集群要求在地理上紧邻发达地区,原发型集群要求有传统生产要素的丰富积累,衍生型集群要求靠近大城市且交通便利。无论模仿上述哪一种类型的产业集群化模式,都需要本地区具备相似的条件。

关键术语

| 产业生态化 | 产业融合 | 渗透型融合 | 互补型融合 |
| 替代型融合 | 重组型融合 | 网络型组织结构 | 反应式战略 |

产业集群	外部经济	新产业区	根植性
社会资本	编码化知识	默会知识	空间基尼系数
EG 指数	自发型产业集群	开发型产业集群	嵌入型集群
原发型集群	衍生型集群		

本章习题

1. 举几个现实中的例子，说明产业生态化是如何将负外部性"内部化"的。

2. 产业融合之后，某个行业中的企业将面临来自其他行业的竞争威胁，此时传统产业组织理论中提到的产业行为，如各类价格行为、广告行为和企业兼并行为，有哪些可以保留，哪些需要放弃？

3. 当一个行业的技术无法迅速提高时，该行业将出现一些颓势，如不再迫切需要现代化的机械设备，对高技术工人的需求下降，以及采用最新技术只能带来微薄优势等。此时该行业原有的产业集群就会瓦解，生产会转移到低工资地区。这种情形在现实中相当普遍，如美国底特律汽车产业集群的衰落、中国某些地区老工业基地的衰落等。请运用外部经济理论解释上述产业集群为什么会趋于瓦解。

4. 中国著名社会学家翟学伟认为，源自西方社会学的社会资本概念，与中国式的"关系"是不同的。前者多以社团方式存在，后者多以个人关系方式存在；前者需要以参与者热心公益为前提，后者需要以参与者具有可交换资源为前提。请问，如果中国的新产业区是基于西方式的社会资本，而不是基于中国式的"关系"而建立的，那么受益者将会有什么不同？产业集群的范围将会因此扩大还是缩小？

5. 举例说明默会知识和编码化知识的区别，以及默会知识的具体传播方式。

6. 同样是历史上商业发达的地区，为什么温州和宁波兴起了原发型集群，而山西和安徽黄山却没有兴起这样的产业集群？

7. 同样是邻近大城市，为什么珠江三角洲西部兴起了衍生型集群，而北京周边某些地区却没有出现产业集群（如承德和张家口）；或者即使出现了专业贸易市场，但却始终停留于"前店后厂"阶段（如河北的白沟箱包市场和香河家具市场）？

进一步阅读的文献

关于产业融合方面更广泛和更深入的讨论，可阅读周振华的《信息化与产业融合》（上海三联书店、上海人民出版社，2003）。

关于产业集群化过程中外部经济作用的更多介绍，可阅读克鲁格曼等的《国际经济学》第 6 章（中国人民大学出版社，1998）。若想了解新经济地理学派的详细观点，可阅读 Krugman 的 "Increasing returns and economic geography"（*Journal of Political Economy*, 1991, 99（3）: 483-499）和 Krugman 的 *Geography and Trade*（MIT Press, 1992）。

社会资本概念对于新产业区理论有至关重要的作用，关于这一概念的详细介绍，可阅读 Benhabib、Bisin 和 Jackson 的 *Handbook of Social Economics*（North-Holland, 2010）。

若想了解社会资本概念与中国本土的"关系资源"之间的区别,可阅读翟学伟的《人情、面子与权力的再生产》(北京大学出版社,2005);翟学伟的《中国人的关系原理》(北京大学出版社,2011)。

若想进一步了解默会知识对创新的作用,可阅读Audretsch的"Agglomeration and the location of innovative activity"(*Oxford Review of Economic Policy*,14(2):18-29)。

对于产业集群测量方法的更多介绍,可阅读乔彬等的《产业聚集测度方法的演变和新发展》(《数量经济技术经济研究》2007年第4期第124~133,161页)。

关于原发型集群的详细介绍,可参阅金祥荣、朱希伟的《专业化产业区的起源与演化——一个历史与理论视角的考察》(《经济研究》2002年第8期第74~82,95页);关于衍生型集群的详细介绍,可参阅王珺的《衍生型集群:珠江三角洲西岸地区产业集群生成机制研究》(《产业经济评论》2005年第2期第70~81页)。

本章参考文献

金祥荣,朱希伟. 2002. 专业化产业区的起源与演化:一个历史与理论视角的考察. 经济研究,37(8):74-82,95.

克鲁格曼 P R,茅瑞斯 M,梅里兹 MJ. 2016. 国际经济学:理论与政策(第十版). 丁凯,汤学敏,陈桂军,译. 北京:中国人民大学出版社:138.

马歇尔 A. 1964. 经济学原理上卷. 朱志泰,译. 北京:商务印书馆:279-280.

王珺. 2005. 衍生型集群:珠江三角洲西岸地区产业集群生成机制研究. 产业经济评论,4(2):70-81.

王述英,白雪洁,杜传忠. 2006. 产业经济学. 北京:经济科学出版社.

余东华. 2005. 产业融合与产业组织结构优化. 天津社会科学,(3):72-76.

张茜. 2009. 循环经济理念下的中国产业结构优化研究. 北京:中国人民大学.

赵玉林. 2017. 产业经济学:原理及案例. 4版. 北京:中国人民大学出版社.

植草益. 2001. 信息通讯业的产业融合. 中国工业经济,(2):24-27.

周振华. 2003. 产业融合:新产业革命的历史性标志:兼析电信、广播电视和出版三大产业融合案例. 产业经济研究,(1):1-10.

Benhabib J,Bisin A,Jackson M O. 2010. Handbook of Social Economics. Amsterdam:North-Holland.

Ellison G,Glaeser E. 1997. Geographic concentration in U. S. manufacturing industries:a dartboard approach. Journal of Political Economy,105(5):889-927.

Gambardella A,Torrisi S. 1998. Does technological convergence imply convergence in markets? Evidence from the electronics industry. Research Policy,27(5):445-463.

Krugman P. 1991. Increasing returns and economic geography. Journal of Political Economy,99(3):483-499.

Krugman P. 1992. Geography and Trade. Cambridge:MIT Press.

Porter M E. 1990. The Competitive Advantage of Nations. New York:Free Press.

第八章

产业模块化

模块化就是把复杂的系统分解成一系列相对独立的具有特定功能的子系统（即模块），然后分别处理。这样既能有效地完成任务，又能使每个模块得到发展和创新。模块化生产方式在诸如计算机、汽车等行业获得了广泛应用，并逐渐形成了产业模块化的趋势，而产业的模块化，将使产业组织和产业结构发生巨大变革，这正是本章讨论的主题。

■ 第一节 产业模块化的定义、特征和类型

一、产业模块化的定义[①]

（一）产品模块化

最简单的模块是那种可拆卸可组合的积木玩具，而产业经济学中的**模块**则是指半自律性的子系统，是可以组合成系统的、具有某种确定功能和接口结构的、典型的通用独立单元，可分解可组合是对模块的基本要求。如果某种产品都是由可分解可组合的模块所构成的，我们就可以说该产品实现了模块化。模块化就是按照一定的程序将复杂系统分解成按照"看得见的规则"相互联系而又独立的模块的过程。例如，计算机可以分解成主板、内存、CPU、硬盘、光盘驱动器、电源等功能相对单一的各个模块（或部件）。模块化的产品依靠"看得见的设计规则"（visible design rules）与"隐藏的参数"（hidden parameters）共同作用形成，其中前者包含了产品的架构（architecture）、模块间界面（interface）与模块检测标准（standards）等三个要素，是产品模块化的根本指导原则。

从产品模块化的历史来看，能够进行模块化生产的行业不是诸如煤炭、钢铁、化工等

[①] 本节产品模块化和产业模块化的定义参考了巫景飞和芮明杰的《产业模块化的微观动力机制研究——基于计算机产业演化史的考察》(《管理世界》, 2007年第10期, 第75~83页), 由作者整理而成。

传统产业，而是网络经济系统中的知识密集型产业。高技术产业作为高知识密集型产业，适宜采用模块化生产方式，其产品也是极易模块化的。例如，高技术产业中的计算机产业，其模块化生产最为显著。通过将计算机分解成各个模块，它的复杂线路被整合到每个单独的模块中。这样一来，组装计算机的工人不需要了解每一条线路，只需将各个模块拼插在一起，就完成了产品的组装。这就是产品模块化。

产品模块化可以带来巨大的经济利益：①从产品供应来看，模块化技术减少了产品的复杂性，使得分模块设计、生产得以独立进行，压缩了设计时间；②对消费而言，模块的多种组合增加了产品多样性，具备了可升级性，而可升级性还可以带来"**替代经济**"（economics of substitution）效应，即仅仅对某几个模块进行升级就可以实现产品整体功能的升级，这大大降低了成本，节省了购买开支。这表明，模块化技术是一种关于产品的特殊知识，这种知识具有综合性与前瞻性，使得产品得以有效分解、重组与升级，能为企业创造价值。

（二）产业模块化

产品模块化的进一步发展将形成产业模块化。产业模块化包括两个步骤。

第一步是**企业内部组织模块化**，即在企业内部按照产品模块化的分解来协调分工、组织生产，把设计和生产过程分解为各个模块。分工主要发生在企业内部，如根据产品模块化而划分的研发团队、共用一个产品平台的多产品事业部等。

第二步是**产业模块化**，即企业间按照产品模块化的分解原则来协调分工、组织生产，分工发生在企业之间，如计算机产业的戴尔（DELL）等品牌厂商，将各个模块的业务外包给大陆和台湾的 OEM、ODM 和 EMS[①]（即原始设备制造、原始设计和电子制造服务）企业，与这些企业合作生产计算机。

可以看出，如果产品模块化造成企业内部被划分为设计和生产等各个事业部门，那么就形成了企业内部组织模块化，而如果企业将设计和生产各个模块的业务外包给其他企业，那么就形成了产业模块化。产业模块化实际上是产品模块化进一步发展的结果，其发展顺序是产品模块化—企业内部组织模块化—产业模块化。

从产品模块化向产业模块化的发展，并不仅仅是业务是否外包的问题。产品模块化仅仅说明了某种产品具备技术上的可分性，但这种可分性要发生在产业内的各企业之间，还需要产品技术的标准化。也就是说，产品技术标准需要突破企业边界，从封闭（closed）、专有（proprietary）走向开放（open）、公共（public），形成企业共同接受的产业标准。只有形成了各企业可以共享的技术标准，DELL 公司才有可能把原始设备制造、原始设计和电子制造服务等业务外包给其他企业，其他企业也才有可能提供符合 DELL 公司要求的模块化产品。所以，模块化的前提是标准化。

---

① OEM 英文全称为 original equipment manufacturer；ODM 的英文为 original design manufacturer；EMS 英文全称为 electronic contract manufacturing。

二、产业模块化的特征

上面提到，可分解、可组合是对模块化的基本要求，而这个基本要求使模块化的产业与传统产业出现了重大差别。这个差别主要体现在，模块化的产业不仅产品本身升级换代的速度远远超过传统产业，而且模块化技术还不断孕育出新兴产业和新兴领域。这主要是因为模块化具备以下特征。

（1）系统信息的存在和被认可是模块化的前提。分解模块虽然是进行模块化设计和生产的先决条件，但模块化的设计和生产最终需要集中起来"合成"一个模块化产品。为了完成集中的工作，必须建立起模块与模块之间的联系，而建立这种联系就需要系统信息。**系统信息**也称"看得见的信息"，是指确立模块与模块之间的联系规则的、有关系统环境的信息。系统信息必须得到所有模块设计和生产者的认可，并共同遵守它。创造、发布和处理系统信息的企业称为**舵手企业**，其实就是作为核心领导企业的系统集成商。舵手企业负责制定、发布看得见的系统信息，并使所有模块单位都能够理解、认可、接受和遵守它。

（2）**个别信息**是单个模块竞争力的秘密武器。个别信息是与系统信息相对而言的，也称"看不见的信息"，是指单个模块内部活动的信息。个别信息可以隐藏在模块内部无须公开和传播。当具有竞争关系的模块之间展开竞争时，个别信息就可能成为每个模块的秘密武器，决定模块的竞争力水平。个别信息体现了模块化产业不同于传统产业的一个特点，即每个模块的设计和生产都有高度的自主权，并不需要舵手企业制定设计和生产的细节。由于模块化具有"大盒套小盒"的特点，因此个别信息并不是绝对的，它也有可能成为更低一级模块分解和集中时的系统信息。

（3）模块化是一种允许浪费和重复建设的经济系统。在稳定的系统信息下，各模块设计和生产的个别信息是保密的，这样，多个模块主体可能同时对一个设计展开竞争。虽然竞争的胜出者只有一个，但胜出可能带来的高回报还是会吸引数量众多的企业专注于开发同一个模块。从舵手的角度看，这样做虽然有一定浪费，但却有助于选出功能最好的模块，可以大大增强整体产品的竞争力。从社会总体的角度看，这种竞赛是一种重复建设，但它有助于提高经济效率，因此可以看作必要的成本。

（4）产业模块化可以通过潜在竞争的压力，淘汰缺乏竞争力的模块，由新的有竞争力的模块加入来维系模块整体的稳定。多个企业竞争同一个模块，不但可以选出更优秀的模块，而且也给已被选中的企业带来了竞争压力。任何一个已被舵手选中的模块企业，都必须保持足够的创新能力，具有足够的竞争力，否则，该企业将被其他更有竞争力的模块企业所代替。这种潜在竞争的压力保证了所有模块的竞争力，同时也保证了模块整体的稳定性。

正是因为具有上述特征，模块化的产品可以受益于所有模块的不断创新和升级，从而产品本身也在不断创新和升级。不仅如此，如果某些模块出现了革命性的创新和升级，则模块化产品本身可能催生出一个与原有产业不同的新兴产业。

三、产业模块化的类型[①]

我们已经指出,产品模块化的进一步发展将形成产业模块化。这个发展过程使产业模块化表现为不同的类型,各种类型的产业模块化之间具有层层递进的关系。

首先是产品结构的模块化。这种形式的模块化表现为产品性能与产品结构的关系,如图 8-1 所示。其中图 8-1(a)表示统合型结构产品(即非模块化产品),图 8-1(b)表示模块化结构产品。图中 F 和 S 分别表示产品的功能和结构;F1、F2 表示产品的一级子功能,f1、f2 表示产品的二级子功能,S1、S2 表示大模块,s1、s2 表示小模块;两个图的左半部分都表示产品的功能,右半部分都表示产品的结构。从图 8-1(a)可以看出,统合型结构产品左半部分和右半部分的各构成要素,都是复杂的多对多的互相缠绕关系。因此,任何零部件功能的设计都必须考虑复杂的影响因素,如零部件 S1 的设计者需要考虑以下因素:①与其他零部件的功能相互依存性(s1—f1—s2、s1—f2—s2 等);②与其他零部件的结构上的相互依存性(如 s1—s2);③与产品总体设计的相互依存关系(如 s1—S1—S 等);④子功能之间的相互依存性(f1 和 f2、F1 和 F2 等)。

(a) 统合型结构产品设计   (b) 模块化结构产品设计

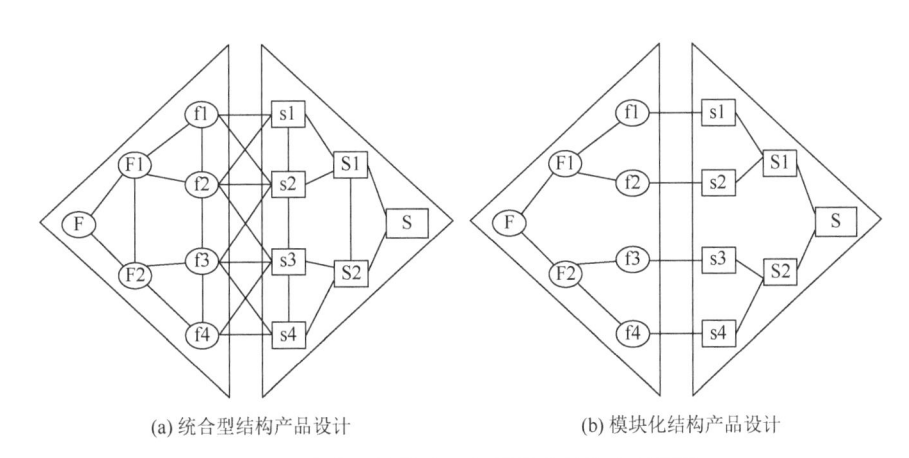

图 8-1　统合型结构产品与模块化结构产品设计

相反,从图 8-1(b)可以看出,模块化结构产品可以降低这种相互依存性,可以确保产品结构和功能之间一一对应的关系。S1 的设计者只需关注功能 f1 和结构 S 即可。这就大大降低了设计难度,提高了设计效率。此外,在以上处理之后剩下的相互依存性,只需利用简化和标准化的零部件间接口进行处理即可。

其次是生产的模块化。这种模块化的实质是将生产过程由流水线生产改进为模块化生产。如图 8-2 所示,在图 8-2(a)的非模块化生产流程中,构成产品的所有小模块(从 s1 到 s8)都是依次排列的,并没有组成几个较大的模块,因此生产流程就是由一条长长的生产流水线来组装处理数量众多的零部件,产品组装的每个步骤(P)都需要完成某一项

[①] 本节内容参考了武石彰、藤本隆宏、具承恒的《汽车产业的模块化:产品、生产、采购体系的统合组织》(RIETI Discussion Paper Series,2001 年第 1 期),内容由作者整理而成。

产品结构（S）。这实际上就是 20 世纪流行的福特制流水线生产方式。而在图 8-2（b）的模块化生产过程中，小模块被整合成几个较大的中间模块，每个中间模块的生产都可以由独立的生产线来完成。例如，两个中间模块 S1 和 S2 分别由两条生产线来完成生产；最终产品只需完成对 S1 和 S2 组装就可以了。可见，模块化生产方式相对于流水线式的非模块化生产方式，具有更高的效率。

(a) 非模块化生产流程　　　　(b) 模块化生产流程

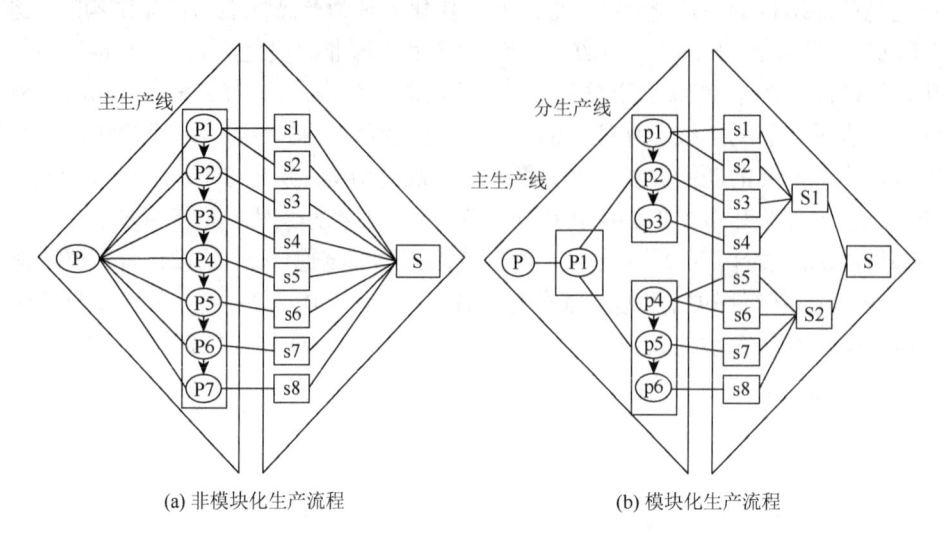

图 8-2　非模块化与模块化生产流程

最后是企业组织关系的模块化。生产流程模块化的进一步发展，就是企业组织关系的模块化。这一点在图 8-2 中已见端倪。可以看出，如果把图 8-2 中的两个分生产线外包给其他企业，那么企业内部分生产线之间的关系就会演变为企业之间的关系，这正是企业组织关系模块化。这种形式的模块化就是由市场化交易代替内部生产，企业的边界和相互关系因此发生了变化。图 8-3 表现了因模块化采购而改变的企业间关系。

在图 8-3（a）的非模块化采购体系下，组装企业直接在企业内部建立分生产线，每个分生产线负责生产一部分零部件，然后再由主生产线将零部件组装成最终的产品。但在模块化采购体系下，企业把分生产线外包给其他企业，形成组装企业与零部件企业之间的关系。各个零部件企业分别完成相应的模块的设计和生产，组装企业只是将少数几个大的模块组装成最终产品。这样，市场交易部分地替代了企业内的生产，这就改变了企业之间的关系。组装企业不必与数量众多的零部件企业直接交易，只需与几个零部件企业交易就可以了，而每个模块供应商则与一定数量的零部件企业直接交易。这样在每个层次上都节约了交易成本。同时，模块化采购体系也给组装企业鼓励零部件企业利用个别信息竞争同一个模块的设计开发提供了可能，从而激励了零部件企业的创新能力。

可以看出，产品结构的模块化、生产的模块化与企业组织关系的模块化是层层递进的关系。其中产品结构模块化是基础，是生产和企业组织关系模块化的前提，而企业组织关系模块化是最终结果，是产品结构模块化和生产模块化的优化和发展。

(a) 非模块化采购体系　　　　　　(b) 模块化采购体系

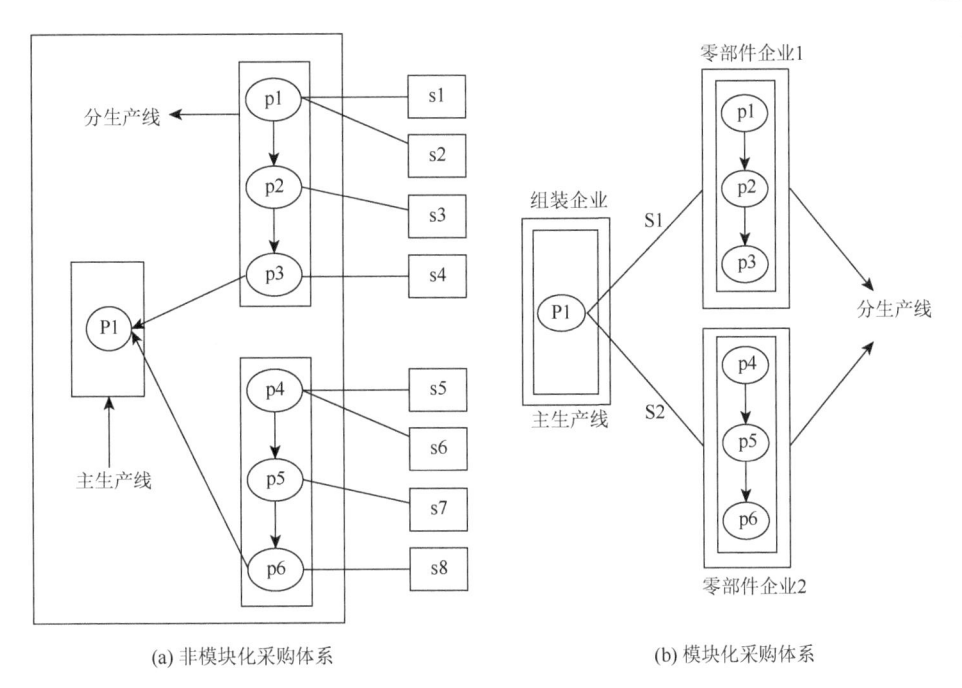

图 8-3　非模块化与模块化采购体系

第二节　产业模块化的理论基础

产业模块化是近几十年来出现的新现象，对这一现象的理论解释仍处于起步阶段。本节主要从企业间关系的角度，介绍产业模块化理论。

一、鲍德温和克拉克：模块化改变了企业间关系

美国哈佛大学教授 Baldwin 和 Clark（1997）认为，产业模块化不仅具有激励创新、加快产业变化、提高竞争压力等作用，而且会改变企业间的关系。他们认为，模块化经营必然将企业分为两个层次：要么是设计师型企业，要么是模块设计和制造企业。市场对这两种类型企业的能力要求是不同的。

对**设计师型企业**而言，它必须能够吸引模块设计者遵照它设计的结构，按照它所提供的界面联系规则，以相同的标准进行模块设计和制造。也就是说，设计师型企业必须能够让模块设计者相信，它设计的结构能够在市场上流行。对模块设计制造企业而言，它必须熟知隐含在设计当中的信息，而且在机会到来时，能够迅速做出满足市场需求的行动。

这两种能力都不是轻而易举可以达到的，因此，无论哪种类型的企业，都不仅需要具备技术创新的能力，而且需要具备市场运作和组织变革的能力。由于人是组织当中的核心要素，模块化组织对公司的各类职员也提出了更高的要求。他们需要富有独立精神，具有高超的技术和较强的革新能力。他们只需要在必要的情况下表现出服从的姿态，更多的时候他们是以挑战者和反叛者的身份存在（Baldwin and Clark, 1997）。

二、国领二郎：开放式结构

日本经济学家国领二郎（1995）提出了一种解释产业模块化的理论。他认为，数字时代的产业模块化与工业化时代的产业模块化有相当大的区别。在数字时代，信息技术进步使得信息资源数字化，所有信息资源都可以转化为统一的"比特"，通过电脑和通信媒体来传输。在这种情况下，无论是信息产业本身的信息资源，还是传统产业的信息资源，都需要遵守传输控制协议/互联网协议（transmission control protocol/internet protocol，TCP/IP），才能在电脑和通信媒体上传输。因此，这些信息资源，以及提供这些信息资源的产业，也都逐渐具备了标准化和通用性的特征。这种特征又进一步催生了开放式结构的出现，即厂商尽量减少本企业的零部件生产，取而代之的是在本企业产品上设置了插口，将与插口连接的零部件外包给其他企业生产。此时这些外包生产的零部件就可以称为模块，这种基于模块的生产体系就可以称为产业模块化。

开放式结构为那些规模较小的企业提供了一个在市场中盈利的机会。这些企业在最终产品环节难以与大企业竞争，于是它们干脆放弃了制造最终产品的做法，转而集中力量设计和制造最终产品上游的某个零部件，从而发挥自己的专业化竞争优势。这种策略之所以可行，正是因为产业模块化促进了零部件的标准化和通用性，不必由最终产品生产企业自己生产，而是可以外包给其他企业生产。这种开放式结构的好处在于，它不仅节约了最终产品生产企业本身的生产成本和组织费用，而且能通过将同一个零部件外包给多个企业来竞争性地供货，产生了竞争激励效应。

日本的丰田汽车公司就是开放式结构的成功案例。该公司将大量零部件生产外包给其零部件供应商，同时只提供通用性的产品设计规则。零部件供应商基于通用的设计规则自行设计零部件。只要设计图纸得到丰田汽车公司的认可，就可以投入生产。这种模式不仅节约了丰田汽车公司本身的设计成本，而且由于各个模块的设计是同时进行的，因此也缩短了技术进步和产品升级的时间。不仅如此，丰田汽车公司还将同一个零部件同时外包给多个企业，让它们竞争性地设计和生产，这不仅进一步加快了零部件设计和更新的速度，也提高了零部件的质量。正是在这种开放式结构的基础上，丰田汽车公司才能长期保持其强大的竞争力。

三、青木昌彦：企业组织关系模块化的不同形式

日本经济学家青木昌彦认为，不同行业内部模块之间的信息传递方式是不同的，相应地，就会有不同形式的企业组织关系。例如，硅谷的企业组织关系模块化，就与丰田汽车公司的组织关系模块化不同，二者不能互相替代。青木昌彦和安藤晴彦（2003）根据模块之间信息传递方式的不同，将模块化产业组织划分为A模型、J模型和硅谷模型三类。青木昌彦（2001）指出，所有类型的组织都要处理两类信息，即系统信息和个别信息。系统信息是同时影响模块之间活动的有关系统环境的信息，处理这种信息之后做出的决策决定了子系统之间的联系规则乃至界面的状态，处理系统信息的单位被称为舵手。个

别信息是有关各模块活动的固有环境的信息。在这一假定之下，A 模型、J 模型和硅谷模型分别拥有各自的信息联系规则和效率状态。

首先是 **A 模型**。IBM360 电脑的模块化组织模式是 A 模型的代表，其信息处理和模块集中形式如图 8-4 所示。

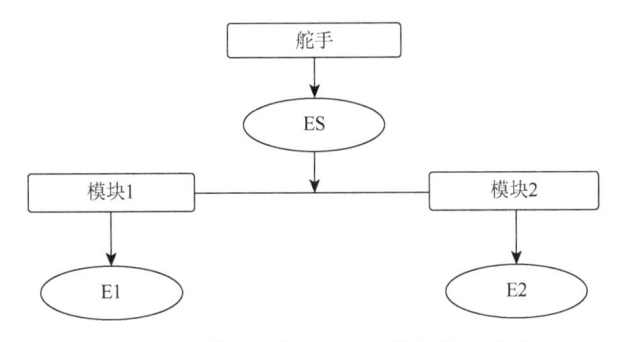

图 8-4 A 模型的信息处理和模块集中形式

资料来源：青木昌彦和安藤晴彦（2003）

在图 8-4 中，ES 表示系统信息，E1 和 E2 表示个别信息，舵手作为核心领导企业，负责发布专业的、排他的系统信息，并对产品进行模块化集成和整合。图 8-4 中箭头表示系统信息从舵手到模块企业的流动方向。在设计、生产各模块之前，由舵手制定模块的联系规则，而且只有舵手有权改变联系规则。各模块企业遵循舵手制定的联系规则，利用个别信息独立进行各模块的设计和生产。由于图 8-4 的外形像金字塔，这种组织模式又叫作金字塔型组织模式。

其次是 **J 模型**。作为 J 模型代表的丰田汽车公司的模块化组织模式如图 8-5 所示。

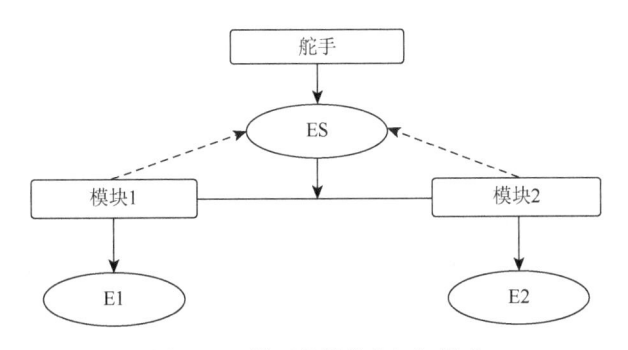

图 8-5 J 模型的模块化组织模式

资料来源：青木昌彦和安藤晴彦（2003）

在图 8-5 中，ES 表示系统信息，E1 和 E2 表示个别信息，在舵手的领导下，舵手与模块之间或者模块与模块之间不断地交换经常发生变化的系统信息，联系规则在舵手与模块之间、各模块之间的不断互动中也会做细微的调整。图 8-5 中实线箭头表示系统信息从舵手向模块企业的流动方向，而虚线箭头则表示模块企业的信息反馈方向。在此情况下，信息在舵手和模块企业之间具有共享性。因此，这种模式又叫作信息同化型组织模式。与 A 模型不同，在 J 模型中，模块企业不是简单地服从舵手的命令，而是会根据具体操作中遇到的问题，向舵手企业反馈信息，促使规则不断优化、组织信息不断完善。在这种模式下，模块企业对系统信息享有了一定的话语权。

J 模型以日本汽车产业的"下包制"最为典型。例如，在丰田汽车城，丰田汽车公司作为舵手企业，周围有众多的模块供应商。丰田汽车公司作为主要采购商，为模块供应商提供广阔而稳定的市场，同时还对模块企业进行包括设计和制造技术在内的多方面培训。首先由丰田汽车公司初步形成设计规则，其次由模块企业设计图纸并与丰田汽车公司进一步交流，最后确定设计规则。这种组织模式大幅缩短了系统改良的时间，使日本汽车企业在国际市场上长期保持竞争优势。

最后是**硅谷模型**。顾名思义，美国硅谷的模块化组织模式是该模型的代表，如图 8-6 所示。

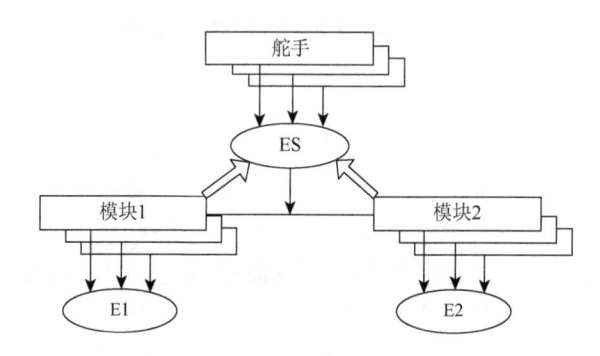

图 8-6　美国硅谷的模块化组织模式

资料来源：青木昌彦和安藤晴彦（2003）

与前两种模型不同，硅谷模型存在多个舵手和大量的同类模块企业。舵手与模块企业之间没有相对稳定的长期合作关系。舵手只会从利益最大化的角度出发，选择能带来最大价值的模块企业作为外包对象。每个模块企业都独立于其他模块，负责处理个别信息和一开始就已经确定的有限的系统信息，因此，各模块发出的"看得见的信息"是不同的。所以，这种模式又被称为信息异化型组织模式。这种异化的信息由舵手从其本身所处的系统环境角度加以解释后，再以简约的形式反馈到整个系统。于是，各模块企业对系统信息的处理就包括对反馈过来的异化信息的比较、解释和选择等活动。图 8-6 中 ES、E1 和 E2 的含义与图 8-4 和图 8-5 相同。这种情况下信息的处理、传达和交换是分散的，各模块之间的联系规则在这种过程中不断被筛选和进化。可见，这种模式下模块企业对系统信息享有了比 J 模型更大的话语权。此外，由于图 8-6 中同类模块中的不同企业具有不同的核心竞争力、模块设计和生产技术，增加了进行模块创新性设计的机会，提高了模块化产品的创新性。

美国硅谷是这一模型的典型代表，Baldwin 和 Clark（2000）把硅谷称为"模块的聚集地"。在硅谷产业集群中，行业内企业如英特尔、微软、思科和国际半导体产业协会、国际互联网工程任务组等行业标准化组织相互协商以初步确立系统的设计规则。同时，往往有几十家甚至更多的企业为研发同一个技术或产品而展开激烈竞争。因此，各模块供应商必须开发出有竞争力的模块，获得模块的全部价值，从而促进模块设计、制造技术的升级。而且，舵手企业通过对各种模块进行不同的配置和组合创新，还可以整合出具有不同功能属性的模块化产品。美国硅谷之所以能够在电子通信和计算机领域长期具有竞争力，究其原因主要是"锦标赛"式的激励机制促使各模块企业能够进行创造性的模块设计和制造。

在这三种模型中，信息的传递和处理方式各有特点，舵手企业的作用也各不相同。在A模型中，系统信息是单向固化传递的，唯有舵手具有系统信息决定权，因此舵手是一个权威的领导者；在J模型中，系统信息是双向互动传递的，舵手除了具有相当的系统信息决定权外，还要发挥协调者的作用；在硅谷模型中，系统信息是多向流动传递，而且不是唯一的，舵手的作用是找出最合适的途径。三种模型并不存在优劣之分，而是各有其适应的状况即成本收益状态。

四、模块化的经济效应

上述三种模块化理论都指出，模块化改变了企业组织关系，有利于激励创新，提高了效率。因此，模块化对企业行为和产业组织都会产生一定影响。具体说，这种影响主要体现在模块化的成本和收益、模块化环境下的竞争特征和模块化对市场结构的影响等几个方面。

（一）模块化的成本和收益

模块化并非适用于所有产业，它也存在成本和收益，因此面临"度"的问题。在当前，模块化的收益主要体现在以下几个方面。①有利于各模块发挥专业化优势。各个模块在遵循共同标准和界面的前提下，都只需关注模块自身的设计和生产，可以发挥知识和劳动力等资源的专用性，形成专业化优势。②创新激励。模块开发具有"淘汰赛"的性质，可以激发创业者的竞争本能，尤其是一旦竞争成功将获得的巨大利益。这带来了持续的创新激励。③替代经济效应。消费者只需升级几个模块就可以享有更好的整体产品性能，这就降低了成本，扩大了市场。④应对不确定性。设计师型企业之间和模块企业之间的激烈竞争，相当于在各种假设的基础上同时开展实验，其最大的效果就是可以应对未来的不确定性，增加选择的余地。

不过，模块化还隐藏着巨大的成本，这些成本在一定程度上削弱了模块化的利益。模块化的成本包括。①协调成本。系统结构越复杂、模块划分得越细、模块之间需要协调的互补性部分就越多，协调成本就会越高。②实验成本。模块化中的重复研究和开发，既可以应对不确定性，又不可避免地增加了研究和开发的成本，即实验成本。③交易成本。企业组织关系的模块化，使原本在一个企业内部各生产线的关系，转化为企业之间的关系，这就必然会增加交易成本。④管理成本。设计师型企业与模块企业之间的关系，某种程度上也是管理与被管理的关系,尤其是当设计师与模块都在同一个企业内部(即生产的模块化)就更是如此。这样随着系统结构的复杂化,管理成本也会提高。

正因为模块化具有上述收益和成本,目前并非所有产业都可以模块化。例如,某些重化工业的实验成本,即重复研究和开发的成本过高,超过了模块化的收益,就难以实现模块化。能够模块化的产业,都无一例外是模块化成本相对收益较低的产业。

(二)模块化环境下的竞争特征

模块化环境下的竞争,与传统产业的竞争有重大区别。

首先,对模块化的企业,真正重要的是技术标准和创新方面的竞争。对设计师型企业来说,最主要的竞争行为是对行业标准控制权的竞争,这关系到企业能否继续作为舵手企业而获得模块化的收益;对于模块企业来说,研发创新是最主要的竞争行为,这关系到企业的产品设计能否被舵手企业选中而获得模块化的收益,而传统的价格、广告和企业兼并行为已经变得不重要了。

其次,企业之间的合作也成为一种趋势。这主要体现在设计师型企业与模块企业之间、不同层级的模块企业之间形成的层层外包、层层集成的关系。这种关系决定了,任何一个企业要想在竞争中获胜,首先需要找到有竞争力的合作者,即它在模块化系统中的"上家"和"下家"。只有所有的合作者都很优秀,那么这个企业本身才更有可能控制行业的技术标准,或者更有可能在模块竞争中获胜。在这种情况下,企业之间的合作成了一种关键的竞争手段。

(三)模块化对市场结构的影响

模块化深刻地改变了企业之间的组织关系,那么它必然会对市场结构产生深远影响。传统产业组织理论中的市场结构理论已不足以解释模块化条件下的市场结构。模块化对市场结构的影响主要体现在以下几个方面。

(1)市场结构的分层化。模块化将企业分为两个层次,一是舵手企业,二是模块企业。在系统规则的设计层面,舵手企业之间形成寡头垄断的市场结构,而在模块的设计和制造层面,模块企业之间形成竞争型市场结构。系统规则的设计可能是高度集权的,如前述A模型就是如此,也可能是分权的,如前述J模型和硅谷模型。无论在哪种模型下,都存在舵手企业,舵手企业之间的竞争日益寡头化,但潜在的竞争和替代压力仍然可以迫使企业采取竞争性行为。在模块企业之间,竞争可能达到白热化,但即便如此模块企业也能获得垄断利润,只是垄断利润不是来自市场势力,而是来自其技术创新能力。然而,任何一家模块企业的技术创新能力都不可能永远占据领先位置,因此保持垄断利润的时间是有限的,这更加剧了模块企业之间为获取垄断利润而进行的研发创新竞争。模块化导致的市场结构分层是相对的,舵手企业和模块企业可相互转化,这进一步强化了每个层面上企业间竞争的激烈程度。

(2)立体簇群式的市场结构。在模块化的背景下,没有一家企业设计、制造整个系统,而是分别设计组成系统某个部分的模块。不同功能的模块通过共同的标准界面集成为一个功能强大的完善系统。这就形成了立体簇群式的市场结构。这种市场结构既不同于传统产业中垂直兼并形成的纵向一体化结构，也不同于水平兼并形成的横向一体化结构，而是一种在舵手企业与模块企业之间的跨产业、跨生产和设计环节、相互交叉、可上下流动的复杂市场结构。在这种市场结构下，传统的市场集中度和市场势力指标都失去了意义。

第三节 计算机产业的模块化[①]

本节以计算机产业的演变历史为例，从企业层面考察产业模块化的微观动力机制。从计算机产业演变历程可以看出，企业间竞争激发的创新行为是产业模块化的主要驱动力量。

一、计算机产业演变的三个阶段

（一）第一阶段：大型计算机的竞争与演化

20 世纪 60 年代，IBM 垄断了大部分美国计算机市场，市场份额高达 70% 左右。但是，当时计算机产业还没有实现模块化，IBM 本身就生产了 7 种互不兼容的大型计算机。对于每一种计算机，IBM 都要投入大量的成本，这就减弱了 IBM 在资金、研发、生产、销售等方面的竞争力，使其在单个产品线上遭遇其他企业的强大竞争压力，结果削弱了公司的成长性。1963 年，美国计算机市场销售额增加了 35%，而 IBM 销售额仅仅增加了 7%。

为了摆脱这种局面，IBM 于 1964 年推出了第一款模块化的计算机，即 IBM360 计算机。在这之前，计算机厂商需要针对每种主机量身定做操作系统，所以每次推出新系列的计算机，都要重新编写程序。而 IBM360 的问世则让单一操作系统适用于所有系列的计算机。这样一来，消费者就可以分别购买 IBM360 的各种功能模块，然后依据自己的偏好组装成计算机，而不需要担心操作系统不兼容的问题。而且，未来的计算机升级也不需要更换整机，只需要对模块进行升级即可，这就大大节约了购买成本。此外，IBM360 不同系列计算机还使用了相同的接口设备和软件，使得不同系列计算机可以兼容。这种计算机在上市之后取得巨大成功。1970 年，IBM360 系列计算机的市场份额已接近 80%。

不过，IBM360 仅仅实现了有限的模块化，因为它的技术标准采取了封闭专有的策略。具体地说，IBM360 仅能实现 IBM 内部大型计算机之间的兼容，但与其他公司的大型计算机互不兼容。不仅如此，IBM 也没有公开自己的技术标准。这就意味着，除了核心模块如集成电路、操作系统之外，就连外挂兼容（plug-compatible）的周边设备（如磁盘驱动器等），都要由 IBM 自行生产。在这种策略下，IBM 利用 IBM360 的优势，通过提前封闭外部设备接口、发布产品、捆绑销售和价格歧视等手段，将许多竞争者逐出市场，成为大型计算机市场的霸主。

[①] 本节内容参考了巫景飞和芮明杰的《产业模块化的微观动力机制研究——基于计算机产业演化史的考察》（《管理世界》，2007 年第 10 期，第 75～83 页）内容由作者整理而成。

(二)第二阶段：小型计算机的竞争与演化

IBM 的封闭专有策略可以使其垄断大型计算机市场，但它却忽略了新兴的小型计算机市场。随着芯片技术的提高，芯片体积逐渐压缩，这就为小型计算机的出现提供了前提条件。1957年，数字设备公司（Digital Equipment Corporation，DEC）成立。公司的产品是针对那些买不起 IBM 大型计算机的中小型企业、大企业的个别部门和个人用户。随后，科学数据系统（Scientific Data Systems）公司、数据通用（Data General）公司、普赖姆电脑（Prime Computer）公司、惠普、王安电脑公司及天腾（Tandem）电脑公司等纷纷加入，市场竞争变得日趋激烈。

在产品的生产策略上，DEC 等公司采取了先外部采购零部件，然后再自行生产的整机的策略。在成立初期，各公司自行制造 CPU，再向外购买接口设备后加以组装。显然，这具有企业组织模块化的特点。这种策略促进了各公司的发展，但在取得成功之后，各公司逐渐将相关接口设备纳入公司内部的生产部门，以便获取较高利润及较佳的质量。因此这些公司后来也与 IBM 一样，将最终产品的零件自行生产，成为垂直整合型的厂商。不过，在小型计算机市场上一直没有形成共同的产业标准。各家公司的产品也像大型计算机一样，具有个别专有性且互不兼容。

(三)第三阶段：个人电脑的竞争与演化

小型计算机虽然体积较小、价格较便宜，但这是相对于大型计算机而言的。实际上，小型计算机的体积和价格仍然不能为普通家庭所接受。直到 20 世纪 70 年代出现了个人电脑，计算机才真正进入了家庭。当时成立了很多个人电脑公司。其中最有名的是成立于 1976 年的苹果公司（Apple）。苹果公司初期采取开放策略，将产品的技术标准与规范公之于众，并凭借着创意的产品设计（Apple I 电脑和 Apple II 电脑）迅速崛起，成为当时个人电脑市场的主导厂商。

苹果公司崛起之后，为了竞争个人电脑的市场份额，IBM 于 1981 年推出 IBM 个人电脑，同时公开了该产品除 BIOS（basic input/output system，基本输入输出系统）之外的绝大部分技术细节，并采取了外包采购关键模块的策略。IBM 从微软公司注册了操作系统，又从英特尔公司购买了 CPU 芯片，还允许微软与英特尔将产品再卖给别的企业。IBM 的开放策略，再加上它的品牌效应，吸引了众多硬件、软件的厂商加入，同时也获得了消费者的认可。1983年，IBM 个人电脑的市场占有率超过 76%。

与 IBM 不同，原来的领先者苹果公司，却从开放走向封闭。为了应对 IBM 的竞争，苹果公司先后推出 Lisa 机、Macintosh 机。为了追求质量，并获得更多利润，苹果公司采取了类似于 IBM360 的封闭专有策略，不仅没有给机器留有可扩展的硬件插槽，而且还不兼容其他公司的应用软件。这导致许多苹果电脑的购买者转而购买 IBM 电脑。结果，苹果公司的销售份额急剧下降，到 1996 年，苹果公司的市场份额已经降到 4%，亏损高达 10 亿美元。

IBM 虽然在竞争中战胜了苹果公司，但它在成功之后却又走上了封闭专有的老路。

之所以如此，是因为开放式策略给竞争对手提供了"搭便车"的机会。许多竞争对手利用 IBM 的开放式策略，纷纷生产可以兼容 IBM 的个人电脑，结果侵蚀了大部分 IBM 的市场份额。面对这个情况，IBM 试图通过封闭专有策略遏制兼容机的发展，为此它采取了以下策略。

（1）利用专有 BIOS 指令。IBM 采取软件与硬件相结合的方式，把某部分微软所设计的操作系统 PC-DOS 中的 BIOS 指令，直接写入装在计算机主机板的只读记忆（read only memory，ROM）芯片中，称为 ROM-BIOS 芯片，由 IBM 单独出售，同时对这些指令申请版权保护。这样一来，其他厂商如果要生产与 IBM 个人电脑兼容的机型，不是得用 IBM 的 ROM-BIOS 芯片，就是得设计另一个与 IBM 芯片具相同功能的芯片。但是 IBM 的 ROM-BIOS 芯片并不对外出售，而其他厂商利用 IBM 出版的技术报告来制造芯片则会侵犯知识产权。

（2）推出专有总线（bus）架构。1987 年，IBM 推出 PS/2 系列的个人电脑，除了具有与之前各型电脑相同的可外插零件特性外，也提供较小的高密度磁盘驱动器及整合性高画质绘图功能。在这个系列的高级个人电脑中，IBM 利用 16 位的 Intel80286 及 32 位的 Intel80386 微处理器来制造，而且采用 IBM 所专有的总线架构，和其他公司的计算机不兼容。

这两项封闭专有的策略，都在计算机市场中遭到了失败。针对第一项策略，康柏（Compaq）公司利用逆向工程合法破解了 IBM 的 BIOS 指令，使得该策略失效。针对第二项策略，微软、英特尔及其他 9 家兼容计算机制造商联盟共同推出了一个新的技术标准，即 EISA（extended industry standard architecture，扩充的工业标准结构）总线架构，可以兼容 9 家公司的计算机。结果，IBM 反而因为不能与其他公司机型兼容，而被市场所孤立。这导致 IBM 个人电脑的市场份额大幅下降。这说明，虽然 IBM 是个人电脑市场上的重要厂商，但已经失去了产业标准的制定权。相反，康柏和 DELL 等新兴企业，却通过整合遍布全球的零部件制造业，利用低廉的成本及个性化的服务，成为美国个人电脑市场的主导厂商。这些公司的成功，反映了计算机产业模块化的趋势。

从计算机产业模块化的演变史可以看出，产业模块化常常发生在产品主导设计尚未定型的产业演化初期。由于存在较高风险，更有可能由实力较强的在位企业实现，而在该企业获得了产业模块化带来的暂时优势之后，却为了实现利润最大化，而倾向于对模块化技术标准采取封闭专有策略，通过封闭界面标准及捆绑互补品等策略将其优势扩散到更多周边设备上。但在产业模块化条件下，这种策略往往难以奏效，垄断者的垄断地位在新进入者的挑战下将逐步瓦解，这个过程主要沿着两条路径实现。我们将这两条路径分别称为低端价值链进入和新客户群体进入。

二、产业模块化条件下的创新策略

（一）低端价值链进入

尽管 IBM 采取封闭策略，但是技术标准仍然会通过多种渠道"外溢"，如技术标准专利有偿授权、政府反垄断政策规制、竞争对手的逆向工程以及员工跳槽离职等。一旦技术标准公开，新进入者就能发挥更多的创新精神，提供性价比更好的功能模块来逐渐削弱

IBM 的竞争优势。大型计算机的产品模块化进入壁垒很高，新进入的中小企业很难正面对抗，但却可以逐渐分享模块化技术知识的"外溢效应"，通过专业化地生产大型计算机设备的周边配套设备，利用局部模块创新来与其迂回竞争。其中典型的例子是，1967 年，有 12 位 IBM 工程师离职自创信息存储系统（Information Storage Systems）公司，另有其他 4 位也于同年成立美商存储科技公司（Storage Technology Corporation），两家公司都生产与 IBM 外接兼容的存储设备。这种进入往往是通过从价值较低的非核心功能模块开始的，我们称其为**低端价值链进入**。

（二）新客户群体进入

进入市场的一个路径是选择新的目标客户，利用新产品满足他们的特殊需要。中小企业由于资源及能力的限制，避免与在位大企业的直接竞争，拾遗补阙，从新市场进行竞争是理性的进入策略。在进入初期，这些企业往往乐于开放技术标准，扮演组装厂商的角色，如苹果公司刚刚进入个人电脑市场时，公司推出的 Apple I 和 Apple II 型机就采取了开放策略。究其原因，一方面是因为缺乏足够的资源来整合产业链，另一方面则是因为随着计算机产业的发展，对于个人电脑而言，产品模块化技术本身已很难成为竞争优势。开放技术标准反而能尽快形成正向反馈效应，使企业成为产业标准的制定者，享受到短暂的垄断优势。这种进入往往是以新的消费群体为目标客户，我们称其为**新客户群体进入**。

（三）模块化条件下的创新策略

综上所述，在产业模块化过程中，创新主要包括三种主要类型。

（1）产业演化初期，有实力的在位企业通过激进式创新，完成产品从一体化向模块化的转换，并以此获得较高的市场份额和利润。

（2）在产品模块化的背景下，产业发展到一定阶段，新进入者从低端价值链进入，采用模块创新策略逐渐侵蚀在位企业的市场份额，最终取代其位置而成为新的主导厂商。

（3）在产品模块化的背景下，产业发展到一定阶段，新进入者从"新客户群体进入"，采用市场创新及开放技术标准等策略，充分开发在位企业不重视的客户群体并成为新市场中的主导厂商。

在三种力量的作用下，专有、默示的技术标准转向公开、明晰，产业标准逐渐形成，这实际上就是产业模块化的过程。

计算机产业的案例说明，持续创新是维持企业持续竞争优势的唯一方法。从上述分析我们可以看到，在位企业尽管享有一些先发优势，如技术先进、规模庞大、品牌效应等，也有能力率先完成模块化技术的研发与应用，形成一定时期的竞争优势。但是模块化技术本身就是"双刃剑"，它在为企业带来高额利润的同时，也使得一些原本隐性化的企业知识明晰化，这就不可避免会造成"知识外溢"，为企业竞争优势的逐渐削弱埋下了伏笔。尽管企业可以通过对知识产权的管理与控制来尽可能延缓这一过程，但是更为根本的解决方法是不断学习，持续创新。

模块化技术也为后进入企业提供了赶超在位者的机会。后进入者可以采取低端价值链进入或者新客户群体进入这两种策略来逐渐瓦解在位者的竞争优势。这一点对于处于赶超状态的中国企业具有重要意义。

首先，计算机产业案例表明，产业模块化过程中的激进创新更有可能由实力强大的在位企业，而不是实力弱小的企业来实现。我国企业的创新能力与世界先进企业相比，确实还有一定差距。我们的目标是赶超世界先进水平，实现这个目标不能采用闭门造车的方式。

其次，低端价值链进入策略说明我国企业不应该盲目自大，不考虑企业发展阶段与实际情况，而应开放心态，以"合作"的形式主动承接产业价值链上看似利润不高的价值环节，在"合作"过程中不断学习、创新，逐渐积累能力，实现企业的成长和升级。我国企业在改革开放初期放弃了自主建造的运-10飞机和红旗牌汽车，改为与美国的相关企业合作，就是采用这种策略。许多人为我国放弃了运-10飞机和红旗牌汽车感到可惜，其实这样做是有必要的。因为这两种产品与世界先进水平的确有差距，在市场中缺乏竞争力，而完全由政府采购的话，又不能指望政府长期消费这种普通百姓不会选择的产品。因此，硬性保留这两种产品，迟早是难以为继的，而我国采取的与发达国家合作的策略，虽然一开始都只能生产零部件，却学习和积累了大量的先进技术。在此基础上不断进步，最终可以升级到自主生产完整的产品。以飞机制造业和汽车制造业为例，我国企业生产出的C919大飞机和红旗L5汽车，已经在市场中具备了相当强的竞争力，远远超过当年被我国放弃的同类产品。

最后，新客户群体进入策略则为拥有庞大内需市场的中国企业提了个醒。立足本土，认真研究广大本土消费者的需求，实现本土创新，然后反向整合国际市场，或许是建立世界级品牌的有效路径。当前，中国企业已经有了大量立足于本土市场的自主创新，但在高端产品上的自主创新还不够多。若想在高端产品上赶超发达国家，就需要中国企业具备敏锐和长远的市场眼光，在发达国家的在位企业尚未重视的领域率先进入，并采用开放技术标准的策略快速抢占市场，以破坏在位企业的竞争优势。谷歌在移动互联领域率先开发安卓操作系统，就打破了微软公司在操作系统领域的垄断。2019年，中国的华为公司在物联网领域率先推出了自己的操作系统（鸿蒙操作系统），若策略得当，也有可能重现谷歌公司的胜利。

「案例8-1　特斯拉的模块化组织模式[①]」

在特斯拉于2003年进入新能源汽车市场之前，以丰田普锐斯（Toyota Prius）为代表的混合动力汽车已经成为新能源汽车的主流。特斯拉作为新兴的新能源汽车企业，并不具备传统汽车制造商完整的供应链和完备的整车生产体系，同时也不具备电池生产商的电池

[①] 本案例内容参考了乌力吉图、黄莞和王英立的《架构创新：探索特斯拉的竞争优势形成机理》(《科学学研究》，2021年第11期，第2102~2112页)，由作者整理而成。

技术,因此在混合动力汽车市场上根本无法与丰田等传统汽车制造商竞争。为了获得竞争优势,特斯拉先后采取了开放式模块化和封闭式模块化的组织模式。

(1)开放式模块化的组织模式。成立之初的特斯拉没有自己的生产线和零部件供应链,缺乏传统汽车制造商所具备的开发、生产能力,也没有设计零部件接口的能力,只能通过选择和组合产业链内具有先进技术和成本优势的标准零部件来打造电动汽车。具体地说,特斯拉将汽车底盘外包给英国的路特斯(Lotus)公司,碳素纤维车身外包给法国的索蒂拉(Sotira)公司,美国的爱西推进公司(AC Propulsion)提供动力系统方面的技术,蓄电池部分则从日本的松下、三洋和索尼公司,以及韩国的三星和LG集团采购,电机主要采购于日本的富田电机有限公司,变速箱采购于美国的博格华纳公司,制动器、安全带和座椅等普通零部件全部外购。特斯拉只负责完成电池管理控制系统部分,即电池包框体、电池保护连接结构和电池冷却系统等。这种模式类似于IBM360电脑的模块化组织模式,即A模型。依靠这种模式,特斯拉快速进入了新能源汽车市场并站稳了脚跟。

(2)封闭式模块化的组织模式。2008年10月,马斯克出任特斯拉CEO。他意识到特斯拉要实施产品差异化战略,就必须改变当时特斯拉电动汽车的产品架构,即由开放式模块组织模式向封闭式模块组织模式转变。基于这种考虑,马斯克停止了特斯拉委托代工造车的模式,转而自己建立工厂作为生产和研发基地。这一转变使特斯拉可以在自己的工厂里,通过工序和作业人员快速、准确、有效地将设计信息转化为产品,保障了特斯拉汽车的性能和质量。同时,特斯拉还将A模型的模块化组织模式转变为J模型。例如,在电池设计和生产环节,虽然特斯拉拥有电池设计的核心技术,但由于日本松下公司是特斯拉车用锂离子电池的主要供货商,特斯拉选择与松下合作设计电池,并共同投资建立电池工厂。这项合作使特斯拉的车用电池寿命远超松下自己生产的电池,大大增强了特斯拉的产品竞争力。这种组织模式是典型的J模型组织模式,体现了舵手企业(特斯拉)与模块企业(松下)互动的优点。

从特斯拉案例可以看出,汽车产业为什么更适合采用J模型而不是A模型。汽车的零部件数量远远多于电脑,采用A模型将大大增加舵手企业与模块企业之间的交易费用;汽车的产品差异化程度高于电脑,而采用A模型的委托代工模式难以制造出差异化的产品。特斯拉正是因为采用了适合自己的模块化组织模式,才最终取得了成功。

本章提要

1. 模块化就是按照一定的程序将复杂系统分解成按照"看得见的规则"相互联系而又独立的模块的过程。模块化的产品依靠"看得见的设计规则"与"隐藏的参数"共同作用形成。

2. 产业模块化实际上是产品模块化进一步发展的结果,其发展顺序是产品模块化—企业内部组织模块化—产业模块化。实现这个发展过程需要产品技术的标准化。也就是说,产品技术标准需要突破企业边界,从封闭、专有走向开放、公共,形成企业共同接受的产业标准。

3. 模块化是一种允许浪费和重复建设的经济系统。在稳定的系统信息下，各模块设计和生产的个别信息是保密的，这样，多个模块主体可能同时对一个设计展开竞争。虽然竞争的胜出者只有一个，但胜出可能带来的高回报还是会吸引数量众多的企业专注于开发同一个模块。

4. 产业模块化有三种类型：产品结构的模块化、生产的模块化与企业组织关系的模块化，三者是层层递进的关系。

5. 据模块之间信息传递方式的不同，将模块化产业组织划分为 A 模型、J 模型和硅谷模型三类。在 A 模型中，系统信息是单向固化传递的，舵手是一个权威的领导者；在 J 模型中，系统信息是双向互动传递的，舵手除了具有相当的系统信息决定权外，还要发挥协调者的作用；在硅谷模型中，系统信息是多向流动传递，舵手的作用是找出最合适的途径。

6. 计算机产业案例表明，在产业模块化过程中，创新主要包括以下途径：产业演化初期，有实力的在位企业通过激进式创新，完成产品从一体化向模块化的转换。在产品模块化背景下，产业发展到一定阶段，后进入者可以采取低端价值链进入或者新客户群体进入这两种策略来逐渐瓦解在位者的竞争优势。

关键术语

模块化	模块	替代经济	产业模块化	系统信息
舵手企业	个别信息	设计师型企业	开放式结构	A 模型
J 模型	硅谷模型	低端价值链进入	新客户群体进入	

本章习题

1. 当前什么产业难以实现模块化？请举例说明并进行成本-收益分析。

2. 美国硅谷能否像 J 模型那样组织模块化？丰田汽车能否像硅谷模型那样组织模块化？为什么？

3. 在产业模块化条件下，企业的定价行为与非模块化产业相比将会出现什么变化？

4. 从计算机产业案例可以看出，开放技术标准是产业模块化过程中的大趋势，但苹果公司却反其道而行之，从初期的开放转向后期的封闭。而且，这样做并没有影响苹果公司的崛起。请问这是什么原因？其他企业在什么条件下可以效仿苹果公司的做法？

5. 中外合资成立汽车企业的做法，一般被称为"以市场换技术"。但是在本章的逻辑中，这一做法的真实效果是"低端价值链进入"。请问中国拥有庞大的汽车市场是不是中外合资建立汽车企业的必要条件？假如中国没有这么大的汽车市场，就不需要成立中外合资汽车企业了吗？

6. 产业模块化的历史表明，绝大多数舵手企业都产生于发达国家，甚至那些通过"低端价值链进入"而崛起的新兴舵手企业也大都产生于发达国家，发展中国家的舵手企业极为罕见。请问这是什么原因？如何改变这种状况？

进一步阅读的文献

本章关于产业模块化各种模式的介绍，参考了一些美国和日本学者的著作，若想详细了解这些模式，可阅读以下著作：Baldwin 和 Clark 的 *Design Rules: The Power of Modularity*（MIT Press, 2000）；国领二郎的《开放式网络经营：企业战略的新潮流》（日本经济新闻社，1995）；青木昌彦、安藤晴彦的《模块时代：新产业结构的本质》（上海远东出版社，2003）。

关于国内对产业模块化研究的最新进展，可阅读两本经济学期刊：《管理世界》和《中国工业经济》。

本章参考文献

国领二郎. 1995. 开放式网络经营：企业战略的新潮流. 东京：日本经济新闻社.
青木昌彦. 2001. 比较制度分析. 周黎安，译. 上海：上海远东出版社.
青木昌彦，安藤晴彦. 2003. 模块时代：新产业结构的本质. 周国荣，译. 上海：上海远东出版社：16-18.
王述英，白雪洁，杜传忠. 2006. 产业经济学. 北京：经济科学出版社.
巫景飞，芮明杰. 2007. 产业模块化的微观动力机制研究：基于计算机产业演化史的考察. 管理世界，（10）：75-83.
赵玉林. 2017. 产业经济学原理及案例. 北京：中国人民大学出版社.
Baldwin C Y，Clark K B. 1997. Managing in an age of modularity. Harvard Business Review，75（5）：84-93.
Baldwin C Y，Clark K B. 2000. Design Rules：The Power of Modularity. Cambridge：MIT Press.

第九章

产业布局

如果说产业集群是产业在地理上的集中现象，那么产业布局就是要研究如何使产业在地理上均衡分布，而不是集中于某个有限的区域。产业在地理上的集中分布，自古以来就是一个人们不得不接受的现实；而且，由于种种原因，这种现象难以通过资本和劳动力的自由流动来加以改变。若任其自然发展，一个国家的总产出将越来越趋向于集中在少数地区，这不但会加剧产业集中地区的资源和环境压力，而且会加剧产业集中地区与非产业集中地区的矛盾。正因为如此，我们在了解了产业集群化理论之后，还需要了解产业在地理上均衡分布的理论，即产业布局理论。需要指出，这里所说的产业在地理上均衡分布，不是将产业集群瓦解、分散为地理上孤立的产业分布，而是要在更多的区域内建立产业集群，使产业集群在地理上均衡分布。

第一节 产业布局的影响因素

经济学意义上的**产业布局**，是指一个国家或地区的各产业部门、各要素、各环节在地域上的动态分布与组合。研究产业布局，就是要研究产业的空间分布及变化规律。本节首先说明产业在地理上分布不均衡的原因，然后说明产业布局的影响因素。

一、为什么产业在地理上分布不均衡

世界各国的产业布局都是非常不均衡的。例如，中国的产业集群集中分布在东南沿海地区，美国制造业集中分布于东北部地区，日本制造业集中分布于濑户内海地区等。市场机制并不能在短期内消除这种状况。假如仅仅通过劳动力、资本等要素的自由流动，就可以令各区域的产业分布达到均衡，那么产业布局就不会成为一个问题，也就没有研究的必要了。那么，为什么市场机制的要素价格均等化作用不能消除产业布局的非均衡呢？学术界总结了以下原因，这其实也是区域经济形成的原因。

（1）生产要素在区域间难以自由流动。资源稀缺性是经济学研究和现实经济发展所必须面对的基本条件。对于区域经济而言，若某种资源或生产要素在某个地区是丰富的，则意味着该资源或生产要素在其他地区是相对稀缺的。在生产要素能在地区之间完全自由流动的情况下，各要素将从资源富集地区向稀缺地区流动，进而促使要素价格、成本和收入逐步实现均等化。如果是这样，那就不存在产业布局的非均衡问题了。事实上生产要素在区域之间不能自由流动，这有两层含义：第一，某些影响产业布局的自然条件，如土壤、矿藏、水文、气候等是不能流动的；第二，劳动力、资本和技术虽然可以流动，但受到了很多约束，既包括区域之间的政策性流动壁垒，也包括产业集群等因素造成的某些地区生产成本持续偏低等情况，使生产要素不能自由流动。实际上，生产要素在区域间流动的约束条件，正是各种产业布局理论研究的主题。

（2）空间距离成本因素的存在。在地理空间中，各个地点之间存在物理距离。这种距离的跨越不仅会消耗时间，还需要承担相应的经济成本，即距离成本。这种成本涵盖了克服空间障碍所产生的各类费用。因此，即便生产要素具备自由流动的条件，其流动过程仍然会受到距离成本的制约。如果距离成本过大，就会限制欠发达地区要素禀赋优势的发挥和产业集群的形成，使经济活动只能局限于一定的空间范围。

（3）产业集群的循环积累因果效应。第七章已经指出，产业集群带来的外部经济，即专业化供应商、劳动力市场共享和知识外溢等好处会降低集群内企业的成本，而外部经济具有循环累积因果效应。**循环累积因果效应**是瑞典经济学家默达尔（Myrdal）于1957年提出来的，其含义是某一社会经济因素的变化，会引起另一个社会经济因素的变化。这后一个因素的变化，反过来又加强了前一个因素的变化，并导致社会经济过程沿着最初那个因素变化的方向发展，从而形成累积性的循环发展趋势。外部经济对产业布局的作用就是如此。外部经济降低了发达地区产业集群内的企业成本，而企业成本的降低反过来又吸引了更多的企业加入产业集群，推动集群内企业的成本进一步降低，这个过程不断进行下去，就是循环累积因果效应。这个效应使生产要素在区域间自由流动，不但不能缩小区域差距，反而会不断扩大地区差距。

（4）聚集力和离心力的作用。第七章提到的新经济地理学派指出，如果地区之间的贸易成本降低，反而会导致聚集力超过离心力，所有的工业将会移动到一个地区，形成行业的地理集中。贸易成本降低是有利于生产要素自由流动的，这样一来，生产要素的自由流动反而会加剧产业布局的不均衡。从直觉上说，产生这种现象的原因是，随着贸易成本的下降，厂商更有可能受到其他地区厂商的竞争威胁，而消费者购买其他地区产品的成本却未必下降多少。这样，市场挤出效应的下降会大于生活成本效应和市场准入效应的下降，消费者会进一步向沿海发达地区集中，而厂商在内地欠发达地区投资的激励却在下降，这样就会强化产业布局的不均衡。

可见，无论生产要素在区域间是否可以自由流动，产业在地理上的分布仍然会趋向于集中在少数地区。不过，上述原因只是理论上的讨论，在现实中，我们还需要考虑影响产业布局的各种复杂的因素。

二、影响产业布局的各种因素

影响产业布局的因素很多，我们总结了国内产业经济学教材对这个问题的阐述，将产业布局的影响因素总结为以下几个方面。

（1）自然因素。自然条件和自然资源都会对产业布局产生重大影响。自然条件是人类赖以生存的自然环境，自然资源一般是指自然条件中被人利用的部分。几乎所有产业都需要能源和原材料，而这些都来自自然资源。能源或原材料产地与产业之间的距离，决定了空间的距离成本，这是在进行产业布局时需要考虑的重要因素。除自然资源之外，气温、降水、地形等自然条件都会在一定程度上影响产业布局。例如，几乎所有的制造业都需要以水作为原材料，而如果某地干旱缺水，那就难以形成制造业集群。虽然科学技术可以在一定程度上弱化自然因素的作用，但还远远不能消除其影响。

（2）经济因素。经济因素包括经济发展水平、要素禀赋、基础设施和产业集群情况等，这些因素都对产业布局产生影响。从新经济地理学派的角度来看，上述经济因素的不同组合，将会影响市场挤出效应、生活成本效应和市场准入效应，从而改变聚集力和离心力的力量对比，进而决定产业集群化的发展方向。

（3）科技因素。科学技术是产业布局形成与变动的推动力。具体来说，科学技术决定了自然资源利用的深度和广度，提高了资源的综合利用能力，进而影响产业布局；科学技术可以不断催生新产业部门的出现，改变原有产业结构，而产业结构的变化将会影响产业布局；科学技术还决定着交通运输和通信方式，而这正是产业布局需要考虑的基础条件。

（4）社会政治因素。社会政治因素包括人口、历史基础、国家政策法律、国家宏观调控、国内国际政治条件等。这些因素与自然因素不同，它们本身就会受到产业布局的影响，而它们反过来又通过各种复杂的渠道影响产业布局。弄清楚这些因素对产业布局的影响，对经济学家来说是一个有挑战性的课题，许多新兴的计量经济学方法就是为解决这个问题而产生的。

（5）地理位置因素。地理位置不同，自然条件、交通、信息和一系列的经济社会条件也就不一样。因此，地理位置是影响产业布局的重要因素。从经济地理的角度看，我们可以把地理位置对产业布局的影响总结为经济区位因素。经济区位是地球上某一地点与具有经济意义的其他地点的空间联系，即一个国家、一个地区、一个城市在国际国内地域生产分工中的位置。经济区位的优劣决定了某地区市场范围的大小，进而决定了该地区的产业集群化程度和分工状况。

国内的产业经济学教材在提到上述因素的同时，还将每一种因素细分为很多二级影响因素。这些因素确实都对产业布局有一定的影响力，它们都可以作为计量方程中的控制变量来使用，但仅仅罗列这些因素还不能找出产业布局的规律。或者说，这些因素只能让我们从直观上了解产业布局，不足以让我们从逻辑上理解产业布局。将上述因素整合起来，构成一个首尾一致、逻辑自洽的理论框架，才是产业布局研究的可靠方法。

第二节 产业布局理论

经济学界对产业布局的研究已经有了100多年的历史,上百年中无数学者提出了多种理论来解释产业布局。这些理论大多可以提供一种方法,或者一个理论框架,这对于我们从逻辑上理解产业布局大有裨益。本节总结了一些有代表性的、影响较大的产业布局理论,这些理论都可以构成我们解释现实产业布局的基础。

我们把各种产业布局理论分为两类,一是解释地区差距的产业布局理论,二是解释地区发展的产业布局理论。前者主要是解释现有的地区差距为什么这么大,后者则为如何通过产业布局实现地区经济发展提供了一个理论框架。

一、解释地区差距的产业布局理论

（一）地理二元经济理论

瑞典经济学家默达尔在其1957年出版的《经济理论和不发达地区》一书中,提出了地理二元经济（geographical dual economy）理论。默达尔提出,不发达国家的经济中存在着**地理二元经济**,即经济发达地区和不发达地区并存的二元结构。这种二元结构与刘易斯的二元经济概念有区别,刘易斯是把经济分为现代工业部门和传统农业部门,默达尔则是根据地区间经济发展的不平衡来划分的。

地理二元经济表现为各地区经济发展的差距,主要是地区之间的人均收入和工资水平差距,而且这种差距不能通过市场调节而自发地"收敛"。默达尔认为,新古典主义经济发展理论采取的静态均衡分析方法是不正确的。按照新古典主义的分析方法,只要生产要素可以自由流动,工资就由劳动、资本的供求关系决定并自动趋向相等,因而市场机制的自发调节可以使资源得到合理配置,使各个地区的经济得到平衡发展。但这与发展中国家的实际并不相符。

以劳动力的流动为例,在经济发展过程中,发达地区对其他地区劳动力的吸收是有选择性的,所需要的只是技术和管理人才、熟练劳动力、企业家等质量较高的劳动力；在不发达地区,也只有受过教育的人和熟练劳动力才能支付得起向其他地区迁移的费用。这样,高质量劳动力的注入促进了发达地区的发展,并刺激了对资本等其他发展要素的需求,这又反过来刺激了该地区对劳动力需求的增加。循环重复,发达地区会得到更快的发展。较落后的地区因劳动力工资水平低而导致人力资源外流,劳动力减少,抑制了当地的经济增长,而经济增长较慢又使得该地区对劳动力和资本等要素的需求不断降低,于是工资水平也相应降低,这又进一步推动落后地区劳动力转移到发达地区。这种循环累积因果效应的作用,使地区间人均收入和经济发展水平的差距越来越大。同理,地区间资本、技术和资源的流动也有类似之处。这种劳动力、资本、技术、资源等要素,因收益率差异而发生的由落后地区向发达地区流动的现象,默达尔称之为"回流效应"(backwrd effect)。此外,一些非经济因素也会产生回流效应。例如,有些地区负担不起维护良好的道路系统,其他公共服务设施也相当差,从而增大了它们的竞争劣势。经济欠发达地区难以负担得起医疗保障和教育投入,因而劳动力身体素质差、生产效率低、学校较少、教育质量较低。所有这些,在因果循环中一个接一个地联系在一起,都具有拉大地区差距的倾向。默达尔曾形象地指出,在循环累积因果效应之下,地区差距不会像时钟停摆的过程那样越来越小,而会像滚雪球那样越来越大。

但是,回流效应的作用并不是无节制的,地区间发展差距的扩大也是有限度的。在二元空间结构中,当发达地区发展到一定程度后,由于人口稠密、交通拥挤、污染严重、资本过剩、自然资源相对不足等原因,该地区的生产成本将逐渐上升,经济增长势头逐渐减弱。在这种情况下,发达地区如果再扩大生产规模,就会变得相对不经济,因而资本、技术、劳动力等要素,将向其他地区扩散。这种倾向于减小地区经济发展差距的效应,就是"**扩散效应**"。总之,回流效应倾向于扩大地区经济差距,而扩散效应倾向于使落后地区的经济得到较快发展,并缩小地区经济差距。默达尔认为,在市场机制的作用下,回流效应总是大于扩散效应,总的效果是扩大地区经济差距。

根据地理二元经济理论,默达尔提出了一些政策建议。第一,当某些地区已累积起发展优势时,应当采取不平衡发展战略,优先发展先进地区,以求得较好的投资效率和较快的增长速度,并通过这些地区的发展及其扩散效应来带动其他地区的发展。第二,各个地区的经济差距不宜拉得过大。当发达地区发展起来以后,为了防止循环累积因果效应造成的贫富差距无限扩大,政府不应消极等待发达地区的扩散效应来消除差别,而应当采取一些必要的政策措施来激励不发达地区经济的发展。

地理二元经济理论突破了新古典主义的教条,用循环累积因果效应代替流行的要素价格均等化效应解释地区差距问题。这在理论上是相当大的创见。不仅如此,该理论也深刻地影响了发展中国家的政策实践。例如,中国政府在改革开放初期优先发展沿海地区,而后期则扶持西部等欠发达地区,这实际上就是地理二元经济理论在政策上的反映。

(二)梯度转移理论

梯度转移理论,源于美国经济学家拉坦·弗农(Ruttan Vernon)提出的产品生命周期理论。产品生命周期理论认为,工业各部门及各种工业产品,都处于生命周期的不同发展阶段,即经历投入期、成长期、成熟期、衰退期等四个阶段。区域经济学家将这一理论引入到区域经济学中,便产生了区域经济发展梯度转移理论。

梯度转移理论认为,区域经济的发展取决于其产业结构的状况,而产业结构的状况又取决于地区经济部门,特别是其主导产业在工业生命周期中所处的阶段。如果其主导产业由处于创新阶段的产业部门所构成,则说明该区域具有发展潜力,因此将该区域列为高梯度地区。不仅如此,高梯度地区是与高人均收入相匹配的,因为投入期和成长期的产品一般都会因为新奇和稀缺而比较昂贵,只有在人均收入高的地区才会有更大的市场。

将梯度的概念应用于全国，可以绘制地区经济发展梯度图。例如，在几个基层行政单位（如县）中心附近，标出该单位人均收入数，然后把数值相同的点连接成线，即可在全国地图上绘制出表示人均收入的梯度线，这与地理学中的等高线有相似之处。从梯度图上可以看出，在高收入地区和低收入地区之间总会存在几个中间梯度。随着时间的推移及生命周期阶段的变化，生产活动逐渐从高梯度地区向低梯度地区转移。具体转移过程可分为以下几个阶段：①投入期和成长期的企业属于技术密集型产业，一般布局于科研信息与市场信息集中、人才较多、配套设施齐全，销售渠道畅通的大城市；②处于成熟期的产业会从大城市向周边地区扩散，这是因为生产定型化使技术普及化，同时大城市成本较高；③衰退期的产业产品需求趋于饱和，技术完全定型，于是从发达地区向落后地区转移。

可见，梯度转移理论主张发达地区应首先加快发展，然后通过产业和要素向较发达地区和欠发达地区转移，来带动整个经济的发展。从这里我们可以看出梯度转移理论的局限性。依照这个理论的做法，不同梯度地区发展的位置将被凝固化，使发达的地区更发达，落后的地区更落后。而且，既然梯度转移理论要求衰退期的产业要向落后地区转移，对于中国来说，这实际上就意味着要把东部沿海地区的低端、高污染、高耗能产业转移到中西部地区，这样做理所当然地会遭到中西部地区的抵制。所以，如果说在改革开放初期，中国因为经济落后而不得不采取了梯度转移政策的话，那么在今天该理论可能已经不适合中国了。不过，在其他比较落后的发展中国家，梯度转移理论仍然可以发挥一定作用。

（三）外部经济和动态收益递增

克鲁格曼等（2016）指出，外部经济不仅可用于解释产业集群的形成，而且可用于解释国际贸易和分工模式的形成。实际上，如果我们把克鲁格曼等提出的方法应用于产业布局，那么该方法也可以用于解释地区差距。具体地说，外部经济可能导致一个地区被"锁定"在某种自己不愿意的产业分工模式之中，结果固化了地区差距。

当存在外部经济而且其他条件相同时，大规模从事某一行业产品生产的地区，往往会因为外部经济效应而具有较低的生产成本。这一情况会形成一个循环。因为能够廉价生产某种产品的地区一般会大量生产这种产品，这又会因为外部经济而进一步降低生产成本，使得该地区更适合于生产这种产品。这样一来，强烈的外部经济就会巩固现有的产业分工格局，即使其他地区拥有潜在的低成本优势，也照样不能改变现有的产业布局。

我们用图 9-1 来阐释这一观点。图中两个地区分别为"东部"和"西部"，假定生产一只芯片的成本为其年产量的函数。东部生产每只芯片的成本用 $AC_{东部}$ 表示，西部生产每只芯片的成本用 $AC_{西部}$ 表示，芯片的市场需求曲线用 D 来表示。横轴代表芯片的生产量和需求量，纵轴代表每只芯片的价格和成本。假定芯片生产中的规模经济对于单个厂商来说完全是外部规模经济，并且由于厂商内部不存在规模经济，两个地区的芯片产业均由许多完全竞争的小企业构成，竞争的结果是芯片价格跌至平均成本。

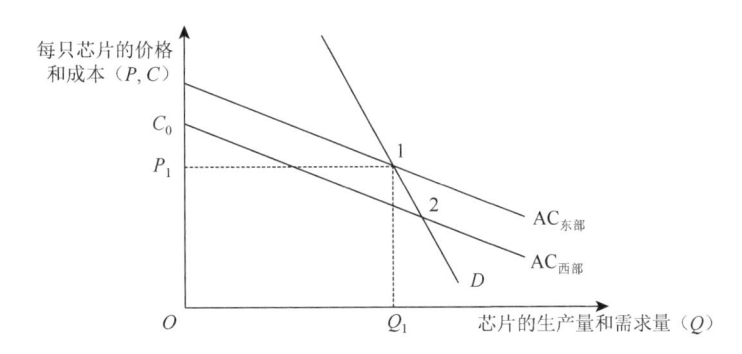

图 9-1 外部经济对产业布局的影响

资料来源：克鲁格曼等（2016）

由于西部的工资比东部低，我们可以假设西部的平均成本曲线位于东部的平均成本曲线之下。这就意味着，在任何给定的生产条件之下，西部总能生产出比东部便宜的芯片。人们可能会预期，东部地区的芯片产业会大规模转移到低成本的西部地区，但不幸的是这并非事实。假设东部因为历史原因，率先建立了自己的芯片产业，那么芯片市场的均衡点将会是图 9-1 所示的点 1，其中年产量为 Q_1，价格为 P_1。现在，我们来讨论西部生产芯片的可能性。如果西部能够生产芯片，均衡点就会移向 2，但是，若西部未曾生产过芯片（即 $Q=0$），那么有意从事芯片生产的西部厂商就得面临生产成本 C_0。如图 9-1 中所示，C_0 高于东部芯片的价格 P_1。因此，虽然西部潜在地能够比东部生产更廉价的芯片，但是，东部芯片产业的先期建立使它能够维持其优势地位。

从这个例子我们可以看到，在历史因素决定一个地区的产业分工格局中，外部经济发挥了多么大的潜在作用。它可以使一些已经形成的产业布局模式得以持续下去，即使这些地区已经不再拥有比较优势。

第七章已经指出，外部经济源于专业化供应商的形成、劳动力市场共享和知识外溢。这里我们提出外部经济的另外一种来源，即知识的积累。当某个厂商通过经验积累而提高其产品质量或生产技术时，其他厂商就有可能模仿该技术并从中受益。随着某行业知识的不断积累，这种知识外溢就会使该行业所有厂商的成本下降。这种源于知识积累的外部经济是动态外部经济，与第七章提到的外部经济有一定差别。第七章提到的外部经济可以形象地称为"普通"外部经济。在"普通"外部经济中，生产成本依赖于当前产量，但在动态外部经济中，生产成本则依赖于经验。这种经验可以用该行业迄今为止的累积产量来衡量。例如，生产一只芯片的成本可能取决于某地区芯片产业自开工以来的总产量。累积产量越高，每只芯片的生产成本越低。这种成本随累积产量而非当前劳动生产率下降的情形就是**动态收益递增**。

和"普通"外部经济一样，动态外部经济也能通过在某一行业的初始优势或先期进入而保持下来。如图 9-2 中，我们将描述累积产量和单位成本关系的曲线称为学习曲线，$L_{东部}$ 是先期进入芯片行业的东部地区的学习曲线，$L_{西部}$ 则是低成本但却缺乏生产经验的西部地区的学习曲线。只要东部地区企业进入该行业足够早，那么即使西部地区企业具有潜在的低成本，它也无法进入市场。例如，我们假定东部地区企业的累积产

量是 Q_L 单位，对应的成本为 C_1，而西部地区企业从未生产过该产品，那么，西部地区企业的初始成本 C_0 就会比东部地区企业的当前单位成本 C_1 要高。

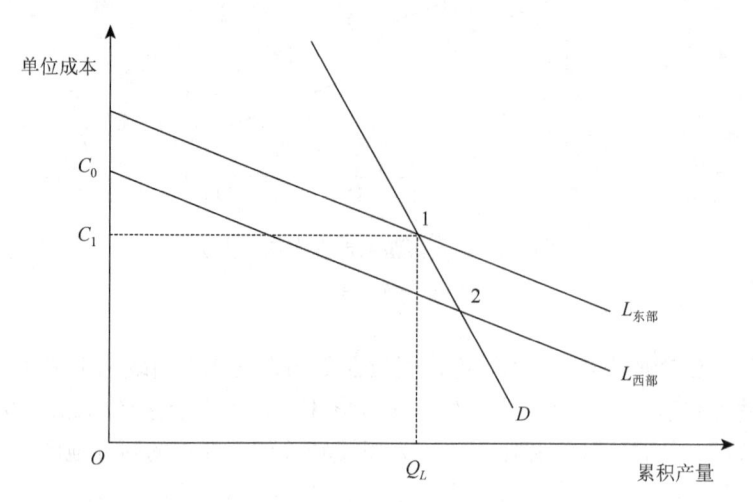

图 9-2　动态收益递增对产业布局的影响

资料来源：克鲁格曼等（2016）

在国际经济学中，外部经济和动态收益递增也被用来解释国家之间的经济差距。不过，国家之间的这种差距在某种程度上还可以由贸易保护主义来加以弥补，而在地区之间，由于无法像国家那样实行各种关税和非关税壁垒，所以消除这种产业布局差距的难度将会更大。

不过天无绝人之路，外部经济和动态收益递增的某些假定就隐含着破解上述难题的途径。如果我们修改厂商内部不存在规模经济的假定，而允许西部地区在试图介入芯片产业时就引入大规模生产的厂商，建立产能较大的生产线，那么在某种程度上就可以通过内部规模经济的成本下降，抵消当地缺乏外部经济和动态收益递增而带来的高成本。除此之外，当某种突破性的技术变迁出现时，西部地区还可以通过后发优势而跳跃式地赶上东部地区，而不必理会现有技术和现有产业的成本劣势，这就是下面介绍的蛙跳模型。

（四）蛙跳模型

1993 年，美国经济学家克鲁格曼和以色列经济学家伯利兹（Brezis）、齐东（Tsiddon）在总结发展中国家成功发展经验的基础上，提出了基于后发优势的"蛙跳模型"。该模型研究了国与国之间为什么会发生技术领导权的转移，解释了落后国家超常规的发展和赶超先进国家的现象。比如，18 世纪英国超过荷兰，19 世纪末美国和德国超过英国。他们认为，技术变迁有两类。一类是渐进性的变迁，即在标准的技术框架内操作方法或工艺的改进，这类技术变迁往往通过干中学获得，一般发生在已经建立起技术优势的国家（或行业）。另一类是突破性的变迁，产生了全新的技术框架，可用来生产全新的产品。一个先进国家被一个落后国家超越，往往发生在突破性技术变迁出现之时。

蛙跳模型有四个前提条件：①先进国家与落后国家之间的工资成本差异足够大；②相比旧技术而言，新技术在刚出现时效率较低；③旧技术的经验对新技术并不重要；④新技术最终比旧技术有显著的生产率提升效果。这四个条件基本上描述了新技术刚刚出现时的情况。在这四个前提条件之下，落后国家有机会超越先进国家，原因是先进国家不但现有科技水平较高，而且工资水平也较高，这使新科技在初始阶段的成本比现有科技还高，并且产生的生产效率比现有科技还低，从而在接纳新科技方面进展缓慢，而落后国家由于工资低、现有科技水平低，反而可能快速接纳并大力发展新科技。这就好像青蛙跳跃一样，可以使落后国家跳跃式地赶上甚至超过发达国家。

蛙跳模型的典型例子是移动支付在中国比在美国发展更快。在支付宝和微信支付出现之前，中国基本上是现金社会，信用卡的普及率比美国低得多。当手机快速普及时，在美国信用卡还能继续支持建立在手机上的商业行为（虽然远不如支付宝和微信支付便捷、安全），所以没有快速接纳移动支付，而在中国因为现金交易的效率低下，反而迅速接纳了移动支付。另外一个例子是美国遍地的电线杆相对于中国的地下电缆。主要原因是美国的电线杆随着城市化很早就成形了，换成地下电缆成本巨大，而中国的城市化最近十几年才迅速发展，新建城区可以直接使用地下电缆，其结果是在台风覆盖的美国东部沿海地带经常会因为树折而停电，给经济增长和居民生活造成负面影响。

蛙跳模型的启示是，落后国家应尽可能地学习和掌握刚刚出现的新技术，利用后发优势赶上发达国家。这个结论也可以运用到产业布局领域。前面已经指出，即使发达地区已经不再拥有比较优势，外部经济和动态收益递增也可以使已经形成的产业布局模式得以持续下去。这其实是一个落后地区的发展困境，而要突破这个困境，落后地区可以像蛙跳模型所描述的那样，尽可能地学习和掌握新技术，以比发达地区更快的速度建立新兴产业，那么就有可能跳跃式地赶上发达地区，大大缩小地区差距。在这方面，国内已经有了比较成功的案例。例如，大数据产业在中国正处于刚刚兴起的阶段，但国内规模最大的大数据产业集群却不是在东部地区，而是在西部的贵州省贵阳市，这也使得贵阳市成为近几年经济增长率较高的省会城市。虽然目前贵阳市的经济发展水平与东部地区还有差距，但未来则很有可能成为蛙跳模型的成功范本。

二、解释地区发展的产业布局理论

（一）区位理论

区位理论是关于人类活动的空间分布及其在空间中的相互关系的学说，具体地讲，是研究人类经济行为的空间区位选择及空间内经济活动优化组合的理论。自古典经济学家研究区位理论开始，迄今已产生了数目繁多的区位理论。本节主要介绍其中影响较大，而且至今仍在发挥作用的理论。根据研究方法的不同，可将区位理论划分为成本学派、市场学派和行为学派。

（1）成本学派。成本学派是最早的区位论学派，该学派认为，企业生产布局和经济活动的目标函数是生产成本极小化，其理论核心是根据企业的最低生产成本，确定企业的最优区位。其中具有代表性的是阿尔弗雷德·韦伯的工业区位论。

德国经济学家韦伯于 1909 年出版的《工业区位论》，创立了工业区位理论。韦伯的工业区位论以工业生产活动作为研究对象，试图通过探索工业区位原理，来解释近代工业快速发展时代人口的地域流动，以及人口与产业集聚于某些城市的原因。

韦伯在自己的理论体系中首先引入了**区位因子**（standort factor）的概念，并且在工业区位论中只考虑运费、劳动费和集聚效益三个影响较大的区位因子。据此，韦伯将工业寻求最佳区位的工作分成以下三个步骤来进行：第一阶段，假定影响工业区位的因子只有运费，此时可以考察运费最小时的工业区位布局；第二阶段，引入劳动费因子的作用，即考察运费和劳动费合计为最小时的工业区位选择；第三阶段，研究在前两阶段的基础上加入聚集效益因子的作用时，工业区位布局又会发生何种变化。

韦伯的工业区位论以运输费用最小化作为主要研究对象，但由于过分强调运费、劳动费等因子的作用，而忽视了许多重要的社会、经济、自然、技术等因子对工业区位的影响，因此韦伯的工业区位论存在一定的局限性。尤其重要的是，韦伯的工业区位论是在假设销售问题已经解决的前提下，仅以经济活动中的生产活动作为研究对象，没有考虑到市场对区位选择的影响。下面就来介绍一下在成本学派之后出现的市场学派。

（2）市场学派。市场学派在考虑成本和运费的同时，注意市场对产业区位布局的影响。这一学派中的理论相当多，许多经济学家和地理学家都做出了一定贡献。但经济学家在同时考虑成本和市场因素时，其理论构建往往过于抽象，对现实的指导意义较弱，而地理学家提出的区位理论却获得了更多的认可，也对现实中的政策制定产生了更大的影响，其中代表性的理论是克里斯泰勒的中心地理论。

德国地理学家克里斯泰勒于 1933 年创立了**中心地理论**。该理论认为，假设地形完全平坦、土质相同、人口分布均匀、交通方便程度相等，则城镇的分布是均匀而规则的多个正六边形的排列。这是由于产品价格随距离增大而增加，造成需求量的递减，因此组成城镇的企业群的市场区域最初是以产地为圆心，最大销售距离为半径的圆形。通过自由竞争，圆形市场被挤压为正六边形的市场区域［图 9-3（a）］。所有的城镇都经过如此演化，最终形成理想的城镇分布图式，即在 6 个农村居民点的中心形成一个服务中心，这个服务中心是最低级的城镇。集合 6 个最低级的服务中心，产生一个较高的服务中心——较大的城市。由此图式逐渐扩大，便形成各级城市的层次体系图式［图 9-3（b）］。按照这一理论，较大的中心城市，不但服务范围广，辐射区域大，而且可以带动其周围较小一级的中心城镇发展。

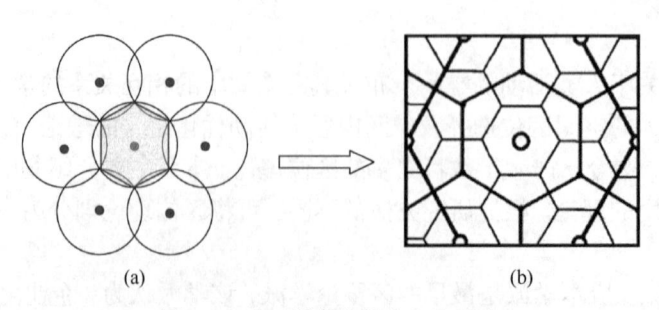

图 9-3 克里斯泰勒的中心地理论

德国经济学家勒施于1940年进一步发展了中心地理论。勒施否认韦伯的运输费用最小化观点，他认为最低运输成本和劳动工资成本在工业的区位布局上并不起决定作用，相反，工业区位应该选择在能够获得最大利润的市场地域。他把利润最大化原则同产品的销售范围联系在一起，认为工业区位的选择不仅受其他相关经济个体的影响，而且也受消费者和供给者的影响。换句话说，工业区位主要由销售范围的大小和需求量决定。在此基础上，他认为在达到均衡时，工业的最佳市场空间范围是正六边形，而这个范围的大小取决于均衡价格和销售量，即平均成本曲线和需求曲线的交点，通过此点可以确定市场均衡时工业市场空间面积。可见，勒施的结论与克里斯泰勒的中心地理论相似，但原因却有所不同。

中心地理论对我国城市规划、生产布局、区域规划均有参考价值。但需要注意的是，实际上各地地形并非平坦，人口密度并不一致，消费能力和交通情况也不相同，而且又受交通干线及资源分布的影响，故城市的分布并不规则，很少呈现出正六边形图式。

（3）行为学派。传统区位理论都将从事经济活动的主体看成是"经济人"，即经济活动的经营者和参与者掌握完全信息，都以实现利润最大化或费用最小化为目标。但在现实中，人类不可能完全掌握自己周围环境的知识和信息，因此在对工厂的区位选择进行分析时，应当首先分析人的主观因素。区位理论中的行为学派在研究工厂区位决策时，就加入了对人的主观因素的分析。美国经济学家普雷德于1967年提出的行为矩阵，就是用来解释决策者和产业区位关系的描述模式。该矩阵如图9-4所示，行为矩阵由拥有信息水平和利用信息能力构成。决策者在矩阵中的位置越靠近右上角则表示决策者采取的行为与最佳行为越接近。图9-4中三个矩阵由左到右的变化说明，区位的决策者随时间的变化会增加更多的知识和经验，同时会模仿其他成功的区位决策，决策者会对初期的错误决策进行反省和修正。因此，随时间推移，决策者在行为矩阵中的位置从左下角向右上角移动，即区位决策者的区位选择随时间推移变得更为合理。

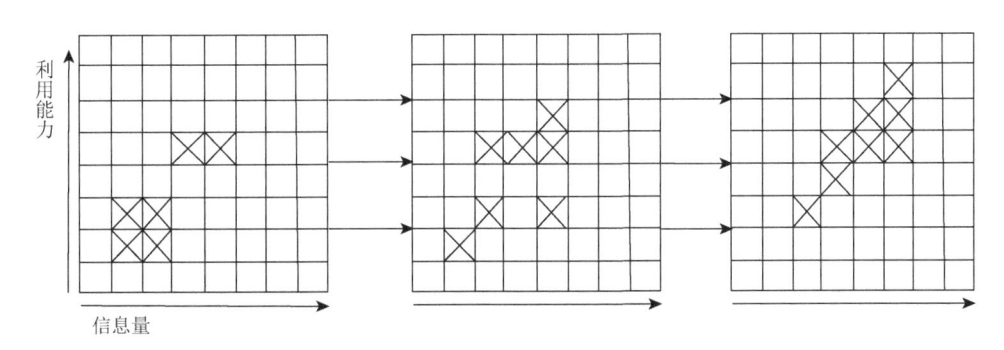

图9-4 普雷德的行为矩阵

资料来源：李小建（2018）

（二）增长极理论

增长极理论是由法国经济学家弗朗索瓦·佩鲁（Francois Perroux）在1950年首次提出的，其基本思想是：在区域发展过程中，并不是区内每个产业都以同样速度增长；增长的势头相对集中在主导产业和创新企业上，然后涉及其他产业；这类产业和企业也不是同时在各地都发展，而是在某些城镇中心首先发展起来，然后向外围扩散。这种集中了主导产业和创新企业的产业中心，就是区域增长极。佩鲁认为，在一个国家的经济增长过程中，增长极是围绕主导产业部门组织起来的有活力的、高度联合的一组产业，它不仅能迅速增长，而且能通过乘数效应推动其他部门的增长。根据增长极理论，欠发达地区的产业布局策略应该是通过政府规划和重点投资的形式，有选择地在特定地区和城市形成增长极，使其充分发挥规模经济效应，并确立其在区域经济发展中的优势地位。然后再借助市场机制，使得增长极的经济辐射作用得到充分发挥，并从邻近地区开始逐步带动增长极以外区域的共同发展。在此理论框架下，经济增长被认为是一个由点到面、由局部到整体依次递进的有机联系的系统。增长极的物质载体或表现形式，包括城镇、产业、部门、新工业园区、经济协作区等。

增长极对周围地区的带动作用，主要体现为极化效应和扩散效应。**极化效应**促成各种生产要素向增长极的回流和聚集；**扩散效应**促成各种生产要素从增长极向周围不发达地区扩散。在发展的初级阶段，极化效应是主要的。当增长极发展到一定程度后，极化效应削弱，扩散效应加强。

某个地区要成为增长极，需要具备一定的条件，具体包括以下三点：①在一个地区内存在具有创新能力的企业群体和企业家群体，这实际上是熊彼特关于创新学说的反映，即创意与创新是经济发展的原动力；②必须具有规模经济效应，即发育成为增长极的地区需具备相当规模的资本、技术和人才存量，能够通过不断投资扩大经济规模，提高技术水平和经济效率，形成规模经济；③要有适宜经济与人才创新发展的外部环境，它包括便捷的交通、良好的基础设施等"硬环境"，以及政府高效率运作、恰当的经济政策、保证市场公平竞争的法律制度以及人才引进与培养等"软环境"。

增长极理论提出以来，被许多国家用来解决不同的区域发展和规划问题，这是因为它具有其他区域经济理论所无法比拟的优点。首先，增长极理论对社会发展过程的描述更加真实。佩鲁认为经济一旦偏离初始均衡，就会继续沿着这个方向运动，除非有外在的反方向力量推动才会回到均衡位置。这一点非常符合地区差异的现实情况。其次，增长极概念形式简单明了，易于了解，对政策制定者很有吸引力。同时，增长极理论提出了一些便于操作的有效政策，使政策制定者容易接受。例如，佩鲁认为现代市场充满垄断和不完善，无法自行实现对主导产业的理性选择和环境管理问题。因此，他提出政府应对主导产业进行补贴和规划，这样的政策建议比较符合政策制定者的偏好。增长极理论曾在很多国家发挥了一定作用。例如，中国重点发展某些沿海城市的政策，就是增长极理论的应用。

但该理论也有很大的局限性。很多国家的实践表明，基于增长极理论的区域发展政策没有引发增长极腹地的快速增长，反而扩大了这些腹地与增长极之间的差距。所以，近年来增长极理论的有效性受到怀疑。究其原因，增长极理论的主要缺陷有以下几个方面。

（1）增长极的极化作用。增长极上主导产业的发展，将会产生吸引力和向心力，使周围地区的劳动力、资金、技术等要素转移到核心地区，剥夺了周围区域的发展机会，使核心地区与周围地区的经济发展差距扩大。而且，增长极的发展会导致外围地区贸易状况恶化。由于地域邻近，增长极与外围地区势必会发生区域贸易活动。前者以输出工业品、资本品为主，并从后者输入初级产品，而后者以初级产品的生产和输出为主。初级产品的价格低而不稳，且缺乏需求弹性，因而竞争形势和交易条件均有利于前者而不利于后者。总之，增长极的极化效应往往是以牺牲外围地区的发展为代价的，这是增长极对周围区域产生的负效果。

（2）扩散阶段前的极化阶段时间过于漫长。扩散作用是极化作用的反向过程，两者作用力的大小是不等的。例如，默达尔就认为，市场的作用通常是倾向扩大而不是缩小地区间的差异。在增长极的作用过程中，如果不加强国家干预，即极化效应总是大于扩散效应。再者，虽然增长极存在扩散效应，但毋庸置疑的是，扩散阶段前的极化阶段是相当漫长的。要度过这个漫长的阶段，欠发达地区的人民要继续忍受贫苦，政治不安定的因素可能增加。对于欠发达地区的政府工作人员来说，在短期内看不到政策的显著效果，也会在一定程度上对增长极政策的实施起到阻碍作用。

（3）增长极未必真的具有扩散效应。增长极集中的都是有活力的产业，这种产业一般都是新兴产业，具有很强的技术创新能力，属于迅速增长的企业类型。这决定了增长极的产业结构以技术和管理先进的现代产业为主，而增长极周边地区可能以初级产品生产为主。这就使增长极中的产业与周边地区的产业缺乏技术和经济联系，难以起到带动作用。这样的增长极被称为"飞地"型增长极，扩散效应很差。

（三）点轴开发模式和网络开发模式

点轴开发模式是增长极模式的扩展。随着经济的发展及增长极的增多，可以把各个增长极视为区域中的点。点与点之间由于经济联系的加强，必然会建设各种形式的交通和通信线路，这一线路即为轴。这些轴线首先是为增长极服务的。但轴线一经形成，对人口和产业也具有吸引力，将会吸引人口和产业向轴线两侧集聚，并产生新的点（增长极）。点轴贯通，就形成了点轴系统。基于这个系统，点轴开发可以产生两种作用：第一，使产业向增长极及轴线两侧集中分布，而不是只集中于增长极；第二，以点带轴，以轴带面，使产业从发达区域大大小小的增长极沿交通线路向不发达区域纵深地扩散。

网络开发模式是点轴开发模式的延伸。在经济发展到一定阶段后，一个地区形成了增长极、增长轴及交通线路。随着增长极和增长轴的影响范围不断扩大，将会在较大区域内形成商品、资金、信息、劳动力等生产要素的流动网络，以及交通和通信网络。网络开发模式就是强化并延伸已有的点轴系统，提高各增长极之间、各区域之间，特别是增长极与各区域之间生产要素交流的广度和密度，从而使整个区域得到有效的开发，最终达到整个区域经济的一体化。同时，还可以通过网络的向外延伸，加强与区域外其他区域经济的联系，并将本区域的优势向四周区域扩散，从而促进更大空间范围内的经济发展。

网络开发模式通常适用于发达地区。发达地区既需要对现有传统产业进行转型升级、扩散或转移，也需要全面推动新区的开发。与已开发地区相似，发达地区的新区开发通常采用点轴开发模式。在这种新旧点轴的逐步扩散和经纬交织的过程中，经济活动在空间上逐渐形成一个网络体系，这就形成了网络开发模式。因此，网络开发模式更适用于那些经济比较发达、区域间发展差距较小、已具备全面开发新区条件的地区。

在我国的发达地区，网络开发模式的应用取得了显著成效。以我国长江三角洲和珠江三角洲地区为例，两地经济发展已达到较高水平，网络开发已成为这些地区主要的发展模式。在此背景下，生产要素的交流、新旧点轴的融合以及新区的全面发展，共同推动了区域经济的繁荣，彰显了网络开发模式的优越性。

（四）地域生产综合体开发模式

地域生产综合体开发模式的理论基础是苏联学者科洛索夫斯基的生产循环理论。该理论认为，生产都是在某种原料和燃料动力资源相互结合的基础上发展起来的。某种产品之所以能在某个地域生产，是因为它拥有原料和燃料动力来源，并能够对它们进行合理利用。这种合理利用是一个循环的生产过程，即从原料的采选，直到获得某种成品为止的全过程。也就是说，该理论认为生产是按照生产工艺的"链"所组成的稳定的、循环的过程中进行的。

科洛索夫斯基将**地域生产综合体**定义为"在一个工业点或一个完整的地区内，根据地区的自然条件、运输和经济地理位置，恰当地安置各个企业，从而获得特定的经济效果，这样一种各企业间的经济结合体称为生产综合体"。地域生产综合体由一个或若干个工业枢纽组成，这些枢纽可能是一个大型联合企业，也可能是若干联合企业在地域上的结合。它们一般不可能覆盖整个区域，而是在区域内呈斑点状分布。这些工业枢纽可能共同参与某项专门化生产，因而有着密切的技术经济联系；也有可能各自独立，各有自己的循环，但存在其他方面的联系，如共同使用生产和非生产基础设施。

地域生产综合体的结构一般包含四个层次：①经营层，即综合体的主导企业，这是核心部分，一般以某种自然资源为依托；②关联层，为主导企业提供原料设备和半成品的企业；③依附层，利用主导企业的废料进行生产的部门；④基础设施层，包括管道、动力网络、仓储等生产性基础设施，住宅、医疗卫生、学校、国家机构等非生产性基础设施。可见，这种开发模式是以开发特定的自然资源为基础，形成主导产业或产业群，并围绕主导产业或产业群发展其关联产业，并对服务于生产、生活的各种基础设施进行统一安排的一种产业布局模式。实行这种模式的重要前提是自然资源必须密集分布在一个不大的地域范围内，实际上属于一种特殊的增长极布局模式。

地域生产综合体开发模式是苏联广泛采用的一种产业布局模式。从20世纪50年代中期到苏联解体之前，苏联曾以自然资源的开发为依托，在西伯利亚地区建立了30多个大型工业地域生产综合体。受苏联的影响，中国也曾广泛采用过这种布局模式，如著名的石油城大庆、克拉玛依在性质上都属于这种模式。应该承认，地域生产综合体开发模式对快速开发自然资源起到了不可忽视的作用，不过，这种模式也有相当大的局限性。从上述四个层次可以看出，地域生产综合体实质上是依托自然资源开发而在人烟稀少的地区新建城市，以至于连最基本的生活基础设施都要专门纳入规划范围。国内有学者认为，我国国土规划纲要中提出的重点开发区就相当于苏联的地域生产综合体，实际上二者有本质的不同。我国的重点开发区并不都是依托于自然资源，也大都不是人烟稀少地区的新建城市。

地域生产综合体的这一特点，使得这些新建城市容易因为过度依赖自然资源而产生资源诅咒问题，即对与当地资源无关的产业产生挤出效应。一旦当地资源枯竭，则整个地域生产综合体的生产循环链就会发生断裂，使当地经济总量下降、人口流出，甚至出现城市被废弃的现象。自苏联解体以来，西伯利亚地区已经有不止一座源自地域生产综合体的城市被废弃。即使在中国，某些资源枯竭型城市如甘肃玉门、黑龙江伊春和辽宁阜新等都出现了类似的经济总量和人口萎缩现象。不过好在中国人口密度较大，大多数类似于地域生产综合体的资源型城市都邻近人口稠密地区，尚不至于出现城市废弃的情况。苏联地域生产综合体的前车之鉴，提醒我们在实施这一模式时要慎重，尤其是要通过政府的各种规制和补贴政策，尽可能地削弱资源型城市的资源诅咒问题，在资源出现枯竭的苗头时及时推动城市转型，以尽量减少这种开发模式的副作用。

第三节 产业布局理论在中国的应用

中国的地区差距问题一直存在，而地区差距实际上就是产业布局失衡的结果。在本节我们准备做这样一个尝试：运用本章第二节介绍的产业布局理论，对中国产业布局失衡的原因进行解释，并提出相应的解决办法。中国的产业布局失衡可以分为两大类，一是全国性产业布局失衡，即西部、中部和东北地区的相对落后，这三大地区的问题又分别对应着国家采取的三项区域发展政策，即**西部大开发**、**中部地区崛起**和**振兴东北老工业基地**；二是区域性产业布局失衡，这方面的例子比较多，本节精选了**环京津地区**问题。

一、全国性产业布局失衡

（一）西部大开发问题

通常所说的中国西部地区，包括四川省、陕西省、甘肃省、青海省、云南省、贵州省、重庆市、广西壮族自治区、内蒙古自治区、宁夏回族自治区、新疆维吾尔自治区、西藏自治区等12个省（自治区、直辖市）。西部地区的自然资源比较丰富，劳动力和土地成本都比较低，这是发展经济的有利条件，但西部地区也存在着自然环境比较差、生态环境脆弱、基础设施薄弱、资金缺乏和技术落后等经济发展的短板。自1999年国家实施西部大开发战略以来，西部地区经济发展水平有所提高，局部地区出现高速增长，但与东部地区仍有很大差距。

从产业布局理论的角度看，西部地区经济发展落后的原因可以总结为以下几个方面。①西部与东部之间是典型的地理二元经济，即由于东部发达地区高工资、高利润率的吸引，西部地区劳动力、资金、技术、资源等要素不断向东部地区流动，产生回流效应和循环累积因果效应。这实际上是改革开放初期西部地区的常态，西部大开发政策的目的就是要扭转这种状况。②西部地区产业集群化水平较低，缺乏外部经济和动态收益递增带来的成本优势，对地区差距有固化作用。③西部地区人均收入水平较低，在产业梯度转移过程中只能承接东部地区淘汰的产业，不利于缩小地区差距。④西部地区与东部地区相距遥远，又被中部地区阻隔，在东部地区产业从增长极沿着轴线向外扩散时，西部地区与中部地区相比不占优势。⑤西部地区人口密度相对较低，在当地建立的地域生产综合体，更容易出现因资源枯竭而产生的经济和人口萎缩问题。

虽然有上述劣势，但西部地区也有一些后发优势。许多人都提到了西部地区的资源优势，然而从资源诅咒的角度看，这个优势难以持久，而且副作用较大。依据本章的产业布局理论，西部地区的后发优势体现为两个方面。①西部地区工资水平较低，接纳新技术的成本也较低，这使得它具备了"蛙跳"式增长的可能性。如果某个眼光敏锐的西部地区领导，能够率先发现某项新技术的市场前景，然后通过优惠政策将使用该技术的新兴产业吸引到本地投资，并以较快的速度形成产业集群，那么"蛙跳"式增长就成功了。贵州大数据产业的兴起，就是这种模式的成功例子（案例9-1）。当然，不能指望所有西部城市都有这样的领导，所以仍然需要其他方面的发展途径。②西部地区通过厂商内部规模经济降低成本的可能性。第七章提到的克鲁格曼中心-外围模型曾经指出，垄断厂商总是将其生产安排在大市场同时向小市场出口，即存在市场准入效应。由此可以推论，西部地区的大城市可以凭借人口集聚带来的较大市场规模，吸引大型厂商在当地建立规模较大的生产线；而如果这些城市一开始就引进规模较大的厂商，那么就可以通过厂商内部规模经济降低成本，再加上本地工资水平和土地价格较低的优势，就可以抵消各种导致高成本和低回报的劣势。某些人口规模较大、有一定产业基础的西部城市，可以相对容易地引进规模较大的企业，建立规模较大的生产线，比较适合这种模式。例如，成都、重庆和西安等西部城市就在承接东部产业转移时，对引进企业的规模提出了要求，起到了较好的效果。以这种模式建立西部地区增长极之后，就可以通过点轴开发和网络开发模式，慢慢地带动更多西部城市的经济发展。

总之，从产业布局理论的角度看，开发西部地区可以采取以下途径：第一，少数城市的"蛙跳"式增长及其对周边地区的带动作用；第二，较大城市通过厂商内部规模经济建立增长极，再通过点轴开发和网络开发带动周边地区增长。

「案例9-1 从犹他奇迹到贵州奇迹」

提起蛙跳模型在现实中的成功案例，首推美国犹他州的经济发展。犹他州地处美国西部腹地，西有大盐湖和汉克斯维尔沙漠，东为落基山脉，州内大约35%的土地为沙漠和干旱地带，与中国的西部自然条件极为相似，其经济实力和发展水平也远远落后于美国其他地区，但是自1990年以来，原来贫困落后的犹他州一跃成为美国经济发展最快的州，其经济发展速度连续多年超过7%，远远超过全美的平均增长速度1.5%。更令世人瞩目的是，在犹他州崛起了仅次于硅谷的世界第二大著名的软件工业园区。

那么，犹他州是如何取得这个奇迹的？人们总结了以下几条经验。①促进科技产业化，犹他州在全美率先扶植以信息软件产业为龙头的高科技产业，早在1986年就制定了旨在寻找明天产业的"卓越计划"，重点发展软件、医疗器械、生物工程三大产业。②提高教育水平。犹他州人均科研经费和居民识字、阅读能力居全美第一。③基础设施建设。1993年美国"信息高速公路"计划出台后,犹他州在全美第一个建立了州级互联网。④优惠政策。在犹他州开办公司,地价低、注册费低、手续简单,在其他州注册一家公司需用800美元至2万美元,而在犹他州只要24美元。优厚的条件吸引了全美500家大企业把总部搬到犹他州。

犹他奇迹的诸多经验中,最引人注目的是"率先"二字。"蛙跳"式增长成果的关键,就是要求落后地区以比发达地区更快的速度建立新兴产业,这样才能跳跃式地赶上发达地区,而这恰恰需要的就是"率先"。中国贵州大数据产业的崛起,在某种程度上复制了犹他奇迹,许多媒体已将这一事件称为贵州奇迹。贵州历史上一直是经济基础薄弱地区,自然条件也谈不上优越,尤其是地形复杂,交通不便,并不适合大规模制造业的建设。贵州省政府于2012年开始扶持大数据产业,而当时大数据产业刚刚兴起,还不为大多数国人所知。2022年贵州大数据产业的产值已突破1900亿元,而且吸引了腾讯、华为、阿里巴巴、苹果、高通等国内外著名企业将数据中心设在贵州,使贵州成为媒体所称的"中国数谷"。贵州的气温条件和能源供给比较适合大数据产业的运转,但这显然不是该地吸引大数据产业的主要原因。昆明的气温和能源供给并不比贵阳差,但大数据产业中心并未落户昆明。这说明,贵州大数据产业的崛起还有其他原因。

根据媒体报道提供的信息,我们可以找到贵州奇迹的另外一些原因。首先是这里的工资水平很低,蛙跳模型已经指出,这是吸引高科技产业的重要原因。根据《第一财经日报》的报道,一家叫作高登世德的金融科技公司的高管说,深圳、上海人力成本几乎是贵阳的两倍,高登世德在贵州的技术人员多数有北上广深工作经历,这帮助高登世德节省下近乎一半的成本,这是他们决定落户贵阳的重要原因。其次是这里的营商环境。一家人工智能技术公司的创始人说,贵阳是实现理想最好的地方。"深圳产业太发达了,当地很多创新会受到供应链的影响,造成创新的同质化,甚至会受到既得利益者的干扰。真正的颠覆性创新应该是从零开始的,如在贵阳。"最后是政府的大力支持。其他地方政府也许会给企业大量扶持政策,但没有哪个城市对大数据产业的扶持引导比得过贵阳。贵州省政府不但给了企业大量优惠政策,而且还为大数据产业发展而启动了政府数据的联通与开放,这在国内罕见。前述企业创始人称"做无人驾驶是要大量数据的,现在贵阳数据是有接口的,企业可以找政府申请免费获得数据"[①]。当然,上述三个原因的前提是贵州省政府率先做了这些事,率先形成了产业集群。如果他们是今天才开始这么做的,也许仍然会失去机会。

从贵州奇迹可以看出,只要发挥本地的后发优势,外加政府领导的头脑敏锐和大力支持,落后地区完全具有"蛙跳"式增长的机会。对比贵州奇迹与犹他奇迹可以发现,贵州的教育水平并没有犹他州那么高,但仍然实现了"蛙跳"式增长,这说明西部地区即使在教育等基础设施方面相对落后,但只要能率先抓住新技术的机会实现产业集群,仍然有成功的机会。

---

① 以上引用的案例和人物言论均来自段倩倩的《贵州大数据中心崛起:不仅仅是天时地利人和》(《第一财经日报》2018年9月25日第A09版),由作者整理而成。

（二）中部地区崛起问题

中部地区包括山西、安徽、江西、河南、湖北、湖南六省。这些地区的经济发展水平比西部先进，但比东部落后。为了缩小中部和东部的差距，2006年国家出台了中部地区崛起战略。与西部大开发战略相似，中部地区崛起战略也取得了明显效果，其中部分地区如武汉、合肥和长沙的人均地区生产总值水平已经超过了东部地区某些省会城市。但总体上看，中部地区与东部地区仍有差距。

依据产业布局理论，我们可以发现中部地区与西部地区面临的问题有所不同。①中部地区收入水平高于西部，不像东部与西部那样差距大，地理二元经济问题有所缓和。②由于地理位置接近，中部地区在承接东部地区的梯度转移和增长极扩散过程中，相对西部地区有明显的优势。③中部地区地形比较平坦，更有机会如中心地理论所预期的那样，由中心城市带动周边地区发展。

但中部地区也有自己的劣势。首先，由于工资水平与东部差距较小，实现"蛙跳"式增长的可能性虽然不能排除，但也大大降低；其次，同样由于工资水平较高，中部地区在面对东部地区产业集群的外部经济和动态收益递增时，反而更缺乏低成本竞争力；最后，某些中部地区由于自然资源分布过于密集，而产生了类似于地域生产综合体的资源诅咒问题，如山西就是如此。

这些优势和劣势，说明中部地区崛起与西部大开发应有区别。从产业布局的角度看，中部地区应发挥与东部相距较近的优势，努力承接东部增长极的产业转移。要做到这一点，就要求中部地区本身就有足够规模的产业集群和增长极，这样可以降低成本，抵消工资水平高的劣势。所以，中部地区政府可以通过合理规划，引导人口和各种资源向中心城市集中，形成本地增长极和产业集群。然后再以此为依托，通过各种轴线吸引东部地区相对高端的产业转移。目前，许多中部地区政府已经意识到了这一点，当地也出现了人口和资源向中心城市集中的趋势。

这里需要专门强调的一个例外是山西。这个省由于煤炭资源丰富，对其他产业（尤其是高技术产业）产生了挤出效应，这就出现了资源诅咒问题。这个问题不解决，就难以像其他中部省份那样吸引产业转移。不过，资源和环境经济学中的研究成果，可能有助于破解这个难题。研究表明，如果在资源密集地区实行严格的环境规制，就会提高投资该资源的成本，迫使投资者尽量多投资非资源产业，特别是有利于引导投资向高技术产业流动。山西省人民政府可以根据本地实际情况，先利用环境规制缓解资源诅咒问题，然后再通过本地增长极和产业集群吸引东部地区的产业转移。

（三）振兴东北老工业基地问题

东北地区的情况与中西部完全不同。这里曾经是经济比较发达的地区，拥有强大的重工业产业集群，以及近百年工业历史积累的丰富生产经验。在改革开放初期，这里的人均收入水平也不低于东部地区。而且当地自然资源丰富、农业发达、地形平坦，经济发展条件远远好于中西部地区。按照本章的产业布局理论，这里没有理由会出现衰落。然而事实是这里确实衰落了，而且振兴该地区的难度甚至高于西部大开发和中部地区崛起，因为自2003年国家实施东北地区等老工业基地振兴战略以来，东北地区虽有过一段平稳增长，但在2014年左右再次出现经济失速现象，这种再次衰落的现象在西部和中部根本没有发生过。

如何解释东北老工业基地的衰落呢？社会各界对此有比较多的讨论。从产业布局理论的角度看，我们认为外部经济理论对此更有解释力。克鲁格曼指出，如果一个产业集群内部长期缺乏创新，那么就会逐渐丧失低成本的优势，即使存在专业化供应商和劳动力市场共享也无济于事。我们可以用一个简单的例子解释这一点。假定东北地区只有钢铁产业，而且长期生产钢铁，毫无创新；而东部地区生产自行车，需要用自行车交换钢铁。最初东北企业可以用1吨钢铁交换东部企业的10辆自行车，但由于东部企业的技术进步，研制出了摩托车，价格比自行车高，结果东北企业只能用1吨钢铁交换东部企业的1辆摩托车；后来东部企业又研制出了汽车，则东北企业需要用10吨钢铁交换东部企业的1辆汽车；再后来飞机出现了，东北企业就只能用1万吨钢铁交换东部企业的1架飞机。这样循环往复，东北企业在交换中越来越吃亏，相对于东部企业的成本越来越高，迫使投资者不断离开东北。最后就只能像克鲁格曼所预言的那样，缺乏创新将会使产业集群不断分散，乃至完全消失。这其实就是东北老工业基地衰落的根源。

可见，振兴东北老工业基地的关键，就是要增强东北企业的创新能力。有一种观点认为，东北地区的产业结构应转型为以轻工业为主，途径是承接东部沿海地区的轻工业产业。这种看法忽略了创新能力的重要性。上述例子表明，只要企业缺乏创新能力，无论是轻工业和重工业，都难以形成或维持产业集群。更何况根据梯度转移理论，东部沿海地区向外转移的轻工业只能是低端的轻工业，创新能力堪忧。实际上东北在改革开放初期曾经是轻工业比较发达的地区，以1987年为例，当年东北地区人均轻工业产值与全国平均水平持平，其中辽宁的人均轻工业产值比全国平均水平高31.8%。但自20世纪90年代开始，东北的轻工业与重工业一起衰落了，衰落的原因也基本相同，那就是产品老化且缺乏创新能力。

提升东北企业的创新能力，前提是要改善东北的营商环境，以吸引更多的有创新能力的企业在东北地区投资。

要从根本上改善东北的营商环境，应从改善东北地方政府的财政压力入手。考虑到东北地区存在历史遗留的财政养人负担，而且东北地区的离退休人员在历史上曾为国家做出过巨大贡献，中央政府应为东北地区提供更多的财政支持。东北地方政府也应对机关事业单位进行"瘦身"。财政压力缓解之后，东北的地方政府就会有足够的财力去优化营商环境，当地的营商环境自然就改善了。改善了营商环境之后，才有可能通过招商引资，改善东北企业的创新能力，从而恢复和发展东北地区的产业集群，实现东北的振兴。

二、区域性产业布局失衡

长期以来，环京津地区与京津两市一直存在较大经济差距。虽然国家已经于2015年实施了京津冀协同发展规划，环京津地区的经济状况有所改善，但其与京津两市的经济差距依然存在。根据《中国统计年鉴》提供的数据，2021年北京、天津、河北的人均地区生产总值分别为183 980元、113 732元、54 172元。可见，若以人均地区生产总值为衡量标准，河北仅为北京的29%和天津的48%。

离京津如此之近的地区理应是产业从增长极向外扩散的首选，为何与京津两市的差距如此之大？与全国性的产业布局失衡不同，在非常接近的地理距离上，即使是外部经济和动态收益递增也不足以造成过高的极化效应，因为产业集群本身的含义就是产业在地理上的集中，在如此之近的地理距离上，环京津地区也理应属于产业集群覆盖地区，就如同苏州与上海、深圳与香港的关系那样。但环京津地区却是一个例外，这说明可能有其他原因造成了这一现象。目前学术界总结了以下可供参考的原因。

（1）环保压力导致的扩散效应弱。环京津地区是京津的生态屏障、水资源保护区、风沙治理区。为了首都的发展和安全，环京津地区发展工业的环境标准高，限制多，准入壁垒高，使得在此办厂的成本提高，挡住了京津增长极的扩散效应。

（2）自然条件恶化趋势的影响。随着经济发展和人口增加，环京津地区用水量不断增长，这导致了环京津地区水资源的相对短缺。由于缺乏水源，当地难以大规模发展制造业，京津增长极也就无法将技术成熟的制造业扩散到环京津地区，这就弱化了京津增长极的扩散效应。

（3）基础设施的缺乏造成的回流效应。众所周知，用水量不大的企业一般属于高技术产业和高端服务业。而发展这两种产业需要良好的投资环境和公共服务水平，这样才能吸引资金和人才。然而，由于环京津地方政府的财力相对不足，当地在产业税收减免、土地支持、财政资金保障、科技创新扶持、人才引进与产业发展补贴等方面与京津存在一定的差距，难以吸引京津地区高技术产业和高端服务业的投资。同时，环京津地区与京津公共服务水平有差距，人均教育经费、人均三家医院数量、城镇职工人均医疗保险支出等均大大落后于京津地区，这又使得当地难以吸引高端人才。上述情况不仅弱化了京津增长极的扩散效应，甚至还使已从京津扩散至当地的部分企业又回流到京津地区（李岚，2018）。

可以看出，环京津地区经济相对落后的原因比较复杂，既有自然条件的约束，也有环保压力和当地政府财力不足的原因。从目前情况看，仅凭当地政府的力量是难以解决这一问题的，亟须中央政府和京津两市的支援来缓解京津冀之间的经济差距。例如，京津两市可以大力援助环京津地区的基础设施建设，包括将一部分优质的教育、医疗等资源转移至环京津地区，这样就可以增强当地对高端人才的吸引力，从而分享京津产业集群的扩散效应。也就是说，京津两市对环京津地区的经济支持，可以同时达到保障京津环境、供水以及环京津地区经济增长的目标，这是实现京津冀协同发展的有效路径。

本章提要

1. 市场机制的要素价格均等化作用不能消除产业布局的非均衡，原因包括生产要素在区域间难以自由流动，空间距离成本因素的存在，产业集群的循环积累因果效应，以及聚集力和离心力的作用。

2. 产业布局的影响因素包括自然因素、经济因素、科技因素、社会政治因素和地理位置因素。仅仅罗列这些因素可以让我们从直观上了解产业布局，但不足以让我们从逻辑上理解产业布局。

3. 地理二元经济认为，回流效应倾向于扩大地区经济差距，而且这种扩大具有循环累积因果效应，而扩散效应倾向于缩小地区经济差距；在市场机制作用下，回流效应总是大于扩散效应。梯度转移理论认为，投入期和成长期的产业总是落户发达地区，成熟期开始由发达地区向外扩散，只有进入衰退期时产业才会转移至落后地区。外部经济和动态收益递增则可以使一些已经形成的产业布局模式得以持续下去，即使这些地区已经不再拥有比较优势。以上理论都认为地区差距难以缩小。

4. 根据蛙跳模型，落后地区由于工资低、现有科技水平低，反而可能快速接纳并大力发展新科技。这就好像青蛙跳跃一样，可以使落后地区跳跃式地赶上甚至超过发达地区。所以，落后地区尽可能地学习和掌握新技术，以比发达地区更快的速度建立新兴产业，那么就有可能成功实现蛙跳，大大缩小地区差距。

5. 韦伯的工业区位论认为，最低运输成本和劳动工资成本在工业的区位布局上起决定作用；而克里斯泰勒的中心地理论却认为，工业区位应该选择在能够获得最大利润的市场地域，主要由销售范围的大小和需求量决定。

6. 增长极对周围地区的带动作用，主要体现为极化效应和扩散效应。当增长极增多时，可以通过点轴开发模式和网络开发模式带动更大区域内的经济发展。在人烟稀少和自然资源丰富的地区，可以用地域生产综合体开发模式来建立特殊形式的增长极。

7. 西部开发可以采取两种模式，一是少数城市的"蛙跳"式增长，二是较大城市通过厂商内部规模经济建立增长极，再通过点轴开发和网络开发带动周边地区增长。中部地区崛起需要发挥与东部相距较近的优势，利用本地增长极和产业集群承接东部增长极的产业转移。振兴东北老工业基地则首先要求缓解当地财政压力以改善营商环境，然后再通过招商引资提升企业的创新能力。

关键术语

产业布局	循环累积因果效应	地理二元经济	回流效应
扩散效应	梯度转移	动态收益递增	蛙跳模型
区位因子	中心地理论	增长极	极化效应
点轴开发模式	网络开发模式	地域生产综合体	西部大开发
中部地区崛起	振兴东北老工业基地	环京津地区	

本章习题

1. 多年来北上广深之间的经济差距一直很小。请问循环累积因果效应为什么可以扩大发达地区和落后地区之间的差距，却不能扩大发达地区之间的差距？

2. 循环累积因果效应可以扩大地区差距，那么在城乡之间、行业之间、不同群体之间是否也存在类似的效应？如果存在的话是以什么形式表现出来的？

3. 举例说明"蛙跳"式增长和厂商内部规模经济是如何促进落后地区经济增长的。

4. 工业区位论认为成本决定了工业布局，而中心地理论则认为市场需求决定了工业布局。如果我们在确定产业布局时同时考虑各种成本和需求因素，应该采取什么方法？

5. 假如一个普通的中西部城市要建立自己的增长极，应该采取什么做法？如果这个城市离东部地区很远，而且没有直接的轴线连通，那么该城市需要如何建立本地增长极，才能吸引东部地区的产业转移？

6. 以东北地区为例，说明为什么产业集群内部长期缺乏创新，就会逐渐丧失低成本的优势，即使存在专业化供应商和劳动力市场共享也无济于事。

7. 与环京津地区相似，苏南-苏北经济差距也是局部产业布局失衡的典型例子。而且，苏南与苏北之间的距离比京津与周边地区更远；由于京沪线绕行安徽，苏南与苏北之间也缺乏直接的轴线连通。但是，近年来两地经济差距已经显著缩小了，其突出表现是苏北所有地级市都已进入中国 GDP 百强市排行榜。这就引出了以下问题：缩小省内经济差距是否比缩小省际经济差距更容易？为什么？

进一步阅读的文献

产业布局理论不仅吸引了经济学家的兴趣，而且也是地理学家关注的焦点。从不同学科的角度考察产业布局，是很有趣的事情。我们推荐读者阅读以下三个领域的文献。

第一，经济学家，尤其是区域经济学科的经济学家撰写的教材和著作，如孙久文和叶裕民的《区域经济学教程》(第二版，中国人民大学出版社，2010)；陈秀山和张可云的《区域经济理论》(商务印书馆，2003)；吴殿廷的《区域经济学》(第二版，科学出版社，2009)。

第二，地理学家撰写的著作，如李小建的《经济地理学》(高等教育出版社，2019) 是这一领域的经典教材。

第三，新经济地理学派的著作，如 Krugman 的 *Geography and Trade* (MIT Press, 1991)；安虎森的《新经济地理学原理（第二版）》(经济科学出版社，2009)；库姆斯等《经济地理学：区域和国家一体化》(中国人民大学出版社，2011)。

本章参考文献

蒋选，杨万东，杨天宇. 2006. 产业经济管理. 北京：中国人民大学出版社：85.
克鲁格曼 P R，奥伯斯法尔德 M，梅里兹 MJ. 2016. 国际经济学：理论与政策（第十版）. 丁凯，汤学敏，陈桂军，译. 北京：中国人民大学出版社.
库姆斯 P. 2011. 经济地理学：区域和国家一体化. 安虎森，译. 北京：中国人民大学出版社.
李岚. 2018. 河北省推进京津冀协同发展研究. 经济研究参考，(15)：3-25.
李小建. 2018. 经济地理学. 3 版. 北京：高等教育出版社.

王述英，白雪洁，杜传忠. 2006. 产业经济学. 北京：经济科学出版社.

韦伯 A. 1997. 工业区位论. 李刚剑，陈志人，张英保，译. 北京：商务印书馆.

赵玉林. 2017. 产业经济学原理及案例. 北京：中国人民大学出版社.

Brezis E，Krugman P，Tsiddon D. 1993. Leapfrogging in international competition：a theory of cycles in national technological leadership. American Economic Review，83（5）：1211-1219.

Krugman P. 1991. Increasing returns and economic geography. Journal of Political Economy，99（3）：483-499.

Myrdal G. 1957. Economic Theory and Underveloped Regions. New York：Harper & Row.

第十章

产 业 政 策

产业政策是国家干预经济运行的一种手段,其产生的初始动机是为了弥补市场失灵。但随着产业政策理论和实践的发展,其政策目标也逐渐拓展,从最初的弥补市场失灵到促进结构转换与经济增长,乃至提高产业和国家的竞争力等。产业政策的理论基础也从最初传统的狭义市场失灵拓展为广义市场失灵和市场协调失灵。本章首先探讨产业政策的内涵和理论基础,其次介绍各种类型产业政策的内容、特点及其局限性,最后介绍产业政策效果评估。

■ 第一节 产业政策的内涵和理论基础

一、产业政策的内涵

"产业政策"一词曾出现在 1970 年日本通产省代表在 OECD(经济合作与发展组织,Organization for Economic Co-operation and Development)大会上所作的题为《日本的产业政策》的演讲中,但这并不是产业政策最早的起源。早在 1890 年,美国就颁布了世界上第一部反垄断法律《谢尔曼法》,该法律实际上是一种产业组织政策,只不过当时没有使用"产业政策"一词而已。需要指出的是,上述日本产业政策的主要内容是产业结构政策,而不是产业组织政策。从这一事实即可看出,产业政策的内容十分庞杂,包括了很多方面的国家干预措施。正因为如此,当前要给出一个产业政策的精确定义,是根本无法做到的事情,并没有一个公认的产业政策定义。本节主要介绍产业政策内涵或定义的不同版本,使读者对这一问题有大致的了解。

(一)产业政策定义的时代特征[①]

产业政策具有鲜明的时代特征,人们在不同的时间段、不同的经济背景下对产业政策

[①] 本节的产业政策定义和分类参考了马本和郑新业的《产业政策理论研究新进展及启示》(《教学与研究》,2018 年第 8 期,第 100~108 页),由作者整理而成。

有不同的解读，其内涵并不唯一。定义的不唯一性实际上反映了产业政策是一个极具争议的概念。Pack 和 Saggi（2006）认为，产业政策是通过政府干预或公共政策支持一些产业部门，以改变生产结构、创造更好的经济增长前景，该效果不能通过市场均衡自动得以实现。Noman 和 Stiglitz（2016）将产业政策定义为影响资源配置和积累、影响技术选择的公共政策，其中，旨在促进学习和技术升级活动的政策是产业政策的重要内容，产业政策问题的实质是市场和政府关系及各自在经济发展中的功能定位。Peneder（2017）指出产业政策是为了提高产业的竞争力，即为了实现经济系统更强的演进能力而实施的政府干预。从纯字面上说，产业政策的内涵十分广泛，囊括了影响产业特别是制造业的所有政策。照此理解，基础设施政策、教育政策和税收政策等都属于产业政策的范畴。

根据产业政策演变的历史过程，可将其分为选择性产业政策（或硬性的产业政策、纵向产业政策）和功能性产业政策（或软性的产业政策、横向产业政策）。**选择性产业政策**针对特定行业，如有选择地促进某些产业的生产、投资、研发和产业改组，同时抑制其他产业的同类活动；**功能性产业政策**针对市场经济的特定功能，即政府通过加强各种基础设施建设，推动和促进技术创新和人力资本投资，维护公平竞争，创造有效率的市场环境，使市场功能得到发挥的产业政策。功能性产业政策的特点是非歧视性，即政府不再有选择地事先圈定某些产业或企业进行扶持，而是要确保公平竞争。例如，补贴可以存在，但应该是用于基础性的研究开发、信息服务、人力资本投资等，而不是有选择地用于某些产业和企业。当然，因为功能性政策（如教育和创新政策）有时要依托特定行业，因此上述划分并不是绝对的，时常出现交叉。虽然产业政策并不专门针对制造业，但对选择性产业政策的讨论主要针对的是制造业，而非农业、建筑业和服务业等产业部门。

（二）产业政策的范围

不仅产业政策的定义繁多，而且产业政策的实施范围也是有争议的。

首先，从政策内涵的宽窄角度来看，对产业政策的理解有"宽派"和"窄派"的区别。"宽派"认为产业政策是与产业有关的一切国家法令和政策，或政府实施的与调节产业活动有关的一切行为总和。"窄派"则认为产业政策的实施有特定的前提和条件，主要是发生在市场失灵时，由政府介入采取的一系列补救措施。二者的最大分歧在于对产业政策实施范围与时机的理解上。"宽派"认为产业政策的实施不受时机所限，或者说是政府的相机抉择问题，类似于财政政策和货币政策，在政府认为有必要的情况下就可以实施。"窄派"则认为产业政策实施的前提是发生了市场失灵，这不仅限制了产业政策实施对象，而且限制了产业政策的时机，从而使产业政策区别于财政政策和货币政策。

其次，在产业政策实施的时间和空间范围上，也有不同的看法。一种观点认为，产业政策是现代经济发展过程中必然存在的经济变量，是任何国家在任何时间段都有可能采用的政策。例如，认为产业政策的目标是提高本国产业的国际竞争力，而这是任何国家都会遇到的问题，因此产业政策是任何国家都可能运用的手段。另一种观点则认为，产业政策是特定国家在特定时期所采取的一种政策手段。例如，认为产业政策是落后国家为赶超发达国家而采取的各种政策的总和。显然，前者所定义的产业政策实施范围要远大于后者。

（三）为什么产业政策缺乏公认的内涵

从上述差异可以看出,学术界对产业政策的内涵存在较大分歧。产生这种现象的原因,不仅仅是学者个人的研究偏好问题,还有更深层次的原因。

首先,经济价值观的差异导致对产业政策内涵的不同理解。这里所说的经济价值观,是指一国政府和社会在经济生活中长期形成的某种规范性的共同认识或观念。这种观念脱胎于一个国家的政治、历史和文化传统,出身于某个具体国家的学者很难摆脱这种观念的影响。例如,一个来自政府干预较少国家的学者,往往偏好于政府的自由放任,因此他们所理解的产业政策内涵,就会倾向于"窄派",倾向于仅仅在有限的国家范围和时间段内采用产业政策;而一个来自政府干预较多国家的学者,就会更加相信政府干预的力量,因此对产业政策的理解就倾向于"宽派",认为产业政策是经济发展中必然存在的经济变量。

其次,经济发展阶段的不同也会影响学术界对产业政策内涵的理解。一个国家的经济发展有阶段性,不同阶段的经济发展目标不同,对政府干预的依赖性不同,从而对产业政策的理解也就不同。例如,很多发展中国家的学者都把产业政策理解为赶超发达国家的政策,就是因为这些国家面临着提高产业竞争力的任务,所以把产业政策看作实现这一目标的途径。发达国家的学者则普遍看淡产业政策的作用,或将产业政策等同于反垄断和政府规制政策,这与发达国家的经济发展阶段相适应。由此可见,产业政策作为一种公共政策,从产生之初就打上了发展阶段的烙印。

具体到中国的情况,我们可以认为,产业政策的内涵不宜理解得过于狭窄。中国还是一个发展中国家,仍然面临着赶超发达国家的任务,而且中国历来就有通过政府干预来实现某种经济社会目标的传统。这都决定了中国的产业政策不可能局限于反垄断政策,也不可能局限于某些特定的时间段。在现阶段中国的具体情况下,产业政策的内涵应理解为一个国家的中央或地方政府为了实现某种经济和社会目的,主动干预产业活动的各种政策的总和。当然,未来中国成为国际领先的发达国家之后,对产业政策内涵的理解也会发生相应的变化,但那一天离现在还很遥远。

二、产业政策的理论基础[①]

产业政策的内容庞杂也反映在它的理论基础上。与财政政策和货币政策不同,产业政策并没有统一的理论基础。总结各个学派多年来对产业政策理论依据的研究,我们可以把产业政策的理论逻辑分为两类:一是传统市场失灵,即借助福利经济学分析,侧重在微观层面,强调市场机制无法(完全)通过价格、交易合约等实现经济效率;二是**市场协调失灵**,侧重于从中观层面(通常的行业层面)强调多元主体在市场经济中因协调不足带来的效率损失。

---

① 本节部分内容参考了马本和郑新业的《产业政策理论研究新进展及启示》(《教学与研究》,2018 年第 8 期,第 100~108 页)由作者整理而成。

(一) 传统市场失灵

在新古典经济学框架下，描述了建立在若干假设之上的完全竞争市场。这些假设至少包括。①厂商追求利润最大化。②厂商数量众多，且产品是同质的。③不存在市场势力。④信息是完全的。⑤交易成本为零。除此之外，完全竞争市场还隐含了不存在外部性和公共产品的假定。当这些假设在现实中得不到满足时，无论是市场被扭曲（如外部性、市场势力），还是市场不完备（如信息不对称），都会导致传统意义上的市场失灵。从某种意义上说，新古典经济学描述了一个完美市场的乌托邦，而后以这些苛刻的假设为标尺，衡量现实世界的不完美。弥补或消除不完美的政府干预，就成为产业政策最重要的理论依据。

市场失灵也有狭义和广义之分。从狭义的角度来说，垄断、外部性、公共产品都是需要由产业政策弥补的市场失灵，因此，反垄断政策、自然垄断产业规制政策、环境规制政策、公共物品的供给等都可以纳入产业政策范畴。相应地，不完全竞争、环境外部性、公共产品等**传统市场失灵**也构成产业政策的理论依据。

广义的市场失灵则包括了由信息外部性而产生的市场失灵，弥补这种市场失灵的产业政策，与狭义市场失灵的情况不同。信息是一种有价值的经济资源，而且信息本身有一些技术特质：许多信息是耐用的，在被使用之后仍有价值；当其他人以零交易费用使用信息且不能排除其他人使用信息时，信息就具有公共产品属性。因此，在提供信息、获取信息方面，市场存在严重缺陷。在发展中国家，这个问题尤其严重。发展中国家在工业化初期伴随着产业多元化，而多元化需要不断尝试并发现能以低成本生产和盈利的新业态，市场中的**信息外部性**是阻碍产业多元化的一个主要障碍。基本的逻辑是，率先进入的企业为行业的未来进入者提供了关于该行业投资可行性的新信息，生产技术和产品市场的信息使后来者的投资风险降低。也就是说，对于新行业的先动企业，如果投资成功，可为其他进入者提供有价值的免费信息，而行业追随者的进入使先动企业无法获得垄断租金，即便投资失败，失败的教训也可为其他投资者提供有用的信息。因此，对于先动企业，投资失败的成本与投资成功的收益不对称，不论成败都存在信息外溢效应，而市场机制未能补偿行业探索型企业，导致实际投资低于最优水平。

企业生产过程中干中学的**技术外部性**也是广义市场失灵的一个方面。在新行业由诞生到发展壮大的过程中，根据标准的干中学模型，企业生产成本随着企业产量的增加而下降。对于整个行业而言，这意味着增加了知识存量，知识外溢效应使得同类企业在未来的生产成本有所降低。因此，为了激励企业实现有效率的生产规模、鼓励投资者积极探索新行业，政府有理由通过补贴、税收减免或优惠等产业政策对最先进入的企业进行合理补偿。此外，企业人力资本投资也存在外部性。在劳动力市场具有流动性的条件下，一个企业对员工的人力资本投资（如技能培训等），无法避免高素质劳动力加入其他企业。人力资本投资的成本由企业自己承担，但收益却由于劳动力的流动性而具有一定的不确定性。在这种情况下，该行业的其他企业有机会"坐享其成"，缺乏对本企业员工进行人力资本投资的激励，这就导致该行业的人力资本投资低于有效率的水平。这种外部性在产业初创期可能更为严重。由于员工技能缺乏积累，对于行业的开拓性企业，在员工培训上通常要投入更多的资源，而后进入的企业通过"挖墙脚"即可获得更大的收益。由于企业的劳动培训存在外部性，为政府在一定程度上干预劳动培训市场提供了理论依据。

广义的市场失灵为政府的一系列产业政策提供了理论基础。例如，信息外部性降低了投资水平，阻碍了产业多元化，这就为政府投资推进产业多元化，即由政府投资建立完整的工业体系的大推动工业化战略提供了理论基础；而干中学带来的技术外部性，则为政府扶持主导产业和新兴产业的政策提供了理论依据；人力资本投资的外部性，则为政府服务于产业多元化的教育政策提供了理论依据。

（二）市场协调失灵

除了上述传统市场失灵外，由于经济活动存在着相互依赖性，市场机制在协调经济活动过程中还存在协调失灵。需求互补性（或竞争性）、规模报酬递增和生产函数的不可分性是导致协调失灵的三个重要来源。

在现实中，常常存在多个项目同时投资才具有经济可行性的情形，如本书第四章提到的大推动工业化战略就是这样的例子。产生这种情况的原因是，各项目之间都是关联和互补的，彼此都在为对方提供要素投入和市场需求，即需求互补性。若各项目同时投资，就会产生需求互补性；若各项目不能做到同时投资，那么就不存在需求互补性，此时所有项目都会因为缺乏市场需求和要素投入而不具有经济可行性。然而，当这些项目的投资由不同的经济主体独立决策时，这些经济主体的利益和目标都是各不相同的，难以保证各项目投资的同时性，即存在市场协调失灵，结果使得这些投资项目失去了可行性。除了需求互补导致的协调问题外，需求竞争在一些情况下也需要协调。例如，在需要大量投资的寡头行业，两个企业同时投资可能导致产能过剩，随之而来的企业破产将导致社会资源浪费。

规模报酬递增是市场协调失灵的另一个来源。在规模报酬递增条件下，要素积累和外生非要素增加型技术进步共同导致经济增长。如果企业的规模报酬递增，投资决策的协调需要一个能够充分连接当前计划与未来收益的信号机制。通俗地说，这意味着在企业第一期投资亏损的情况下，只有第二期的预期收益足够高，企业才会在第一期投资，而这只有在需求互补的情况下才能实现。即很多企业同时对未来收益产生乐观预期，而这些企业的产品又可以相互提供销路，则未来的高预期收益才会成为现实，企业才会在本期投资。然而，市场价格并不足以承担这个角色，因为市场价格并不能完美地反映未来的预期收益，因此不足以触发企业第一期的投资，这样一来第二期的预期收益也将不会存在，经济将因此不会增长。此时，规模报酬递增会导致市场的协调失灵。

生产函数的不可分性也会导致协调失灵。第四章第二节曾提到生产函数的不可分性，即基础设施需要先行投资、大规模投资和无法进口等特征，使其具有强烈的外部经济效应，即一个企业对基础产业的投资可以为其他企业的发展提供良好的外部条件。这使得社会边际收益大于私人边际收益，企业家因此不愿投资。这里所说的基础设施，既包括硬件基础设施，也包括软件基础设施。其中，硬件基础设施包括道路、港口、电力等，软件基础设施包括教育、金融、法律体系等。硬件和软件基础设施的改善有赖于超越个体企业之上的协调。由于基础设施具有某些公共产品的属性，基础设施的协调与公共产品的提供密切相关，对单个企业而言，上述公共产品的供给在经济上不可行、法律上不允许或交易成本过高，这就为政府协调上述公共产品的供给提供了理由。

马本和郑新业（2018）担心市场协调失灵的假定不太现实，而这将削弱市场协调失灵对产业政策的解释作用。例如，随着经济全球化的深入，形成了全球性的制造业价值链，中间投入品的国际贸易非常普遍，生产所需要的某些中间产品、服务和技术，可以通过国际贸易而获得，并不一定会受到需求互补性和规模报酬递增的限制。再比如，市场协调失灵的关键假设是生产活动的组织是外生给定的，即这些相互影响的行业难以自发地实现协调。考虑到企业或投资者可通过协商、订立合同等方式实现一定程度的协调，这个假定未必成立。实际上这些担心在发展中国家是多余的。对发展中国家来说，国际贸易降低了需求互补性和规模报酬递增所需要的最小投资规模，但是不能取消最小投资规模。原因是各国的生产函数不同，知识存量和组织效率不同，发达国家的中间产品、服务和技术未必完全适合发展中国家。而且，依靠国际贸易还存在难以解决的问题。例如，大多数基础设施都不能进口；国际贸易还需要大量的资金，这同样需要未来的预期收益足够高，容易产生与规模报酬递增相同的协调失灵问题。至于说协调失灵可以由企业协商来解决，这仅仅是理论上的可能性。在现实中，要解决发展中国家的需求互补、规模报酬递增和生产函数不可分性等问题，都需要大量的资金投入，需要动员全社会的资源才负担得起，这就要求多个行业，甚至全国所有的企业进行协商，才有可能实现一定程度的协调，而这样做的交易成本实在太高，在发展中国家几乎没有成功的先例。

市场协调失灵为发展中国家的产业结构政策提供了理论依据。无论是优先发展某个主导产业或战略产业，还是保护幼稚产业、救助衰退产业，甚至是在全社会建立完整的工业体系，都需要全社会各经济主体间的协调，而市场机制出现了协调失灵，这就需要政府介入，通过产业结构政策完成上述任务。

鼓励创新的产业技术政策也可以建立在市场协调失灵的基础上。我们可以将创新视为软件基础设施的一种。创新的社会边际收益大于私人边际收益，具有正的外部性，因此企业家投资积极性不足。政府鼓励创新行为的政策，就类似于教育政策的作用。

市场协调失灵也可以为功能性产业政策提供理论依据。我们可以把功能性产业政策的扶持对象视为规模报酬递增的产业，那么由此产生的市场协调失灵就需要政府介入。但是，由于信息不完全，政府并不知道哪个产业是规模报酬递增的，因此就需要改善市场功能，维护公平竞争，创造有效率的市场环境，在此基础上由市场竞争来选择优质企业。一旦企业被市场选中，则不需要政府有意扶持也会有足够的发展机会。例如，美国政府为高新技术产业化提供种子基金，然后让市场去选择优质企业的方式。改善市场功能的政策，必然不是针对特定企业、特定行业或特定技术，而是一种非歧视性、普适性政策，如优化投资环境和知识产权保护政策等。

包括市场协调失灵在内，市场失灵作为政策干预的逻辑依据在于，现实经济很难完全符合完美市场的假定（如完全市场、完全竞争、完备信息、稳定的技术和偏好、理性决策等）。深层意义上说，使用这些衡量完美市场的标尺，整个世界可以被看作一个巨大的市场失灵。这意味着，市场失灵几乎是无处不在的，因此产业政策的范围也不会仅仅限于弥补垄断、外部性和公共产品等狭义的传统市场失灵,而还应包括弥补市场协调失灵和广义的传统市场失灵,这就大大拓展了产业政策的适用范围。

> **案例 10-1　林毅夫和张维迎关于产业政策的争论**[①]

学术界对于产业政策的作用一直争议很大。北京大学教授林毅夫和张维迎曾经在 2016 年对产业政策的作用进行过一次现场辩论,我们就以这次辩论的内容为例,对照本章所讲的产业政策理论基础,对产业政策的作用做出一个基本的判断。

这次辩论涉及的问题很多,我们仅择其重要之处予以罗列和分析。

首先,两位教授对于产业政策的定义完全不同。林毅夫认为,"产业政策是指中央或地方政府为促进某种产业在该国或该地区发展而有意识地采取的政策措施";而张维迎则认为,"产业政策是指政府出于经济发展或其他目的,对私人产品生产领域进行的选择性干预和歧视性对待"。这个分歧表明,反对产业政策的学者,实际上真正反对的是选择性产业政策,而对于那种非歧视的功能性产业政策,基本上无人提出异议。

其次,在产业政策的具体内容上,两位教授也有很大分歧。关于产业政策的作用,林毅夫认为,政府需要在市场之外提供必要的软性和硬性的外部环境,为企业发展提供必要的基础设施;张维迎则认为,产业政策是穿着马甲的计划经济,实质上就是政府给某些产业或企业"吃偏饭"。

关于某些产业政策无效的原因,林毅夫认为产业政策失败的原因不在于产业政策本身,而在于执行能力不行,很多发展中国家心太急,好心干坏事。张维迎则认为,产业政策的失败是由于两个原因,一是人类认知能力有限制,不可能判断出未来的产业发展方向,政府的产业政策相当于一场豪赌,将每个人犯错的概率累积到一起,加大了集体出错的概率;二是产业政策必然导致企业家和政府工作人员的寻租行为,得到政策扶持的往往不是真正具有创新精神的企业家,而是套利者和寻租者。

关于政府是否应补贴先动企业,即第一个吃螃蟹的人,林毅夫指出,他是基本上反对补贴的,除了对先行者(第一个吃螃蟹的人)进行激励的补贴之外,所有的优惠就是微量和短期的税收优惠而已;张维迎则认为,企业家有关创新的决策不是基于边际收益和边际成本的比较,而是基于市场前景和技术前景的判断,第一个吃螃蟹的人一定不是为了政府的补贴,而是满足自己对美味佳肴的向往。政府不用鼓励任何人吃螃蟹,也不必为任何吃螃蟹的行为买单。

关于如何发挥比较优势,林毅夫认为,每个国家在不同的发展阶段都有拥有潜在比较优势的产业,政府理应帮助已经进入这些产业的企业解决一些问题,如交通基础设施落后、电力供应不足等;张维迎则认为,企业家会在市场中自发找到核心竞争优势,无须国家战略引导。

关于市场协调失灵,林毅夫认为市场协调失灵导致了基础设施与基础学科的创新需要

[①] 本案例中林毅夫和张维迎争论的具体内容来自《"世纪之辩"现场,林毅夫、张维迎如何交锋?》(《中国经济周刊》,2016 年第 44 期,第 18~21 页),由作者整理而成。

政府的资助；张维迎则认为市场协调失灵是市场不均衡的表现，他指出企业家的重要功能之一是发现市场中的不均衡，从中发现商机，使得市场趋于均衡。

需要指出的是，在辩论过程中，张维迎多次指责林毅夫的主张是政府事先圈定赢家的"吃偏饭"行为，而林毅夫一再强调，他从未主张政府采取偏向某些产业或企业的政策，他认为政府应该只负责提供软件硬件基础设施，创造良好的市场环境。例如，关于第一个吃螃蟹的人，林毅夫指出他所说的先行企业不是那种政府事先圈定的企业，而是市场选择的企业，并不包含"吃偏饭"的含义。

可以看出，由于两位学者的产业政策定义不同，整场辩论几乎一直处于"鸡同鸭讲"的状态。我们可以发现，无论是林毅夫还是张维迎，都一致反对选择性产业政策，都一致主张功能性产业政策。换句话说，林毅夫所说的产业政策，实际上就是非歧视性的功能性产业政策；而张维迎也强调，他不反对非歧视性的政府政策，只不过那不能叫产业政策。可见，两人并无本质上的分歧，但两人对产业政策的态度却大相径庭。林毅夫拥护产业政策，而张维迎反对产业政策。之所以产生这种分歧，原因很可能不在于两人对产业政策定义和内容的分歧，而在于两人对现实中政府执行能力和市场功能判断上的分歧。

林毅夫显然相信政府有足够的能力去执行正确的产业政策，而张维迎则对政府执行能力感到怀疑。在这一点上，林毅夫的观点确实有点儿理想化。政府是由人组成的，数量众多的各级政府既难以完全避免决策失误，也难以完全避免寻租行为。在这种情况下，政府一旦实施产业政策，几乎不可能不带有选择性，发展中国家就更是如此；而一旦带有选择性，那么张维迎提到的所有产业政策弊端就都会出现。对政府执行能力的看法分歧，才是两人真正的分歧。这提醒我们，无论是多么正确的非歧视性的产业政策，实行起来都要慎重，因为它会受到政府执行能力的限制。

不过，张维迎对于市场功能的理解，也有些脱离实际。他认为不需要任何政府支持，市场和企业家就能良好地解决"第一个吃螃蟹"的问题。他这个观点在发达国家也许行得通。例如，美国硅谷的崛起就不是因为有政府补贴，而是因为有风险投资的支持。但这需要以美国存在发达的资本市场为前提，而发展中国家恰恰缺乏发达的资本市场，这时候政府提供非歧视性的补贴（如采取种子基金的形式）就非常重要了。再以建立完整的工业体系为例，英国、美国等发达国家确实是依靠民间资本的力量建成了一个完整的工业体系，但这样做的前提是两国早已有巨额的民间资本积累，而且企业家还可以通过发达的资本市场充分动员全社会的资源。新中国刚刚成立时，中国民间资本力量薄弱，资本市场极不发达，农业占GDP的比重极高，而由于资本市场不发达，民间资本难以动员农业中的资源。在这种情况下，中国难以依靠民间资本建立完整的工业体系，所以才需要政府出手实行"大推动工业化"的产业政策。总之，张维迎对企业家和市场的期望在某些发达国家可能成立，但在大多数发展中国家，却缺乏成立的前提条件。

总结两位教授的争论，可以看出，在市场功能不完善的发展中国家，确实需要产业政策的存在，但前提是需要设法提高政府对产业政策的执行能力，而且应尽量实行功能性产业政策。

第二节　产业结构政策

基于不同的视角，产业政策存在多种分类，但目前公认的一种是根据政策内容将产业政策划分为产业结构政策、产业组织政策、产业技术政策和产业布局政策。其中，产业结构政策是产业政策的主要内容，在某些情况下，产业结构政策甚至被当作产业政策的同义词。因此，本节重点介绍各种类型的产业结构政策。产业结构政策的目标在于促进和推动产业结构变迁，实现产业结构合理化和高度化。既然冠名"政策"，也就意味着在产业结构理论揭示的产业自身发展演变规律之外，要以政府外力的作用加快产业结构变迁的速度，尽快提高产业结构合理化和高度化水平。因此**产业结构政策**可以定义为，政府在一定时期内实行的加快产业结构调整，促进产业结构合理化、高级化，进而推动经济增长的一系列政策总和。根据政策的目标不同，产业结构政策可以分为主导产业选择政策、战略产业扶持政策、幼稚产业保护政策和衰退产业调整政策。

一、主导产业选择政策

主导产业选择政策，顾名思义，就是选择一个产业作为主导产业并扶持其发展。从理论上说，既可以由政府来选择主导产业，也可以由市场来选择主导产业。但在现实中，凡是被定位为"主导"的产业，几乎都是由政府来选择的。美国经济学家赫希曼的不平衡增长理论，被公认为主导产业选择政策的理论基础，而这个理论明确指出主导产业应由政府来选择。所以，现在一提到主导产业的选择，人们的第一反应就是政府主导的选择性产业政策。选择性产业政策在世界各国有一些成功的例子，但失败的例子也不少，学术界对这种政策的效果争议很大。所以，目前选择性产业政策受到了越来越多的批评，甚至支持产业政策的学者（如林毅夫）也对选择性产业政策越来越不感兴趣。不过，由于这种政策是中国多年来实行的主流产业政策，在世界上也有很大影响，因此我们还是需要介绍这种政策。

选择性产业政策的基本程序是政府利用某种基准选中某产业为主导产业，并利用其产业关联度大的优势拉动整体经济的快速增长。关于主导产业的选择基准和产业关联效应，在本书第五章和第六章已经涉及，此处不再重述这部分内容。本节主要介绍主导产业选择政策的选择主体、政策手段和局限性。

（一）主导产业的选择主体

这个题目的意思是，应该由谁来选择主导产业，是政府还是市场？历史上的主导产业确有市场作为选择主体的情况，如19世纪英国的棉纺织工业，就是市场自己选择的主导产业。但在绝大多数发展中国家，政府都是主导产业的选择主体。这样做是有理由的。由政府来选择主导产业一般出于以下原因：①市场发育不完善，尤其是资本市场不发达，企业家缺乏独立发展主导产业的必要资源；②资本短缺，如在一个农业国，大多数社会财富都控制在地主阶级手中，单凭企业家的力量难以动员这些资源；③政府代表了全体社会成员的利益，不受制于利益集团。关于第 3 点原因我们要详细解释一下。不受制于利益集团的政府可以被称为"**中性政府**"，即不长期偏向某些社会群体的政府。中性政府的特征是，在制定政策时，往往不关注社会群体的政治和社会身份，因此可以不受社会利益集团的限制，放开手脚把资源分配给那些最具生产力的群体，从而促进经济增长。北京大学教授姚洋（2009）提出，可以用"无偏的利益，有偏的政策"来概括中性政府的特征。中性政府的精髓在于，政府既不受制于上层社会，也不受制于中下层社会，因此在行动时效率很高。中国政府就是中性政府的例子，这对主导产业的选择主体产生了重大影响。例如，中国的有些成功发展经验，就不能被印度所照搬，因为印度政府很难说是中性政府。一个典型的例子是，印度共产党（马克思主义）为促进工业化而在西孟加拉邦支持企业强制征地，引发大规模抗议和流血冲突，结果导致该党在 2011 年的议会选举中失利，失去了连续 34 年的西孟加拉邦执政权（王耀东，2011）。同样的事情几乎不可能在中国发生。

由政府来选择主导产业也有一些弊端：①"政府失灵"有可能比"市场失灵"更严重，政府可能会决策失误，也有可能出现寻租行为，这都可能导致主导产业的选择失误；②政府对主导产业的倾斜政策干扰了市场机制的发挥，使入选的主导产业增加了对优惠政策的依赖性，导致这些产业的低效率和缺乏竞争力；③政府未必代表全社会利益，而是可能受某些利益集团影响。这些弊端正是需要由市场机制来选择主导产业的原因。

相对而言，中国在改革开放初期，市场不完善和资本短缺的情况比较严重，同时中国又拥有中性政府的优势，在这个时代由政府作为主导产业选择主体，既有政府的主观愿望，也有迫不得已的因素。目前随着中国民间资本力量的增强和资本市场的不断完善，由市场来选择主导产业的条件也越来越成熟，因此，市场代替政府作为主导产业选择主体是一个趋势。市场竞争的特点是非歧视性，不会事先圈定某些产业，所以由市场来选择主导产业实际上已经相当于功能性产业政策了。

（二）主导产业选择的政策手段

如果由政府来选择主导产业，主要的政策手段可分为两类，即直接干预和间接诱导。

直接干预，是指政府以配额制、许可证制、审批制、政府直接投资经营等方式，直接干预某产业的资源分配，及时纠正产业活动中与产业政策相抵触的各种违规行为，以保证预定产业政策目标的实现。

间接诱导，是指通过行政指导、信息服务、税收减免、融资支持、财政补贴、关税保护、出口退税等方式，诱导企业在有利可图的情况下自主决定服从政府的产业政策目标。间接诱导主要有两种方式。一是经济杠杆，即通过税收优惠、政府投资、财政补贴等财政手段，以及差别利率、政府担保、汇率制度和政府订购等金融手段，刺激有关企业和产业的发展。二是信息诱导，即通过国民经济和产业发展规划、权威数据和信息发布等方式，引导全社会资本投向政府扶持的相关产业。

相比较而言，间接诱导考虑到了企业本身的利润最大化目标，其副作用应该比直接干预要小得多。但是，无论是直接干预还是间接诱导，本质上都是由政府事先圈定主导产业，这就有可能发生失误。因此，正确的做法应该是，政府应尽量采取间接诱导的方式扶持主导产业,同时间接诱导的方向应尽可能地建立在大量调查研究的基础上。例如,在编制国民经济和产业发展规划时,不能仅靠纸面资料来"拍脑袋"决策,而应尽可能地了解大量企业的实际情况,特别是通过行业协会了解企业对发展规划的意见,使发展规划更多地反映企业的需求。

(三)选择性产业政策的局限性

这里所说的局限性,是指选择性产业政策未必能对所有国家和任何产业都有作用,采用这种政策需要一些条件。

(1)就促进产业发展的目标而言,选择性产业政策并非对任何产业都有同等的作用。产业的发展最终取决于产业本身的素质和发展潜力,而不是产业政策。产业政策对绝大多数产业的发展来说,首先是一种外部变量,它只对那些确有前途的产业,如需求收入弹性高、生产效率高的产业才起作用,对其他产业则并非如此。例如,中国政府在20世纪90年代支持的录像带生产项目,就因为VCD的出现而失败。这不是政府支持的问题,而是产业本身的问题。

(2)选择性产业政策的成功需要苛刻的条件。日本的经验表明,选择性产业政策需要高素质的公务员队伍、完备的法律体系,以及健全的企业制度等相关条件。不具备这些条件,产业政策难以成功。例如,许多非洲国家实施了与日本相似的产业政策,但没有取得预期效果,其中一个重要原因就是不具备上述条件。

(3)选择性产业政策需要本国具备完整的产业结构。赫希曼在1958年提出主导产业关联效应时,就明确指出主导产业应通过前向关联效应和后向关联效应,分别拉动其上游产业和推动其下游产业。然而,这样做需要以主导产业的上下游产业已经存在为前提。在相当多的发展中国家,由于产业结构不完整,此时政府选择并扶持主导产业,反而造成上游产业产品需大量进口,最终引发债务危机。

可以说,能同时避免上述三种问题的发展中国家是很少的。所以我们看到的事实是,虽然有很多发达国家都采用过选择性产业政策,但大量的发展中国家采用同样的政策却没有取得成功。选择性产业政策并非万能的,相反,它有相当大的局限性。

二、战略产业扶持政策

战略产业扶持政策最早产生于美国。美国政府和学术界一直对产业政策持否定态度,但他们所理解的产业政策是那种带有歧视性的选择性产业政策,而战略产业扶持政策相当于前面提到的非歧视性的功能性产业政策。战略产业扶持政策的提出,得益于新贸易理论的发展。新贸易理论是利用不完全竞争模型,阐释国际贸易产生原因及如何决定国际分工模式的理论体系,其代表人物是美国经济学家克鲁格曼。

新贸易理论认为,经济特征相似的国家之间的贸易,其产生的主要原因是报酬递增所形成的国际分工,而不是国家之间要素禀赋的差异。报酬递增产业出现在某些国家而不是另一些国家,仅用传统贸易理论的比较优势或要素禀赋学说是难以解释的,它可能仅仅产生于历史偶然因素或国家先行对该产业进行了保护。因此，对这类报酬递增产业而言，自由贸易未必是最佳贸易政策，出口补贴、临时关税等措施有可能在一定程度上改变国际分工模式，有利于实行保护主义国家的报酬递增产业。

新贸易理论中的报酬递增产业，在实践中被称为**战略产业**。从理论上讲，规模报酬递增是战略产业的唯一特征，只有具备这一特征，它才可能在短暂的扶持或保护之后成长为具有出口竞争力的优势产业。但在政策实践中，如何度量规模报酬递增却成为一道难题。在一些发展中国家（包括中国），也效仿美国的战略产业扶持政策，出台了战略性新兴产业政策，但如何用规模报酬递增来判断战略性新兴产业却难以解决，结果这些国家不得不用主导产业的选择基准，由政府来选择战略性新兴产业并对其进行扶持，这就在实际上把战略产业扶持政策变成了主导产业选择政策。这样的政策实践也影响了教科书中对战略产业的界定。例如，国内一本相当流行的产业经济学教材就写道，战略产业应具备以下特征：一是能够迅速有效地吸收创新成果，并获得与新技术相关联的新的生产函数；二是具有巨大的市场潜力，渴望获得持续的高速增长；三是同其他产业的关联系数较大，能够带动相关产业发展（苏东水，2000）。对照罗斯托的主导产业概念，可以发现这里的战略产业与罗斯托所说的主导产业几乎没有区别。如果用选择主导产业的方式来选择战略产业的话，效果可能不佳。克鲁格曼和奥伯斯法尔德（2016）就以日本的钢铁和半导体产业为例指出，虽然日本政府选择了这两个战略产业进行扶持，但两个产业的投资收益率一直低于制造业平均收益率，客观上相当于阻碍了日本经济增长，而且总的来说也缺乏足够的国际竞争力。

美国的战略产业扶持政策采取了完全不同的方式，这种方式的特征是非歧视性。例如，在高新技术企业刚刚成立时，政府给予企业一定时间和幅度的税收减免优惠。这种优惠是针对所有符合条件的高新技术企业的，并没有事先圈定减税的受益者。再比如，政府设立创业投资引导基金（即种子基金），通过债权和股权融资的方式为中小企业提供低成本资金，待企业发展壮大之后再通过股权上市、股权转移、并购等方式退出。此类种子基金的申请是开放式的，只要符合一定的评估标准就可以获得资金，没有优先照顾某类企业的情况。还有一个典型的例子，就是美国政府2018年发布的《先进制造业领导力战略》。这个战略规划虽然提到了一些先进制造业的名字，但在扶持先进制造业的具体政策上，只提到了诸如政府资助早期研发、保护知识产权、限制繁文缛节、公平竞争的贸易政策、教育培训、协调研究和商业化等措施。可以看出，这些措施实际上是所有企业都能受益的，所以是非歧视性的。总之，美国的战略产业扶持政策，实际上就是通过非歧视性的政策让所有企业都受益，然后企业在此基础上自由竞争、优胜劣汰，自发地选出优胜者，而这个优胜者既是政府投资的最大受益者，又可以让政府投资从容退出。套用中性政府特征的说法，可以用"无偏的扶持，有偏的结果"来概括美国战略产业扶持政策的特征。

需要指出的是，不能把美国政府为实现某些公共目标而实施的公共政策，与这里提到的战略产业扶持政策相混淆。例如，美国政府于1942年实施的曼哈顿计划，是出于国家安全的目的；1961年启动的阿波罗计划，是为了应对国际竞争；1980年救助克莱斯勒汽车公司，是为了减少失业等。虽然这些政策都明确指向某个产业或某个企业，但其目标并不是为了扶持某个报酬递增产业，因此不能视为战略产业扶持政策。

三、幼稚产业保护政策

(一) 什么是幼稚产业

关于幼稚产业,目前还没有公认的定义。一般认为**幼稚产业**应具有潜在的比较优势,有未来发展成为主导产业的潜质,应具有需求收入弹性大、技术进步快、产业关联度大等特点;但由于刚刚建立不久,难以与发达国家已经成熟的同类产业竞争,所以需要政府的扶持和保护。可以看出,何种产业是幼稚产业需要政府的认定,因此保护幼稚产业其实也是一种选择性产业政策。

幼稚产业保护政策的主要手段是关税保护和非关税壁垒。关税保护就是通过对幼稚产业的同类国外进口产品征收重税,削弱国外产品的价格竞争力。非关税壁垒是以各种非关税措施,如依照环境保护标准、食品安全标准等对国外产品的进口设置一些事实上的进入障碍。其他的幼稚产业保护政策是各种政策扶持手段,与选择性产业政策的直接干预和间接诱导政策没有太大差异,如财政补贴、税收优惠、利率优惠、外汇管制等。

(二) 幼稚产业论的误区

幼稚产业保护政策是典型的歧视性政策。在政策的保护之下,幼稚产业既有可能发展壮大,也有可能在保护政策的温床下长期处于低效率状态。从结果来看,相当多的幼稚产业并没有体现出足够的竞争力。因此,许多经济学家认为,幼稚产业论有许多误区,应慎重对待这一政策。

(1) 幼稚产业政策的理论依据决定了它缺乏可操作性。幼稚产业最有力的理论依据是市场失灵。美国经济学家克鲁格曼指出,有两种市场失灵可以作为保护幼稚产业的依据。一是不完全资本市场,即大多数发展中国家缺乏完善的资本市场,无法使传统部门(如农业)的储蓄用于新成长部门(如制造业)的投资,这就迫使某些有潜力的制造业部门因缺乏投资而竞争力较弱;二是由于信息外部性和技术外部性,率先进入新兴产业的企业无法获得足够的补偿,社会收益大于私人收益,因此不愿首先进入,结果导致新兴产业发展缓慢,此时可以用关税或非关税壁垒鼓励企业进入新兴产业。虽然这些理论依据很有道理,但它也和几乎所有种类的市场失灵一样,存在难以精确计量的问题,即在现实中很难判定何种产业确实需要特殊照顾。原本希望保护幼稚产业的政策,往往以变成保护某些特殊集团的利益而告终。这种危险是存在的,现实中有很多这样的例子,许多幼稚产业一直没有成长起来,而仍然依赖于保护。

(2) 某些幼稚产业的成功并不能说明保护政策的成功。克鲁格曼曾为此举过一个例子,他发现印度和巴基斯坦对本国的制造业保护了数十年。虽然两国开始出口了相当数量的制造业产品。但他们所出口的是轻工业品如纺织品,而不是他们真正想保护的重工业产品,只不过轻工业品也受益于制造业的保护。事实上,即便他们从来没有保护过制造业,也同样会发展轻工业品的出口。有些经济学家警告过"假幼稚产业"的问题,即某个产业最初受到保护，然而却由于与保护无关的原因变得具有竞争力。这时的幼稚产业保护政策表面上获得了成功，实际上却是社会无端为此付出了经济上的净成本。

（3）幼稚产业的衡量标准都是事后标准，对当期政策实践的指导意义并不大，只能用于事后的政策评估。例如，巴斯特布尔（Bastable）标准要求受保护的幼稚产业最终带来的社会净福利必须大于现在所支付的保护费用，穆勒（Mill）标准要求被保护产业在保护到期后必须有一定利润，离开政府的保护也能自我发展。从这两个标准的内容可以看出它们均具有事后评价的特点。

有一个现象值得注意，那就是发达国家几乎没有幼稚产业。这不是因为发达国家不喜欢幼稚产业保护政策，而是并不需要这个政策。克鲁格曼曾提出，如果一个产业真的具有潜在比较优势，那么不需要政府保护，私人投资者就会自己去投资发展这一产业。以美国的生物技术产业为例，早在进行商业性销售之前，这一产业就已经吸引了数以亿计的资本投入。克鲁格曼的这个逻辑难以适用于发展中国家，因为这样做的前提是存在发达的资本市场，尤其是风险资本市场，而发展中国家的重要特点之一即是资本市场不发达。这也许就是发展中国家热衷于保护幼稚产业，而发达国家却对此不感兴趣的原因。

（三）幼稚产业与进口替代战略

保护幼稚产业的通行做法是用关税和非关税壁垒来鼓励用国内工业品代替进口，这其实就是进口替代战略。通过限制工业品的进口而对国内工业进行鼓励的战略，叫作进口替代工业化战略，俗称**进口替代战略**。

进口替代战略在20世纪50～70年代曾经被很多发展中国家采用，如印度和拉丁美洲各国，但却几乎没有成功的例子。那些发展比较成功的东亚国家，却没有实行进口替代战略，而是实行了出口导向战略。有人可能会问，为什么不能既鼓励进口替代又鼓励出口导向呢？从一般均衡的角度看，这是无法做到的。如果政府通过关税和非关税壁垒保护进口替代工业，那么现有或潜在的出口导向部门的投资者就会发现，把资本转移到进口替代部门是有利可图的，所以全社会的资源就会向进口替代部门集中。于是，一国在实施进口替代战略的同时也阻碍了出口的增长。

进口替代战略没有取得预期的成功，这其实也意味着幼稚产业保护政策的失败。这可能是由于以下因素造成的。

（1）发展中国家缺乏完整的工业体系。这个问题不仅仅意味着难以保障从零部件到电力等所有工业所需的可靠供给，而且也意味着缺乏足够的熟练劳动力、企业家和管理才能。这不可避免地造成了进口替代部门的低效率。问题是在限制进口的保护之下，这些低效率的部门可以继续生存下去，不需要解决缺乏工业体系的问题。结果，保护政策反而阻碍了工业化。

（2）发展中国家保护幼稚产业的政策过于复杂。克鲁格曼指出，许多国家使用复杂的且又经常相互重叠的进口配额、外汇管制和国产化规定等措施，而不仅仅是使用关税。因此，通常很难判定一项行政规定实际上提供了多少保护。研究显示，保护程度通常比政府设想的要高。如表10-1所示，一些拉丁美洲国家和南亚国家的工业受到的保护，相当于

200%或更高税率的关税。这些高比率的有效保护，使这些工业即使在生产成本三倍或四倍于所替代的进口产品的价格时，仍然能生存下来。在这种情况下，进口替代部门的低效率是毫不奇怪的。

表 10-1　一些发展中国家对制造业的有效保护

国家	占比
墨西哥（1960 年）	26%
菲律宾（1965 年）	61%
巴西（1966 年）	113%
智利（1961 年）	182%
巴基斯坦（1963 年）	271%

资料来源：世界银行 1992 年的"World Development Report"（《世界发展报告》）

注：表中占比数据为以关税税率衡量的有效保护率

（3）进口替代战略造成低效率和小规模的生产趋势。这是因为发展中国家市场容量较小，甚至整个国内市场都不能达到能够有效率地进行规模生产的程度。但是，当这个小市场被进口替代战略保护起来时，如果只有一家企业进入该市场，这家企业总能获得垄断利润，这就会吸引更多的企业进入这一家甚至连一家企业都容纳不下的小市场，生产只能在非常低效率的规模上进行。

总体而言，幼稚产业保护政策的歧视性，以及效果不佳的现实情况，使其实施领域越发狭窄，实施要求越发慎重。

四、衰退产业调整政策

衰退产业是指在持续的一段时间内产品的销售量绝对下降的产业（波特 M，1997）。衰退产业有几个明显的特征。①从产业在国民经济中的地位来看，衰退产业的产品需求增长率下降较快，产品市场不断萎缩，全行业生产能力明显过剩，利润率很低，甚至出现全行业亏损现象。②从市场竞争的角度看，由于衰退产业的产能过剩、需求不足，容易导致价格低于边际成本，甚至低于平均成本的恶性竞争的发生。③从产业技术的角度看，衰退产业的生产率相对较低，技术进步率下降，而且出现了技术创新停滞的现象。④从替代产业发展的角度看，为衰退产业提供替代产品的产业处于快速增长的阶段，衰退产业产品受到新兴产业产品的威胁。在上述特征中，技术创新停滞是最关键的特征，因为一旦衰退产业能通过产品创新而创造新的市场需求，那么需求增长率下降和替代品竞争等问题都将迎刃而解。

政府对衰退产业进行调整的政策，可以有两种政策取向，一是顺应产业发展趋势，加速产业内资源和生产要素流向其他产业，使衰退产业进一步衰落甚至是消亡；二是以技术创新为突破口，使产业起死回生。

对于第一种政策取向，即在顺应产业发展趋势的政策取向下，资源和生产要素应该退出衰退产业。此时政府面临的主要问题是如何在大批企业破产、工人失业的情况下保持社会稳定，同时让衰退产业内的资本和劳动力顺利地流向其他产业。因此降低退出壁垒是问题的关键。与衰退产业有关的退出壁垒主要包括沉没成本壁垒和解雇费用壁垒。针对这两种壁垒，衰退产业调整政策采取的主要手段有以下几种。①加速折旧。采取法律形式规定衰退产业设备的报废数量，加速固定资产折旧，同时对因为设备报废而产生的损失由政府提供部门补偿，降低沉没成本壁垒。②加速资本转移。通过法律或行政手段规定衰退产业内的企业缩短工时或停止生产，同时建议适宜的转产方向，并利用税收优惠、财政补贴、低息贷款等方式进行扶持，通过技术信息服务、技术指导等对企业转产提供技术支持。③支持劳动力再就业，包括提供就业信息、就业指导和职业介绍；设立再就业培训基金，组织职工转产培训和技能训练；延长失业救济；建立和完善失业保险等。

对于第二种政策取向，即以技术创新为突破口的政策取向，政策的核心是如何支持产业和企业的创新行为。在现代产业发展史上，衰退产业复兴的实例屡见不鲜。以20世纪中期的棉纺织业为例，该产业曾因化纤业的冲击而陷入低谷。然而自20世纪90年代开始，随着消费者对天然、健康时尚的追求，以及棉纺织业不断推出高品质的新产品，产业活力得以重振。这一案例表明，通过技术创新实现衰退产业的复兴是完全可行的。为了推动这一进程，政府可以采取以下策略：首先，强制淘汰陈旧技术和生产工艺，并对创新企业给予政策激励；其次，鼓励风险资本投资于衰退产业的创新活动，借助资本市场为衰退产业创新提供资金支持，分散创新风险；最后，构建产学研一体化的创新体系，引导和支持衰退产业的转型升级。

「案例 10-2 新型举国体制的成效」

举国体制是一种特殊的资源配置与组织方式，是指由政府统筹调配全国资源力量，达成相应目标任务的体制。新型举国体制则是对原有举国体制的继承与创新。新中国成立初期的举国体制与当时工业基础薄弱、人才短缺的条件相适应，更多地依赖政府行政动员和集中计划的调配能力。"一五"计划期间建设的156项重点工程，以及1956年至1970年间的"两弹一星"工程，都是当时举国体制的成功实践。

当今的新型举国体制则有了新的任务，即关键核心技术攻关，其与传统举国体制的区别在于，新型举国体制既要发挥社会主义制度集中力量办大事的优势，又要发挥市场机制的作用。例如，由国家科技重大专项支持的移动通信技术攻关，虽然项目本身是由政府牵头组织的，但在具体过程中则是引导华为和中兴等通信设备供应商开展技术创新竞赛，以及吸引西门子和诺基亚等国外企业公平参与中国市场竞争（通过提供公开公正的技术产品测试，对跨国公司形成公平竞争的承诺）。这不仅没有限制竞争，反而促进了外资参与和创新导向的竞争（贺俊，2022）。因此，新型举国体制兼具选择性产业政策和功能性产业政策的特征。从政府选择国家科技重大专项的内容来看，它是一种选择性产业政策；但是从政府引导市场竞争来选出优胜者的做法来看，它又是一种功能性产业政策。

新型举国体制在实践中获得了巨大的成功。中国的高铁、风力发电、移动通信、特高压输电等新兴产业的技术水平,均已在新型举国体制的支持下,赶上和超过了西方发达国家,并保持国际领先地位。

第三节 其他产业政策

除产业结构政策之外,产业政策的工具箱里还有产业组织政策、产业布局政策和产业技术政策等。这些政策的重要性虽不及产业结构政策,但对于产业的健康发展也是不可或缺的。

一、产业组织政策

产业组织政策是政府为了使某一产业达到理想的市场绩效,而采取的直接干预市场结构或企业行为、改变企业间竞争关系的政策总和。有效竞争状态是政府对理想的市场绩效的最高追求。有效竞争的含义是指规模经济和竞争活力的有效协调,从而形成一种有利于长期均衡的竞争格局(见本书第十二章)。但由于有效竞争在实际操作中难以度量,一定程度上降低了其作为政策目标的可操作性。

从具体政策内容来看,产业组织政策一般分为反垄断政策和政府规制两大类。

反垄断政策的主要内容是:①预防形成垄断性市场结构的政策,包括保护中小企业生存和发展,以及对企业兼并的审查制度等;②禁止和限制竞争者的串谋、卡特尔和不正当的竞争行为,对欺骗、行贿和压制竞争者的行为进行必要的处置等。

政府规制是指在电力、煤气和通信等具有自然垄断性质的公共事业部门,为了防止发生资源配置低效,确保资源使用者的公平利用,政府机构以其法律所赋予的权限,通过许可和认可等手段,对企业的有关市场行为加以限制。政府规制包括价格水平规制、进入规制、激励性规制和社会性规制等。

关于政府规制的主要内容详见本书第十一章、十二章,本节主要介绍反垄断政策。作为产业组织政策的重要组成部分,反垄断政策的主要目标是禁止和限制垄断和不正当竞争行为,以维护竞争性的市场环境。在西方国家的反垄断发展历程中,对垄断的判定明显经历了从结构主义方法向行为主义方法的转变。**结构主义**方法是通过评估市场集中度、产品差异化程度以及进入壁垒等因素来判断市场结构是否处于垄断状态。然而,随着产业竞争的日趋激烈,采用结构主义标准进行反垄断操作,可能会损害规模经济性和效率。因此,行为主义判定标准的地位逐渐上升。**行为主义**方法就是依据企业针对竞争者的行为,而不是企业自身规模的大小来判定是否存在垄断。也就是说,只有企业实施了某种可能限制竞争的行为时,反垄断法才予以干预;若企业自身规模较大,但没有实施限制竞争的行为,那么反垄断法就不应加以干预。在行为主义标准下,反垄断法的关注重点不再是传统的市场份额或市场势力等指标,而是企业的价格串谋、非法价格歧视、排他性交易和欺诈等不正当行为。在很多情况下,只有后者才会被判定为垄断,前者不再成为判定垄断的充分条件。

促使对反垄断的判定从结构主义转向行为主义的主要原因有两个。①激烈的国际竞争迫使各国追求产业内的规模经济。规模经济所具有的低成本优势是应对全球产业激烈竞争的有力武器之一，而结构主义的判定标准却导致企业的规模经济性因为拆分和限制合并等受到严厉打压，尤其是打压了一批面临潜在竞争威胁并采取了竞争行为的高效率企业。这样，直接作用于市场结构的反垄断政策，有可能严重削弱产业的国际竞争力，无助于效率的提高。②用结构主义标准判定市场结构存在很大难度。市场集中度、市场份额、HHI等常用的判断市场结构的指标，在不同时代、不同市场环境和不同产业存在很大差异，这使得对市场结构的判定缺乏足够的科学性和可操作性。

反垄断政策向行为主义标准的转型，促使各国反垄断法规更加侧重对企业行为的监管，尤其是对企业串谋行为和滥用市场势力行为的监管。在监督串谋行为方面，不仅明示的串谋行为（如存在协议或证据）受到严格禁止，而且更注重防范默示的串谋行为。一旦出现市场份额固化、交换价格信息、相同的出价等现象或行为，即使企业之间并未签订明确的卡特尔协议，也属于反垄断法所禁止的范畴。至于滥用市场势力的行为，如搭配销售、垄断定价等，也会遭到反垄断机构的干预。但因为对企业行为的监督与判别存在难以计量和操作的问题，甚至比对市场结构的判别更加困难，因此在行为主义标准下，反垄断政策反而有宽松的迹象。

二、产业布局政策和产业技术政策

（一）产业布局政策

产业布局政策是指政府为优化产业的区域分布而采取的一系列政策和措施的总和。这种政策与全局类型的产业政策不同，它的目标不仅仅是经济发展，而且还有实现经济公平、维护国家安全、保持社会稳定等社会职责，是政府行使社会职能的一种手段。

产业布局政策的目标并不是使各个地区"齐步走"式地发展，而是某些落后地区加快发展，或者是某些有条件的地区优先发展。所以，产业布局政策不可避免地具有倾斜性①。至于向哪些地区倾斜，要取决于具体的经济发展阶段。美国经济学家 Williamson（1965）曾提出了一个著名的倒"U"形假说，即区域收入差距会随着经济增长而先扩大后缩小，呈现一个倒"U"形轨迹。根据这个假说，政府在实施产业布局政策时应根据发展阶段而对不同地区进行政策倾斜。经济不发达阶段应实行非均衡政策，强调优先发展某些地区，通过这些地区经济的超常规增长，带动其他地区以及整个国家经济的增长；而在经济发达阶段应实行均衡政策，偏重强调地区经济的均衡性。此时应对不发达地区采取政策倾斜，对发达地区采取中性政策。可见，这个逻辑与我们熟知的"鼓励一部分地区、一部分人先富起来，鼓励先富带后富，目的是要实现共同富裕"是异曲同工的。

总体而言，产业布局政策类似于产业结构政策在区域的延伸，是有目的地促进各类经济资源流入或流出某一区域的某类产业的政策总和。要达到这个目标，就要采取相应的政策措施。产业布局政策大体可分为区域产业扶持政策和区域产业调整政策。

---

① 虽然倾斜性与歧视性的意思大体相同，但考虑到产业布局政策的社会目标，我们在这里使用倾斜性一词。

区域产业扶持政策，是指政府通过给予各种优惠政策，完善投资和产业发展环境，或是直接投资等手段，以倾斜发展的思路，促进特定区域内某些产业的发展。目的是加快扶持区域内的重点产业，促进该区域经济增长。此类政策的手段与选择性产业政策几乎没有差异，也包括直接干预和间接诱导两种方式。只是因为产业布局政策肩负经济和社会双重目标，所以直接干预手段应用比较普遍，如以财政拨款、发行国家债券等形式直接扶持某一地区某类产业的发展；以直接投资的方式，支持重点发展地区的交通、能源和通信等基础设施建设等。间接诱导手段也可以发挥一定作用，如制定国家产业布局战略和区域发展规划，建立产业开发区，以及相应的财政补贴、税收和利率优惠等措施。

区域产业调整政策是指促进某类产业从劣势生产区域向优势生产区域转移，或是加快特定区域内衰退产业退出的政策总和。这种政策主要是为了加快区域间的产业转移。区域间产业转移可以是纯粹自发的市场过程，但由于市场调节得缓慢和存在某些资源流动壁垒，需要政府的区域间产业政策发挥作用。也因为区域间调整政策是对市场机制自发作用的一种推动和补充，所以它首先要与市场机制自发作用的方向相吻合。在此基础上，通过限制某类产业在某些区域的发展，鼓励某些生产要素从某些区域流向另一些区域等手段，加速区域间产业调整的步伐。这种政策的手段以直接干预为主，如采取关停并转等强制措施，限制和拆除某一地区的落后产能等。间接诱导手段如财政、金融等经济杠杆和信息诱导等手段也同样可以发挥作用，但不及直接干预重要。

需要指出的是，因为产业布局政策带有倾斜性，这种政策也必然会产生与选择性产业政策相似的弊端。政府有可能出现选择失误，有可能干扰市场机制而造成扭曲，也有可能受制于特殊利益集团。但考虑到该政策的社会目标，这种政策倾斜性仍然是必要的。原因很简单，在区域差距客观存在的情况下，多种因素导致了资源难以在公平竞争过程中流入落后地区（见本书第九章）。所以，我们可以把这些政策弊端视为实现某种社会目标所付出的必要成本。

（二）产业技术政策

产业技术政策是指政府所制定的用以引导和促进产业技术进步的政策，它涵盖了技术引进、研发、创新、应用以及技术扩散等方面的引导和调控政策。尽管产业技术政策通常被视为国家技术政策的重要组成部分，但由于产业技术需要与特定产业紧密结合，因此这类政策往往具有明确的产业倾向，如汽车产业技术政策和生物产业技术政策等。

产业技术政策之所以产生，主要是由于产业技术领域的国际竞争日益激烈、投资规模大幅增加、技术投资风险大幅上升，这使得企业难以独自承担产业技术进步的投资规模和风险，因此国家对产业技术的干预就成为必然选择。此外，在全球经济一体化的大背景下，幼稚产业保护政策的实施空间日益缩小，因此，产业技术政策作为一种公开、合理的产业发展支持手段，逐渐成为国际产业竞争的焦点。政府对产业技术政策的运用能力和技巧，在一定程度上决定了相关产业在国际竞争中的地位。

产业技术政策的内容庞杂，涉及面广，主要可分为以下几类。

（1）产业技术进步的指导性政策。主要是由政府通过各种途径对产业技术进步的目标和技术进步主体的行为进行指导，包括制定产业技术标准、颁布国家科学技术指南和长期发展规划等。此类政策的作用是引导产业技术进步的方向，涉及的产业主要是产业结构政策所规定的重点发展产业。

（2）产业技术进步的组织政策。主要是通过政府主持或者参与的各种组织形式推进产业技术进步，包括：①政府协调建立政、产、学、研一体化的研究开发体制，协调那些需要跨产业、跨部门进行横向协作研究的重大技术进步课题，对基础科学研究、企业技术研发和企业间技术合作予以资金支持；②通过国家立项形式，委托民营科研机构或企业承担特定产业或产品的技术开发的研究工作，以便有针对性地促进产业技术进步；③建立政府研究机构和官方与民间共同参与的技术研发组织，使其成为产业技术进步的重要力量；④建立必要的政府科技管理部门，以协调和管理官方与民间的研究开发工作。

（3）产业技术进步的激励性政策。主要是通过政府直接或间接的经济刺激，对政府和民间科研机构的研究开发进行诱导，包括：①增加国家对科技进步的资金投入，特别是增加对基础研究的资金投入，为产业技术进步打下坚实的物质基础；②扶持技术扩散的源头企业，对企业技术扩散行为给予财政和金融支持，必要时以产业技术标准等形式强制推进技术扩散；③健全和完善知识产权保护和交易制度，充分保障研究人员和研发单位的经济权益，从而刺激其从事技术研发的积极性；④通过资金支持、政府采购等直接和间接干预措施，激励本国高新技术产业的发展。

第四节 产业政策效果评估

产业政策是否有用是一个争议极大的问题。许多人认为，某些国家成功的经济增长成绩并不是产业政策的功劳，而是其他因素综合作用的结果。这种看法的关键在于，产业政策的推行与各种非政策因素是同时发挥作用的，如果不能设法将产业政策对经济增长的"独立"的净效应分离出来，那就无法说清楚产业政策究竟是不是真的有用。

传统的产业政策评估方法是前后对比分析法，也就是比较政策作用对象在政策执行前后的变化状况，来判断政策实施的效果。这种做法是缺乏说服力的，因为它不能分离出产业政策的净效应。还有些方法虽然表面上不是直接对比政策执行前后的变化情况，但实质上是一样的，也没有分离出产业政策的净效应。例如，有些文献用简单的普通最小二乘法（ordinary least square method，OLS）回归来判断政策效果。他们把实行政策的地区赋值为1，未实行政策的地区赋值为 0，然后把政策虚拟变量作为自变量，把经济增长绩效作为因变量，再通过回归系数的符号和大小来做出政策评价。这样做也没有说服力，因为我们无法判断政策虚拟变量的系数，究竟是反映了政策本身的作用，还是反映了被遗漏的其他因素的作用，或者干脆就是反映了经济增长绩效对政策的反作用。用计量经济学的术语来说，政策虚拟变量是内生性变量，由此产生的问题叫作内生性问题，它将使计量结果有偏和非一致，无法成为政策评价的可靠工具。

可见，准确评估产业政策的净效应并不容易。近年来，得益于计量经济学的发展，经济学家已经掌握了很多相对比较可靠的政策评估方法。如美国经济学家 Khandker 等

（2010）在世界银行出版的《政策影响评估手册：数量方法和应用》中，就综述了多种政策评价方法，包括工具变量法（instrumental variable estimation）、双重差分、断点回归、倾向得分匹配法（propensity score matching，PSM）、随机试验（random experiment）、通道方法（pipeline methods）等。考虑到这些方法在政策评估中应用的广泛程度，本节主要介绍其中最流行的三种方法，即工具变量法、双重差分和断点回归。

一、工具变量法

工具变量，顾名思义是在计量模型估计过程中被作为工具使用，以替代与随机误差项相关的随机解释变量。工具变量法的主要目的是解决上述内生性问题。一旦在计量方程中有内生性变量，那么结果就不准确了，所以需要在方程中加入工具变量。

作为工具变量，必须满足四个条件：①与所替代的随机解释变量高度相关；②与随机误差项不相关；③与模型中其他解释变量不相关；④同一模型中需要引入多个工具变量时，这些工具变量之间不相关。

举个例子，要评估对外贸易政策的效果，如果贸易量如果是内生的，那么可以用地理距离作为工具变量。北京到纽约的距离，或者某个城市与大海的距离，那是自然形成的，没有人认为是由被解释变量或者随机误差项导致的。但是贸易量和地理距离在数据上具有相关性，那么这就是一个合格的工具变量。这种数据相关性越强，工具变量的效果就越好。在计量方程中加入工具变量后，可以保证解释变量的系数符号及显著性不受遗漏变量的影响，那么就可以将解释变量影响被解释变量的净效应准确地分离出来。对产业政策效果评估来说，这意味着在加入工具变量之后，作为解释变量的产业政策与作为被解释变量的经济增长之间的相关系数符号及显著性，不受其他非政策因素（即隐藏于随机误差项中的遗漏变量）的影响，因此可以准确地分离出产业政策的净效应。

为什么工具变量可以解决产业政策变量的内生性问题？计量经济学教科书对此有详细的论证，这里我们仅从直观的角度进行解释。如果不加入产业政策的工具变量，那么产业政策变量的相关系数符号和显著性，既有可能反映了政策本身的净效应，也有可能反映了非政策因素（即遗漏变量）的作用；但如果加入了工具变量，那么遗漏变量对产业政策变量系数的影响就一定会消失。原因是如果此时遗漏变量对产业政策变量仍然有影响，那么由于工具变量与产业政策变量高度相关，所以遗漏变量就会与工具变量也有相关性，这就违反了工具变量与随机误差项不相关的定义。所以，只要工具变量是合格的，那么工具变量必然与产业政策变量相关，与遗漏变量不相关，那么遗漏变量就必然与产业政策变量不相关，从而解决了内生性问题。

工具变量法的最大缺点是难以找到合适的工具变量。从工具变量需满足的条件可以看出，只有纯粹的外生变量才有可能成为工具变量，而能符合这一标准的大多为代表历史或地理因素的变量。显然，这样的变量并不多，这就大大限制了工具变量法的适用范围。有些文献对此标准进行了变通，用自变量的滞后变量作为工具变量，这样的做法虽然聊胜于无，但却未必符合上述四个条件，其可靠性令人怀疑。

二、双重差分

双重差分是一种评价政策效果的有效方法,其原理是基于一个反事实的框架来评估政策发生和不发生两种情况下被观测因素 y 的变化。如果一个外生的政策冲击将被观测对象的样本分为两组,即受该政策干预的处理组和未受政策干预的对照组;而且在政策冲击前,处理组和对照组的 y 没有显著差异,那么我们就可以将对照组的被观测因素 y 在政策发生前后的变化看作处理组未受冲击时的状况(反事实的结果)。通过比较处理组 y 的变化(D_1),以及对照组 y 的变化(D_2),我们就可以得到政策冲击的实际效果($d=D_1-D_2$)。

举个例子,限购政策可能会影响房地产价格。政府为了限制某个地方的房价,规定每户家庭可以购买的最高房屋套数。我们很想知道这种政策到底对价格有多少影响。假如限购城市的房地产价格下降,那么究竟是不是限购因素导致的。由于影响房价的因素很多,直接比较限购前后的房价肯定没有说服力,此时我们可以运用双重差分方法。以上海为例,上海的房子都属于限购地区的房子,假定上海以外的附近区域(如杭州)的房子没有限购。然后收集限购前后两个时间点上海和杭州房价的数据。双重差分方法就是指上海两个时间点上的平均房价差距减去杭州两个时间点上的平均房价差距等于 d,这个 d 就是限购对房价的影响了。由于 d 是两个差距之间的差距,所以才叫作双重差分。可以用以下计量方程把这个 d 给估计出来:

$$P = b_0 + b_1 D_a + b_2 D_t + d(D_a D_t) + bX + e \tag{10-1}$$

其中,P 为房价;D_a 为地区虚拟变量,在上海则为 1,否则为 0;D_t 为时间虚拟变量,限购后为 1,限购前为 0;X 为包含所有控制变量的向量;e 为随机误差项;b_0 为常数项;b_1、b_2 和 b 分别为地区虚拟变量、时间虚拟变量和控制变量向量的系数。代入相应数据进行回归分析,就可以估计出 d 的数值。

那么,为什么 d 可以如此表示?计量经济学教科书上有详细的解释。这里给出一个直观的粗略解释:上海的房价每个月都在变化,因此需要控制这部分因素,这就是时间因素 D_t;区域不同房价自然也有差别,需要控制区域位置因素,这就是地理位置因素 D_a,这就控制了即使不限购也存在的差距;然后再控制住其他因素 X,那么剩下的 $D_a D_t$ 自然就是限购带来的房价变动效应了。

下面我们介绍一些产业政策评估中运用双重差分的真实案例。最早应用双重差分方法的国内文献是北京大学教授周黎安和陈烨(2005)的一篇论文,这篇论文考察了农村税费改革对农民收入的影响,建立了以下计量模型:

$$y_{it} = \beta_0 + \beta_1 x_{it} + \gamma z_{it} + u_t + a_i + \varepsilon_{it} \tag{10-2}$$

其中,y_{it} 为农民收入;β_0 为常数项;β_1 和 γ 分别为农村税费改革虚拟变量和控制变量向量的系数;x_{it} 为反映 t 时期、i 地区是否实施了农村税费改革的虚拟变量,实施的地区赋值为 1,否则为 0,税费改革后赋值为 1,否则为 0;u_t 为时期 t 的虚拟变量;z_{it} 为其他影响 y_{it} 的控制变量向量;a_i 为 i 地区不随时间变化的特征;ε_{it} 为随机误差项。利用这个计量方程和 7 个省 591 个县和县级市 1999~2002 年的数据,周黎安发现税费改革的实行平均使农民纯收入的增长率提高了约 1.5 个百分点。这项检验运用了双重差分方法，结果十分稳健。还有一个例子是用双重差分方法评估产业布局政策的效果。刘生龙等（2009）建立了如下模型估计西部大开发政策对西部地区经济增长的净效应：

$$y_{it} = \alpha + \beta_1 d_t + \beta_2 d^j + \beta d_t^j + e_{it}^j \tag{10-3}$$

其中，y_{it} 为反映 t 时期、i 地区的产出；d_t 为时间虚拟变量，西部大开发政策实施后赋值为 1，否则为 0；d^j 为地区虚拟变量，西部地区省份赋值为 1，否则为 0；α 为常数项；β_1 和 β_2 分别为时间虚拟变量和地区虚拟变量的系数；d_t^j 同样是虚拟变量，当 d_t 和 d^j 同时为 1 时，它取值为 1，否则为 0；β 为反映政策效果的系数；e_{it}^j 为随机误差项。刘生龙等（2009）用 1987~2007 年中国省级面板数据对式（10-3）进行检验，发现西部大开发政策使西部地区年均经济增长率提高了 1.5 个百分点。

可以看出，双重差分方法在评估产业政策效果的可操作性方面，要远强于工具变量法。为农村税费改革和西部大开发政策寻找合适的工具变量是很困难的，但运用双重差分方法却可以很容易得出稳健的结果。

三、断点回归

断点回归其实是双重差分方法的扩展，该方法是指存在一个变量，如果该变量大于一个临界值时，个体受到政策影响；而在该变量小于临界值时，个体不受政策影响，这样就可以将大于临界值的个体作为处理组，小于临界值的个体作为对照组。在清晰性断点回归中，临界值是固定的，一边是完全受到政策影响，另外一边是完全不受政策影响；而在模糊断点回归时，临界值附近的观测值受政策影响的概率是单调随机的。在此基础上，再按照与双重差分方法相似的程序进行计量回归，就可以得出政策的净效应。这种方法之所以有效，是因为临界值（也就是断点）两侧的个体都是很相似的，仅仅因为政策的作用，才被临界值划分为两个群体，这恰好符合双重差分方法中"处理组和对照组的 y 没有显著差异"的要求。可见，断点回归的逻辑与双重差分是很相似的。

下面举一个例子。李明等（2018）为了研究减税政策对企业增加值增长速度的影响，借助 2002 年所得税分享改革的冲击，考察国、地税征管企业实际有效税率的差异。他们应用断点回归方法建立了如下计量模型[①]：

$$\Delta Y_t = \alpha + \beta \text{Treat} + \theta X + \vartheta Z + \rho \text{Year} + \sigma R + \varepsilon \tag{10-4}$$

其中，被解释变量 ΔY_t 为样本企业 i 在 t 年时的增加值，$\Delta Y_t = Y_t - Y_{t-1}$；定义变量 Treat 为减税政策，若企业于 2002 年 1 月 1 日及以后登记注册取 1，此前取 0；X 为企业层面随时间变化因素对企业增加值变化的影响；Z 为行业固定效应；Year 为年份固定效应；R 为省区市固定效应；ε 为误差项；α 为常数项；β、θ、ϑ、ρ、σ 为回归系数。利用上述模型，作者发现，改革前成立的旧企业的劳均增加值增速约比改革后成立的新企业高 6.43%；

[①] 为了清晰地表达断点回归的含义，这里的计量模型相比李明等（2018）的计量模型有所简化，更加详细的计量模型请参见李明等（2018）。

税率每下降1%，企业劳均增加值增速约提高3.2%。值得注意的是，作者将改革开始时企业是否已经成立作为临界点，这是对断点回归方法的灵活运用，值得借鉴。

需要指出的是，无论是工具变量法、双重差分还是断点回归，都需要比较苛刻的适用条件。国家在实施产业政策时，有时候会有试点，但更多的时候是在所有地区或行业同时推行，这就为运用上述方法带来了困难。在很多情况下，我们既无法找到合适的工具变量，也无法合理区分处理组和对照组。所以，准确评估产业政策的净效应，仍然是一项有挑战性的工作。在实际操作中，我们应尽可能地灵活运用上述产业政策评估方法，以得出相对可靠的结论。

本章提要

1. 产业政策的定义和适用范围存在相当大的争议，在现阶段中国的具体情况下，产业政策的内涵应理解为一个国家的中央或地方政府为了实现某种经济和社会目的，主动干预产业活动的各种政策的总和。未来中国成为国际领先的发达国家之后，对产业政策的理解也会发生相应的变化。

2. 产业政策的理论逻辑有两大类，一是传统市场失灵，二是市场协调失灵。其中，传统市场失灵除了包括垄断、外部性和公共产品等狭义市场失灵之外，还包括因信息外部性和技术外部性等原因造成的广义市场失灵。

3. 市场发育不完善、资本短缺和中性政府是发展中国家采取选择性产业政策的三大原因。但是，由于选择性产业政策需要一些相当苛刻的前提条件，因此它并不是万能的，也并不适合所有发展中国家。

4. 战略产业扶持政策的实质是通过非歧视性的政策让所有企业都受益，然后企业在此基础上通过竞争自发地选出优胜者。这个优胜者既是政府投资的最大受益者，又可以让政府投资从容退出。我们可以用"无偏的扶持，有偏的结果"来概括战略产业扶持政策的特征。

5. 幼稚产业保护政策的理论依据是不完全资本市场、信息外部性和技术外部性造成的市场失灵。这个依据很有道理，但具体操作却很困难，主要有三个问题：难以判断何种产业真正需要保护；难以判断幼稚产业的成功是否真的与保护有关；缺乏判断幼稚产业的事前标准。

6. 由幼稚产业保护政策衍生出来的进口替代战略，因为以下原因难以成功：发展中国家缺乏完整的工业体系；发展中国家保护幼稚产业的政策过于复杂；进口替代战略容易造成低效率和小规模的生产趋势。

7. 反垄断政策对垄断的判定日益从结构主义方法转向行为主义方法，但因为对企业行为的监督与判别同样存在难以计量和操作的问题，甚至比对市场结构的判断更加困难，因此在行为主义标准下，反垄断政策反而有宽松的迹象。

8. 准确评估产业政策的效果需要分离出产业政策独立于其他因素的净效应，因此用前后对比分析法和简单的OLS回归都是不可靠的。目前比较流行又相对可靠的方法有工具变量法、双重差分和断点回归等。

关键术语

产业政策	选择性产业政策	功能性产业政策	市场协调失灵
传统市场失灵	信息外部性	技术外部性	产业结构政策
中性政府	战略产业	幼稚产业	进口替代战略
衰退产业	产业组织政策	结构主义	行为主义
产业布局政策	产业技术政策	工具变量	双重差分
断点回归			

本章习题

1. 政府要补贴"第一个吃螃蟹"的创新者，应采取选择性产业政策还是功能性产业政策，为什么？

2. 如果某发展中国家政府能够确知以后20年中哪些产业增长最为迅速，那么该国政府采取选择性产业政策是否一定会成功？如果不成功的话有可能是什么原因？

3. 为什么进口替代政策在较大的发展中国家（如巴西）比在较小的发展中国家（如加纳）效果更好？

4. 中外合资生产汽车是不是进口替代战略？这种做法与依靠关税和非关税壁垒保护国内产业的做法有什么区别？

5. 从一般均衡的角度看，政府同时鼓励进口替代和出口导向是无法做到的，但是中国自改革开放以来一直都是同时实行奖励出口和国产化这两类政策，而且似乎并没有失败，请问这是怎么做到的？这个经验能推广到全世界其他发展中国家吗？

6. 假定中国目前以每台30万元的价格进口数控机床。中国政府认为，只要经过一段时间，国内企业就能以20万元的成本生产数控机床。但是在国内生产的初始阶段，每台数控机床的成本高达40万元。

（1）假设每个试图生产数控机床的企业都必须经过高成本的初始生产阶段，在什么情况下，较高的起步成本能够证明保护幼稚工业是合理的？

（2）一旦某个企业承担了学习成本，学会如何以20万元的成本生产数控机床，其他企业就能够模仿并达到同样的水平。请解释上述情况将怎样阻碍国内机床产业的发展，政府应采取什么政策才能避免这种情况？

进一步阅读的文献

若想了解选择性产业政策的来龙去脉，可阅读赫希曼的《经济发展战略》（经济科学出版社，1991）。关于中国选择性产业政策的具体情况，可阅读江小涓的《经济转轨时期的产业政策：对中国经验的实证分析》（格致出版社，2014）；李平、江飞涛和曹建海的《产能过剩、重复建设形成机理与治理政策研究》（社会科学文献出版社，2015）。

关于新贸易理论、战略贸易政策和对幼稚产业保护政策的评价，可参阅克鲁格曼 P R、奥伯斯法尔德 M 和梅里兹 M J 的《国际经济学：理论与政策（第十版）》（中国人民大学出版社，2016）。

关于政策评估方法的详细介绍，可阅读以下著作：安格里斯特和皮施克的《基本无害的计量经济学：实证研究者指南》（格致出版社、上海三联书店、上海人民出版社，2021）；Khandker、Koolwal、Samad 的 Handbook on Impact Evaluation: Quantitative Methods and Practices（World Bank Publications，2010）。

本章参考文献

波特 M. 1997. 竞争战略. 陈小悦，译. 北京：华夏出版社.
贺俊. 2022. 新兴技术产业赶超中的政府作用：产业政策研究的新视角. 中国社会科学，（11）：105-124，206-207.
蒋选，杨万东，杨天宇. 2006. 产业经济管理. 北京：中国人民大学出版社.
克鲁格曼 P R，奥伯斯法尔德 M，梅里兹 M J. 2016. 国际经济学：理论与政策（第十版）. 丁凯，汤学敏，陈桂军，译. 北京：中国人民大学出版社.
李明，李德刚，冯强. 2018. 中国减税的经济效应评估：基于所得税分享改革"准自然试验". 经济研究，53（7）：121-135.
刘生龙，王亚华，胡鞍钢. 2009. 西部大开发成效与中国区域经济收敛. 经济研究，44（9）：94-105.
马本，郑新业. 2018. 产业政策理论研究新进展及启示. 教学与研究，（8）：100-108.
苏东水. 2000. 产业经济学. 北京：高等教育出版社.
王述英，白雪洁，杜传忠. 2006. 产业经济学. 北京：经济科学出版社.
王耀东. 2011-05-20. 印共（马）忽视民生丢了"根据地". 文汇报，（3）.
姚洋. 2009. 中性政府：对转型期中国经济成功的一个解释. 经济评论，（3）：5-13.
周黎安，陈烨. 2005. 中国农村税费改革的政策效果：基于双重差分模型的估计. 经济研究，（8）：44-53.
Khandker S R，Koolwal G R，Samad H A. 2010. Handbook on impact evaluation: quantitative methods and practices. Washington D. C.：World Bank Publications.
Noman A，Stiglitz J E. 2016. Efficiency, Finance, and Varieties of Industrial Policy: Guiding Resources, Learning, and Technology for Sustained Growth. New York：Columbia University Press.
Pack H，Saggi K. 2006. Is there a case for industrial policy? A critical survey. The World Bank Research Observer，21（2）：267-297.
Peneder M. 2017. Competitiveness and industrial policy: from rationalities of failure towards the ability to evolve. Cambridge Journal of Economics，41（3）：829-858.
Williamson J G. 1965. Regional inequality and the process of national development: a description of the patterns. Economic Development and Cultural Change，13（4）：1-84.

第十一章

政府规制概论

政府规制是指在市场经济条件下,政府以矫正和改善市场失灵为目标,对微观经济主体进行的规范与制约。在产业经济领域中,政府规制主要是指规制部门对特定产业和微观经济主体进入、退出、价格、投资及涉及环境、安全、生命、健康等行为进行的监督与管理。政府规制的目的是维护正常的市场经济秩序,提高资源配置效率,提升社会福利水平。本章分析了政府规制的原因和类型,介绍了政府规制的方法。

■ 第一节 政府规制的原因和类型

进行政府规制的理由在于克服微观经济活动中的市场失灵。因此,根据第十章的产业政策分析框架,政府规制实际上相当于产业组织政策的一个组成部分。在市场经济条件下,政府规制针对的是存在自然垄断、信息不对称和外部性的市场失灵问题,目的在于克服自然垄断、信息不对称和外部性所造成的对资源配置效率和社会福利的损害。

一、自然垄断

自然垄断通常是指这样一种生产技术特征:面对一定规模的市场需求,与两家或更多的企业相比,单个企业能够以更低的成本供应市场。自然垄断起源于规模经济或范围经济,一般出现在公用事业(电力、电信、天然气和供水)及运输业(铁路、管道)。在这些产业中,过多企业的进入可能导致传送网络和其他设施(如电缆、输油管和铁轨等)的高成本的重复投资,而且由于这种自然垄断的特性,独占性的企业有可能出于利润最大化目标而提高商品或服务价格,从而使其偏离帕累托最优状态。所以,政府需要对这类产业的进入和价格进行规制。自然垄断的存在以及它所导致的社会福利损失,一直被经济学界作为政府规制的首要原因。

经济学界对自然垄断的认识经历了一个不断深化的过程。这一过程不仅是经济学家对自然垄断概念的认识和再认识,而且影响了政府对某些传统自然垄断部门如自来水、煤气、供热、通信电信、铁路、市内交通等的规制政策的修改与转变。

(一) 对自然垄断的传统看法

传统的自然垄断理论认为,自然垄断领域的竞争是不稳定的、破坏性的,自然垄断领域的竞争是不额外拟定的、破坏性的,即自然垄断产业不适宜竞争,其原因在于,自然垄断产业具有显著的**规模经济**效应,即在技术不变的情况下,在某一区间之内,厂商提供产品和服务的每单位平均成本出现持续下降的现象,即处在规模报酬递增阶段。因此,某种产品全部由一家垄断企业进行生产,社会成本最小。换言之,在自然垄断领域,市场竞争将导致低效率,损害公众利益和降低社会福利。所以,自然垄断特指某个行业需要一家企业在某个地区进行独家经营的垄断局面。显然,要保持这种行业中企业的独家垄断地位,就需要政府在市场准入方面对自然垄断产业进行规制,即只允许一家企业在市场上拥有"特权"从事生产经营活动。

自然垄断行业应当实行规制的另一个原因在于边际定价问题。根据经济学基本原理,只有当价格等于边际成本时才能使社会福利最大。可是在自然垄断行业,当价格等于边际成本时,企业将亏损。这是因为自然垄断企业面对的是一条平均成本持续下降的曲线,边际成本曲线必定位于其下方。这样,总收入即价格与产量的乘积将小于总成本(平均成本与产量的乘积),参见图 11-1。

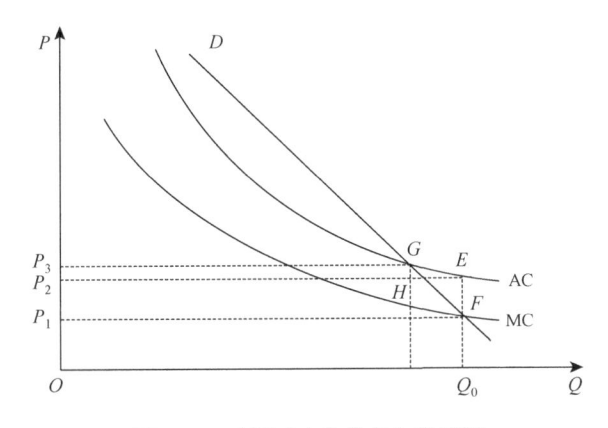

图 11-1 边际成本定价产生的亏损

在图 11-1 中,AC 为平均成本曲线,MC 为边际成本曲线。若实行边际成本定价,则总收入为 $P_1 \times Q_0$,总成本为 $P_2 \times Q_0$,显然 $P_1 \times Q_0 < P_2 \times Q_0$,企业处于亏损状态。这就是自然垄断的矛盾,而市场是无法解决的这一矛盾。因此,必须由政府对价格进行规制,以便在保证社会福利最大化的同时,避免自然垄断企业的亏损。

西方发达国家对自然垄断行业实行规制的实践证明,上述对自然垄断的传统认识,以及建立在该理论基础上的政府规制政策,与现实世界有较大冲突。在规制实践中,人们发现,一个企业仅生产一种产品的假设难以反映实际情况。事实上许多自然垄断产业正在生产多种产品。比如,供水公司同时提供不同质量、不同用途的水需要通过共同的管网;电信运营商提供通信和宽带上网服务也需要通过共同的网络。在生产不同种类的产品时共同使用某些设备或设施,可以节约因为重复建设共同设施而发生的成本,这也将导致由一家垄断企业生产全部产量时,社会成本小于由多家企业分别生产。20世纪80年代,西方学者认识到,一个反映多种产品的理论模型或许更切合实际,由此提出了范围经济和成本的弱增性(subadditivity)来定义自然垄断。这个发展在理论上重新塑造了自然垄断理论,改变了人们对自然垄断的传统认识。

(二)关于自然垄断的新观点

新观点认为,传统观点对自然垄断的认识不够全面,对自然垄断的恰当定义不应该仅仅建立在规模经济的基础上,而应该建立在范围经济和成本弱增性的基础上。**范围经济**是指在一个企业中随着生产产品种类的增加,企业对多个产品进行联合生产的平均成本低于多个企业生产单一品种的成本之和。**成本弱增性**是指在存在多种产品和多个企业,任一企业可以生产任何一种或多种产品的前提下,如果单一企业生产各种产品的总成本小于多个企业分别生产这些产品的成本之和,我们就说该企业的成本具有弱增性。显然,范围经济和成本弱增性有很大的相似之处,只不过前者关注的是产品,后者关注的是企业。

如果从范围经济和成本弱增性的角度理解自然垄断,则即使规模经济不存在,或即使自然垄断企业所面对的平均成本曲线持续上升,也不能说自然垄断就不存在了。只要单一企业供应整个市场的成本小于多个企业分别生产的成本之和,由单个企业垄断市场的社会成本也会最小,该行业就仍然是自然垄断行业。

我们可以把规模经济和范围经济进行一个简单的对比。规模经济是针对一种产品而言的,而范围经济是针对多种产品而言的。用成本函数表示,如果 $f(nk, nL) < nf(k, L)$ 就存在规模经济,即在技术不变的情况下,随着生产规模的增加,厂商提供产品和服务的每一单位平均成本都出现下降的现象。如果 $f(q^1 + q^2 + \cdots + q^n) < f(q^1) + f(q^2) + \cdots + f(q^n)$,即在一个企业中随着生产产品种类的增加,企业对多个产品进行联合生产的平均成本低于多个企业生产单一品种的成本之和,那么就存在范围经济。这里,k 和 L 分别代表资本和劳动等生产要素,q^n 代表第 n 种产品。

成本弱增性也可以用公式来表示。假设在某产业内存在着 n 个企业,假定 i 企业的产量为 q_i,并假定该产业的总产量为 q,再假定一家公司生产全部产品种类时的成本函数为 $C(q)$,由各企业生产单一品种产品时的成本函数为 $C(q_i)$。那么成本弱增性可以由式(11-1)表示:

$$C(q) < C(q_1) + C(q_2) + \cdots + C(q_i) \qquad (11\text{-}1)$$
$$\text{或 } C(q) < \sum C(q_i), \quad i = 1, 2, \cdots, n$$

也就是说,一家企业生产全部产品种类时[$C(q)$],比由两家或两家以上企业生产单个产品种类时[$\sum C(q_i)$]的成本之和还低。这就是成本弱增性,或者说由一家企业生产,成本在产量 q 范围内的增加不明显。

上述对自然垄断的理解获得了经济学界的广泛认同,代表了对自然垄断的最新认识水平。目前，在发达国家的微观经济学和产业组织学教科书中对自然垄断的定义基本上都是同时建立在规模经济和范围经济基础上的。例如，史普博在《管制与市场》中给自然垄断的定义是，"自然垄断通常是指这样一种生产技术特征：面对一定规模的市场需求，与两家或更多的企业相比，某单个企业能够以更低的成本供应市场。自然垄断起因于规模经济或多样产品生产经济"。萨缪尔森和诺德豪斯在其《经济学》中提出："当一个产业的规模经济或范围经济十分强有力，以至于只有一个厂商能较好地生存下去时，就会产生自然垄断。"

（三）自然垄断的经济特性

一般来讲，作为自然垄断产业，必须具备以下技术经济特征。

（1）规模经济和范围经济效应非常显著。虽然绝大多数产业都具有一定的规模经济和范围经济效应，但在自然垄断产业领域，规模经济和范围经济效应是如此显著，以至于在既定的市场需求下，一家厂商足以提供和满足大部分甚至全部市场需求。例如，自然垄断的一个重要特点就是存在网络供应系统的规模效益。需求量越大，网络供应系统庞大的固定成本就越能分散到每一个用户的需求上，规模经济效益就越明显。所以，从成本和效率的标准看，相对于多家厂商自由竞争而言，寡头垄断和完全垄断是自然垄断产业最合理的市场结构和制度安排。

（2）产品差异化程度小。自然垄断产业的产品一般比较单一，几乎没有任何差别，也没有或很少有相近的替代产品。但是，垄断企业并不必像竞争性企业那样尽全力去争夺市场，特别是存在着产业垄断和地区垄断的情况下，用户对这些产业中能够提供服务的企业缺乏选择性，甚至是唯一的选择，这就意味着每一家企业都有一个相对固定的服务范围或区域，只要客户在某企业的服务范围或区域内，就必须接受该企业提供服务。由此引起的直接后果是，自然垄断产业中的企业并不热衷于通过改善和提高服务水平来扩大产品差别，而是轻松地享受垄断带来的好处。

（3）网络性。自然垄断产业在提供产品和服务时都通过自己独有的庞大网络系统提供服务，如煤气公司的输气管道网络、热力公司的供热管道网络，以及铁路网络、电信通信网络、供水网络等。以上这些产业的固定资本投资额都很高，一般都具有经济寿命长、会计折旧周期长、资产专用性强等特征。这使得加入该产业的企业不能轻易退出，否则将面临巨大的沉淀成本压力。

（4）关联经济效应显著。自然垄断产业在提供服务时，存在一系列的复杂工序。这些工序之间要求相互稳定衔接，即在技术上是连接的。在具体的产业组织上，往往要求全程全网联合作业和基本技术经济指标的统一兼容性。否则，联合生产、联合销售以及联合配送等业务的顺利开展将遇到无法克服的技术障碍，如电力产业，如果各电力公司在供电电压、额定功率等方面缺乏统一标准，必将造成产业内生产和销售系统的混乱。

（5）巨大的进入壁垒和退出壁垒。自然垄断产业庞大的规模所造成的高额成本，对那些潜在进入者构成巨大的进入壁垒，使其不敢或无法成功进入该产业参与竞争。自然垄断产业的巨额投资，都具有较强的专用性，一旦企业转产或者退出时，专用性很强的资本很难转用或转卖给生产和经销其他产品的行业或企业,这种不可回收的资本损失形成了巨大的沉淀成本。由于资产的专用性,资本一旦投入自然垄断产业就很难收回,也难改为其他用途。如果多个企业之间进行自由竞争,其破坏力和杀伤力将是巨大的,结果或者是几败俱伤,或者是兼并联合。

(6) 普遍服务性。大多数自然垄断产业的产品是公众所需要的基本服务,需要保证所提供服务的稳定性、质量的可靠性和可信赖性等。普遍服务是对自然垄断产业的最基本要求。

二、信息不对称和外部性

除自然垄断之外,信息不对称和外部性也是政府规制的重要理由。信息不对称是指市场交易一方比另一方拥有更多信息的状态。信息不对称极易导致消费者利益的损失,因此有必要由政府对相关产业中的企业行为进行规制。例如,在银行、保险、证券和交通运输业,数量众多的企业提供各种各样的服务,并收取不同的费用,而消费者却未必拥有充分的信息来决定在各种服务和价格中选取哪种为好,结果难以实现资源的有效配置。同时,虽然这些产业以保全、增值和运输消费者的财产为业务,但由于消费者对这些产业中企业的经营内容和财政状况并不拥有充分的信息,一旦企业发生倒闭的情况,消费者将会因此蒙受损失。为预防这类情况的发生,需要政府从一开始就对有关产业的进入和具体市场行为进行干预,以解决信息不对称问题。因此,信息不对称成为政府对银行、保险、证券和交通运输等行业进行规制的重要依据。

外部性是指一种物品或活动施加给社会的某些成本或效益,而这些成本或效益不能在该物品或活动的市场价值中得到反映。这里所说的需要政府规制的外部性,主要是指"外部不经济"或称"**负外部性**",即某个人(生产者或消费者)的一项经济活动会给社会上其他成员带来危害,但他自己却并不为此而支付足够抵偿这种危害的成本。负外部性是否需要规制,在理论界存在不同看法。Coase(1960)认为,在交易成本不是太高的情况下,明晰的产权安排已足以矫正发生于空气和水污染方面的负外部性。这种观点的影响很大,目前西方解决环境质量方面外部性的流行政策取向就是"能够创设明晰、确凿及可让渡的且受司法保护的产权的政策"(Aranson, 1982)。也就是说,政府建立和保护产权,而后通过市场机制自己解决问题的政策是首选政策。但是西方学者也承认,大量自然资源如海洋、公共石油矿床、大气、无线电频谱等或者由于难以分割产权,或者由于交易成本过高,因此不能适用于科斯定理的政策含义,仍需由政府通过行政方法进行规制,规制的方法包括污染税、罚款、环境标准设计等。如果在规制机构与被规制者之间存在不对称信息,也需要通过二者之间的博弈不断修正政府的规制标准和尺度。

三、政府规制的类型

与自然垄断、信息不对称和外部性这三种形式的市场失灵相对应,政府规制可以分为经济性规制和社会性规制两种类型。

经济性规制是指在自然垄断领域和存在信息不对称的领域，为了防止资源配置低效，政府规制机构运用法律手段，通过许可和认可的方式，对企业的进入、退出及提供产品或服务的价格、产量、质量等进行规范和限制。

社会性规制是以确保居民生命健康安全、防止公害和保护环境为目的所进行的规制，是主要针对经济活动中发生的外部性的调节政策。社会性规制主要通过设立相应标准、发放许可证、收取各种费用等方式进行。

第二节 进入规制

进入规制是指政府规制机构根据自然垄断行业的特点，对潜在竞争者的进入进行严格的审批、注册和许可证管理，限制新企业的进入，保证既存企业的垄断地位，以实现规模经济，避免恶性竞争造成的资源浪费。

对自然垄断产业的进入规制具有两重性：一方面，自然垄断产业的技术经济特性，决定了政府需要对新企业的进入实行严格控制，以避免重复建设、过度竞争；另一方面，进入规制并不等于不容许新企业进入，规制者应该根据各种条件的变化允许新企业适度进入，发挥竞争机制积极作用。

一、可竞争市场理论与实践

在自然垄断部门，传统的政府进入规制政策是针对新的进入者而保护产业内既存企业的。可竞争市场理论（the theory of contestable markets）出现以后，对政府实施进入规制政策产生了越来越重要的影响。该理论认为，新企业进入市场的潜在竞争威胁自然会迫使产业内原有垄断企业提高效率，这无疑为政府规制提供了一种新思路。目前，规制政策不仅包括了通过禁止进入来维护既存企业垄断的政策，也越来越多地包括了通过调整进入规制政策来适度引进竞争的政策。

可竞争市场理论形成于20世纪70年代末80年代初，它的创始人包括威廉·鲍莫尔（William Baumol）、潘萨尔（Panzar）、维利格（Willig）等。可竞争市场理论在价格理论、产业组织理论等方面都提出了极具创新意义的见解，在西方学术界引起较大的反响，并对政府规制体制改革具有相当大的影响。

传统微观经济学的核心内容是"看不见的手"的原理。该理论假定：①市场由大量厂商构成，且厂商规模小，是价格的接受者；②产品同质；③进入和退出完全自由；④完全信息。但事实上，这些假设条件在现实中几乎难以完全满足。可竞争市场理论认为，市场机制的作用范围并不像传统竞争理论认为的那样，在厂商很少的市场不起作用。**可竞争市场**是指来自潜在进入者的竞争压力对市场供给者的行为产生很大约束的市场。如果市场上厂商足够多，实际竞争就足以保证市场效率，所以完全竞争市场肯定是完全的可竞争市场。一个市场是可竞争的，就必定不存在严重的进入和退出障碍，从而来自潜在进入者的潜在竞争，能够起到与实际竞争一样的作用，将对市场现有厂商行为产生有力的约束，保证市场效率。因此，只要政府放松进入规制，新企业进入市场的潜在威胁自然会迫使产业内原有垄断企业提高效率,即使只有一个厂商,可竞争市场仍然能够实现良好的经济效率。正是从这个角度,可竞争性理论修正了我们对竞争与规制问题的传统看法。

虽然可竞争市场理论认为,潜在竞争的压力有助于约束市场上厂商的不良行为,实现经济效率。但市场的可竞争性是有条件的,并不是任何市场都是可竞争市场。一般来说,可竞争市场应满足以下假设条件。

(1)自由进入和退出。企业进入和退出市场(产业)是完全自由的,即沉淀成本为零。相对于现有企业,潜在进入者在生产技术、产品质量和成本等方面不存在劣势。进入和退出自由是完全可竞争市场的重要特征,但实际上退出自由更为重要。对退出的限制将会阻止进入,从而减少来自潜在进入者的竞争威胁。

(2)潜在进入者能够采取"打了就跑"的策略。潜在进入者能够根据现有企业的价格水平评价进入市场的盈利性,甚至一个短暂的盈利机会都会吸引潜在进入者进入市场参与竞争,而在价格下降到无利可图时,他们会带着已获得的利润离开市场,即他们具有快速进出市场的能力,更重要的是,他们在撤出市场时并不存在沉淀成本,所以,不存在退出市场的障碍。

(3)与在市场中的厂商一样,潜在进入者能不受限制地获得相同的生产技术,为同一市场提供服务。也就是说,潜在进入者不存在技术上的劣势,也不必承担额外的进入成本。

从上述假设条件出发,可以概括出可竞争市场的两个基本特征:第一,在可竞争市场上不存在超额利润;第二,在可竞争市场上不存在任何形式的生产低效率和管理上的X[低]效率。应当指出,可竞争市场理论并不认为无约束的市场能自动解决一切经济问题,也不认为所有的规制都是不应该的。完全可竞争市场只是现实世界的一种理想情形,我们不能把从完全可竞争市场得到的规范结论无条件地应用于现实。在判断某个特定部门的规制是否合理之前,应该分析该部门是否受人为进入障碍的保护以及该部门的可竞争性程度,规制的重点应放在消除妨碍可竞争性、损害经济效率的各种进入障碍方面。

总之,在可竞争性的分析框架里,规制不再是用政府命令取代竞争,而是在详细分析现实市场可竞争性的基础上,运用规制手段来促进市场的可竞争性,以取得良好的经济绩效。根据可竞争市场的前提条件,结合政府实施进入规制和放松规制的实践,政府在实施进入规制政策的过程中,有以下几个方面的原则和方法是应该注意的。

第一,尽可能使市场的进入和退出变得容易。可竞争性分析表明,限制进入或退出将妨碍市场的可竞争性,最终损害经济效率。为促进市场的可竞争性,必须清除妨碍潜在进入者进入市场的不合理规定,使潜在竞争尽可能地起作用。潜在进入者对利润机会的迅速反应有效地约束既存企业的行为。因此,进入程序应该是透明的、规范的书面程序。当存在利润机会时,应该尽可能地缩短进入过程。

第二,利用有关的规制政策来消除沉淀成本的不利影响。可竞争市场理论区分了固定成本和沉淀成本,认为只有沉淀成本才构成进入的技术方面的障碍。规制者应消除沉淀成本的不利影响,要么确保各企业以合理的价格平等地得到沉淀设备,要么把产业的沉淀资本较大部分与可竞争部分分离开来,对资本的沉淀性较大部分实施规制,对可竞争部分给予更大的进入和定价自由。也可以通过制度创新,降低转移和出售资产的难度以减少沉淀成本的不利后果。

第三,对原有企业和新企业的规制应遵循非对称原则。即使进入是完全自由的,由于在位厂商具有某种"先占优势",潜在进入者和在位厂商的地位事实上是不平等的。这种不平等将严重损害潜在竞争的作用,应该通过对原有企业和进入者实行不对称性规制加以抵消。特别是应该抑制既存企业对进入行为的价格反应,因为在位厂商的定价策略会阻止由利润机会引起的进入行为。

第四,应保持定价政策和进入政策的协调。在规制实践和放松规制的过程中,仅仅通过取消各种进入限制使进入更容易,就能够促进可竞争性。但是,进入政策必须与其他政策,特别是价格规制政策相协调才能有效地提高市场效率。

二、对原有企业与新企业的不对称性规制

(一)原有企业对新企业的进入阻挠

自然垄断行业在放松规制后虽有新企业的进入,但至少在一定时期内原有企业会占据几乎全部的市场。在这种市场中,支配市场的企业在竞争方面具有绝对的优势。并且,在大多数这种产业中,原有企业往往是将多种服务结合为一体的"联合企业";而新企业则与此相反,一般都是仅加入到其中一部分服务领域的"独立企业"。因此,原有企业在各个领域均处于可发挥市场支配力量的地位。由此产生的问题是,产业内原有企业为保持其在市场中的垄断地位,会本能地设置一系列战略性进入障碍,阻挠新企业的进入。可能采取的进入阻挠战略主要有三种。一是以大幅度降价(掠夺性定价)为主要特征的价格战略。二是以差别化降价为主要特征的价格战略,即以有新企业加入的地区或顾客群为对象,由原有企业对其实行一次性降价,从而将新企业从市场中排挤出去。三是通过交叉补贴行为阻挠竞争对手进入,即有意识地以优惠甚至亏本的价格出售一种产品,同时以销售另一种盈利产品的利润补偿优惠产品的亏损,这样就可以使掠夺性定价和差别化降价长期持续,从而达到阻挠新企业进入的目的。

除价格战略外,原有企业还可能采取许多非价格战略以阻碍潜在竞争者进入市场。例如,原有企业通过事先收买专利,致使潜在竞争者难以取得有竞争力的技术,从而抑制其进入市场。原有企业还可能通过广告、产品差异和产品品牌等方面的战略来阻碍潜在竞争者进入市场。

(二)不对称性规制

原有企业对新企业的进入阻挠,使得不对称性规制显得非常必要。不对称性规制是指在政府进入规制调整的背景下,随着新企业进入原有自然垄断部门,规制当局对既存企业与新企业采取的差别化的、旨在扶持新进入企业的规范及制约措施。

不对称性规制的主要内容包括:①强制互联互通;②新入企业低付费政策;③新企业暂不承担普遍服务义务,使新企业有财力拓展业务范围;④政府可以允许新企业采取比原有企业更为灵活的价格政策,利用价格优势争取顾客;⑤加强对既存企业的监控,如要求

原有企业按业务、地区进行财务核算并公开信息或实行财务独立，以监督和控制企业运用内部业务间交叉补贴等反竞争策略。

应该看到，偏向新进入者的不对称性规制政策可能对原有企业并不公平，但属于为了最终公平而暂时不公平的特殊政策，体现了不对称性规制政策的过渡性质。正是由于不对称性规制是一种特殊时期的特殊政策，如长期实行，必定扭曲价格信息、恶化资源配置。所以，当市场真正形成有效竞争的局面后，也就是原有企业的市场份额降到一定程度，而新企业的市场份额达到一定比例后，政府就可以逐步取消对新进入企业的优惠措施，把不对称性规制政策改为中性的干预政策，以充分发挥市场的调节功能。

「案例 11-1　中国电信行业的不对称性规制[①]」

在新中国成立以后的很长一段时间里，由于国家对电话费有严格的价格规制，电信业是不盈利甚至亏损的行业。1980 年，国家放松了电信价格规制，电信行业中的原有企业可以收取电话初装费和邮电附加费。这大大促进了电信业的发展，但在放松价格规制的同时，没有引入竞争，也导致了原有企业的垄断定价行为。例如，北京 1996 年住宅电话初装费高达 5000 元，移动电话入网费高达 28 000 元。同时，电信服务质量却不高，如 1994 年前电话安装时间在半年到一年，114 查询台很难打通。

1993 年，由电力部、电子部和铁道部联合组建的中国联通公司获得国务院批准进入电信行业。本章第二节中提到，原有企业对新进入企业的进入阻挠战略，有掠夺性定价、差别化降价、事先收买专利、产品差异化等。中国联通进入电信行业的过程中也遇到了类似的进入障碍，具体有以下几个方面。

（1）进入过程中的障碍。中国联通成立以后，其进入任何地区开展任何一项电信业务，都需要由管理机构批准，而同样的业务，原有企业早已获得批准。此外，管理机构在审批中国联通的业务申请时间过长，批准时间最短的也有 3 个月，最长的达 2 年之久。这就导致中国联通的大量投资不能及时投入运营，不仅使其蒙受直接的经济损失，而且在客户面前丧失了信用。

（2）业务开展和互联互通的障碍。中国联通的一台电话交换机只能覆盖一个本地网，而原有企业的一台电话交换机可以覆盖几个本地网；中国联通的 GSM（global system for mobile communications，全球移动通信系统）移动电话是先于原有企业建立的，但是在原有企业自己的 GSM 移动网开通之后，中国联通的 GSM 移动网才得到批准。此外，中国联通的 130 手机一度不能拨打 119、110、120、122 等特种服务号码，这使中国联通的声誉受到损害。

（3）新进入企业的高付费问题。中国联通的 GSM 手机在接入原有企业市话网时，要将收入的 80% 支付给对方；而相反方向的电话接入时，原有企业只需支付收入的 10%；中国联通需要购买每条 1 万元的中继线，而合理的市场价格仅为 2000~3000 元。

（4）原有企业的技术优势问题。电信服务离不开诸如电话号码、无线电频率、卫星频

[①] 本案例来自张维迎和盛洪的《从电信业看中国的反垄断问题》《改革》，1998 年第 2 期，第 66~75 页），由作者整理而成。

道、行业技术标准这样一些公共资源。但原有企业早已拥有这些资源，而中国联通却难以获得这些资源。例如，中国联通在1994年9月就开始申请联通网使用的号码资源，但几经周折，直到1996年仍未获得批准。

（5）原有企业交叉补贴和低价倾销问题。中国联通进入电信行业以后，原有企业使用交叉补贴方法对其进行了进入阻挠，基本做法是降低竞争性服务（移动电话和无线电寻呼）的价格，同时提高垄断服务的价格（如市内电话）。比如，移动电话服务，在每一个城市，中国联通进入之前，原有企业都维持很高的资费；一旦中国联通进入，原有企业就在中国联通进入之前的几天大幅度降低资费。

（6）原有企业的其他进入阻挠行为，如故意切断中继线，使中国联通手机拨打原有企业号码时经常信号中断，破坏中国联通在客户中的声誉。

由上述问题可以看出，在经济体制转型期，要想在自然垄断产业中引入竞争，就需要进行有效的不对称性规制。1998年，经济学家张维迎和盛洪提出了电信业改革的6项建议，分别是：①改革电信行业管理体制，实行政企分开，组建新的"国家电信管理委员会"（或电信管理局）专司行业监管职能；②将长话经营与市话经营分离；③将中国电信总局分解为几个公司；④将原有企业的一部分电信网划拨给中国联通；⑤允许有线电视网经营长途、市内电话业务；⑥由独立的机构起草"电信法"。

迄今为止，这6项建议有一半都得到了实施。国家已经组建了工业和信息化部行使监管职能；原有企业已经于2000~2001年被分为三个公司；其中一个公司后来还与中国联通合并，成为中国联通的一部分。可见上述建议中的①、③和④项都已成为现实。电信行业的改革给消费者带来了巨大的福利，原有的巨额初装费、入网费被取消，通话费也大幅降低。如果没有这次改革，大多数中国人可能至今仍然用不起电话和手机。这次改革不仅使得十几亿人能负担得起电话和手机消费，而且还为电子商务和移动支付的大发展打下了基础。

第三节 价格水平规制

价格规制是政府规制的核心内容。价格规制包括价格水平规制和价格结构规制。本节主要介绍价格水平规制。

一、价格水平规制目标与定价方式的选择

价格水平规制是指从某些特定的政策目标出发，限制自然垄断产业确定垄断价格，并确保产品和服务供给而对产业价格水平进行的规制。对于自然垄断行业而言，价格水平的高低，不仅影响着企业的生产经营行为和效果，也直接关系到资源配置效率和社会分配效率。因此，价格水平规制的政策目标主要有四个方面：优化资源配置；促进社会分配效率；激励企业生产；保障企业利益。这四个方面共同构成了自然垄断行业价格水平规制的目标体系。其中，第一个和第二个方面是从社会层面考察的，其实现程度的高低也是社会所关心的，因而属于社会目标。第三个方面虽然是从企业层面考察的，但并不是企业真正关心

的目标。事实上，企业并不希望有更多的竞争压力。所以，第三个方面实现状况仍然是社会所关心的，属于社会目标。第四个方面是从企业层面考察的，也是企业所关心并力求实现的目标，因而属于企业目标。

很显然，社会目标和企业目标并非统一关系，但也不完全对立，而是对立统一关系，而且在社会目标内部，各目标之间也是对立统一关系。这就要求政府在制定自然垄断行业规制价格时，既要考虑到社会目标，又要兼顾企业目标，协调好各目标之间的关系。

政府对自然垄断行业定价方式的选择，可以决定上述目标互相协调的程度。从理论上说，自然垄断行业的定价方式可以分为企业自行定价、边际成本定价和平均成本定价。

（1）企业自行定价方式，是在没有政府干预的条件下，企业根据利润最大化原则，按照边际成本等于边际收益来确定价格水平。这种定价方式会导致价格过高，产量过低。从图 11-2 中可以看出，企业自行定价的价格和产量取决于 MR 曲线和 MC 曲线的交点，该点所对应的需求曲线上的点，价格为 P_1，产量为 Q_1。价格 P_1 高于平均成本 AC，企业将具有超额利润。这种定价方式可以很好地满足企业目标，但社会目标实现情况不够理想。一方面，由于 P_1 的价格水平较高，使得消费者剩余减少、生产者剩余增加；另一方面，Q_1 的产量水平也较低，导致供给不足。同时，企业还可以通过垄断价格获取超额利润，创新动力不足。电信业改革之前的中国电信行业比较接近于这种定价方式。虽然政府制定了价格，但电信企业可以通过收取初装费、月租费，降低服务质量等方式变相涨价，引起公众强烈不满。

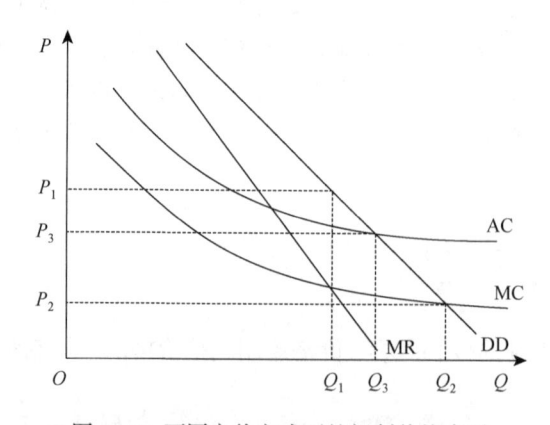

图 11-2　不同定价方式下的规制价格水平

（2）边际成本定价方式，是边际成本曲线 MC 与需求曲线 DD（平均收益曲线）的交点决定的规制价格水平。这种定价方式可以很好地实现社会分配效率目标。从图 11-2 可以看出，边际成本曲线 MC 与需求曲线 DD 交点决定的价格为 P_2，产量为 Q_2。与企业自行定价相比，消费者剩余大幅增加，生产者剩余大幅减少，产量水平也大大提高，相当于消费者享受到了物博价廉的好处。但是，由于价格 P_2 低于平均成本 AC，必然会导致企业亏损，无法满足企业目标。如果通过政府补贴企业的亏损，向消费者提供廉价产品，似乎能够提升社会分配效率。但实际上并非如此，因为政府补贴将导致纳税人和没有消费自然垄断产品的群体的损失。

政府补贴来自纳税人缴纳的税收，补贴将导致两个不良后果，一是纳税人必须缴纳更多的税收，二是因政府改变财政支出结构，将减少纳税人享受的其他方面社会福利。没有消费自然垄断产品的群体，也将受到两方面的损失，一是享受社会福利的机会不均等，二是政府改变支出结构导致的其他方面社会福利的减少。比如，对城市公用事业的补贴，农村居民就不能从中获益。从这个角度看，这种定价方式不但没有促进社会分配效率，反而有可能导致分配效率的降低。不仅如此，企业也有可能因此把精力更多地用于争取财政补贴，而不是提高生产效率。我国的城市自来水、管道燃气等行业，在行业改革前比较接近这种定价方式，结果是企业低效率、职工高工资、政府高补贴，早已到了非改不可的地步。

（3）平均成本定价方式，是由平均成本曲线 AC 与需求曲线 DD 的交点决定的价格水平。在没有政府干预的条件下，企业自行定价会导致过高的垄断价格；边际成本定价的价格又过低，平均成本定价方式能缓解这一矛盾。在图 11-2 中，平均成本曲线 AC 与需求曲线 DD 的交点决定的价格为 P_3，产量为 Q_3。与企业自行定价方式和边际成本定价方式相比，均为其中间值，即 $P_2<P_3<P_1$，$Q_1<Q_3<Q_2$。由于 P_3 与 AC 曲线相切，显然在 P_3 的价格水平下，企业既不存在超额利润，也不存在亏损，且能够获得正常利润（AC 是包括正常利润在内的平均成本曲线），可以很好地实现企业目标。同时，平均成本定价还可以兼顾社会目标。虽然这种定价方式下的消费者剩余低于边际成本定价，但高于企业自行定价。这样，平均成本定价就可以同时满足企业获得正常利润和消费者获得较多剩余的要求。

不过，平均成本定价对于激励企业提高效率的目标，并不能很好地实现。由于按平均成本定价，企业不需要降低成本就能获得正常利润，所以缺乏提高生产效率的动力。同时，由于企业与政府之间存在信息不对称，企业也可能会通过虚报成本以提高价格。为解决这一问题，政府不仅需要尽可能多地了解有关企业生产经营的信息，以确定真实的平均成本，而且还要采用适当的价格水平规制方法，迫使企业降低成本、提高效率。

从以上分析可以看出，对自然垄断行业价格水平进行规制，并不存在理论上的最优定价方式和价格水平，其主要原因是规制目标多元化，且涉及价值判断问题而无法量化，不同的人、不同的群体会给不同的目标赋予不同的权重。与企业自行定价和边际成本定价相比，平均成本定价可以更好地兼顾企业和消费者的利益，不失为一种次优的选择。

二、价格水平规制模型

由于理论上并不存在最优的定价方式，在实践中就表现出世界各国对价格水平进行规制存在操作上的困难。当前，有两种比较有典型意义的价格水平规制模型，即美国的投资回报率价格规制模型和英国的最高限价规制模型。

（一）美国的投资回报率价格规制模型

美国对自然垄断产业实行投资回报率价格规制具有悠久的历史。具体做法通常是被规制企业首先向规制者提出要求提高价格（或投资回报率）的申请，由政府规制机构酌情审核。规制机构经过一段考察期，根据影响价格的因素变化情况，对企业提出的价格（或投资回报率）水平做必要调整，最后确定企业的投资回报率，作为企业在某一特定时期内定价的依据。如果企业只生产一种产品（或服务），则投资回报率价格规制模型为

$$R(p \cdot q) = C + S(\text{RB}) \tag{11-2}$$

其中，R 为企业收入，它决定于价格 p 和数量 q；C 为平均成本；S 为政府规定的投资回报率；RB 为投资回报率基数，即企业投资总额。可见，这实际上是一个基于平均成本定价法的价格规制模型，如果企业经营多种（n 种）产品，则投资回报率价格规制模型为

$$R\left(\sum_{i=1}^{n} p_i q_i\right) = C + S(\text{RB}) \tag{11-3}$$

式（11-3）中变量含义均与式（11-2）相同。显然，如果企业只生产一种产品或服务，规制价格 P 等于企业收入 R 除以总产量 Q；如果企业生产多种产品或服务，企业收入 R 除以总产量 Q 得到的是所有产品或服务的综合价格。

从上面两个公式可以看出，投资回报率价格规制其实就是对平均成本定价法施加了一个约束条件，这个约束条件就是政府的投资回报率 S。如果要保证企业的定价水平兼顾社会目标，那么政府的投资回报率 S 应等于完全竞争条件下的正常利润率，这就确保了企业难以获得垄断势力带来的超额利润。但由于正常利润率难以确定，S 实际上是企业和规制部门讨价还价的结果。

投资回报率价格规制模型是通过对投资回报率的直接控制而间接规制价格水平，目的是既保证企业的利润和投资能力，又限制投资回报率以增加消费者剩余。但是由于该模型完全忽略了企业与政府之间的信息不对称和政府规制失灵等问题，因此存在以下几种明显的缺陷。

第一，S 值是规制双方讨价还价的结果，如果规制部门缺乏对市场正常利润率的充分信息，或者规制部门工作人员被企业收买，那么 S 值就有可能突破正常利润水平，使企业获得超额利润。

第二，企业在一定时期内按照固定的投资回报率定价，其利润率可以达到"旱涝保收"的程度，政府规制对企业提高效率的刺激能力是几乎不存在的，这就降低了企业效率。

第三，这个模型并没有消除企业虚报成本的可能性。根据式（11-2），如果企业隐瞒真实信息，故意高报平均成本 C，那么即使 S 值达到了正常利润率水平，企业也可以通过高报平均成本来达到变相涨价，获取高额利润。

第四，投资回报率的基数是企业投资总额，这就给企业增加利润提供了一个途径。美国学者阿弗奇（Averch）和约翰逊（Johnson）指出，投资回报率规制会刺激企业通过增加资本投入而取得更多利润。根据式（11-2），这将会增加投资回报率基数 RB，虽然这不会提高投资回报率，但却增加了绝对利润量。因此，为了生产特定产品，企业会故意运用较昂贵的投入品代替较廉价的投入品，造成生产的低效率，这被称为 **A-J 效应**。

可见，投资回报率价格规制的效果是不够理想的，这根源于式（11-2）本身的缺

陷，因为该公式忽略了政府与企业之间的信息不对称问题和可能存在的政府规制失灵问题。

(二) 英国的最高限价规制模型

英国的最高限价规制采取 RPI–X 模型，商品零售价格指数（retail price index, RPI）表示价格指数（即通货膨胀率），X 是由规制者确定的，在一定时期内生产效率增长的百分比。生产效率的增长必须反映到价格下降上面。例如，如果某年通货膨胀率是 5%（即 RPI = 5%），X 固定为 3%（即 X = 3%），那么，企业提价的最高幅度是 2%。

这个简单的价格规制模型意味着，企业在任何一年中制定的名义价格取决于 RPI 和 X 的相对值。如果 RPI–X 是一个负数，则企业必须降价，其幅度是 RPI–X 的绝对值。这样，如果某企业本期的价格为 P_t，则下一期的规制价格 P_{t+1} 为

$$P_{t+1} = P_t(1 + \text{RPI} - X) \tag{11-4}$$

与美国的投资回报率价格规制模型相比，英国的最高限价规制模型具有很多优点。

首先，这个模型在一定时期内固定价格的上涨幅度，限制了企业的利润率，刺激企业只有通过降低成本才能取得更多的利润，这就同时实现了优化资源配置、激励企业生产和保障企业利益的目标。同时。由于该模型规定了生产效率需要增长的幅度，并在式（11-4）中表现为降价，这就增加了消费者剩余，实现了提升社会分配效率的目标。

其次，这种方法不需要详细评估企业的固定资产、生产能力、技术革新、销售额等变化情况，消除了投资回报率规制模型中政府和企业之间信息不对称所导致的诸多问题。

最后，这种方法不直接控制企业利润。企业在给定的最高限价下，有利润最大化的自由，企业可以通过优化劳动组合、技术创新等手段降低成本。这样，企业就可以合法地追求超额利润，只不过要通过提高效率的方式。这就使企业与政府和消费者的目标趋于一致，起到了激励相容的作用。

相比较而言,最高限价规制更容易兼顾企业目标和社会目标。这种方法的主要问题是，必须科学合理地确定基期价格 P_0，否则以后调整的难度会比较大。

「案例 11-2　英国的出租车行业价格水平规制」

英国出租车行业的价格水平规制，采取了最高限价规制模式，其原理与式（11-4）所描述的最高限价规制模型基本一致，同时在政策细节上也具有更大的可操作性。具体地说，英国出租车行业的最高限价规制，具有以下特点。

（1）采取定期价格审查和价格调整的制度，而不是在遭遇意外成本冲击时临时决定审价和调价。其中审价周期为一年，即政府规制部门每年都要定期召开听证会，以决定是否调整价格。在审价和调价过程中，出租车行业协会、司机协会和政府的报告都公之于众。这就营造了一个稳定、透明和可预期的政策环境。

（2）与式（11-4）相比，英国政府规制部门采用了更加细化的出租车成本指数调价法，出租车成本指数调价公式为

$$P_{t+1} = P_t + \text{TCI} - X \qquad (11\text{-}5)$$

其中，X 相当于式（11-4）中的生产效率增长率；TCI 则相当于式（11-4）中的 RPI。但与 RPI 不同，TCI 不是一个简单的数值，而是一个加权算术平均指数。该指数由 11 项因素构成，其中包括车辆成本、零部件费用、保养费用、维修费用、油费、保险、杂项、规制信息成本、社会成本、国民平均收入、司机收入需上涨的幅度。每项均取每英里①的平均值计算，其中最后一项占比高达 45%。每项费用均有公开的统计数据，如维修费取自伦敦机动车修理工收入指数增长数据。

这种形式的最高限价规制，不仅提高了英国出租车行业的运营效率，而且出租车司机的利益也得到了良好的保障。例如，在英国伦敦，出租车司机的收入基本上可以达到中产阶级水平。

当前，中国有一些自然垄断产业采用投资回报率价格规制模型决定价格水平，若能改用最高限价规制，并适当缩短调价周期、增加调价影响因素、使调价过程透明化，必将极大地提高生产效率和增进消费者福利。

第四节 价格结构规制

价格结构，是与产品用户的需求结构相对应的。需求结构就是指按照时间、空间、用途、消费量、收入和质量等不同的标准对特定产业的总需求进行细分，进而形成不同的需求结构。例如，自来水、煤气产业中，通常按用途的不同将用户区分为民用型和商用型两类；在电力产业中，按使用的时间将用户的需求区分为高峰需求和非高峰需求。企业根据需求结构，针对不同的需求索取不同的价格，这些不同的价格水平就构成了企业的价格结构。**价格结构规制**的目标，是充分考虑需求结构对规制价格的影响，制定出与需求结构相适应的规制价格结构，并据此监督企业如何把共同成本合理地分摊到产品或服务之中，由不同的用户来承担。

一、对价格结构进行规制的原因

大多数自然垄断产业不仅可以独立地制定自己产品的价格水平，而且还可以根据消费者需求的差异，就同一产品或服务向不同的消费者索取不同的价格。这种差别定价行为既有其合理之处，如通过差别定价反映需求的变动对生产成本的影响，也有其危害性，企业通过差别定价过多地攫取了消费者剩余，影响到社会福利。所以价格结构规制的主要任务就是对企业确定的价格结构加以考察和区分，对那些严重影响社会福利的定价行为加以规制。

企业根据需求结构确定价格结构，也就是差别定价，是现实经济中普遍存在的企业行为。例如，企业根据顾客购买数量的多少确定不同的销售折扣，航空公司按照购票时段确定不同的折扣（个人用户可自己安排计划提前订票，而商务用户一般无法提前计划出行日

---

① 1 英里 = 1.609 344 千米。

期,所以航空公司就可以通过订票时段来区分用户的类型,从而实行差别定价)等。但之所以不对这些差别定价的行为加以规制,就在于大多数竞争性产业中,企业制定的价格结构与价格水平一样要受到市场竞争的制约。但由于在自然垄断产业中不存在竞争,如果没有外部约束机制,垄断企业不仅可以通过制定垄断价格将部分的消费者剩余据为己有,而且还可以通过差别定价进一步占有绝大部分的消费者剩余,从而严重扭曲分配效率。所以必须对自然垄断企业的价格结构加以规制。

需要指出的是,规制部门对自然垄断产业的价格结构规制是有选择性的。这有以下几个原因。

首先,一般来说自然垄断产业的差别定价会增加社会总福利水平(生产者和消费者剩余之和)。但问题是这种福利的提高是以分配的不公平为代价的。在这种情况下,政府对自然垄断产业的规制就必须在效率和公平之间进行权衡。

其次,自然垄断产业的某些差别定价行为也具有合理性。例如,在电力行业,用电高峰期时发电的边际成本比非高峰期要高出很多,这时高峰期的电价也应相应提高。而且大多数自然垄断产业都具有巨大的固定成本,如电信业的通信网络、电力产业的电厂和输电线路、煤气和自来水产业的管网的建设和运行成本等。这些成本都具有"共同成本"的性质,因为它们可以向不同类型的用户提供产品或服务。由于不同类型的用户有不同的需求,需求的差异又会产生成本的差异。如果企业的差别定价能反映这些成本的差异,就是合理的。

最后,垄断企业通过差别定价获得的额外利润也可用于其他的方面以增加社会福利。例如,增加的这部分利润补偿了研究和开发新产品及生产过程的成本,就会鼓励创新。同样,增加的这部分利润也会因为补偿了创建品牌的成本,而鼓励产品的多样性。而且,由于价格差别而增加的利润,也会因补偿了生产的固定成本和进入成本,而鼓励进入和竞争。

当然,这里所说的合理是相对而言的。政府规制部门除了要考虑效率之外,还必须考虑公平,因此,规制价格未必是经济上合理、有效率的价格。例如,根据经济学原理,对使用量较大的企业用户应收取较低的价格,对使用量较小的居民用户应收取较高的价格,但事实上所有国家的规制部门都是对居民用户制定较低的价格,这是规制部门兼顾社会福利的表现。一项成功的价格规制,就是要在效率和公平之间权衡,既保证企业合理收益,又兼顾社会福利。

二、二部定价法

二部定价法是指消费者为获得某一产品或服务的使用权,首先需支付一个较低的费用,然后再为使用的每一单位产品支付价格。该形式被国内广泛应用于电信业,在欧美发达国家除应用于电信业,还广泛应用于供热行业。简单地说,二部定价法所形成的价格结构可表示为 $T(p) = A + pq$,其中 T 为消费者支付的总价格。T 由两部分组成:A 是与消费量 q 无关的"基本费",pq 是按价格 p 和消费量 q 的大小收取的"从量费"。这种定价形式优点是,它既可以像平均成本定价法那样兼顾企业目标和社会目标,又可以使消费者获得比平均成本定价法更高的消费者剩余。

我们可以用图 11-3 比较二部定价法与其他定价方法的优劣。首先我们看边际成本定价。由于自然垄断产业的平均成本随着产量的增加持续下降，也就是边际成本小于平均成本，MC＜AC，这时如果采取边际成本定价法就会产生亏损。如图 11-3 所示，在企业自行定价的情况下，垄断厂商按 MR = MC 确定价格为 P_0，产量为 Q_0，价格高于平均成本，厂商将获得超额利润。但如果按边际成本定价，即由边际成本曲线 MC 与需求曲线 DD 的交点 E 决定价格，此时厂商的价格为 P_m，产量为 Q_m。由于 MC＜AC，根据图 11-3，P_m 低于平均成本曲线 AC，这意味着按边际成本定价厂商是亏损的，亏损的数额是 $CFEP_m$，相当于企业的固定成本。

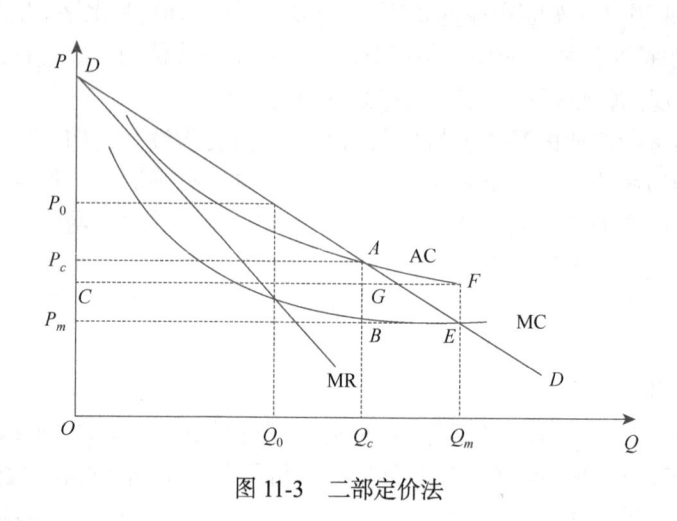

图 11-3　二部定价法

其次我们再看平均成本定价，即由平均成本曲线 AC 与需求曲线 DD 的交点 A 决定价格，此时厂商的价格为 P_c，产量为 Q_c，总成本为 P_cAQ_cO，其中，固定成本总额为 P_cABP_m，变动成本总额为 P_mBQ_cO。采取这种定价方法，企业将获得正常利润，不会陷入亏损。

二部定价法结合了边际成本定价和平均成本定价的优点。这种方法一方面采用边际成本定价法来弥补变动成本，即厂商支付各种变动生产要素的费用，如能源、原材料消耗费用和工人工资等；另一方面又通过向所有用户收取基本费来弥补固定成本，即厂商固定资产投资的费用。前者称为从量费，后者称为基本费。这样，企业就达到了收支平衡。同时，从社会福利的角度看，二部定价法虽然劣于边际成本定价，但要优于平均成本定价。在图 11-3 中，从量费应为 P_mEQ_mO，基本费应为 $CFEP_m$，相当于边际成本定价法之下的亏损额。不过，$CFEP_m$ 的顶点 F 在需求曲线 DD 之上，这在经济学中是没有意义的，所以真正收取基本费时，不能按照 $CFEP_m$ 来收取。我们可以对此做一个简单的变换，即可以认为矩形 $CFEP_m$ 的面积等于矩形 P_cABP_m 的面积。原因在于，$CFEP_m$ 是边际成本定价法之下厂商的固定成本，P_cABP_m 是平均成本定价法之下厂商的固定成本，而厂商并不会因为采取不同的定价方法而导致固定成本的不同。换句话说，在同一个自然垄断行业，无论采取什么定价方法，厂商采购机器、建设厂房等固定支出都是大体相同的，不会因为定价方法的不同而变化。所以 $CFEP_m$ 与 P_cABP_m 的面积应该相等。因此，在采用二部定价法的情况下，企业把 P_cABP_m 作为基本费收取，同时把 P_mEQ_mO 作为从量费收取，从而可以得到总额为

P_cABEQ_mO 的收入，因而消费者剩余为 DAP_c+AEB。与此相比较，边际成本定价形成的消费者剩余为 DEP_m，而平均成本定价形成的消费者剩余为 DAP_c，前者比后者大 P_cAEP_m。二部定价法虽然比边际成本定价时的消费者剩余 DEP_m 小 P_cABP_m，但比平均成本定价时的消费者剩余 DAP_c 大 AEB。因而从社会分配效率的角度看，二部定价法虽然劣于边际成本定价，但优于平均成本定价。在现实经济中，这相当于在同等情况下，采取二部定价法的自然垄断产品要比采取平均成本定价法的自然垄断产品更加便宜。例如，同时收取基本费和从量费的电信收费，要比只收取从量费（按平均成本定价）的电信收费更加便宜。

三、高峰负荷定价

高峰负荷定价是指在一些需求波动巨大的自然垄断产业，对高峰需求制定高价，而对非高峰需求制定低价的一种定价方式。垄断厂商针对需求价格弹性随时间变动的特点，按时间将总需求划分不同的区间，并对不同的区间制定不同的价格。高峰负荷定价在对电力产业的价格规制中使用得最为广泛。这是因为对电力的需求波动较大，而需求波动又引致厂商边际成本的变动。高峰负荷定价一方面使定价反映了成本的变动，另一方面又起到平抑需求波动的作用。

以电力工业为例。首先，高峰负荷定价反映了成本的变动。这主要是由于电力产业的一个技术经济特点，即电力的不可储存性。因此为了满足社会生产、生活的用电需求，电力生产和输送的最大容量必须满足用电高峰的需求。这样，在用电非高峰期间，电力生产、输送设施必然有部分处于闲置状态。为了减少资源的浪费，降低成本，可以对整个电力产业的供应系统进行优化配置，将不同的供电形式加以组合。假定某一电力供应系统由水电站、火电厂和燃气电厂组成。其中水电站的运行成本最低，但固定成本巨大，因此适宜于连续供电，而燃气电厂虽然固定成本低，但运行成本很高，适宜于间歇性发电。火电厂则介于二者之间。因此电力供应系统的短期边际成本曲线（SRMC）呈如图 11-4 所示的上升趋势。

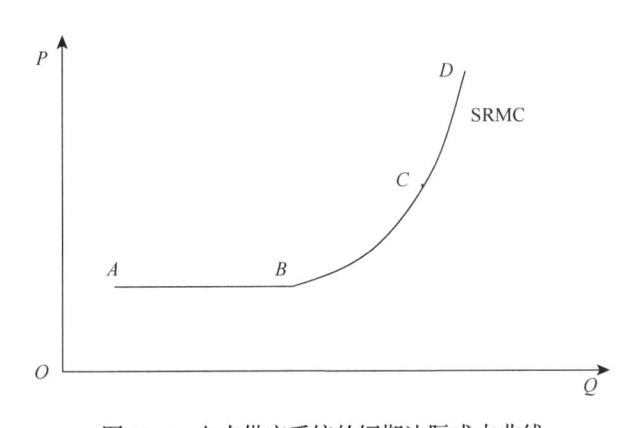

图 11-4 电力供应系统的短期边际成本曲线

在图 11-4 的短期边际成本曲线中，AB 表现为水电站的运行成本，BC 为水电站、火电厂的运行成本之和，而 CD 为水电站、火电厂及燃气电厂的运行成本之和。可见，随着电力需求量的变动,电力供应的边际成本也在发生变化。在这种情况下,无论是按边际成本定价还是按平均成本定价,都要求电力价格随着成本的变化而相应地变化。这是高峰负荷定价的基本原因之一。

其次,高峰负荷定价也反映了需求的变动。对电力的需求在每年、每个季度、每月甚至每日之内都有着明显的波动。以某一工作日为例,电力需求可能显示出如图11-5所示的波动性。由图11-5可见,电力需求在上午10时达到高峰(100千瓦时),而在凌晨4时左右达到需求的低谷(约为60千瓦时)。同样一周内,可能周末的用电需求要比工作日低,一年之内夏季用电也可能较高于冬季用电。为了平抑需求波动,就要求电力价格在用电高峰期高于用电低谷期,这是高峰负荷定价的另一个基本原因。

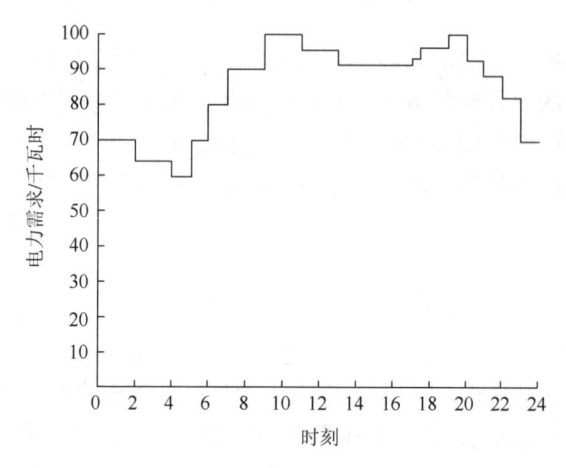

图 11-5 一天之内的电力需求曲线

在高峰负荷定价的应用中,一般用负荷率衡量固定资产的利用率,这个指标可以用来衡量高峰负荷定价的效果。从供给方面看,我们可以把提供电力等的设备利用状况图示叫作"负荷曲线"。在供求基本平衡或供大于求的情况下,它与从需求方面看的需求曲线基本上是一致的。所以,图11-5中的需求曲线也可以看作电力企业的负荷曲线。把一天的总消费量除以24,其值就是"平均负荷",图11-5中的平均负荷大约为80千瓦时,把这个平均负荷的需求量除以最大负荷的需求量,其值就是负荷率,即:负荷率=平均负荷的需求量/最大负荷的需求量×100%。

显然,负荷率越低,意味着电力的高峰需求与非高峰需求的差异越大,非高峰期间固定资产的闲置率也越大;负荷率越高,固定资产的利用率越高,从而固定资产的闲置率也越低。可见,负荷率可用作衡量产业内固定资产利用状况的一个重要指标。因此在价格规制中,就要设计一种刺激机制,以提高负荷率,而高峰负荷定价就是适应这一要求的价格规制制度。

在价格规制实践中,一般按月或季节区分高峰需求和非高峰需求。例如,对电力产业来说,由于在夏天居民要用空调和冷藏设备,属于用电高峰需求期,可以制定较高的电力价格,促进消费者节约用电,或者多使用替代能源。冬季属于用电低谷期,可以制定较低的电力价格,以刺激消费。通过这种高峰定价,可以在一定程度上熨平消费高峰和低谷的落差,提高负荷率,提高产业固定资产的利用率,实现社会资源的优化配置。

「案例 11-3　如何估计价格结构规制的效果：以阶梯式水价为例[①]」

阶梯式水价是一种被广泛采用的价格结构规制模式，其基本特点是用水越多，水价越贵。例如，有的城市将居民的生活用水价格设定两个水量的分界点，从而形成三种收费标准：用水 15 吨以内为人民币 0.6 元/吨，15～20 吨为 1.4 元/吨，20 吨以上为 2.1 元/吨。显然，这种形式的水价可以刺激用户节约用水。那么我们的问题是，阶梯式水价真的起到了节约用水的作用吗？这个问题实际上适用于任何一种价格结构规制模式。例如，二部定价法和高峰负荷定价是否起到了应有的作用？

对于这个问题，可以采用多种方式来解答。显然，阶梯式水价与需求价格弹性有关，但我们无法精确估计水的需求价格弹性。所以，我们可以采用类似于政策评估的方式估计阶梯式水价的作用。例如，上海财经大学的李眺教授就建立了以下模型，估计价格水平和价格结构（阶梯式水价）对居民用水需求的影响：

$$\text{Quantity} = a + b \cdot \text{Price} + c \cdot \text{Income} + d \cdot \text{Area1} + e \cdot \text{Area2} + f \cdot \text{Area3} + g \cdot \text{Block} \quad (11\text{-}6)$$

其中，Quantity 为人均生活用水量；Price 为居民综合水价（包含污水处理费）；Income 为年人均可支配收入；Area1、Area2、Area3 均为虚拟变量，用于控制水资源丰富区、脆弱区和缺水区的资源和气候；Block 为虚拟变量，表示阶梯式水价的影响，其中，采用了阶梯式水价的城市，Block 赋值为 1，否则赋值为 0；a 为常数项；b、c、d、e、f、g 为各变量的系数。

李眺教授的计量方程采用虚拟变量法来表示阶梯式水价的影响，但这样做无法解决变量的内生性问题，因此我们也可以采用双重差分方法表示阶梯式水价的影响：

$$\text{Quantity} = a + b_1 \cdot D_a + b_2 \cdot D_t + c(D_a \cdot D_t) + d \cdot X + \varepsilon \quad (11\text{-}7)$$

其中，Quantity 为人均生活用水量；a 为常数项；D_a 为城市虚拟变量，采用阶梯式水价的城市赋值为 1，否则为 0；D_t 为时间虚拟变量，采用阶梯式水价后为 1，采用前为 0；X 为控制变量集合，包括居民综合水价、人均可支配收入、地区虚拟变量等控制变量；b_1 和 b_2 分别为城市虚拟变量和时间虚拟变量的系数；c 和 d 为回归系数；ε 为随机误差项。

李眺教授采用虚拟变量法的估计结果是，阶梯式水价（Block）的系数为 –0.3854。这表明阶梯式水价对节约用水起了非常重要的作用。那么，采用双重差分方法的估计结果是否也是如此？我们把这个问题作为练习题留给读者。

第五节　社会性规制

社会性规制是指以保障劳动者和消费者的安全、健康、卫生和环境保护、防止灾害为目的，对产品和服务的质量以及随之而产生的各种活动制定一定标准，并禁止、限制特定行为的规制（植草益，1992）。社会性规制的规制对象有两种。一是许多经济行为经常会

[①] 本案例参考了李眺的《我国城市供水需求侧管理与水价体系研究》（《中国工业经济》，2007 年第 2 期，第 43～51 页），由作者整理而成。

产生严重的负外部性,如一些企业的生产活动带来的空气污染、水污染问题;消费者个人使用小汽车带来的空气污染问题等。二是生产者和消费者之间的信息不对称问题,如由于消费者缺乏足够的食品和药品知识,某些企业生产假冒伪劣的食品和药品,对消费者身体健康的损害等。对于这些社会问题,居民和消费者是最大的受害者,但由于他们不掌握足够信息,或不能形成足够的社会力量去索要损失补偿,因此难以得到经济补偿。这就需要依靠政府的力量,通过立法、执法等手段对此类行为进行社会性规制。

一、对负外部性行为的社会性规制

从本章第一节的外部性定义可以看出,外部性是由私人部门"生产",在公共领域"生存"的。外部性的重要特征是独立于市场机制之外,不通过市场发挥作用,此时市场机制无力对产生负外部性的厂商进行惩罚。这时就需要政府干预公共领域,保护和维护市场机制的资源配置功能。

许多经济学家认为,外部性的本质是财产权界限的不确定。在这一领域里影响较大的是美国经济学家科斯提出的"科斯定理"。该定理认为,只要把外部性的影响作为一种财产权明确界定下来,而且谈判的交易费用不大,外部性的问题都可以通过当事人之间的直接交易而"内部化",从而产生有效的资源配置。因此科斯认为,在不存在交易成本的情况下,只要通过明确界定产权,任何产权安排都能产生最优效果。例如,工厂排放污染影响了附近的居民,这种外部性纠纷应该可以由明确界定产权加以解决。如果居民可以确定是因该厂污染而造成的损失,就可以与工厂谈判经济赔偿。如果双方能够谈成由工厂定期付给居民一笔钱,来换得居民同意让工厂继续排污,这就等于居民把使用干净河水、空气的权利作为一种财产卖给对方。科斯定理的关键含义是在满足某些条件时,政府不必为了使社会达到最优化而直接限制污染。

自科斯定理提出以来,许多西方学者认为,政府只需界定和保护产权,然后市场机制就可以自行矫正空气和水污染方面的市场失灵。但是,在现实生活中许多存在外部性的场合,外部性所涉及的产权很难界定;即使产权已经被界定,这种解决办法通常也是不可行的。为了获得最优结果,双方必须成功地讨价还价。至少有三个原因说明了为什么难以达成一致。第一,如果交易成本很高,双方相聚可能并不值得。比如,如果一个厂商污染了空气,影响了几百万人,让他们都聚在一起来讨价还价的成本可能是无人承担得起的。第二,如果厂商使用策略性的讨价还价手段,就无法达成协议。第三,如果任何一方缺乏关于减少污染的成本或收益的信息,结果就可能不是最优的。

政府的社会性规制是大大降低谈判的交易费用和解决污染纠纷的有效途径。以环境污染的负外部性为例,政府对付污染的方法一般有以下几种。①直接控制,即政府规定当事人排放污染物的限额或是使用设备的标准。当某种污染排放对环境造成十分紧急的威胁时,直接控制的办法是最有效的。②对减少污染或使用低污染设备的当事人加以补贴。这种办法对于有减少污染的动机但缺乏能力的当事人是有效的。③根据排污量对排污当事人课以税款。④由政府创造"污染排放权"向当事人拍卖。不少经济学家认为，政府可以在调查研究之后，设立一定的安全排污标准，然后创造一种"污染排放权"，拥有"污染排放权"的企业可以排放数量在安全限度内的污水。这种排放指标可以公开拍卖给工厂。只有那些产品销路最好的企业才能在众多厂商的投标中胜出。这样，社会的污染成本就内部化为企业的生产成本了，这些厂商就会自动选择对社会来说最适合的产品产量和生产技术。

二、对滥用信息优势行为的社会性规制

在信息不对称条件下，处于信息优势方的市场主体，作为经济人以追逐利润最大化的原则指挥自己的行动，可能会依靠自己的信息优势，产生损害他人利益（安全、健康）以实现自己收入更大或成本更小的行为，如产品不合格、服务不过关、劳动场所不安全等问题。这种滥用信息优势的行为，需要政府对其进行社会性规制，以在既定的道德水平之下约束信息优势方的经济人行为，实现市场交易者之间的信息传递，降低信息劣势方搜寻、甄别信息的成本，避免不安全、不健康状况的发生。

对滥用信息优势行为的社会性规制，主要有以下几种工具。①许可证管理。规制机构通过对许可证的掌握和颁发，对由于信息不对称可能引起社会性伤害的经济活动实施进入控制，即未经规制机构的批准不能进入。许可证管理把那些可能产生社会性危害的问题控制在生产经营活动之前，限制了那些不具备资格的主体从事该领域的经济活动，从而实现了信息优势方的信息传递，降低了信息劣势方的信息甄别成本。②设立标准。这是在生产经营活动之中进行规制的工具。国家在产品、服务、劳动场所等可能产生社会性危害的方面对信息优势方制定了一系列标准，强制要求信息优势方遵守，从而保障了信息劣势群体的利益、安全和身体健康。③监督检查。规制机构依据有关的法律、法规、政策和质量标准对信息优势方进行监督、检查、检验、鉴定等，必要时采取紧急控制措施，这种规制能够在一定限度内确保信息优势方遵照相关规定进行生产经营活动。

本章提要

1. 政府规制是政府对微观经济主体的规范和制约，目的在于克服自然垄断、信息不对称和外部性所造成的对资源配置效率和社会福利的损害。

2. 政府对自然垄断产业进行规制有两个原因：一是过多企业的进入可能导致传送网络和其他设施（如电缆、输油管和铁轨等）的高成本的重复投资，二是独占性的企业有可能出于利润最大化目标而提高商品或服务价格，从而使其偏离帕累托最优状态。

3. 根据可竞争市场理论，进入规制并不等于不容许新企业进入，规制者应该根据各种条件的变化允许新企业适度进入，发挥竞争机制的积极作用。规制者对原有企业和新进入的企业应实行不对称性规制。

4. 从兼顾社会目标和企业目标的要求来看，平均成本定价优于边际成本定价和企业自行定价，英国的最高限价规制模型优于美国的投资回报率价格规制模型。

5. 从消费者剩余的角度看，二部定价法虽劣于边际成本定价，但优于平均成本定价；从兼顾企业和社会目标的角度看，二部定价法优于边际成本定价。

6. 高峰负荷定价在对电力产业的价格规制中使用得最为广泛。这是因为对电力的需求波动较大，而需求波动又引致厂商边际成本的变动。高峰负荷定价一方面使定价反映了成本的变动，另一方面又起到了平抑需求波动的作用。

关键术语

政府规制	自然垄断	规模经济
范围经济	成本弱增性	负外部性
经济性规制	社会性规制	进入规制
可竞争市场	价格水平规制	A-J 效应
价格结构规制	二部定价法	高峰负荷定价

本章习题

1. 房价过高已成为当今中国重要的经济和社会问题。请问政府为什么不能以改善民生为目的，对房地产行业实行价格水平规制？

2. 以下商品或服务都实行政府指导价和政府定价：一是那些与国计民生关系重大的商品（如石油和天然气出厂价、棉花收购价格、食盐价格），二是资源稀缺的某些商品（如金银矿产品的收购价），三是重要的公共服务（如教育、医疗、文化）。请问上述行业的政府指导价和政府定价，与自然垄断行业的政府定价有什么区别？

3. 从兼顾社会目标和企业目标的要求来看，最高限价规制与平均成本定价相比，可以更好地满足企业利润最大化和消费者剩余最大化的目标，但最高限价规制在中国现实中的应用却非常少见，请问这是什么原因？

4. 二部定价法的消费者剩余与平均成本定价法有什么区别？

5. 为什么自来水行业采取了阶梯式水价，而不是高峰负荷定价的形式？

进一步阅读的文献

有关政府规制原因和方法的更详细介绍，尤其是对特定自然垄断行业的规制方法，可阅读王俊豪的《政府管制经济学导论——基本理论及其在政府管制实践中的应用》（商务印书馆，2001）。

本章参考文献

李眺. 2007. 我国城市供水需求侧管理与水价体系研究. 中国工业经济，(2)：43-51.
史普博 D F. 1999. 管制与市场. 余晖，何帆，钱家骏，译. 上海：上海人民出版社.

王俊豪. 2001. 政府管制经济学导论：基本理论及其在政府管制实践中的应用. 北京：商务印书馆.
谢地. 2003. 政府规制经济学. 北京：高等教育出版社.
于良春. 2003. 自然垄断与政府规制：基本理论与政策分析. 北京：经济科学出版社.
张维迎，盛洪. 1998. 从电信业看中国的反垄断问题. 改革，（2）：66-75.
植草益. 1992. 微观规制经济学. 朱绍文，胡欣欣，译，北京：中国发展出版社.
Aranson P H. 1982. Pollution control: the case for competition//Poole R W, Jr. Instead of Regulation: Alternatives to Federal Regulatory Agencies. Cambridge: Cambridge University Press: 384.
Averch H, Johnson L L. 1962. Behavior of the firm under regulatory constraint. The American Economic Review, 52: 1052-1069.
Baumol W J, Panzar J C, Willig R D. 1982. Contestable Markets and the Theory of Industry Structure. Cambridge: Harcourt College Pub.
Coase R H. 1960. The problem of cost. Journal of Law and Economics, 3: 1-44.
Kahn A E. 1988. The Economics of Regulation: Principles and Institutions. Cambridge: MIT Press.

第十二章

政府规制改革

20世纪70年代以来，发达国家兴起了一股政府规制改革的浪潮。通过放松规制、引入竞争机制和激励性规制，发达国家成功地改善了自然垄断产业的效率和服务质量，降低了成本和价格，增加了社会福利。这些改革的方式和效果对发展中国家形成了良好的示范效应。目前，政府规制改革已成为世界范围内的流行趋势。本章首先分析政府规制改革的原因，其次介绍放松规制的对象和效果，最后对几种典型的激励性规制方式进行阐释。

■ 第一节 政府规制改革的原因

政府规制之所以需要改革，有多方面的原因。技术进步导致的自然垄断范围的缩小、发达国家经济实力的增强、政府规制失灵导致的资源浪费，以及人们对自然垄断边界的重新认识，都推动了政府规制的改革。

一、自然垄断的边界问题

自然垄断的边界问题可以从静态和动态两个层面来理解。从静态的角度看，随着国家经济实力的增强，人们对自然垄断边界的看法发生了改变，这推动了政府规制的改革。从动态的角度看，技术进步和市场范围的变化都推动了政府规制的改革。

(1) 自然垄断的静态边界。电信、电力、铁路运输、管道煤气和自来水供应等产业都属于典型的自然垄断产业，但并不等于这些产业的所有业务都具有自然垄断的性质。这些产业的输送网络业务（如电网、煤气网、供热网等）属于自然垄断性业务范围。这是因为，这些业务领域需要大量固定资产投资，其中相当部分是沉淀成本，如果由两家或两家以上的企业进行重复投资，不仅会浪费资源，而且会使每家企业的网络系统不能得到充分利用，从而不能实现自然垄断产业的规模经济。上述产业中的产品生产、销售以及配套服务等环节（如发电厂、煤气公司、供热公司等）则未必具有自然垄断的合理性，因此未必属于自然垄断业务。20世纪70年代，发达国家普遍在上述环节放松了规制，引入了竞争。以电力行业为例，电网仍然是自然垄断行业，而发电厂则引入了竞争。在发电厂向电网售电时，电网可以根据发电厂的报价，选择最有竞争力的价格购电，这被称为"厂网分开，竞价上网"。这样做的一个重要前提是国家经济实力的增强，可以负担得起非自然垄断环节的引入竞争和重复建设。

如果国家经济实力强大到一定程度，甚至某些造价较低的输送网络也可以引入竞争。以电力产业为例，美国经济学家乔治·亚罗（George Yarrow）认为，电力输送（包括高压输电与低压配电）是自然垄断性业务，而发电和供电环节则应该是非自然垄断性业务。因此，他主张把这两大类业务活动进行分割，电力输送业务由单个公共企业或被规制的私人企业承担，而发电和供电业务则由多家私人企业进行竞争性经营。但另一位美国经济学家雷·埃文斯（Ray Evans）则对配电是否是自然垄断性业务提出了疑问，他认为，虽然电力产业具有同时生产与消费的特点，但电力产品不能储存，也不能像其他许多产品那样可以到市场上去交易，电力的生产和消费需要通过电力输送来实现。这样，从表面上看，配电是自然垄断性业务，但从美国的实证资料看，在二十多个城市中有两家电力公司建立自己的配电网络，竞争性地提供电力服务，其结果是提高了生产效率，同时，消费者支付了较低的价格。因此，配电并不一定是自然垄断性业务。这种情况的出现，有两个原因：一是配电网作为联结变电站和用户之间的网络，其造价相对较低；二是美国的经济实力已经足够强大，可以负担得起在同一城市内建设两套相互重叠的配电网。可见，改变自然垄断的静态边界，客观上要求国家具有足够的经济实力。

不过，类似于配电业务竞争的适用性要受到某些产业具体技术经济特性的限制。比如，供热产业就很难在同一个城市中由两家公司竞争性地提供服务，原因是供热管道损耗较大，比电网大得多，因此每一家供热公司只能覆盖有限的范围，如我国蒸汽供热一般半径不超过8公里。这导致消费者难以在同一个地点对两家以上供热公司中进行选择，如北京市的三个热电厂（石景山热电厂、第一热电厂、第三热电厂）都只有有限的供热半径，三者互不交叉，因此消费者实际上在某个具体地点只能选择唯一的供热来源。这种特点导致供热业务属于自然垄断业务。可见，自然垄断的边界与具体产业的技术经济特性密切相关。

（2）自然垄断的动态边界。在现实中，自然垄断性业务的领域具有相当大的可变性，因而，自然垄断的边界也必须动态地把握。在自然垄断边界的动态变化中，有些自然垄断的理由可能会减弱甚至消失，这就给放松政府规制提供了机会。

首先，技术进步是自然垄断性边界变化的内在原因。这方面的典型例子是电信产业。由于光缆技术、卫星和无线电话技术的发展，有线电视公司也能够提供传声和数据服务，这使电信产业发生革命性的变化。在新的技术条件下，由于通信网络造价大幅度降低，新企业可以进入电信产业并建立新的通信网络，可以提供比原有的电话通信网络质量更好、价格更低的通信服务。这样，未来的电信产业模式将不再是唯一的全国一体化的通信网络，而是由电话网络、卫星和微波系统等其他技术所组成的一个多面体的互联互通网络。这将会大大缩小电信产业的自然垄断性业务范围，其缩小程度和速度则取决于技术发展和应用的情况。

其次，市场范围的变化是改变自然垄断业务边界的外在条件。例如，某些国家或地区的经济发展水平较低，尚未形成全国性的大市场，因此电力、煤气、自来水、铁路运输等产业具有明显的地区性。正是由于这个原因，这些产业在较小的地区市场上将具有自然垄断性，即由一家企业垄断经营。但随着经济发展水平的提高，这些产业的市场范围将不断扩大，当市场需求量超过规模报酬递增的范围，开始出现规模报酬递减趋势之后，这些产业的许多业务领域就将不再具有自然垄断性，因此可以由多家企业竞争性经营，从而使原来的垄断性市场结构或寡头垄断性市场结构转变为竞争性市场结构。这也是同一种产业（如电信、电力）为什么在经济发达国家和经济不发达国家具有不同的市场结构的重要原因之一。

总之，无论从静态的角度，还是从动态的角度，在特定时期内，自然垄断的业务范围总是具有相对的边界。在某一局部市场以及在产业发展过程的某一阶段所具有的自然垄断性质，不能保证在整个行业市场及其不断扩张的过程中也同样成立。自然垄断不仅受到市场需求的约束以及规模经济边界的约束，而且受到具体产业技术经济特性的影响，同时技术创新也会改变既有厂商的自然垄断性质。规制者应根据本国的技术、经济状况，较为准确地把握具体产业的自然垄断性业务的边界及其动态，并对相应的政府规制政策进行必要的改革。

二、政府规制失灵问题

政府规制如同市场经济一样，也会出现失灵。市场解决不好的问题，政府也未必能解决得好。对于**政府规制失灵**的含义，理论界并没有统一的说法。经济学家更多的是从效率损失的角度来分析规制失灵。例如，日本经济学家植草益（1992）曾把政府规制失灵归结为企业内部无效率的产生、规制费用的增加、寻租成本的产生，以及由规制滞后产生的企业损失等现象。还有的学者认为，政府规制实施后所造成的效率损失就表现为政府规制失灵。

政府规制失灵的原因在于不完全信息所导致的政府部门的有限理性，而这与传统政府规制理论所隐含的某些理论假设有关。

政府规制理论的第一个隐含假设是政府无所不知。但实际上政府是无知的政府，它与被规制的对象之间存在着严重的信息不对称。由于在公共部门里不存在指导资源配置的价格，同时也没有传递市场信息的渠道，政府决策者难以准确了解企业自身的成本和需求结构。而且，这种情况难以通过审计等非市场手段加以解决，因为政府的行政能力是有限的，它没有精力审计所有的企业以掌握真实成本。更何况，审计部门还有被收买而与企业合谋的可能。此外，由于缺乏有效的激励，规制者不一定有积极性去获取有关信息。总之，不完全信息在政府部门里是普遍存在的。在这种情况下，如果被规制企业为了自身利益向政府提供虚假信息，如上报给政府的成本远远高于真实成本，而政府却没有能力去判断真伪，则政府规制就会失效。

政府规制理论的第二个隐含假设是仁慈的政府。实际上我们看到的却是仁慈的政府、自私的干部。真正充当规制者的人并不一定积极地按照社会福利的最大化原则去行动，因为他们的利益和行为目标并不必然和社会公共利益相一致。当二者发生矛盾时，就有可能出现政府工作人员为追求自身利益而做出有害于公共利益的决策。而且，由于政府规制可能造成某些资源的人为"短缺"，这就使被规制者有积极性去贿赂政府官员以寻求租金，使规制者成为被规制者的"俘虏"，如在价格规制下，一些人收购政府限价的资源，并收买政府工作人员默许其在市场上买卖。市场价和政府限价之差就是租金。寻租活动的产生，使规制的实际效果与社会公共目标进一步产生偏差。

如果政府的某些有害公共利益的行为可以得到有效监督和约束，则上述偏差将可以得到缓解。问题是政府规制者也是垄断者，其行为是难以监督和约束的。在缺乏有效监督和约束的条件下，谁也不能保证政府工作人员对权力的运用就代表了社会利益和公共目标。这种情况还引起了另一个不良后果：政府规制行为的扩张。正如许多学者所指出的，规制者会"从供给一方推动规制的膨胀"，政府"对一项不当规制的解决办法通常就是增加更多的规制"。这就进一步推动和加强了政府的过度规制，从而增加了规制的社会成本。

政府规制理论的第三个假设是政府言而有信。但是实际上，政府管理部门在许多情况下是言而无信的，即没有履行自己的诺言。当然，在很多情况下，这并非因为规制者的道德问题，或者说规制者不是故意欺骗公众，而是因为政府作为规制者不可能具备完全信息，更不可能准确地预测未来存在的风险和不确定性。所以，政府在当前的承诺，与大多数普通人一样都是依据当前的信息；而一旦未来情况发生变化，以当前信息做出的决策可能会失败，此时政府即使想履行承诺也已经力不从心了。

政府规制的失灵，将导致政府规制的结果偏离提高效率和公共利益最大化的目标，使人们需要重新权衡市场机制与政府规制，政府规制的改革势在必行。

■ 第二节 政府规制的放松

政府规制改革的最重要步骤，就是放松规制。**放松规制**指政府取消或放松对自然垄断或其他产业的进入、价格等方面直接的行政、法律监管。放松规制是对政府规制失灵的一种矫正。具体地说，放松规制包括两个方面，一是部分地取消规制，政府取消某些方面的限制性规定，同时保留另一些限制性规定。或者降低规制的门槛，将原来较为苛刻的规制条款变得较为宽松，如在证券市场上，把原来对拟上市公司的证券配额制改为审核制，就是一种比较典型的进入规制放松。二是完全撤销对受规制产业的各种价格、进入、投资、服务等方面的限制，使企业处于完全自由的竞争状态。

一、放松规制的对象

与政府放松规制的原因相对应，放松规制的对象为以下几类产业。

第一，技术进步所导致的规制放松产业。由于技术经济条件的变化，许多原来被认为是自然垄断的产业在很大程度上失去了自然垄断的特性，因此政府进行经济性规制的理论依据逐渐消失。最典型的是电信行业。在 20 世纪 70 年代以前电信一直被认为是自然垄断性质的。一个国家或地区的电话通信最好由一家公司经营，成本才最低。所以，各国的电信行业不是由政府国营就是在严格的政府规制下运行。但是自 20 世纪 80 年代以来，由于光纤的发明，计算机技术的应用，以及卫星通信的引入等，减少了电信基础设施的投资规模，已经使这一行业的自然垄断性质发生了根本的变化。正因为如此，美国和英国自20世纪70年代开始相继在电信行业中引入竞争，打破了原来自然垄断的格局。

第二，产业间替代竞争加剧导致的规制放松产业。传统理论认为，在自然垄断产业中，由于垄断的存在，消费者没有选择其他卖主的权利。但是，任何产品都存在替代品，自然垄断产业也不例外，如铁路、航空、公路等运输部门也曾长期被认为是自然垄断产业，这类存在替代品的产业被称为"结构性竞争产业"。对于这样的产业，由于存在着替代产品之间的竞争，需要及时做出投资、生产、价格、服务等决策。但由于政府规制的存在，所有重要的决策都要通过政府规制部门的审批，而这种审批过程延缓了受规制产业的反应实践，往往使这些企业在竞争过程中处于被动的地位。因此，应该放松这些产业的规制。

第三，市场容量扩大导致的规制放松产业。一个产业的自然垄断结构能否成立，取决于该产业内厂商的最优规模（即平均成本达到最低的厂商产量水平）与全部市场规模的比较。如果厂商最优规模相对于市场规模而言比较大，该产业就具备自然垄断产业的技术基础；如果随着市场容量的扩大，厂商最优规模相对于扩大了的市场规模比较小，该产业就具备多家企业竞争的技术基础。比如，随着经济全球化进程的加快，全球电子通信市场变得空前繁荣，人们对电子通信产品的需求量与日俱增。此时如果由一家企业垄断电子通信市场，那么该企业的产量、产品质量和种类肯定无法满足电子通信市场的全部需求，那么就需要在电子通信产业放松规制和引入竞争。这也是电子通信产业及其相似产业放松规制的原因。

第四，国家经济实力的增强，使规制部门可以区分自然垄断行业中的垄断性业务和非垄断性业务，在非垄断性业务中引入竞争。自然垄断行业的一个重要特点就是以网络供应系统的存在为基础，需求量越大，网络供应系统庞大的固定成本就越能分散到每一个用户的需求上，规模经济就越明显。这也成为对自然垄断行业进行规制的理论依据。但是，随着技术的发展和自然垄断产业内部的专业化分工，某些业务已经不再具有自然垄断性。事实上，自然垄断行业中的自然垄断业务主要是指那些固定网络性操作业务。以电力行业为例，电力产业包括电机生产、发电、高压输电和低压配电等业务领域，其中只有高压输电和低压配电属于自然垄断性业务，而电机生产和发电则属于非自然垄断性业务。铁路、通信、热力等行业也可以做出大致类似的划分。在国家经济实力增强的前提下，规制部门可以对自然垄断行业不同性质的业务加以区分，区别实行不同的规制政策，允许在非自然垄断业务中引入竞争，打破传统自然垄断产业铁板一块的垂直一体化经营。这样既可以提高效率，也不至于超越一个国家的经济负担能力。

二、放松规制的效果

发达国家放松规制的效果以美国最为典型。自20世纪70年代后半期开始，美国很多产业都实行了放松规制，甚至有些原来被认为是自然垄断的产业已经完全取消了规制。

美国航空业就是一个典型的例子。美国民用航空局成立于1938年，负责对航空业的规制，主要内容有对新的航空公司进入的限制，对新航线的审批，对航空业务退出的限制，规定航空票价等。可见当时的航空业实际上被当作自然垄断行业。1978 年，美国通过了《航空放松规制法案》，该法案决定撤销民用航空局，大多数限制条件被取消或者变得宽松。1982 年，所有符合基本条件的公司都可以自由进入航空业。1983 年，所有价格限制全部取消，航空公司可自行定价。1984 年，规制机构全部撤销。至此，美国航空业由一个自然垄断行业变成了竞争性行业。

除航空业外，美国还对公路运输、铁路运输、电信、能源等行业大幅度放松了规制。上述行业的大多数价格和进入规制都被取消，虽然还有一定的限制，但与纯粹的竞争性行业已经相差不远。

放松规制给美国生产者和消费者都带来了巨大的收益。世界银行对美国自然垄断产业放松规制后，因竞争而带来的收益做了估计。他们发现，航空、公路运输、铁路运输和电信等几个行业因放松规制所增加的收益之和，达到每年 354 亿～448 亿美元，见表 12-1。

表 12-1 美国对自然垄断产业放松规制带来的收益

行业	放松规制的程度	因放松规制、引入竞争每年增加的收益/亿美元
航空	完全取消	137～197
公路运输	大量取消	106
铁路运输	部分取消	104～129
电信	大量取消	7～16
天然气	部分取消	为消费者带来巨大收益

资料来源：世界银行的《1994 年世界发展报告》（第 57 页，北京：中国财政经济出版社，1994）

注：因放松规制、引入竞争每年增加的收益包括生产者（根据利润测算）、消费者（价格和服务质量）以及产业工人（工资与就业）的净收益

中国自 20 世纪 90 年代起，也对诸多自然垄断行业放松了规制。从实施效果来看，有些行业的放松规制十分成功，所获收益甚至超过了美国的相应行业。例如，中国电信行业的放松规制，使一个大多数人都用不起电话的国家变成了一个有十几亿电信用户的国家，由此带来的收益难以估计。即使仅以消费者剩余计算，也要大大超过美国上述 5 个行业全部收益增加的总和。不过，由于中国尚处于经济体制的转型期，某些体制上的不完善之处阻碍了放松规制效果的发挥。有些自然垄断行业放松规制的效果不够理想，如电力行业就是如此。具体情况可参见案例 12-1。

「案例 12-1 中国电力产业放松规制的体制改革[①]」

新中国成立后，国家成立电力部，统一负责电力产业的发展规划、投资、建设和管理。在这个体制下，电力企业高度纵向一体化，从发电到输电、配电、售电，都由纵向整合的企业统一完成。这种高度集中的产业模式很容易导致信息不对称和激励不足的问题，因此

[①] 本案例内容摘录自钱炳的《自然垄断中的市场势力：对电力产业"厂网分开"的分析》(《中央财经大学学报》，2017 年第 7 期，第 74～86 页），由作者整理而成。

很难做到电力供需平衡。改革开放后,工业化和城镇化的发展使得电力供应出现严重短缺,无法适应经济发展的要求。

为了解决严重的电力短缺问题,1985年发布的《关于鼓励集资办电和实行多种电价的暂行规定》,允许地方政府和境外投资者投资发电企业,但是输电和配电环节仍然由电力部统一管理。因此,在市场化改革的初期,出现了大量的地方发电企业,呈现出"多方办电"的格局。

为了打破垄断、提升效率,国家实施了以"厂网分开"为目标的改革。2002年2月,国务院制定发布《电力体制改革方案》。该文件要求实行厂网分开、输配分开、竞价上网。重组国家电力公司管理的发电资产,按照现代企业制度要求组建若干个独立的发电企业,并且成立国家电力监管委员会负责制定电力市场运行规则,监管市场运行。在发电侧,发电企业主要由两大部分组成,一部分是中央政府管理的5家独立发电企业集团。另一部分是以省级电力公司为主体的地方发电企业,这些企业隶属于电网公司的内部厂商。电网公司负责输电、配电和销售给终端消费者(图12-1)。电力生产的技术特性和物理特性要求由下游向上游发出生产指令,因此,作为垄断的网络运营商会通过一定的电量分配权和"上网竞价"的部分定价权向上游发电企业发出生产指令,这必然导致电网公司在一定程度上对独立的发电企业实施接入价格歧视。

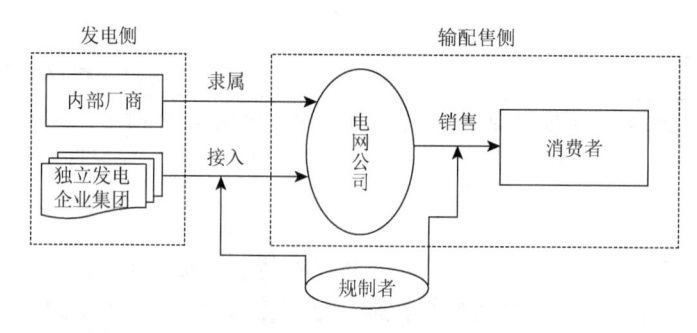

图12-1 "厂网分开"之后中国电力产业的纵向结构

在这种情况下,处于发电侧下游的电网公司就具有相当大的垄断权力,它们既具有一定的电量分配权,也具有"上网定价"的部分定价权。因此,隶属于电网公司的地方发电企业即使电价较高,也能出售给电网公司。结果,无论竞价上网还是计划外电价,地方发电企业的价格均显著高于独立发电企业集团。复旦大学教授白让让(2006)的研究发现,独立发电企业集团的上网电价比地方发电企业低了大约4.55%。可见,隶属于电网公司的地方发电企业获得了高价售电的特权。这样一来,厂网分开、竞价上网的规制改革并没有真正起到引入竞争的作用。根据中国社会科学院钱炳(2017)的研究结果,在发电侧开展竞争不但没有减弱地方发电企业的市场势力,反而使得地方发电企业的市场势力得到了进一步加强,价格加成增加了1.04%~1.11%。

2015年中共中央、国务院发布了《关于进一步深化电力体制改革的若干意见》(中发〔2015〕9号),启动了新一轮电力体制改革。这次电改的重点之一是推进输配售电业务分离,除用电大户可与发电企业直接商议购电价格外,居民用电户也可委托售电公司与发电企业直接交易，改革后电网公司理论上不再拥有配电售电权利，盈利模式也由"吃购销差价"转变为收取过网费用。输配售分离后的理想情况是，即使电网企业持有上游发电企业股份，也无法通过接入数量歧视减少其他发电企业的产量；发电企业的利润同售电价格直接相关，电价则由市场决定，实现了供给侧和需求侧的直接互动响应。然而，这次改革只是缓解而不是解决了"厂网分开"中存在的问题。首先，电网公司和地方政府都可以通过开设售电公司的方式进入售电侧，这与理想状态下的"电网公司不再拥有配电售电权利"并不一致，低效率地方发电企业仍然有生存的空间。其次，电网公司仍然是输配环节的垄断者，它收取的"过网费用"仍然以成本加成的方式定价。我们从第十一章的投资回报率价格规制模型可以看出，在上述情况下，电网公司仍然有多种方式（如 A-J 效应、虚报成本、对投资回报率讨价还价）获得经济利润。

总之，虽然我国电力产业放松规制的改革取得了一定成效，但电力体制改革仍存在进一步深化的空间。电力产业下一步的改革应该以建立有效的电力市场为目标，深化"纵向拆分"的改革路径，有序地实现"输配售"分离，降低下游部门的垄断势力。

第三节 激励性规制

政府规制改革的方向是放松规制、引入竞争，但有些行业由于其自身的技术经济特点，难以引入竞争，仍然需要政府规制来约束企业行为。由于规制部门与被规制企业之间存在信息不对称，传统的规制方法难以奏效，此时政府规制改革的方向就是引入激励性规制。

政府与企业之间的信息不对称表现为两个方面。第一，被规制企业更了解必要的生产技术，被规制企业知道自己为降低成本做出了多少努力，而政府规制部门对此却无法测量；第二，政府规制部门常常无法观测到产品或服务供给的产量和质量等变量。由于信息不对称和规制双方行为目标的差异，自然垄断行业的规制问题可以作为一个委托代理问题来处理，规制部门是委托人，被规制企业是代理人。此时若采用传统的规制方法就会产生隐藏信息的逆向选择问题和隐藏行动的道德风险问题。一方面，被规制企业可以利用自己的信息优势，隐瞒成本水平，尽量高报自己的成本（隐藏信息）；另一方面，由于被规制企业为降低成本而做的努力很难被政府规制部门观测到，所以前者可以选择"偷懒"而不被发觉（隐藏行动），后者也不知道应该支付或补偿多少才会使企业愿意提供这种产品或服务。

传统规制理论没有认识到这种信息不对称性的存在，把政府规制部门看成"无所不知，无所不能的"，也就不会设计出克服逆向选择和道德风险的规制方法，从而造成规制效率低下。**激励性规制**则是以信息不对称作为立论前提，把规制问题看作委托代理问题，通过设计诱使企业说真话的激励性规制合同，旨在使企业自发地产生加强内部管理和技术创新以降低成本的动力，并通过一定的制度安排把这种由于生产效率提高而带来的好处逐步转移给消费者，从而使生产效率和分配效率的提高实现有机的统一。激励性规制政策包括特许投标竞争、最高限价规制、标尺竞争和直接竞争等。其中最高限价规制在第十一章已经介绍过了，本节主要介绍其他三种激励性规制政策。

一、激励性规制的目标——有效竞争

自然垄断行业具有显著的规模经济，但由一家或少数几家企业提供产品又会因垄断经营而扼杀竞争活力。可见，规模经济与竞争活力成为自然垄断行业政府规制部门的两难选择。激励性规制的目标便是使规模经济和竞争活力相兼容，即实现有效竞争。

（一）有效竞争的概念与实质

如何克服"马歇尔冲突"，把规模经济与竞争活力有效地协调起来，一直是产业组织理论和政策要解决的核心问题。经济学家对此进行了长期的探索。1940 年，美国经济学家克拉克发表了《有效竞争的概念》一文，提出了有效竞争的概念。**有效竞争**就是指将规模经济和竞争活力两者有效地协调起来，从而形成一种有利于长期均衡的竞争格局。克拉克同时给出了判别有效竞争的几个标志。从市场结构方面看，主要有：①市场有相当多的买者和卖者；②其中的任何买者和卖者都没有占领市场上的很大份额；③任何买者集团和卖者集团都不存在合谋行为；④新企业能够进入市场。从市场效果方面看，主要有：①市场上存在着对产品进行更新换代、促进技术进步的压力；②没有价格合谋，价格能随成本的降低而向下调整；③能够利用规模经济；④生产能力充分利用；⑤竞销手段合理合法，避免销售活动的浪费。克拉克认为，如果企业能处于这样一种有效竞争的状态，那么就可以一方面保持竞争活力，另一方面获得规模经济的利益。

随后，美国哈佛大学教授梅森于 1957 年进一步发展了克拉克的有效竞争理论。他将有效竞争的定义和实现有效竞争的条件的论述归纳为两大类。一类是寻求维护有效竞争的市场结构，以及形成这种市场结构的条件，被称为有效竞争的"市场结构基准"，其主要内容包括：①市场上存在相当多的买者和卖者；②新企业能够进入市场；③任何企业都没有占有很大的市场份额；④任何企业（集团）之间不存在共谋行为。另一类是从市场绩效角度来判断竞争的有效性的"市场绩效基准"，其主要内容包括：①企业存在不断改进产品和生产工艺的市场压力；②在成本下降到一定程度时，价格能够向下调整，具有一定的弹性；③生产集中在最有效率的规模单位下进行，但未必是在费用最低的规模单位下进行；④生产能力和实际产量基本协调，不存在持续性的设备过剩；⑤不存在销售活动中的资源浪费现象。

1958 年，美国经济学家斯蒂芬·索斯尼克（Stephen Sosnick）依据结构-行为-绩效分析框架，又提出了新的有效竞争标准，包括市场结构标准、市场行为标准和市场绩效标准 3 个方面的 15 个标准。其中市场结构标准包括：不存在进入和流动的资源限制；存在对上市产品质量差异的价格敏感性；交易者的数量符合规模经济的要求。市场行为标准包括：厂商间不相互勾结；厂商不使用排外的、掠夺性的或高压性的手段；在推销时不搞欺诈行为；不存在有害的价格歧视；竞争者对于其对手是否会追随其价格调整没有完全的信息。市场绩效标准包括：利润水平刚好足够酬报创新、效率和投资；产品质量和产量随消费者需求的变化而变化；厂商竭力引入技术上更先进的产品和技术流程；不存在"过度"

的销售开支；每个厂商的生产过程是有效率的；最好地满足消费者需求的卖者得到最多的报酬；价格变化不会加剧经济周期的不稳定。

上述有效竞争标准覆盖了市场竞争的几乎所有内容，但在实践操作中存在很大的困难。尽管如此，有效竞争概念的提出却对制定和实施产业组织政策具有重要的意义。有效竞争的两个决定变量（即规模经济与竞争活力）可以从两个方向提高经济效率，任何一个方面超过了一定的"度"，都会影响另一个方面对经济效率的作用，协调这两者的关系关键在于合理界定规模经济和竞争活力的"度"，其协调目标是使规模经济和竞争活力的综合作用达到经济效率最大化。所以说，有效竞争的实质就是追求较高的经济效率，实现有效竞争就是合理掌握规模经济和竞争活力的"度"。

（二）有效竞争的衡量标准

以下我们根据有效竞争的主要特征，提出一些更有操作性的有效竞争衡量标准。

第一，竞争收益大于竞争成本。市场竞争能自发地促进社会资源的优化配置，也会造成生产能力过剩、生产要素闲置、社会资源浪费，使社会付出高昂的竞争成本。可见市场竞争一方面会产生竞争收益，另一方面又会产生竞争成本。有效竞争必须是竞争收益大于竞争成本的竞争。用竞争效益公式来衡量：

$$竞争效益 = \frac{竞争收益}{竞争成本}$$

有效竞争必须是竞争效益大于1的竞争，而且这只是有效竞争的最低要求。至于竞争效益具体要达到多大，需要根据各国各时期自然垄断行业的具体情况而定。

第二，适度竞争。适度竞争的对立面是过度竞争或者竞争不足。过度竞争表现为企业数量超过市场需要，规模经济效益差；而竞争不足则会抑制竞争功能的有效发挥，影响社会资源的合理配置和使用。虽然过度竞争和竞争不足不可能完全消除，但有效竞争要求把这些消极现象控制在较低的限度内，因为只有适度竞争才能产生较大的竞争效益。在特定时期内，由于具体自然垄断行业受规模经济、技术水平等因素的制约，随着市场竞争度的提高，竞争收益往往呈现先递增后递减的变动趋势，而竞争成本一般随着市场竞争度的提高而增加。我们可以用图12-2来表示有效竞争。

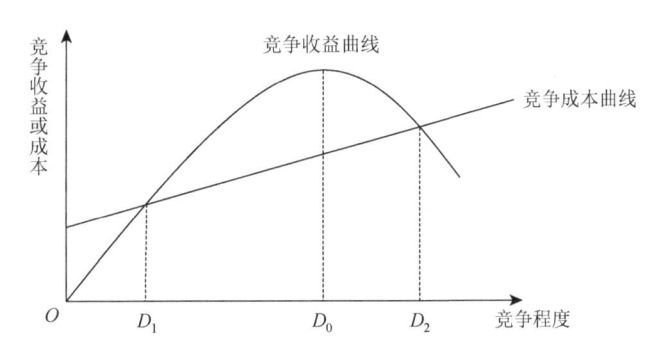

图 12-2 市场竞争度和竞争收益、竞争成本的关系

由图 12-2 可见，竞争收益先是递增，当市场竞争度小于 D_1 时，竞争成本大于竞争收益，表现为竞争不足；在 D_0 处竞争收益达到最大，然后递减，在 D_2 处竞争收益和竞争成本相等；当市场竞争度继续增加时，竞争成本便大于竞争收益，竞争净收益为负值，表现为竞争过度。可见，(D_1, D_2) 是适度竞争范围，在此区间才能保证竞争收益大于竞争成本。而且，必然存在这样一种市场竞争度状态（D_0），它能使竞争收益最大。

第三，符合规模经济要求。规模不经济状况下的竞争是一种低水平的竞争，多表现为竞争过度造成的效率低下。这显然与追求较高经济效率的有效竞争目标相违背。因此，有效竞争应该是在满足最小经济规模条件下的竞争。

认识有效竞争的重要特征，是讨论有效竞争的标准的理论前提。有效竞争是规模经济和竞争活力相协调的一种理想状态。由于规模经济与竞争活力是从两个方向来提高经济效率，所以，要达到有效竞争状态，就要综合考虑规模经济与竞争活力，要求两者适当地做出"让步"。我们需要确定的是，这个"让步"应该在什么限度之内。

根据规模经济理论，当企业处于适度规模范围（即"最小最佳规模"到"最大最佳规模"区间）时，其平均生产成本和交易成本较小，规模收益较大。因此规模经济"让步"的最低限就是保证特定自然垄断行业内的企业规模不低于最小最佳经济规模；而市场竞争度"让步"的最低限则是要保证竞争收益大于竞争成本，即属于适度竞争。由于规模经济与竞争活力都有一个最低要求，所以有效竞争能否实现，取决于这两者是否存在交集。因此存在以下三种情况，如图 12-3 所示。

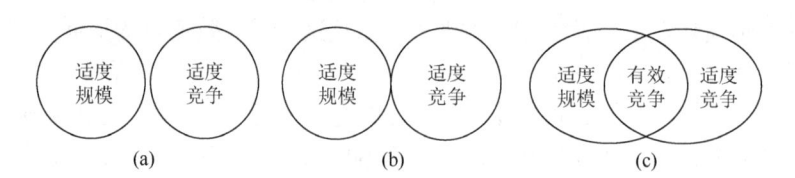

图 12-3　规模经济和竞争活力的关系

第一种情况 [图 12-3（a）]，规模经济与竞争活力是完全不相容的，即便要企业达到最小最佳规模也会使市场出现竞争不足，同样，若要市场实现适度竞争，企业就无法实现规模经济。在这种情况下，根本无法实现行业内部直接的有效竞争。政府规制部门只能在规模经济和竞争活力中选择其一，不能做到两者兼顾。对这种自然垄断行业不宜采用直接竞争的规制政策，但可以考虑实行特许投标竞争等间接竞争的规制政策。

第二种情况 [图 12-3（b）]，规模经济与竞争活力在某一点上实现了统一，只有在这一点上才能既保持适度规模，又实现适度竞争，即实现有效竞争。但在实际生活中，这种情况是很少见的，也是很难维持的。

第三种情况 [图 12-3（c）]，适度规模与适度竞争相交的区域既可以实现规模经济，又可以保持竞争活力，这个区域是有效竞争区域。虽然在这一区域内获得的规模效益和竞争效益不一定是最大的，但两者的综合效益最大，能实现经济效率最大化的目标。

总之，只要在某行业中，企业的规模达到最低适度规模要求，同时，其市场竞争度能保证竞争收益大于竞争成本，即处于适度竞争范围，这个行业就处于有效竞争状态。这就是有效竞争的衡量标准，可以作为政府制定自然垄断行业规制政策的主要依据。不同的自然垄断行业具有不同的有效竞争标准。同时，随着技术水平的进步和市场需求的变化，某个特定自然垄断行业的有效竞争标准也具有动态性。总之，有效竞争的标准不仅因行业的不同而有所不同，也随着时代的发展而有所变化。

二、特许投标竞争

特许投标竞争就是将自然垄断产业的特许合同拍卖给出价最高或者承诺最低价格的投标者，其目的在于通过政府给予部分垄断性企业以特许经营权，惩罚其中内部效率提高不明显的"懒惰型垄断企业"。因为总有其他企业通过提高服务质量或降低服务价格等途径，与原来拥有特许经营权的企业争夺经营资源、特许权利等，由此来刺激垄断企业提高内部效率。

（一）特许投标竞争理论

1859年，英国人凯德维尔克研究了当时在法国的自来水行业中实行的特许投标制度，并建议把它作为社会改革的一个环节而将其引进被规制的产业，从而引起了对特许投标竞争制度在理论上和政策上的讨论。但这一制度真正引起人们关注却是在1968年德姆塞茨发表了《为什么规制基础设施》这篇重要的论文之后。在这篇论文中，德姆塞茨提出了特许投标理论，并将其作为自然垄断行业的规制方法。

特许投标竞争政策的实行，是为了解决政府规制部门面临的两难选择。如前所述，当适度规模与适度竞争不存在交集，无法同时实现时，市场无法通过直接竞争而实现效率最大化。如果政府规制部门对其不加规制，则会因竞争而损失规模经济；如果政府规制部门为实现规模经济而实行限制进入的规制政策，又会因垄断高价而损失分配效率，扭曲社会资源配置；如果政府规制部门在采取限制进入的规制政策的同时，试图利用其他规制政策来限制垄断高价，提高产品或服务质量，又会因信息不对称而效果不佳，或者需要支付高昂的规制成本。在这种情况下，实行特许投标竞争政策会收到比较好的效果。

特许投标竞争政策的基本思路是：在某些特定的自然垄断行业或业务领域，通过拍卖的形式，让多家企业竞争特许经营权，并在一定时期内将其授予许诺以优质低价提供产品或服务的企业，禁止其他企业进入该行业或业务领域，以此来追求规模经济。在特许经营权到期后，重新组织对特许经营权的投标竞争，以此来防止因垄断经营而造成的生产无效率和因垄断高价而造成的分配无效率。同时通过市场竞争定价也可以避免因成本、价格等方面的信息不对称而造成规制失灵，降低规制成本。

（二）特许投标竞争理论在实践中遇到的问题

在理论上，特许投标竞争是一种很有吸引力的方法，它既实现了规模经济，又通过对特许经营权的竞争提供了改进技术、提高经济效率的刺激。更重要的是，由于是市场竞争决定价格而不是规制部门决定价格,大大地降低了规制成本,减轻了规制部门的负担。在实践中,特许投标竞争在一些领域中也有一些很成功的例子。例如,1986年由伦敦商学院所做的一项研究表明,英国政府在打扫建筑物、清理街道、收集垃圾等公共业务中,由于采取了竞争投标制,在保持原来服务标准的同时,成本平均降低了 20%,每年节省开支 13 亿英镑。

但是在实际应用中,特许投标制度也存在一些明显的缺陷。主要有三个方面。

(1)竞争不充分。造成特许权投标竞争不充分的原因有两个方面:一是存在投标者串通合谋的可能,当投标者数量很少时,这种可能性会更大;二是已经拥有特许经营权的现有企业在竞争中拥有战略性优势,使其他企业不愿与它竞争。这种战略性优势来自两个方面:经营管理经验的独占和信息不对称。

例如,在重新投标竞争特许经营权时,原来拥有特许经营权的企业 A,由于从过去的经营活动中获得了经营管理经验,因此可以利用这些经验减少经营成本,从而更有可能获得新一轮的特许经营权。其他企业由于知道自己在经验方面处于劣势,难以在竞争中获胜,因此会降低与企业 A 竞争特许经营权的积极性。同时,拥有特许经营权的企业 A 掌握的关于成本和需求的信息比其他企业更多,这会使其他企业产生这样的预期:如果自己以比企业 A 更低的报价夺得了特许经营权,很可能是因为自己掌握的有关信息不够充分而报价过低,最后可能得不偿失。其他企业的这种预期会阻碍其与企业 A 竞争未来的特许经营权。也就是说,信息不对称使企业 B 在博弈中处于劣势。

(2)资产转让和资产评估问题。现有企业 A 的资产在重新投标时通常不能全部折旧完,如果它在竞争投标中被新企业 B 击败,就产生了如何处置企业 A 的资产的问题。新企业 B 在获得了特许经营权后也面临着重新投资的问题。按照经济效率的要求,有必要履行将企业 A 的未折旧完的资产转让给企业 B 的手续,那么如何评估这部分资产的价值就成了资产转让问题的关键。如果企业 A 只能将资产转让给企业 B 而无法挪作他用,那么它只能接受数额极小的资产报废价值;相反,如果企业 B 除了购买企业 A 的资产以外别无选择,那么它就必须支付数额巨大的资产更新价值。

一般地说,在自然垄断行业中沉淀成本极大,资产的更新价值与报废价值之间的差额也相当大,因此要达成一个介于两者之间的合适的资产转让价格,所产生的讨价还价和仲裁的费用也相当大。由于资产转让问题的存在,使得现有企业与准备进入的企业不能处于同一起跑线上,从而造成了竞争不充分。

若以 X 和 Y 分别表示企业 A 和 B 在未来的特许经营中能够创造的利润额(不含资产转让成本和讨价还价费用);以 Z 表示在企业 B 赢得未来特许经营权后付给企业 A 的资产转让成本;以 C_A 和 C_B 分别表示企业 A 和 B 在资产转让过程中的讨价还价费用。这样,如果企业 A 赢得了下一期的特许经营权,它就可能得到 X,如果企业 A 没有得到特许经营权,它可以得到 $Z-C_A$。所以企业 A 争取特许经营权的激励是 $X-Z+C_A$。如果企业 B 在竞争中取得了特许经营权,它只能得到 $Y-Z-C_B$,如果企业 B 没有得到特许经营权,它就一无所得。因此,只要 $X-Z+C_A>Y-Z-C_B$,即 $X+C_A+C_B>Y$,那么企业 A 就比企业 B 有更大的激励去竞争特许经营权。可见,只要讨价还价费用大于零,即使企业 A 与企业 B 利用特许经营权获得的利润相等($X=Y$),企业 A 也比企业 B 有更大的激励去竞争特许经营权。讨价还价费用（$C_A + C_B$）对企业 A 具有正面影响，其数额越大，对企业 B 参与投标竞争的阻碍越大。

资产转让成本 Z 的大小也会影响企业 B 的投标竞争行为。当 $Z<Y-C_B$ 时，企业 B 就会与企业 A 争夺特许经营权，这是因为，虽然 Z 减少了企业 B 的激励，但特许经营权对企业 B 来说仍然有利可图，而当 $Z>Y-C_B$ 时，无论企业 B 如何投标，它都不可能获得利润，此时企业 A 将成为唯一的竞争者。

Z 的大小也是企业 A 考虑投资决策的决定因素。如果企业 A 失去特许经营权，Z 就会变得很小，那么只要企业 A 存在丧失特许经营权的可能，它就会尽量减少投资，特别是在特许经营权即将到期的时候；相反，如果资产有随着通货膨胀等因素增值的可能，企业 A 就有过度投资的激励。可见 Z 的大小能够影响到企业的投资战略、投标行为和投标竞争决策。

上述问题限制了特许投标竞争的适用范围。这种方法只能适用于资产转让成本 Z 相对较小的自然垄断行业，资产转让成本较大的自然垄断产业则难以采用这种方式。

（3）特许经营合同的款项与管理问题。如果与产品有关的技术和市场具有不稳定性，那么，确定特许经营合同的具体款项就是一项十分复杂的工作，而且，在合同执行过程中需要较为严格的监督和管理。例如，在电信行业，由于技术进步较快，而且技术进步的方向具有不确定性，因此当前的电信网络价值在未来具有不确定性。若其他网络（如广播电视网和互联网）在未来也能提供电信服务，那就会极大地影响现有电信网络的价值，并进而影响该网络的资产转让成本。在这种情况下，若在电信业采取特许经营方式，那么特许经营合同的制定就会相当复杂。如果为了克服合同款项和管理上存在的困难而采用短期合同，会使前面提到的资产转让和资产评估问题频繁地出现，也会因频繁地组织特许经营权竞争而产生大量的费用。可见，在那些存在较大的需求和技术不确定性的行业，以特许投标方式竞争垄断经营权并不比直接的政府规制有更大的优势。

通过以上分析我们可以发现，并非所有自然垄断行业都适用特许投标竞争的规制方式，它需要具备以下一些特点。

第一，适度规模与适度竞争不能同时实现，无法在行业内部直接引入竞争。

第二，资产专用性低，可以避免在特许经营权转让过程中出现资产评估讹诈，因此讨价还价费用较低。

第三，沉淀成本较小，资产转让价值较低，使其他企业较易进入该行业。

第四，需求和技术等因素具有稳定性，在特许经营权合同期限内不会发生较大的变化。

三、标尺竞争

标尺竞争是指选取一个或多个企业作为标尺，将所考察对象企业的经营参数与标尺企业的经营参数相比较，来判断考察对象企业运营是否达到或接近标尺企业的效率标准，从而激励企业提高内部经济效率。这种方法可以应用于自然垄断行业中的地区性垄断企业。某些自然垄断行业（如电力、煤气和自来水）具有地区性垄断的特点，在某一地区内只有一家（或几家）企业提供产品或服务，这正是标尺竞争可以发挥作用的领域。政府规制部门可以将被规制的某个垄断行业划分为几个地区性垄断企业,并利用某个标尺来衡量不同地区的垄断企业经营效率是否"达标",从而刺激各个地区垄断企业提高自己的内部效率。

下面我们举例说明标尺竞争是如何发挥作用的(王俊豪,1999)。假定某一个自然垄断行业由南、北两个地区性企业 S 和 N 垄断经营,每个企业在各自的地区范围内具有自然垄断性。同时,假定这两个地区的成本和需求等状况完全相同。在这种情况下,即使政府不知道其真实成本,也可以通过标尺竞争来提高生产效率、降低规制成本。政府制定这样一个规制政策:在一定时期内,S 能够制定的最高价格水平取决于 N 的实际成本水平;另外,N 能够制定的最高价格水平也取决于 S 的实际成本水平。这样,由于 S 的价格只与 N 的实际成本相联系,而与本企业的成本无关,S 就会通过不断降低成本来增加利润。若 S 的成本降至 N 的成本之下,则 S 可以获得超额利润,这进一步增加了 S 提高效率、降低成本的激励。与 S 相似,N 的价格水平也与本企业的成本无关,只取决于 S 的实际成本,那么 N 也会为取得更多的利润而不断降低成本。同时,通过周期性地调整规制价格水平,就可以使行业价格与行业成本不断趋向一致。只要 S 和 N 之间不存在合谋行为,这一方法就能为促进生产效率和分配效率提供可能性。

在存在多家地区性垄断企业的自然垄断行业中,也可以用类似的方法进行标尺竞争。美国经济学家 Shleifer(1985)指出,某个自然垄断企业的价格 P_i 可以不取决于本企业的成本,而取决于除本企业之外的其他所有企业的平均成本,即该企业定价所基于的成本 C_i 可以用式(12-1)表示:

$$C_i = \frac{1}{Q-1}\sum_{j \neq i} C_j \tag{12-1}$$

其中,Q 为所有企业。

在这种情况下,企业要取得较多的利润,就必须使它的成本水平低于其他企业的平均成本水平,这就可以促使企业提高其经营效率。我们可以把式(12-1)中的 C_i 看作衡量该自然垄断企业经营成本的"标尺",由此引起的竞争性提高效率的行为就是标尺竞争。政府既可以用其他企业的平均成本作为标尺,也可以效率较高企业的成本为标尺,考虑各地区的经营环境差异制定规制价格,促使各地区性企业为降低成本,增加利润而开展间接竞争。在现实中自然垄断行业往往是由多家地区性企业垄断经营的,这样,该行业的企业更不容易达成合谋,标尺竞争的政策也将更加有效。

这个理论的一个重要前提是,各地区性垄断企业的经营环境基本相同,这是非常不符合实际的。因为各企业所处地区各有其不同的自然和经济条件,因而在经营成本上存在较大差异。Shleifer(1985)对其假设前提进行了修正。他认为,可以根据可观察的环境特征,运用回归分析"过滤"一部分企业环境的差异因素。基本的操作方法是:令 θ 为不同企业面临的可观察环境特征向量。政府规制部门运用线性回归方法 $C = \alpha + \beta\theta$ 估计平均成本 C 对 θ 的线性回归系数。则企业 i 被预测的单位平均成本为 $C_i = \alpha + \beta\theta_i$,其中 θ_i 是企业 i 的可观察环境特征向量。然后,政府规制部门再以 $P_i = C_i$ 决定企业 i 的规制价格(其中 P 代表规制价格)。

由此可见,正确选择 θ 是这种规制方法成功的关键。如果 θ 几乎包含了企业所有的外部环境特征，而且这些特征都是可观察的，那么上述规制方法将会很有效果。否则这种方法就难以奏效。英国自来水行业是运用这种方法的成功例子。1989年英国政府应用标尺竞争方法对自来水供应行业实行改革，取得了较好的效果。英国政府认为，对自来水供应行业制定规制价格，不仅要有一个统一的标尺（以经营成本较低的企业为基础），还要适当考虑各地区的经营环境差异。因此，政府在为每个自来水供应公司制定规制价格时，对不同企业作了比较效率评估，他将每个企业的经营环境中可能会引起经营成本差异的多种影响因素综合为"解释因素指数"（explanatory factor index），即上文提到的 θ，再假定企业的单位成本与"解释因素指数"存在线性关系，然后利用回归分析方法估计出系数。最后，根据每个企业的影响因素回归估计其成本水平，进而决定规制价格。这样，那些经营效率较高，成本较低的企业就能获得较多的利润，从而促使企业为使其成本低于其他企业的平均成本而展开间接竞争。

目前，中国的电力、自来水和煤气供应等自然垄断行业是由各地区性企业垄断经营的。政府通常以企业的实际成本为基础制定规制价格，这就使企业缺乏降低成本、提高经营效率的刺激。因此，标尺竞争在我国具有很广阔的应用前景，对提高政府制定规制价格的科学性，刺激各地区性企业的经济效率具有十分重要的意义。

四、直接竞争

在自然垄断行业中并不是所有的业务都具有垄断性，其中也存在着非垄断性业务。所以在自然垄断行业中不仅可以进行间接竞争，而且也可以直接引入竞争。实证分析表明，规模经济在理论上会带来的效率提高往往会因垄断本身而无法实现，这是在自然垄断行业中引入直接竞争的原因。开展直接竞争的关键在于正确区分垄断性业务和非垄断性业务，并且要防止交叉补贴等新问题带来的消极影响。

在自然垄断的情况下，引入竞争必然会损失部分规模经济效益，引起重复建设，带来社会成本，所以引入竞争是一个次优选择；而为维持垄断而实行某些规制政策又会因规制失灵而带来社会成本，所以保持垄断也是一种次优选择。在这两种次优方案中应该如何选择，取决于对两种方案中成本大小的比较。有效竞争作为规模经济与竞争活力相兼容的一种理想的竞争状态，可以成为各国政府制定规制政策，促进市场竞争的目标导向。

自然垄断行业的所有业务并非都具有自然垄断的性质。要想实现有效竞争，做到规模经济与竞争活力相统一，关键是正确判断自然垄断行业中哪些业务具有自然垄断性质，并实行区别对待的规制政策。一般地说，自然垄断性业务是指那些固定网络性操作业务，如电力、煤气和自来水供应行业中的线路、管道等输送网络业务，电信产业中的有线通信网络业务和铁路运输中的铁轨网络业务。其他业务则属于非自然垄断性业务。对于非自然垄断性业务，政府应放松进入规制，允许多家企业进入，充分发挥竞争机制的作用。同时，政府仍然要控制进入非自然垄断性业务领域的企业数量，要求这些企业必须达到最小经济规模，以避免低水平的过度竞争。对于自然垄断性业务，由于它需要大量的固定资产投资，并形成巨大的沉淀成本，引入竞争会形成重复投资，造成资源浪费，所以政府应采取严格的限制进入政策。

此外，是采取维持垄断的政策还是采取引入竞争的政策，还取决于经济发展的不同阶段。在经济发展水平低的贫穷阶段，由于资金的约束比较强，所以为了避免重复建设应以保持垄断、严格规制为宜；在发展中阶段，由于资金约束已经放松，所以需要仔细地比较维持垄断而进行规制与直接引入竞争的成本收益。在这个阶段，一般会形成混合的制度安排，即垄断与竞争并存；在发达阶段，由于已经完全摆脱了资金约束，因此应主要考虑信息约束以及相应的规制失效带来的成本。一般说来，在这个阶段应更多地选择竞争政策。按照这一观点，我国目前应属于第二个阶段，应该在仍然具有自然垄断特征的行业和业务领域不断进行激励性规制改革；同时在已经不具有自然垄断特性的环节和领域适时打破垄断，引入市场竞争机制。

「案例 12-2　供热行业的激励性规制：哈尔滨的故事[①]」

哈尔滨地处我国东北地区，冬季漫长，气候寒冷，一年中有将近 6 个月的时间需要人工供暖。改革开放后，随着城市住宅建设的发展，市民大多住进了配有供热管道的楼房，冬季供热由收取用户热费的供热产业负责。供热企业的热费收缴根据市人民政府统一制定的热费价格，由企业于每年供热期前向用户收取。在 1990 年以前，市人民政府规定热费由房屋所有人或承租人的单位负担。由于当时国有企业和集体企业经营状况良好，这种热费收缴制度可以保证供热企业足额收取供热费。20 世纪 90 年代以后，随着经济形势的变化，热费欠收现象逐年加剧。大量拖欠使得一些供热企业无法维持正常的供热生产。但在哈尔滨，供热事关市民的基本生计，中止冬季供热生产有可能引发社会问题。因此，这些供热企业只能在政府的协助下，勉强负债经营。

为改变这一状况，市人民政府对有单位的居民的热费作了调整，规定单位只负担职工热费总额的 90%，其余 10% 由职工个人负担。同时准许供热企业在收费率不达 70% 时可以不开栓供热。然而，这项措施并未产生预期效果。据统计，在距法定供热日还差 5 天的 1998 年 10 月 20 日，全市平均热费收缴率仅为 14.3%。进入 11 月，随着气候日趋寒冷，政府不得不收回"热费缴纳率不足 70% 决不开栓供热"的命令，并责令所有供热企业必须立即无条件开栓供热，而此时，全市热费收缴率尚不足 30%。

热费缴纳率逐年下降这一事实表明，这种形式的政府干预已经不可能有效地解决供热产业的收费问题。从价格制定的方式看，政府似乎没有意识到供热产业的自然垄断特征，热费价格基本上是未加修订地根据相关部门提供的成本数据确定的。显然，这种价格制定方式使得不存在竞争压力的供热部门很容易将自身低效率经营的高额成本，或者为获取垄断利润而故意夸大的那部分成本计入热费价格，从而导致热费价格超过正常的供热成本。事实也正是如此。例如，哈尔滨市图书馆是一家自供热单位，按官方规定的热费价格计算，其供热支出约为 27.9 万元。但图书馆自供热的费用一年仅为 20 万元左右。

如何解决这个问题？哈尔滨工业大学的梁雪峰（1999）提出，可以在供热行业实行特

[①] 本案例内容参考了梁雪峰的《供热产业真的难以为继吗？——一个垄断产业的案例研究》（《经济研究》，1999 年第 3 期，第 66~72 页），由作者整理而成。

许投标竞争。由于供热设施并不属于供热企业所有,不存在资产转让和评估问题;而且供热行业技术和市场需求稳定,竞标者范围也可以适当扩大,可以避免特许投标竞争的诸多缺陷。但问题是由于居民收入较低,热费收缴困难,这将使特许投标权的拍卖失去吸引力。因此梁雪峰又提出,应由政府补贴居民的热费缺口。但是,事实上哈尔滨市人民政府自1998年以来就一直在补贴供热企业,但这又导致供热企业缺乏改善经营的积极性,供热质量相当差。结果造成了政府花钱、企业无利可图,老百姓挨冻的多输局面。

实际上要真正解决问题,关键是要降低不合理的热费,让居民可以负担,从而增加热费收缴率,而不是依靠政府补贴。这就需要在采取特许投标竞争的同时,实施其他类型的激励性规制。例如,政府可以同时实行最高限价规制和二部定价法。这样做有许多好处:第一,最高限价规制和二部定价法可以在一定程度上降低热费(即增加了消费者剩余),同时提高企业改善效率的积极性;第二,二部定价法可以为低收入居民提供一个合法的节约热费途径,即只在必要时打开供热开关,而在不必要时关小甚至关闭供热开关,到住所以外的其他地方(如供热的公共场所)避寒,这可以大幅度节约热费。通过以上两种方式,热费将大幅降低,收缴率将大幅提高,此时再实现特许投标竞争等激励性规制,必将事半功倍。

这样做需要将居民楼中的供热设施进行改造,由串联形式改为并联形式,并安装热计量表,这是实行二部定价法的前提。西欧和北欧国家早已实行了这样的改造,在集中供热领域广泛采用了二部定价法。这种改造需要的费用相当大,政府需要对改造过程进行补贴。从欧洲国家的经验来看,政府补贴供热设施改造工程,为二部定价法创造前提条件,要比直接补贴供热企业有效得多。

本章提要

1. 政府规制改革的原因包括,技术进步导致的自然垄断范围的缩小,发达国家经济实力的增强、政府规制失灵导致的资源浪费,以及人们对自然垄断边界的重新认识。

2. 放松规制是指政府取消或放松对自然垄断或其他产业的进入、价格等方面直接的行政、法律监管,是对政府规制失灵的一种矫正。放松规制的范围,包括由技术进步、产业间替代竞争、市场容量扩大、区分自然垄断业务和非自然垄断业务等原因导致的规制放松产业。

3. 激励性规制的主要作用是解决因信息不对称而导致的规制失灵问题。这种方法把规制问题看作委托代理问题,通过设计诱使企业说真话的激励性规制合同,旨在使企业自发地产生加强内部管理和技术创新以降低成本的动力。

4. 有效竞争是激励性规制的目标,它有三个标准:竞争收益大于竞争成本、适度竞争、符合规模经济的要求。

5. 采取特许投标竞争需要以下条件:适度规模与适度竞争不能同时实现,无法在行业内部直接引入竞争;资产专用性低,可以避免在特许经营权转让过程中出现资产评估讹诈,降低讨价还价的费用;沉淀成本较小,资产转让价值较低,使其他企业较易进入该行业;需求和技术等因素具有稳定性,在特许经营权合同期限内不会发生较大的变化。

6. 标尺竞争适用于地区性垄断企业，其成功的关键是准确测算区域间的经营环境差异。

关键术语

政府规制失灵　　放松规制　　激励性规制　　有效竞争
特许投标竞争　　标尺竞争

本章习题

1. 放松规制的前提条件是什么？为什么没有国家在 20 世纪初放松规制？
2. 在适度规模和适度竞争没有交集的自然垄断行业，应该如何引入竞争？
3. 为什么特许投标竞争仅在公共卫生行业采用，而没有在电信或输电网等行业采用？
4. 假定某地区性垄断企业实行了最高限价规制，但该方法中的生产效率增长率需要由规制部门和企业协商决定，而企业为了更多地获得超额利润，有低报 X 的冲动。请你运用标尺竞争的思想，设计出一个机制，让每个企业都会根据自己自身情况如实汇报 X。

进一步阅读的文献

有关放松规制和激励性的更详细介绍，尤其是对特定自然垄断行业的激励性规制方法，可阅读王俊豪的《政府管制经济学导论：基本理论及其在政府管制实践中的应用》（商务印书馆，2001）。

本章参考文献

白让让. 2006. 制度偏好差异与电力产业规制放松的困境："厂网分开"引发的深层思考. 中国工业经济，（3）：29-37.
梁雪峰. 1999. 供热产业真的难以为继吗？——一个垄断产业的案例研究. 经济研究，34（3）：66-72.
钱炳. 2017. 自然垄断中的市场势力：对电力产业"厂网分开"的分析. 中央财经大学学报，（7）：74-86.
施蒂格勒 G J. 1989. 产业组织和政府管制. 潘振民，译. 上海：上海人民出版社.
史普博 D F. 1999. 管制与市场. 余晖，何帆，钱家骏，译. 上海：上海人民出版社.
王俊豪. 1999. 区域间比较竞争理论及其应用. 数量经济技术经济研究，（1）：53-55.
王俊豪. 2001. 政府管制经济学导论：基本理论及其在政府管制实践中的应用. 北京：商务印书馆.
王述英，白雪洁，杜传忠. 2006. 产业经济学. 北京：经济科学出版社.
谢地. 2003. 政府规制经济学. 北京：高等教育出版社.
于良春. 2003. 自然垄断与政府规制：基本理论与政策分析. 北京：经济科学出版社.
张维迎，盛洪. 1998. 从电信业看中国的反垄断问题. 改革，（2）：66-75.
植草益. 1992. 微观规制经济学. 朱绍文，胡欣欣，译. 北京：中国发展出版社.

Baumol W J, Panzar J C, Willig R D. 1982. Contestable Markets and the Theory of Industry Structure. Cambridge: Harcourt College Pub.
Bailey S J. 1995. Public Sector Economics: Theory, Policy and Practice. London: Macmillan.
Demsets H. 1968. Why regulate utilities. The Journal of Law and Economics, 11: 55-65.
Shleifer A. 1985. A theory of yardstick competition. RAND Journal of Economics, 16 (3): 319-327.
Williamson O E. 1976. Franchising bidding for natural monopolies: in general and with respect to CATV. The Bell Journal of Economics, 7: 73-104.